Der Himmel über Ceylon

Linda Cuir

Der Himmel über Ceylon

Roman

Weltbild

Besuchen Sie uns im Internet:
www.weltbild.de

Genehmigte Lizenzausgabe für Weltbild GmbH & Co. KG,
Werner-von-Siemens-Straße 1, 86159 Augsburg

Umschlaggestaltung: Nele Schütz Design, München
Umschlagmotiv: Nele Schütz Design unter Verwendung von shutterstock/Ninsiri/dwynn/
Carlos Amarillo/501room)
Satz: Datagroup int. SRL, Timisoara
Gesamtherstellung: CPI Moravia Books s.r.o., Pohorelice
Printed in the EU
ISBN 978-3-95973-251-2

2019 2018 2017 2016
Die letzte Jahreszahl gibt die aktuelle Lizenzausgabe an.

Für Bernd

»Wenn dir kalt ist, wird Tee dich wärmen,
wenn du erhitzt bist, wird er dich abkühlen,
wenn du bedrückt bist, wird er dich aufheitern,
wenn du erregt bist, wird er dich beruhigen.«

William Gladstone (1809–1889),
englischer Pazifist und Politiker

Prolog

Kandy, 1971

Nichts war mehr wie vor einer Woche. Der Brief, die überhastete Abreise aus London und die Angst vor diesem Tag zerrten an ihren Nerven. Fragen über Fragen tauchten auf, und sie schaffte es nicht, die kreisenden Monster zu verscheuchen.

Anjali sprang aus dem Bett, griff nach ihrem seidenen Morgenmantel und lief im Wohnraum der Hotelsuite auf und ab. Dabei zählte sie jeden Schritt und blickte immer wieder auf ihre Armbanduhr, aber die Zeit an diesem Morgen schien stillzustehen. Noch herrschte Ruhe in dem dreistöckigen Hotel. Sie hörte nur das gleichmäßige Rotieren des Deckenventilators, der die stickige Luft durchschnitt.

Was war mit ihr geschehen, wo war ihre Selbstsicherheit geblieben?

Anjali zog das vorher versiegelte Couvert aus weißem Büttenpapier, das ihr Sir Geoffrey bei ihrer Ankunft in Colombo vor zwei Tagen übergeben hatte, aus der Handtasche, die auf dem Couchtisch stand. Splitter des zerbrochenen Siegels fielen zu Boden. Als wöge er ebenso viel wie die Last, die sein Inhalt mit sich führte, hielt sie den Briefbogen mit beiden Händen. Den Inhalt kannte sie längst auswendig, und doch las sie die mit blauer Tinte eng aneinandergereihten Worte wieder und wieder, bis sie das Gefühl hatte, mächtige Wellen schlügen über ihr zusammen und zögen sie in die Tiefe. Sie legte den Brief auf den Schreibtisch und öffnete die Vorhänge. In diesem Augenblick tauchte die Sonne hinter den Bergkuppen auf, Nebelfetzen stiegen aus den Büschen und Bäumen auf. Die Feuchtigkeit der Nacht lag noch schwer auf den Blättern und tropfte glasperlenartig zur Erde. Anjali drückte die Stirn an die Fensterscheibe und schloss die Augen. Ihr Herz raste.

An diesem Tag würde sie endlich ihr Versprechen einlösen können, ein Versprechen, das sie den Göttern vor über elf Jahren in dem Tempel von Nuwara Eliya gegeben hatte. Sie atmete tief durch und ging hinüber in den Vorraum.

Dort lag ihr Krokodillederkoffer noch unausgeräumt auf dem Traggestell. Am Vorabend waren sie so spät hier oben in Kandy eingetroffen, dass sie weder der Hausdame noch ihrem Butler das Auspacken zumuten wollte. Anjali suchte den ausgeblichenen, ehemals blauen Sari heraus. Aus der Reisetasche fischte sie die alten Gummilatschen – oder was von ihnen übrig geblieben war. Anjali huschte ins Badezimmer und richtete ihre Cremedosen und Parfümflaschen auf der Marmorplatte aus, als seien es Soldaten an der Front, bevor sie in die Dusche stieg. Minutenlang ließ sie Wasser über ihren schlanken Körper laufen. Langsam beruhigte sich ihr Pulsschlag.

Sorgfältig bürstete sie ihre Augenbrauen und langen Wimpern, putzte sich die Zähne und cremte die schmalen Lippen ein. Auf Make-up und Schmuck verzichtete sie. Das schwarze Haar fasste sie mit einer schlichten Hornspange zusammen und legte den Sari an.

Prüfend betrachtete sie ihr Spiegelbild und verließ die Suite.

Anjali betrat den Frühstücksraum. Den Zimmerschlüssel trug sie sichtbar in der Hand. Die neben dem Empfangspult wartenden Angestellten musterten sie. Selbst die wenigen Gäste in dem Raum verstummten und blickten erstaunt. Der Oberkellner in weißer Livree und mit pomadigem Haar kam ihr entgegen. Sein Gruß bestand aus einer wortlosen förmlichen Verbeugung. Sie wünschte ihm lächelnd einen »Guten Morgen«. Er begleitete sie zu einem Fenstertisch und legte ihr die Frühstückskarte vor.

In der Nähe hörte sie die Ober neugierig tuscheln. Anjali konnte sich denken, dass sie noch nie eine in solch schäbige Lumpen gekleidete Frau mit einer derartig selbstbewussten Ausstrahlung getroffen hatten.

»Tee mit Zitrone, bitte«, bestellte Anjali bei dem Kellner.

Er brachte eine kleine Silberkanne, schaute Anjali bewundernd an und stellte dabei die Kanne zu heftig auf den Tisch. Tee schwappte auf das Tischtuch. Zitronenscheiben hatte er vergessen oder absichtlich weggelassen. Stattdessen stellte er wortlos ein Kännchen Milch dazu, als wollte er damit andeuten, wie Tee nach englischer Art getrunken wurde.

Anjali goss den duftenden Tee in die Tasse, kleine, sich zu einem Kreis zusammenschließende Bläschen bildeten sich an der Oberfläche. Einen »Kuss der Götter« hatte ihre Mutter es genannt. Gedankenversunken blickte Anjali in die Teetasse und betrachtete das zarte Gebilde. Sie mochte es nicht zerstören.

»Guten Morgen, Memsahib«, hörte Anjali eine Stimme wie aus weiter Ferne und sah hoch. Bob, ihr englischer Butler, stand, wie immer perfekt in dunklem Anzug gekleidet, neben dem Tisch. Über dem Arm trug er ihren Mantel. Er blickte seine Chefin befremdlich an, ließ seinen Blick über ihre ungewohnte Kleidungswahl huschen, wagte aber nicht zu fragen. »Bitte, wir sollten aufbrechen, der Wagen steht bereit.«

Anjali brauchte einige Sekunden, bevor sie in die Wirklichkeit zurückfand. Der Tee war inzwischen kalt, der »Kuss der Götter« verschwunden. »Bob, ich brauche heute keinen Mantel.«

Sein ungläubiges Gesicht amüsierte sie. »Memsahib, wissen Sie nicht, wie kühl es in den Bergen sein kann?«

»Selbstverständlich. Ich wurde dort oben geboren und spürte Tag für Tag Hunger und Kälte. Doch die Götter haben mich für ein anderes Leben auserwählt. Und nenne mich nicht Memsahib, sondern Madame wie in England.«

»Ich werde Sie Memsahib nennen, das passt besser zu Ihnen. Natürlich nur, wenn Sie erlauben«, fügte er rasch hinzu, verbeugte sich knapp und strich dabei verlegen über den Mantel.

Anjali sah ihn an und nickte. »Bob, richten Sie dem Chauffeur bitte aus: Bevor wir zur Plantage fahren, möchte ich zum Tempel von Nuwara Eliya. Ich will den Göttern danken und sie gütig stimmen.«

Bob stellte sich hinter ihren Stuhl, um ihr beim Aufstehen behilflich zu sein. Sie suchte mit den Füßen nach den Gummitretern, die sie unter dem Tisch ausgezogen hatte – auch nach all den Jahren konnte sie Schuhe noch immer nicht leiden –, schlüpfte hinein, stand auf und schritt in ihrem schäbigen Sari zum Ausgang. Der Türsteher öffnete ihr höflich die Tür, so wie er es bei allen Gästen tat. Die Goldknöpfe seiner Uniform glänzten in der Morgensonne. Anjali dankte ihm, und Bob drückte ihm einen Rupienschein in die Hand. Die Kühle der Nacht war feuchter Wärme gewichen. Anjali blieb stehen, atmete tief ein und beobachtete die weißen Wolkengebilde, die sich langsam über den blauen Himmel schoben. Wieder einmal bemerkte sie, wie sehr sie die Schwüle, das Singen der Vögel und dieses helle Licht in England vermisste. Einige lärmende Touristen drängten neben ihr durch die Tür und eilten zu einem bei laufendem Motor wartenden Bus.

»Wie kann sich die Frau so ein teures Hotel leisten?«, fragte eine dickliche Engländerin und zeigte mit der Hand in Anjalis Richtung.

»Sicherlich hat sie einen spendablen Liebhaber. Sieht ja umwerfend aus«, antwortete ein Rothaariger und kicherte.

»Bis vor kurzem hätte man eine derart ärmlich gekleidete Person in diesem Hotel nicht angetroffen«, sagte eine andere Frau.

Den folgenden abfälligen Bemerkungen hörte Anjali nicht mehr zu. Sie kannte Bob lange genug und spürte seinen aufsteigenden Ärger. Er wollte etwas auf die Ungehörigkeiten seiner Landsleute erwidern, aber sie legte ihm beruhigend die Hand auf den Arm. »Bitte, Bob, ich wünsche keinen Wortwechsel.«

»Was bilden die sich ein?«, zischte Bob und blickte sich suchend nach dem Fahrer um. Der lag dösend etwas entfernt im Schatten eines gigantischen Frangipani, dessen Blütenduft schwer in der Luft hing.

»Hari!«

Bobs Rufen schreckte ihn auf. Der schmächtige Mann stürzte herbei, verbeugte sich ungeschickt und öffnete Anjali die hintere Wagentür. »Bitte, Memsahib, entschuldigen Sie, aber ich habe Sie zwischen den anderen Gästen nicht gesehen.«

Seine Worte nahm sie kaum zur Kenntnis. Sie ärgerte sich noch immer über die bornierten Engländer und sank in den Sitz des Autos. Sie fühlte sich mut- und kraftlos. Diesen Zustand kannte sie nicht. Ihre Augen füllten sich mit Tränen. Waren es die gehässigen Bemerkungen gewesen, die sie so getroffen hatten? Sie fand keine Erklärung für die Stimmungsschwankungen und begann, an dem geplanten Vorhaben zu zweifeln. Ihr Herzschlag beschleunigte sich, der Puls raste. Sie spürte wildes Klopfen an den Schläfen. War es Angst vor dem Wiedersehen mit den Teepflückerinnen ihres ehemaligen Zuhauses? Oder der Gedanke an die Mutter, die diesen Tag nicht mehr erleben durfte? Übelkeit stieg in ihr hoch.

»Hari, halt an!« Anjali wartete nicht, bis ihr der Fahrer die Tür öffnete. Sie drängte hinaus, sobald das Auto zum Stehen kam, und ließ sich auf eine Bank fallen. Sie wollte nur einige Minuten hier sitzen und über den ruhig vor ihr liegenden See blicken, in dessen Wasser sich die weißen Fassaden des Zahntempels spiegelten. Das goldene Dach des Haupttempels glühte im Sonnenlicht. Hier wollte sie bleiben – die Stille spüren. Sie schaute hinüber auf die umliegenden hohen Berge mit dem verschiedenen Grün der unzähligen Teesträucher. Drei junge Mönche in leuchtend orangefarbenen Gewändern schritten schweigend an ihr vorüber.

Interessiert sah sie ihnen hinterher. Weshalb hatten die Männer mit den kahlgeschorenen Köpfen die Armut, diese Besitzlosigkeit freiwillig gewählt? Gerne würde Anjali sie fragen, aber sie unterdrückte den Wunsch. Sie wollte nicht stören. Die Mönche wirkten so in sich gekehrt, so friedlich.

»Memsahib, es ist höchste Zeit, wir können in den Bergen nicht so schnell fahren«, rief Bob.

»Ja!« Anjali holte tief Luft, es gab kein Zurück. Sein Rufen hatte den Zauber der Stille zerstört. Sie stand auf, blickte ein letztes Mal über den See und auf die sich entfernenden Mönche. Langsam überquerte sie die Straße, stieg in den Rolls-Royce und lehnte sich zurück in das bequeme Polster. Ihr Begleiter schwieg. Anjali schloss die Augen. Das leise Surren des Motors tat ihr gut.

I.

Eine bessere Welt

Kapitel 1

McGlover-Plantage, nahe Nuwara Eliya, 1960

Weit unten im Tal, im Schatten der mit Teesträuchern bewachsenen Hügel und Berge, standen die Verschläge der Teepflückerinnen. Einige der Hütten bestanden aus Lehm, andere aus zusammengetragenen Brettern und Blechteilen, und nur wenige der armseligen Behausungen besaßen eine Öffnung, durch die Tageslicht einfallen konnte. Poinsettia und weitere mächtige Grünpflanzen verdeckten den zwischen den Hütten umherliegenden Unrat, und milchig weiße Wasseradern durchzogen die dunkle Erde.

An diesem Tag trommelte Regen auf das geflickte Wellblechdach, und der Wind pfiff um die Behausung. Mächtige Blätter strichen über die Außenwände, als wollten sie die rauen Stellen glätten. Kleine Rinnsale drückten sich durch Ritzen in das Innere der Hütte. Anjali fror und knetete mit den Händen ihre Arme und Beine, rollte sich wie ein Embryo zusammen und rückte näher an ihre Mutter, denn die Feuchtigkeit der Erde durchdrang inzwischen die Kokosmatte, auf der sie sich zusammendrängten. Auch der als Decke dienende Jutesack konnte beide nicht ausreichend schützen – weder vor der Kälte noch vor der Feuchtigkeit –, deshalb zog Anjali Teile eines Kartons, die an der Wand lehnten, über ihre Körper.

Sita, Anjalis Mutter, bemerkte nichts von ihrer Unruhe. Sie lag bewegungslos auf der Matte, atmete tief und gleichmäßig, völlig erschöpft vom tagtäglichen Tragen der schweren Kiepe und dem unendlichen Klettern über Berge und Hügel.

Viele Stunden überlegte Anjali in der Dunkelheit, wie sie der Mutter erklären sollte, dass sie am kommenden Tag – ihrem 16. Geburtstag – nicht mit hinauf zum Pflücken gehen würde.

Sie legte sich Ausreden zurecht, verwarf sie wieder und suchte nach neuen Formulierungen, aber etwas wirklich Glaubwürdiges fiel ihr nicht ein. Endlich entschied sie, Sita die Wahrheit zu sagen. Nichts konnte sie von ihrem Vorhaben abbringen. Seit Tagen spürte sie eine unerklärliche innere Unruhe und deutete es als Zeichen der Götter, weshalb sie beschlossen hatte, den Tempel von Nuwara Eliya zu besuchen. Wie besessen war sie von dem Gedanken, etwas an ihrem trostlosen Leben zu ändern, obwohl sie wusste, dass ihre Jati, ihre Geburtsgruppe, eine Veränderung im Diesseits nicht vorsah.

Vorboten des Morgens fielen durch die Ritzen der ungenügend schließenden Bretter, die als Tür dienten. Noch immer regnete es in Strömen, als es Zeit war, aufzustehen. Die Mutter erwachte und wickelte sich ihren Sari um den bibbernden Körper. Schuhe besaßen sie beide nicht. Während sie ihre morgendlichen Portionen Reis aßen, wagte Anjali sich leise vor: »Mutter, ich geh heute nicht pflücken.«

»Bist du verrückt? Wenn dich die Vorarbeiter erwischen, verprügeln sie dich! Vielleicht jagen sie dich auch von der Plantage. Schlimmeres will ich mir lieber nicht vorstellen.«

»Ist mir egal«, sagte Anjali trotzig. »Ich will zum Tempel nach Nuwara Eliya und die Götter um ein anderes Leben bitten.«

Die Mutter schüttelte den Kopf. »Anjali, das ist doch viel zu weit.«

»Egal«, entfuhr es Anjali. »Ich will hier nicht vermodern und ein Balg von einem schmierigen Aufseher angedreht kriegen.«

Die Mutter schaute sie ungläubig an und lächelte gequält.

Seit Anjali denken konnte, hatten nur ihre Mutter und sie in der Hütte gelebt. Als sie älter geworden war, hatte sie nach ihrem Vater gefragt. Ein bitterer Zug hatte sich um Sitas Mund gebildet. Sie hatte geschwiegen. Eines Tages hatte Anjali aus der Nachbarhütte die groben Befehle eines Aufsehers und die darauf folgenden Schreie eines Mädchens gehört. Danach wollte sie den Namen ihres Vaters nicht mehr wissen.

»Ich sage, du bist krank.«

»Und wenn mich einer sieht?«

»Dann bin ich auch dran!« Die Mutter band sich ihre Kiepe um die Stirn, griff nach dem Stock, der sie vor Schlangen schützen sollte, die zwischen den Teebüschen lauerten, und verließ ohne ein weiteres Wort die Hütte.

Anjali wischte Reisreste aus dem Blechnapf. Die Opfergabe legte sie auf einem Blatt auf den Altar, der seit unzähligen Jahren an einer geschützten Stelle vor der Hütte stand. Dann pflückte sie einige Blüten von den Zistrosen und schmückte den kleinen Altar in der Ecke ihrer Hütte.

Aus der Ferne konnte sie die leiser werdenden Gesänge der Teepflückerinnen hören, die durch die grünen Büsche die Hänge hinaufzogen. Als die Teepflückerinnen und Aufseher außer Hörweite waren, rannte Anjali den schmalen Sandweg hinauf, bis sie die Straße erreichte, die Colombo mit Nuwara Eliya verband. Sie lief am Rand der geteerten Straße, Autos fuhren durch die riesigen Pfützen, die sich in dem löchrigen Asphalt gebildet hatten. Die steilen Hänge der Teeplantagen reichten bis an den Straßenrand und verhinderten ein Ausweichen, so dass Anjali nach mehreren Stunden Fußmarsch ihr Ziel völlig durchnässt erreichte. Sie war müde, hungrig und durstig, aber die Sicht auf die Tempelanlage von Nuwara Eliya überraschte sie derartig, dass sie all ihre Mühen vergaß. So gewaltig und schön bunt hatte sie sich die Gebäude nicht vorgestellt. Überall an den Fassaden hingen oder standen Gottesfiguren in unfassbarer Größe, und jede dieser Figuren war durch eine andere Farbe geschmückt. Sie verzierten Vorsprünge und kleine Dächer. Selbst die runden Kuppeln waren mit rosa, hellblauen, grünen oder goldenen Ornamenten, Steintieren und Götterstatuen verschönert. Über dem Eingang saß Ganesha, der elefantenköpfige beleibte Gott. Ihre Mutter hatte Anjali oft von den Göttern erzählt, wenn sie vor dem Schlafengehen eine Weile neben der Hütte unter den Bäumen gesessen hatten. Ganesha schenkte Weisheit und war Beseitiger von Hindernissen, Gott des Anfangs und auch des Erfolgs. Anjali ließ ihren Blick nicht von ihm. Ob er sie wohl bemerkte? Der feiste Ganesha liebte Süßes, erinnerte sie sich an Sitas Worte, aber sie besaß nichts – Rupien, um etwas zu kaufen, schon gar nicht.

Anjali schaute lange zu der Statue hoch, bevor sie eine zierliche, sorgfältig gekleidete ältere Europäerin bemerkte, die wenige Meter von ihr entfernt stand. Das Gesicht der Frau wurde teilweise durch einen breitkrempigen Strohhut verdeckt, trotzdem entging Anjali nicht, dass die Frau sie aufmerksam betrachtete. Unerwartet öffnete die alte Dame die Handtasche, kramte darin herum, kam näher und streckte ihr wortlos eine Handvoll Bonbons entgegen.

Anjali zauderte. Gerne hätte sie das seltene Geschenk selbst gelutscht, dann besann sie sich und legte die Süßigkeiten zu den anderen Opfergaben. Wie sollte Ganesha ihr helfen, wenn sie nicht einmal bereit war, ihm dieses kleine Opfer darzubringen?

Gerade wollte Anjali den Tempel durch das Tor betreten, da wurde sie von einem Aufseher aufgehalten. »Bleib stehen! Du weißt genau, dass eine Dalit den Tempel nicht betreten darf!«

Mit dem Handrücken fegte er ihre Opfergaben vom Steintisch. Anjali bückte sich rasch nach den umherfliegenden Bonbons, aber zwei Tempelbesucher waren schneller. Der eine trat ihr auf die Hand, so dass sie nicht mehr danach greifen konnte.

Woher wusste der Aufseher, dass sie eine Dalit, eine Unberührbare, war? Vermutlich hatten sie die vom Pflücken verfärbten Hände und der ärmliche Sari verraten. Den Tempel besuchen, den Boden mit Schuhen betreten und mit Menschen höherer Kasten zusammen aus einem Brunnen trinken – all das waren nur einige der Dinge, die ihr als Dalit verboten waren. Sie ging traurig ein Stück zurück, setzte sich auf den Boden und blickte zu Ganesha hoch. Nicht einmal für ein Räucherstäbchen besaß sie Geld. Wie sollte sie ohne Opfergaben die Götter gütig stimmen und sie bitten, ihr Schicksal zu ändern?

Der grauhaarige Aufseher in seinem schmuddeligen Dhoti, dem langen, an der Hüfte geknoteten und um die Beine geschlungenen Tuch, kam näher und sah sie böse an. Anjali stand rasch auf, ging noch weiter zurück und schaute hinauf zu den Göttern. »Warum lasst ihr das zu?«, fragte sie. »Ich bitte doch nur um ein anderes Leben!«

In Gedanken hörte sie die Mutter: »Anjali, wie dumm bist du eigentlich? Dein Leben wird sich nie ändern, du kennst deine Jati.«

Tränen kullerten ihr über die Wangen. Mit dem Handrücken wischte sie sie fort. Es war ihr völlig egal, welches Leben die Götter ihr bescherten. Sie wollte nur weg aus dem elenden Dasein auf der Plantage.

Unerwartet brachen die dicken, grauen Regenwolken auseinander, und die Sonnenstrahlen ließen die Farben des Tempels noch kräftiger leuchten.

Sie sah zur Seite. Neben dem Tempeleingang stand zwischen Einheimischen ein junger Mann, dessen Haarfarbe dem Fruchtfleisch der Papaya glich und dessen Haaransatz seitlich der Stirn trotz seiner Jugend bereits zurückwich. Seine buschigen Augenbrauen sahen aus wie getrocknetes Gras. Seine ebenmäßige Nase war leicht gerötet, und Anjali hatte das Gefühl, als beobachtete auch er sie. Verschämt sah sie weg. Doch die Neugier siegte. Sie blickte wieder zu ihm. Der schlanke Mann lächelte. Anjali war verwirrt. Weshalb lächelte er? Nie lächelte sie jemand an. Wegen ihrer für eine Hochlandtamilin ungewöhnlich hellen Haut und der grünen Augen und auch wegen ihrer Größe wurde sie auf der Plantage als »Fluch der Götter« verspottet und von fast allen gemieden.

Der europäisch aussehende Mann musterte sie von Kopf bis Fuß. Er gefiel ihr, er überragte genau wie sie die Einheimischen um mehr als eine Hauptеslänge. Er zögerte, doch dann kam er auf sie zu. Im Näherkommen konnte sie seine Augen erkennen. Sie waren tiefblau wie der Himmel an einem wolkenlosen Tag. Eine derartige Augenfarbe hatte Anjali noch nie gesehen. Sie spürte ein angenehmes Gefühl in der Bauchgegend.

»Kann ich dir helfen?«

Anjali schüttelte den Kopf.

»Du weinst doch nicht grundlos und hast nach den Göttern gerufen, ja, fast geschrien«, sagte er mit einer angenehm tiefen Stimme. »Ich habe dich beobachtet. Ein derart außergewöhnliches Mädchen mit flaschengrünen Augen fällt mir auf.« Er grinste erneut.

Er spricht Tamil, erkannte Anjali überrascht. Eigenartig für einen Europäer.

War ihre Verzweiflung derart aufgefallen? Verlegen wandte sie ihren Blick ab, der dabei auf die ältere Dame fiel, die ihr zuvor die Bonbons gegeben hatte und die noch immer an derselben Stelle stand und sie nicht aus den Augen ließ. Durch den Zwischenfall mit dem Aufseher und der Begegnung mit dem schlanken Mann hatte sie die Frau völlig vergessen.

»Ich wollte in den Tempel gehen, aber der Aufseher hat es verboten.«

»Aus welchem Grund? Komm, setz dich dort drüben hin und erzähl mir alles.« Er zeigte auf mehrere Steinbänke, die unter schattenspendenden Gummibäumen standen.

Anjali schüttelte den Kopf. »Ich darf mich da nicht hinsetzen, der Aufseher jagt mich weg.«

»Du darfst, dafür werde ich sorgen.«

Er ließ sie auf der Bank zurück und ging zu einem Fahrradverkäufer, der Kekse, Getränke, Früchte, Süßigkeiten und Räucherstäbchen anbot. Die Flaschen wurden in einer mit Eisstücken ausgelegten Holzkiste gekühlt. Die übrigen Waren lagen auf zerknittertem Zeitungspapier direkt vor seinem Fahrrad auf dem Sandboden ausgebreitet. Viele der Tempelbesucher kauften bei ihm Opfergaben oder Erfrischungen. Der macht sicherlich gute Geschäfte, dachte Anjali.

Der Blonde kam zurück. In der einen Hand trug er eine Kokosnuss, die der schmächtige Verkäufer durch einen Machetenhieb geköpft hatte, in der anderen eine geriffelte Flasche mit rotem Verschluss. Unter seinem Arm klemmte eine Rolle. Die Flasche mit der roten Aufschrift gefiel ihr.

»Bitte halt mal.« Er gab Anjali die Kokosnuss, zog einen Metallöffner aus der Tasche seines Jacketts und entfernte damit den knallroten gezackten Deckel der Flasche, der weit davonflog. Zischend spritzte eine braune Flüssigkeit Anjali ins Gesicht und auf den Hals und dem Mann auf sein Hemd und seine beige Leinenhose. Schnell zog er ein Taschentuch hervor und säuberte Anjali damit. Er wischte auch über Stellen, an denen sie nicht bekleckert war. Sie hielt still, seine Fürsorge gefiel ihr.

»Fertig«, sagte er, rieb die Flasche trocken und gab sie ihr. Er zog an einem roten Faden, der die Papierhülle der Rolle öffnete. Heraus fiel eine Art rundes Gebäck. Anjali wollte es aufheben, aber der Mann hielt sie an der Schulter zurück.

»Hier, nimm noch einen Keks – nimm die ganze Rolle!«

Doch als er sich umschaute, bückte sie sich rasch und steckte sich den heruntergefallenen Keks in den Mund.

»Ach, Entschuldigung, ich habe mich überhaupt nicht vorgestellt. Ich heiße Thomas Van der Meer, aber alle nennen mich Tom. Darf ich erfahren, wie du heißt? Und warum du geweint hast?«

»Mein Name ist Anjali.«

»Ah, mehr möchtest du nicht erzählen?«

Sie tat unwissend und zuckte mit den Schultern.

»Komm, sag, weshalb darfst du nicht in den Tempel?« Er wedelte mit einer Hand, als wollte er ihr die Worte so aus dem Mund entlocken.

»Ich bin Teepflückerin, dahinten auf einer Plantage.« Anjali zeigte mit der Hand in eine unbestimmte Richtung. »Und ich will die Götter um ein anderes Leben bitten. Von dem Dasein auf der Plantage haben Sie als Tourist bestimmt keine Ahnung.«

Das war pampig. Betreten schaute sie hinüber zu der Stelle, an der die grauhaarige Dame gestanden hatte. Sie war verschwunden. Weshalb hatte die Frau sie beobachtet und ihr, einer Unberührbaren, Opfergaben geschenkt? Fühlte sich die Frau durch die Berührung nicht beschmutzt?

Erst nachdem Anjali sämtliche Kekse gegessen und die Flasche ausgetrunken hatte, vergaß sie die Fremde und spürte, wie hungrig und durstig sie war. Gerne hätte sie mehr von den süßen runden Dingern gegessen und von der seltsam schmeckenden Flüssigkeit getrunken, aber sie bat nicht darum.

Tom trank schlückchenweise die Kokosmilch und stellte die Nuss dann neben Anjali auf die Bank. Sofort stürzte ein Affe vom Baum, grapschte danach und sprang zurück auf den Ast direkt über ihnen.

Anjali dachte sehnsüchtig an die Kokosnussschale, deren Fruchtfleisch sie gerne gegessen hätte.

»Du glaubst, ich bin Tourist?«, fragte Tom.

Anjali nickte.

»Falsch! Ich bin Burgher. Vaters Familie lebt seit Urzeiten auf Ceylon. Meine Vorfahren waren Niederländer, aber mein Urgroßvater hat eine Singhalesin geheiratet. Deshalb kenne ich das Leben der Dalit.«

Anjali sah auf ihre Hände hinab.

»Aber deinem Aussehen nach bist du keine Hochlandtamilin – und überhaupt ist das Kastenwesen offiziell längst abgeschafft.«

Anjali schaute ihn entgeistert an. Was wusste der feine Herr schon? »Ich würde mir gerne die Götterfiguren näher ansehen. Ich kann meine Bitte auch hier draußen an sie richten. Allein dafür bin ich so weit gelaufen.«

Tom griff nach ihrem Arm, und zusammen gingen sie dicht an den Tempel heran. Dort betrachtete Anjali aufmerksam jede einzelne Götterfigur, dann legte sie die Hände in Schulterhöhe zusammen, senkte den Kopf und betete still. Sie trug den Göttern ihre Bitte vor und versprach, diese Güte niemals zu vergessen, sondern, wenn möglich, eines Tages zurückzuzahlen. Gerne wäre sie länger dort geblieben, um die Götter noch genauer anzuschauen, aber aus den Augenwinkeln bemerkte sie die zornigen Blicke der Aufseher, auch wenn sich keiner traute, zu ihnen herüberzukommen, um dem weißen Herrn Vorschriften zu machen.

»Stell dir vor, ich bin heute auch das erste Mal hier, obwohl ich häufiger in Nuwara Eliya bin. Ich wollte mir die Tempelanlage schon lange ansehen, aber es kam immer etwas dazwischen, wenn ich in den Ferien hier in den Bergen war. Meine Mutter und ich verbringen im Augenblick einige Tage in unserem Landhaus.« Tom deutete mit der Hand in die Ferne. »Wir sind gerade aus England zurückgekehrt, aber in Colombo ist es für die Lady im Augenblick einfach zu schwül.«

War das Ironie in seiner Stimme? Anjali war erstaunt über seine wortreiche Erklärung, schließlich war sie ihm völlig fremd und hatte nicht danach gefragt.

Es war spät geworden, die letzten Sonnenstrahlen fielen über die Bergkuppen. Sie sollte zurück. »Sir, ich muss gehen, der Weg zur Plantage ist weit.« Sie drehte sich um. *Er wird mich sicherlich nicht begleiten,* dachte sie betrübt.

»Warte!«

Anjali blieb erwartungsvoll wenige Meter von ihm entfernt stehen. Tom zögerte einen Augenblick, bevor er weitersprach: »Ich habe gehört, dass wir in unserem Haus in Colombo eine Küchenhilfe benötigen. Ich werde mit meiner Mutter sprechen. Vielleicht ergibt sich eine Chance für dich. Kann ich dich morgen wiedersehen? Wieder hier, am Tempel?«

»Wenn es geht, komme ich«, sagte sie zaghaft, legte die Hände vor der Brust zusammen, verbeugte sich und rannte los. Er rief ihr etwas hinterher, aber sie verstand es nicht mehr.

Oje, ich habe mich nicht einmal bedankt! Anjali schämte sich. Doch Minuten später war es ihr egal, denn sie war überzeugt, dem Mann nie wieder zu begegnen. Er würde bestimmt nicht kommen. Trotzdem grübelte sie während des Rückwegs darüber nach, weshalb er einer fremden Plantagenarbeiterin Hilfe angeboten hatte und wie sie es schaffen könnte, noch einmal von der Plantage abzuhauen. Der Blonde gefiel ihr. Sie stellte sich vor, wie sie mit ihm durch ihre Plantage ging und Tom dabei ihre Hand hielt. In dem Traum lebten sie beide in einem so prächtigen Haus wie denen, die sie auf dem Weg zum Tempel gesehen hatte.

Bei völliger Dunkelheit kehrte Anjali in die Behausung zurück. Freudig wollte sie der Mutter von den Erlebnissen berichten, aber die nahm keinerlei Notiz von ihr. Sita saß auf dem Boden neben der Feuerstelle, den Napf mit gekochtem Reis vor sich, aber nichts davon war angerührt. Das Feuer brannte noch, und Anjali sah, wie sich das flackernde Licht in den Tränen der Mutter brach.

»Warum weinst du?«

Anjali bekam keine Antwort.

Die Mutter erhob sich schwerfällig, griff einige Reiskörner und brachte sie als Opfergabe vor die Hütte. Anschließend legte sie sich ohne ein Wort zum Schlafen auf die Kokosmatte in die Ecke.

»Hast du Angst gehabt, mir sei etwas passiert?«

Die Mutter reagierte nicht. Na ja, es wäre nicht das erste Mal, dass eine Dalit spurlos verschwindet, dachte Anjali.

Während der Nacht schlief Anjali kaum. Und obwohl sie bis tief in die Nacht überlegte, wusste sie beim Aufwachen immer noch nicht, wie sie Sita sagen sollte, dass sie an diesem Tag wieder nicht zur Arbeit gehen wollte. Sie brauchten doch jede einzelne Rupie.

Lange vor der Morgendämmerung stand sie auf, nahm den Rest einer Papaya und schlich sich davon. Nur die Hunde draußen bellten wütend. Ihr Herz raste, aber niemand hielt sie auf.

Anjali nahm den gleichen Weg wie am Tag zuvor. Während der ersten Kilometer, die sie zurücklegte, war es noch dunkel. Es fuhren kaum Autos auf der Straße, so dass sie nicht oft stehen bleiben musste, um ihnen Platz zu machen. Meist waren nur Einheimische auf knatternden Mopeds oder unbeleuchteten Fahrrädern unterwegs, die zur Arbeit nach Nuwara Eliya fuhren.

Atemlos und viel zu früh erreichte Anjali die Umgebung der Tempelanlage. Weshalb war sie dermaßen schnell gelaufen? Der Fremde wollte sie erst treffen, wenn die Sonne am höchsten stand. Allein durfte sie unmöglich noch einmal direkt zum Tempel gehen, deshalb legte sie sich in der Nähe ins hohe Gras. Glücklicherweise war der Himmel wolkenlos und die Luft bereits angenehm warm. Insekten umschwirrten sie, Bienen summten und setzten sich auf die Blüten der Wiesenblumen, die zwischen dem noch feuchten Gras herrlich duftend hervorlugten. Anjali schloss die Augen. Plötzlich überfielen sie Zweifel. Was wollte der Mann von ihr? Konnte sie ihm überhaupt vertrauen? Anjali bekam ein mulmiges Gefühl in der Magengegend. Vielleicht hatte er ihr nur etwas vorgegaukelt und beabsichtigte, sie an eine andere Plantage zu verkaufen? Ihr Herz begann zu rasen. Um sich abzulenken, griff sie nach einer Blume und riss die feinen Blütenblätter einzeln ab.

Erst nachdem die Sonne fast den Zenit erreichte, stand sie auf, zupfte zaghaft Gras- und Blütenreste von ihrem Sari und schlich in die Nähe des Tempelvorplatzes. Dabei überfiel sie erneut das beklemmende Gefühl, und sie hoffte fast, dass der Herr nicht erscheinen würde. In ihren Gedanken tauchte Sita auf, vermutlich wütend oder in Sorge, dass sie ohne ein Wort verschwunden war. Womöglich glaubte sie, die Tochter käme nicht zurück. Anjali verstand sich selbst nicht mehr. Gerade wollte sie umkehren, da stand Tom vor ihr.

»Guten Tag, Anjali.« Er streckte ihr seine Hand entgegen – ihr, einer Dalit. Sie übersah die Geste, legte die Hände zusammen und begrüßte ihn ehrfürchtig. Immer noch wurde sie von Ängsten geplagt. Sie musste einen entsetzten Gesichtsausdruck gemacht haben, denn er beeilte sich zu sagen: »Ich habe mit meiner Mutter gesprochen. Sie wird dich probehalber in unserem Haus in Colombo beschäftigen. Du sollst die Köchin unterstützen.«

»Ich, eine Unberührbare … als Küchenhilfe? Sir, weshalb helfen Sie mir?«, wagte sie zu fragen.

»Weil du mir gefällst! Reicht das?« Tom lachte und zeigte dabei seine ebenmäßigen Zähne. »Und weil ich mich seit meiner Schulzeit mit Menschenrechten beschäftige und gerade das Jurastudium in England beendet habe.«

Jurastudium, was war das? Der Mann wurde ihr immer unheimlicher. Aber er fuhr bereits fort: »In unserem Haus sind

Christen, Buddhisten und Hindus beschäftigt. Ich gebe zu, eine Teepflückerin hatten wir allerdings noch nie in der Küche«, fügte er lachend hinzu. »Dort arbeiten normalerweise Engländerinnen. Aber ich habe Mutter von dir erzählt und sie gebeten, dir zu helfen.«

Vor Schreck setzte sich Anjali hin. Im Kopf drehte sich alles.

»Auf welcher Plantage arbeitest du?«

Sie sagte es ihm.

»Ich weiß, wo das ist. Meine Mutter bleibt noch hier in unserem Haus, aber ich werde dich übermorgen an der Straße oberhalb der Plantage abholen und nach Colombo bringen. Hast du eine Uhr?«

Anjali schaute ihn ungläubig an. »Eine Uhr? Nein. Teepflückerinnen brauchen keine Uhr.«

»Kurz nach Sonnenaufgang werde ich dort sein«, sagte Tom.

»Ich bin bestimmt pünktlich.«

Tom nickte und streckte ihr erneut seine Hand entgegen. Als sie zögerte, tätschelte er etwas unbeholfen ihre Schulter. Bei der Berührung versteifte sich ihr Körper. »Bis dann, Anjali.«

Tom ging, und sie rannte, so schnell sie konnte, die Strecke nach Hause zurück. Jetzt würde sie viel Geld verdienen und Sita noch mehr unterstützen können. Vielleicht könnte Tom ihrer Mutter eines Tages ebenfalls eine Stellung beschaffen!

Anjali erreichte atemlos die Hütte. Aufgeregt wollte sie ihrer Mutter die Neuigkeit erzählen, aber Sita freute sich überhaupt nicht, denn wie vorauszusehen war, hatte es auf der Plantage fürchterlichen Ärger gegeben, da Anjali seit zwei Tagen nicht zur Arbeit erschienen war. Die Vorarbeiter hatten Sita die Hälfte der Tageslöhne abgezogen.

»Wie stellst du dir das vor?«, schrie Sita.

Anjali fuchtelte mit den Händen, um sie zu beruhigen, denn es brauchten nicht alle Nachbarn ihren seltenen Streit mitzubekommen.

Aber die Mutter ließ sich auch durch die guten Neuigkeiten nicht beruhigen und schrie noch lauter: »Glaubst du wirklich, die nehmen eine Dalit in ihre Küche? Wie blöd bist du eigentlich?«

Sita war so aufgebracht, dass sie aus dem Verschlag und hinauf in die Berge rannte. Erst als der Mond lange hinter den hohen Bergrücken verschwunden war, kehrte sie zurück.

Den von Anjali zubereiteten Reis rührten beide nicht an. Eine Winzigkeit davon brachte Anjali als Opfergabe nach draußen.

Sita setzte sich mit verschränkten Beinen neben Anjali auf den Boden, nahm deren Hand, strich sanft darüber und sagte kaum hörbar: »Geh, Kind, vielleicht gibt es dort draußen ja eine bessere Welt für dich.«

Die Feuerstelle glühte noch. Beide blieben lange davor sitzen, blickten hinein und schwiegen. Erst sehr viel später legten sie sich nieder, und Anjali erzählte ihrer Mutter leise von dem ersten Zusammentreffen mit dem Europäer, bis sie merkte, dass Sita bereits eingeschlafen war.

Am Tag des Abschieds lag die Dunkelheit noch zäh über dem Hochland, und lange bevor die Sirene, die als Weckruf diente, ertönte, erhoben sich beide Frauen von ihrer selbstgeflochtenen Matte, auf der sie, wie immer eng aneinandergeschmiegt, geschlafen hatten. Schweigend setzten sie sich mit verschränkten Beinen in Richtung Osten auf den kalten Boden. Dabei hielten sie die Oberkörper aufrecht. Zuerst legten sie die Hände vor der Brust zusammen, senkten die Köpfe, so dass die Fingerspitzen die Nasenwurzel berührten, und begannen zu meditieren. Anschließend tranken beide einen Schluck Wasser aus ihrem Napf, und Anjali sprach ausnahmsweise das Morgengebet.

Schwerfällig stand Sita auf, ihr Körper war noch steif von der nächtlichen Kälte. An der Feuerstelle schichtete sie dünne Äste auf und entzündete das Feuer. Um die Götter gütig zu stimmen, warf sie einige der kostbaren Reiskörner in die züngelnden Flammen und stellte den verbeulten Blechnapf darauf. Wie jeden Morgen kochte Sita eine Handvoll Reis, obwohl beide an diesem ereignisreichen Tag nicht hungrig waren. Währenddessen goss

Anjali aus dem Kanister frisches Wasser in einen Topf und stellte auch diesen auf das Feuer, das die ärmliche Behausung nur langsam erwärmte.

Sita besaß noch ein Räucherstäbchen, das sie seit Längerem für einen besonderen Tag aufbewahrt hatte. Das Teewasser kochte. Anjali warf ein Häufchen getrockneter Teeblätter hinein. Das feine Aroma durchzog den engen Raum. Neben ihrer Schlafstelle stand ein winziges Körbchen, das sie am Vortag zur Vorbereitung des Abschieds aus jungen biegsamen Trieben eines Teestrauches geflochten hatte. Sie hob es vorsichtig hoch und legte eine spärliche Menge Fruchtfleisch einer Papaya und etwas von dem gekochten Reis hinein. Diese Opfergabe stellte sie für die Götter vor die Hütte auf den winzigen Altar. An dem nur noch schwach brennenden Feuer entzündete die Mutter das Räucherstäbchen und steckte es in einen Riss im Lehmboden der Behausung. Beide setzten sich. Sie schauten auf das glimmende Stäbchen und verbeugten sich vor der Gottesfigur Shiva. Die kleine Silberstatue war ihr ganzer Stolz und Besitz, auch wenn Sita nicht wusste, woher die Figur stammte. Ihre Mutter war gestorben, als Sita noch ein kleines Kind war, und deren Erinnerung an sie war inzwischen verblasst, so dass Anjali nicht viel von ihr wusste. Sita hatte Anjali einmal erzählt, dass ihre Mutter ihr kurz vor dem Tod noch etwas hatte erklären wollen, aber dass ihre letzten Worte wie ein Hauch des Windes über die Teebüsche davongetragen worden waren. Anders als Sita hatten diese letzten unausgesprochenen Worte Anjali nie ganz losgelassen.

Sita sprach einen heiligen Text. Während sie Lesen und Schreiben nie gelernt hatte, kannte sie sämtliche Gebete auswendig.

Anschließend griffen beide Frauen schweigend mit der rechten Hand in den auf dem Boden stehenden Reistopf, formten den Reis mit den Fingerspitzen kugelförmig zusammen und schoben ihn in den Mund. Dazu tranken sie den heißen Tee und teilten die Reste der Papaya des Vortages. Für dieses letzte gemeinsame Frühstück nahmen sie sich viel Zeit, denn sie wollten den Augenblick des Abschieds hinauszögern.

Draußen begannen die Vögel mit dem Morgenkonzert, zuerst zaghaft, dann wurde das Gezwitscher der verschiedenen Vogelarten immer lauter.

»Es ist Zeit. Du musst gehen«, sagte die Mutter leise.

»Ja.« Mehr brachte Anjali nicht heraus, Tränen erstickten ihre Stimme. Schnell wandte sie sich ab und legte die wenigen Dinge, die sie besaß, in eine alte verknitterte Papiertüte, die sie am Wiegeplatz gefunden hatte.

Sita zog etwas aus einem Spalt an der Wand und steckte es verschämt dazu. Anjali hatte nicht erkennen können, was es war.

Durch das herunterbrennende Feuer entstand eine schemenhafte Beleuchtung in dem Raum, und Sitas schmales Gesicht erschien Anjali an diesem Morgen noch schmaler als sonst. Sie sah, wie ihre Mutter die fein geschwungenen Lippen zu einem Strich zusammenpresste, und bemerkte erste graue Fäden in dem dunklen Haar, obwohl Sita erst Mitte 30 war. Die dunklen Augen glänzten, als Sita versuchte, Tränen zu unterdrücken, aber es gelang ihr nicht. Sie begann, heftig zu weinen. Anjalis Blick folgte den Tränen, die wie kleine Bäche über die etwas dunklere Haut der eingefallenen Wangen liefen und vom Kinn auf den ausgewaschenen, ehemals grünen Sari tropften. Jetzt war es auch mit ihrer Fassung vorbei. Auch sie begann zu weinen, obwohl sie sich fest vorgenommen hatte, tapfer zu sein. Sie ging doch in eine vermeintlich bessere Welt. Anjalis Nase lief, sie wischte die Nässe mit dem Daumenballen ab. Schnell nahm sie die Mutter ein letztes Mal in die Arme, sie war viel größer als die zierliche Frau, und strich ihr liebevoll über den knochigen Rücken. Die legte den Kopf an die Schulter der Tochter, und Anjali fühlte die Nässe der Tränen und das Beben des ausgemergelten Körpers. Abrupt ließ sie Sita los, drehte sich um und ging.

Die Mutter blieb traurig zurück.

Anjali lief, so schnell sie konnte, den Hügel hinauf, aber sie war spät dran: Kamal, der bucklige Aufseher, stand schon da und rauchte. Er gehörte zu den besonders bösartigen Männern. Seine verkrüppelte Gestalt hatte ihn wohl im Laufe des Lebens dazu werden lassen.

»Anjali, wo rennst du hin?«

»Das geht dich einen Dreck an!«

»Bleib sofort stehen!«, schrie er wütend. Sein Gesicht verfärbte sich rot, und die Adern an der Stirn traten deutlich hervor.

Sie rannte weiter, aber er war fixer und hielt sie fest. Schnell biss sie ihm in den rechten Unterarm. Fluchend ließ er los.

»Hure, wenn du jetzt abhaust, komm nie zurück! Ich bring dich um!«, schrie er ihr nach.

Anjali hastete weiter.

Völlig erschöpft erreichte sie die geteerte Straße. Einzelne graue Wolken der Nacht hingen noch tief über der Straße. Es war kühl. Tom stand an einen luxuriösen blauen Wagen gelehnt und trug gegen die morgendliche Kühle einen Pullover. Er blickte gerade auf die Uhr, als Anjali sich ihm keuchend näherte. Die Geste ließ erkennen, dass er dies an diesem Morgen bereits oft getan hatte. Aus der Ferne war immer noch Kamals Gezeter zu hören.

»Wo bleibst du denn?«, fragte Tom.

Sie war so außer Atem, dass sie ihm nur zuwinken konnte.

Tom öffnete die Autotür, Anjali zögerte. Ihre Gedanken waren noch auf der Plantage. Kamal hatte sie erwischt, und jetzt würde ihre Mutter alles ausbaden müssen. Wahrscheinlich würden die Aufseher wieder über sie herfallen und stundenlang am Wiegeplatz warten lassen, bis alle Kiepen der anderen Pflückerinnen gewogen waren. Wie würde ihre Mutter sich jetzt vor den Männern schützen? Bisher hatte ihre Mutter sie, den »Fluch der Götter«, den Männern entgegengestellt, wenn diese in die Hütte eindrangen. Den Fluch der Götter wollte keiner auf sich ziehen, und so waren sie jedes Mal abgehauen.

»Komm, steig schon ein.«

Toms ungeduldiger Ton irritierte Anjali. Schnell stieg sie ein und setzte sich auf den Vordersitz. Sie war vorher nie in einem Auto oder Autobus gefahren. Ihr Herz schlug schneller, ihre Handflächen wurden feucht. Tom setzte sich hinter das Lenkrad, schaute sie lächelnd an und nickte sanft mit dem Kopf.

»Ich bin sicher, die Fahrt wird dir gefallen«, sagte er aufmunternd und startete den Motor. Ein gleichmäßiges Tackern war zu hören, der Wagen begann zu rollen. Anjali zitterte am ganzen Körper, rutschte auf die vorderste Kante des Sitzes und klammerte sich am inneren Türgriff fest. Tom legte beruhigend seine Hand auf ihren Arm, und sie hoffte, er würde die Hand dort lassen, aber er nahm sie zurück und umgriff wieder das Lenkrad. Kurve für Kurve fuhren sie die Straße hinunter. Langsam bekam Anjali Freude an der Fahrt. Es gefiel ihr, wie schnell die wenigen Fußgänger, die Büsche und die Bäume an ihnen vorbeizogen. Sie schloss die Augen und träumte davon, mit dem Herrn weit wegzufahren. Gerne hätte sie ihn gefragt, weshalb er sie persönlich nach Colombo brachte, aber es ziemte sich nicht, einen Sir anzusprechen. Außerdem war er schweigsam und schien konzentriert. Es reichte doch, dass er seine Mutter gebeten hatte, ihr eine Arbeitsstelle zu geben. Anjali dachte an die kommende Begegnung, und ihr Herz schlug erneut schneller. Hatte er ihnen die Wahrheit über ihre Herkunft gesagt? Sie nahm allen Mut zusammen und fragte: »Sir, bitte entschuldigen Sie, aber wie muss ich die Herrschaften ansprechen?«

Tom lachte. »Sei freundlich und höflich, ganz natürlich.« Als er ihren verwirrten Gesichtsausdruck sah, hob er die Schultern. »Meine Mutter sprichst du mit ›Lady‹ und meinen Vater mit ›Sir‹ an, aber der ist sowieso wenig zu Hause. Der lebt …« Tom beendete diesen Satz nicht und sagte stattdessen: »Und die Köchin heißt Mary. Ich mag sie gerne. Früher als Kind habe ich oft in der Küche gesessen oder ihr beim Kuchenbacken geholfen, soweit man es helfen nennen kann.« Tom lachte. »Ich habe vielmehr mit dem Teig rumgeschmiert, und häufig haben wir dabei englische Kinderlieder gesungen.«

»Was ist Kuchenbacken?«

»Das wirst du bald erleben.« Tom nieste mehrfach hintereinander. »Entschuldigung.«

Anjali war darüber erstaunt, lehnte sich bequem im Sitz zurück und betrachtete schweigend das vorüberziehende unterschiedliche Grün der kilometerweiten Teepflanzen.

Sie kamen dem Flachland näher. Die Teebüsche verschwanden. Sie fuhren an nassen braunen Flächen vorbei. Gleich neben der Straße sah sie einen dünnen Mann mit einem übergroßen Strohhut auf dem Kopf. Um seine Lenden war ein Tuch geschlungen, und er folgte gebückt einem Gegenstand, den der Wasserbüffel durch die schlammige Erde zog. Sie schaute fragend zu Tom, der ihren Blick bemerkte.

»Das sind Reisfelder. Schau, der Mann drückt mit ganzer Kraft den Holzpflug hinunter.« Die nasse Erde spritzte an den nackten Beinen des Mannes hoch. »Auf diese Weise wird zuerst der Boden umgepflügt, zwei Wochen bewässert und dann erneut gepflügt. Und dort drüben ist noch ein See.« Tom zeigte mit der Hand in die Ferne. »Vielleicht pflügt er das Feld schon zum zweiten Mal. Das kann ich nicht erkennen.«

Tom putzte sich mit dem Taschentuch lautstark die Nase. Sie erschrak, denn es hörte sich an wie das Trompeten der Elefanten. Tom steckte das Tuch wieder in die Hosentasche und sprach weiter: »Wahrscheinlich hat er in seinem Haus schon für ein paar Tage einen Sack Reis ins Wasser gestellt, danach werden die aufgeplatzten Körner mit den Austrieben auf den vorbereiteten Boden geworfen. Für etwa sechs Wochen bleiben sie im Boden, aber so genau weiß ich es nicht. Es gibt nämlich mehrere Methoden.«

»Und dann können wir den Reis essen?«

»Nein, so schnell geht es nicht.« Er wies mit seinem Zeigefinger nach rechts. »Schau, siehst du dort drüben die Frauen in blauen Kleidern, die mit ihren Beinen bis zu den Knien im Wasser stehen? Sie halten die zarten Setzlinge in der Hand, die aus Körnern gesprossen sind, und stecken sie in den Schlamm. Dort wachsen sie in ungefähr drei Monaten heran.«

Das Auto schlingerte etwas. Anjali krallte sich erneut an dem Türgriff fest.

»Zuletzt werden die Halme mit einem kleinen sichelförmigen

Messer geschnitten, getrocknet und anschließend kleine Büschel genommen und ausgeschlagen. Dann haben wir den Reis.«

»Oh, ich habe mir noch nie überlegt, woher der Reis kommt.«

Inzwischen hatten sie den Außenbezirk von Colombo erreicht. Es gab einen Verkehrsstau. Eine bis auf das Skelett abgemagerte Kuh lag mitten auf der Straße, und daraus war ein heilloses Durcheinander entstanden. Wild hupend bahnten sich Mopeds, Autos und Fuhrwerke rücksichtslos ihren Weg. Der ohrenbetäubende Lärm störte das Tier nicht im Geringsten.

»Heute sind wohl alle Fahrer Hindu«, scherzte Tom.

Anjali sah Tom an und bemerkte, dass er schmunzelte. Sie fragte sich, was daran so lustig war, und antwortete: »Ja, die Kuh ist heilig. Mutter hat mir erzählt, sie sei der Sitz der Götter.«

Ein Kleinlaster rammte fast ihren Wagen.

»Verdammt, blöder Trottel, pass doch auf!«, schimpfte Tom.

Anjali erschrak über seine heftige Reaktion. Bisher erschien ihr der Herr so freundlich, ruhig und gebildet. War womöglich sie schuld an diesem Ausbruch und er sich nicht mehr sicher, ob seine Bitte, eine Teepflückerin ins Haus zu holen, sinnvoll gewesen war?

»Sir, haben Sie der Lady gesagt, dass ich eine Dalit ohne jegliche Rechte bin?«

Trotz des Verkehrsgewühls sah Tom erstaunt zu ihr herüber.

»Natürlich. Und in den letzten Jahren hat sich einiges verändert, Anjali, vor allem in der Stadt.«

Seine Worte überzeugten sie nicht. Den Rest der Fahrt schwiegen sie.

Tom bog in eine breite zweispurige Straße ab, deren Mittelstreifen mit prächtigen Oleanderbüschen bepflanzt war und die direkt am Meer entlangführte. Nur eine niedrige Mauer trennte den weißen Sandstrand von der Straße. Das Meer glitzerte in der Mittagssonne. Schaumkronen hüpften auf und ab.

»Oh«, entfuhr es Anjali. Sofort verschloss sie mit übereinandergelegten Händen ihren Mund, als ob sie befürchtete, es könnten weitere Begeisterungsschreie entweichen.

»Gefällt dir das Meer?«

Anjali nickte. »Ich war noch nie am Meer!«

Tom fuhr an den Straßenrand und stoppte das Auto. »Dann komm, steig aus!«

Anjali stieg über die Begrenzungsmauer. Sie spürte den von der Sonne erwärmten Sand unter ihren Fußsohlen, rannte zum Wasser und steckte die Füße hinein. In diesem Augenblick klatschte eine Welle ans Ufer und durchnässte sie vollständig. Anjali schrie entsetzt auf, während Tom sich vor Lachen krümmte. Sie wischte die Nässe mit dem Handrücken aus dem Gesicht.

»Jetzt müssen wir warten, bis dein Sari getrocknet ist«, rief Tom fröhlich und ließ sich in den hellen Sand fallen. »Komm her!« Er schlug mit der Hand direkt neben sich auf den Boden.

Zögerlich setzte sie sich neben ihn. So dicht, dass sich ihre Schenkel leicht berührten. Sie löste das zu einem Knoten am Hinterkopf verschlungene schwarze Haar und ließ es zum Trocknen im Wind flattern.

Tom griff immer wieder in den Sand und ließ ihn durch die Finger seiner geöffneten Hand rinnen. Dabei streifte er jedes Mal Anjalis Unterarm. Die sanfte Berührung gefiel ihr. Ein kribbelndes Gefühl durchrann ihren Körper, und sie ertappte sich dabei, dass sie hoffte, die Sonne würde lange für das Trocknen des Saris benötigen.

Plötzlich sah Tom auf die Uhr, erhob sich und streckte ihr seine Hand entgegen. Er wollte sie hochziehen, aber Anjali protestierte.

»Sir, ich bin noch ganz nass!«

»Du wirst auch nicht trocken, die Luftfeuchtigkeit ist viel zu hoch«, sagte er und lachte.

Anjalis Augen füllten sich mit Tränen. »Sir, macht es Ihnen Spaß, mich zu verspotten?«

»Nein, Anjali, entschuldige bitte.«

Langsam gingen sie zum Wagen zurück. Anjali schämte sich, in diesem erbärmlichen Zustand bei den neuen Arbeitgebern aufzutauchen. Nicht einmal einen Kamm hatte sie. Die Mutter und sie besaßen nur ein abgebrochenes Stück, und das hatte sie Sita gelassen. Anjali versuchte, die nassen Haare mit den Fingerspitzen zu ordnen, drehte und schlang sie zu einem Knoten zusammen. In der Autoscheibe spiegelte sich ihre Ärmlichkeit.

Tom versuchte, sie mit einem lockeren Spruch aufzuheitern, aber es misslang. Schweigend fuhren sie an einer hohen weißgestrichenen Mauer entlang, über die unzählige Zweige der vielfarbigen Bougainvilleahecken hingen.

Nach kurzer Strecke hielt Tom vor einem mächtigen Holztor. Aus dem Fenster des angrenzenden Häuschens blickte ein junger Mann. Die Wache erkannte das Auto. Sofort trat der Weißlivrierte heraus und verbeugte sich zum Gruß.

Wie von Geisterhand öffneten sich die Torflügel geräuschlos, und Anjali schaute auf unendliche Rasenflächen, die beide Seiten der Auffahrt säumten.

Tom fuhr auf das in der Ferne liegende Gelände zu, bog nach wenigen Metern ab, und kurz darauf erreichten sie ein langgestrecktes Gebäude. Das Haus war umgeben von blühenden Hibiskushecken, und ausladende Magnolienbäume spendeten Schatten. Tom bremste und schlug mit beiden Händen auf das Lenkrad.

»So, wir sind am Ziel«, sagte er ernst.

Anjali öffnete langsam die Autotür und stieg aus. Verschämt bemerkte sie den nassen Fleck, den sie auf dem Autositz hinterließ.

Als sie aufblickte, blieb ihr Mund offen stehen. Die Schönheit und der Luxus dieses Anwesens verschlugen ihr den Atem. Schade, dass ihre Mutter nicht sehen konnte, wo sie leben durfte. Sollte sie tatsächlich in dem besseren Leben angekommen sein, das Sita sich für sie gewünscht hatte?

Kapitel 2

Colombo

»Oh, ist das ein großes Haus«, sagte Anjali erstaunt.

»Hier wohnen nur die Angestellten, die Familie lebt dort drüben.« Tom zeigte mit der Hand die breite Auffahrt hinauf.

Ein Mann mittleren Alters, ebenfalls in einer weißen Uniform, kam ihnen eilig entgegen und begrüßte Tom ehrfürchtig.

»Tarun, das ist Anjali, sie wird ab morgen in der Küche helfen. Zeig ihr die Unterkunft!«

Anjali war über Toms Befehlston erschrocken. Tarun verbeugte sich leicht vor seinem Herrn. Er erinnerte Anjali an einen der unangenehmen Oberaufseher der Teeplantage. Er hatte stechende schwarze Augen und einen ungewöhnlich schmalen Mund, der wie ein Strich wirkte. Das Haar trug er unter einem Turban verborgen. Sein Gesichtsausdruck wirkte kalt und blasiert. Anjali spürte so etwas wie Verachtung, fast schon Feindschaft, die ihr dieser Mann entgegenbrachte.

»Ich hoffe, du fühlst dich wohl bei uns«, verabschiedete sich Tom knapp bei ihr, drehte sich um und stieg eilig in den Wagen.

Anjali sah ihm nach, aber er blickte nicht mehr zurück.

»Los!« Tarun verstärkte seinen Befehl durch ein Kopfzucken in Richtung Haustür. Anjali schluckte ihr Bedauern über Toms kühlen Abschied herunter und folgte dem Mann ins Haus.

In einem engen abgedunkelten Raum deutete er auf ein Holzgestell, über dem ein engmaschiges Gebilde von der Decke hing. »Da kannst du schlafen, und dort drüben im Wandschrank ist Platz für deinen Kram«, sagte er barsch und betrachtete ihr spärliches Gepäck. Weitere Erklärungen hielt er offenbar für überflüssig.

Danach blieb sie allein und dachte über Toms Verhalten nach. Sie verstand ihn nicht. Einmal war er freundlich, dann unnahbar. Wahrscheinlich benahmen sich feine Leute so. Anjali öffnete die Papiertüte, nahm ihr zerfleddertes Kinderbuch, das sie als kleines Mädchen von einer Touristin geschenkt bekommen und aus dem sie ein wenig lesen gelernt hatte, ihre Zahnbürste und den Rest eines Seifenstückes heraus und legte alles in ein Schrankfach. Sie sah nochmals in die leer geglaubte Tüte und entdeckte eine Fotografie, die sie nie zuvor gesehen hatte. Das war es also, was ihre Mutter morgens beim Abschied dort hineingesteckt hatte. Der gezackte Rand war an einigen Stellen abgerissen. Sie nahm das Bild und drückte es mit beiden Händen an die Brust. Welche Bedeutung wird es für Sita gehabt haben, und weshalb hatte sie es ihr mitgegeben? Als Erinnerung an ihr Zuhause? Anjali setzte sich auf das Holzgestell, auf dem ein gefüllter Jutesack, ein weißes Tuch und ein dickeres graues Stoffstück lagen. Letzteres war weich und warm. Plötzlich fühlte sie sich einsam und sehnte sich nach der ärmlichen Behausung auf der Plantage zurück. Ein Bett mit Decke hatte Sita bestimmt noch nie gesehen. Anjalis Augen füllten sich mit Tränen. Als Ablenkung betrachtete sie eingehend die Fotografie. Sie war leicht vergilbt, aber Anjali konnte darauf einen Europäer in weißem Anzug mit Hut erkennen. Der Mann hatte seinen Arm um die Schultern der kleinen schwarzhaarigen Frau gelegt. Sie sah jung aus und trug einen kostbar wirkenden Sari. Ihre Haut war dunkler als seine. Sie schien glücklich zu sein, ihr Lächeln ließ weiße Zähne erkennen.

Anjali hörte sich nähernde Schritte und schob die Fotografie schnell unter die Decke. Ohne anzuklopfen, betrat ein Mädchen ihres Alters den Raum.

»Ich bin Uma, Sir Tom schickt dir diese beiden Saris.« Sie warf Anjali die Stoffbahnen auf den Schoß.

»Danke. Ich heiße Anjali«, erwiderte sie. »Ich werde in der Küche mithelfen, und was machst du hier?«

»Ich bin Stubenmädchen.« Abrupt drehte Uma sich um und verließ den Raum.

Irritiert über das Verhalten des Mädchens, strich Anjali über den grünen Stoff und zeichnete mit dem Zeigefinger die Linien der eingewobenen goldbraunen Ornamente nach. Der andere Sari war blutrot. Auch über diesen Stoff strich sie vorsichtig, um die Schönheit nicht zu zerstören. So etwas Prächtiges hatte sie noch nirgends gesehen. Wem die Saris wohl gehört hatten? Der Lady oder einer Freundin Toms? Sie faltete die rote Stoffbahn sorgfältig zusammen und legte sie zu ihren Habseligkeiten in den Wandschrank. Sie nahm den anderen Sari, ging hinaus auf den Flur und suchte nach dem Waschraum, den Tarun ihr erklärt, aber nicht gezeigt hatte. Sie irrte zwei dunkle Gänge entlang, bis sie endlich den richtigen Raum gefunden hatte. Ihr noch feuchtes Stoffstück tauschte sie gegen den neuen grünen Sari. Stolz verließ sie in dem schönen Kleidungsstück den Waschraum und traf auf die Bediensteten, die gerade schwatzend und lachend in die Unterkunft zurückkehrten.

Draußen war es bereits dämmerig geworden. Keiner der eintreffenden jungen Frauen oder Männer erwiderte Anjalis Gruß. Sie begutachteten die Neue, kicherten und rannten davon. Anjali ging zurück in ihr Zimmer. Aus den angrenzenden Räumen hörte sie Stimmen und fröhliches Lachen. Sie setzte sich auf den Boden, sprach das Abendgebet und dankte den Göttern für alles Neue. Später blickte sie durch das geschlossene Fenster hinaus in die Dunkelheit und suchte nach den Sternen, aber sie sah lediglich das sich im Glas spiegelnde gedämpfte Licht des Raumes.

In dieser Nacht schlief sie unruhig. In ihren Träumen sah sie die Mutter, die barfuß in dem neuen roten Sari über weite Rasenflächen lief und ihr zulächelte. Während der wachen Momente dachte sie an Tom, an seine zarten Berührungen und den kühlen Abschied.

Am nächsten Morgen stand Anjali früh auf, draußen war es noch finster, und im Haus waren noch keine Geräusche zu hören. Sie sprach das Morgengebet und schlich hinüber in den Baderaum. Dort entdeckte sie einen sternförmigen weißen Griff an der Wand und spielte daran herum. Wassermassen ergossen sich über ihren Körper. Zuerst erschrak sie, aber dann blieb sie lange regungslos stehen.

Ihre Zahnbürste besaß nur noch wenige Borsten. Ausgiebig reinigte sie sich die Zähne und nahm sich einen Kamm, der neben dem Fenster lag. An der rauen Wand versuchte Anjali, die grüne Verfärbung der Hände und Nägel zu entfernen. Erfolglos. Sie band den grünen Sari um, schaute in den Spiegel und betrachtete ihre gleichmäßigen Zähne. Dabei hörte sie die anderen auf dem Flur, aber keiner betrat das Bad, bevor sie es verlassen hatte. Anschließend stürmten die Frauen gemeinsam an ihr vorbei ins Bad. Niemand nahm Notiz von ihr oder sprach sie an.

Als es dämmerte, folgte sie den Bediensteten in einigem Abstand, als diese zusammen die Unterkunft verließen. Sie liefen quer über die sorgsam gepflegten Grünflächen. Die Feuchtigkeit der Nacht lag noch auf den Grashalmen, und die Füße hinterließen sichtbare Spuren im Tau. Anjali war erstaunt über die Vielfalt der Blumen und das Zwitschern und Singen der verschiedenen Vogelarten, die aus den riesigen Gummibäumen heraus den neuen Morgen begrüßten. In der Ferne tauchte ein langgestrecktes Gebäude auf. Das Vordach wurde von hohen Säulen getragen. Neben der dunklen doppelflügligen Holztür standen einladende Sessel und Sofas aus Korbgeflecht und Kübel mit rotblühendem Hibiskus. Zahlreiche Orchideenbäume säumten den Weg, hinüber zu dem mit einem Pagodendach geschützten Sitzplatz. Ein Holzsteg führte über einen künstlich angelegten Teich. Hier trennten sich die Wege der Angestellten. Eine kleinere Gruppe ging weiter zum Herrenhaus, der Rest verschwand in Richtung der Garagen, des Gartenhauses oder der Pferdeställe.

Tarun drehte sich nur kurz zu ihr um. »Du kommst mit mir!«

Es ging seitlich am prächtigen Haus vorbei hinüber zu dem durch einen Säulengang damit verbundenen Anbau. Anjalis Herz schlug so schnell wie das eines gefangenen Vogels. Die Rasenflächen erstreckten sich bis an den Rand des feinen Sandstrands, aus dem meterhohe Palmen wuchsen, die sich sanft in der Meeresbrise wiegten. Sie hörte das Rascheln der Palmenwedel. In dem Augenblick breitete die Sonne ihren goldenen Teppich aus. Anjali blieb stehen und schaute bewundernd dem morgendlichen Schauspiel zu. So schön hatte sie den beginnenden Tag bisher nie erlebt.

Tarun drehte sich zu ihr um und zeterte: »Gibt's da, wo du herkommst, keine Sonne?«

Anjali folgte ihm eilig durch die geöffnete Tür. Ein angenehmer Geruch kam ihr entgegen, sie atmete tief ein und sog das unbekannte Aroma auf.

»Guten Morgen, ich bin Mary. Sir Tom hat dich gestern bereits angekündigt, und ich hoffe, wir werden uns gut verstehen«, begrüßte sie die dicke Köchin mit warmer Stimme. Den größten Teil ihrer grauen Haare trug sie unter einer weißen Haube verborgen, und nur über der Stirn schauten einige zu kleinen Röllchen zusammengesteckte Haarsträhnen hervor.

»Guten Morgen, ich bin Anjali«, erwiderte sie, fügte die Hände zusammen und senkte höflich den Kopf. Bei diesem unbekannten Duft, der die Küche durchzog, spürte sie, wie hungrig sie war, denn seit dem spärlichen Frühstück des Vortages hatte sie nichts mehr gegessen.

»Komm, setz dich hierher«, sagte die rundliche Frau und zeigte auf einen Hocker, der an dem blankgescheuerten übergroßen Holztisch stand, und stellte eine Platte hin, auf der ein rundes braunes Stück lag. Die Platte sah weiß aus, genau wie der Wasserhahn im Badehaus. Das Material war zart, fast durchsichtig. Daneben platzierte die Köchin ein Gefäß und goss aus der hohen Kanne eine angenehm riechende braune Flüssigkeit hinein.

»In der Tasse – sie ist aus Porzellan, also pass auf! – ist Kaffee, und das Ding auf dem Teller ist ein Muffin. Hier trinken alle Tee, aber ich brauche morgens eine Tasse Kaffee, und Reis zum Frühstück mag ich auch nicht«, erklärte ihr die ältere Frau und schüttelte den Kopf. Dabei verzog sie die Mundwinkel Richtung Kinn. Das Doppelkinn wackelte. »Aber falls du lieber Reis wie die anderen möchtest, sag es.«

Anjali schüttelte den Kopf und biss hastig in die braune Masse. Das weiche Teil schmeckte süß wie eine Frucht. Zwischen den

Lippen fühlte sich die Porzellantasse zart an und hatte nicht den unangenehmen Geschmack des Blechnapfes. Sie trank einen weiteren Schluck – ja, Kaffee schmeckte ihr.

Auf einer Anrichte sah Anjali eine größere Platte mit Muffins, und die Köchin war gerade dabei, ein zweites Blech aus dem übergroßen Ofen zu ziehen. Gerne hätte Anjali noch mehr gegessen, sie war noch hungrig. Aber sie sagte nichts. Die Sonne stand inzwischen so hoch, dass die Strahlen durch die Fenster in die Küche fielen.

Bald wurde es unerträglich warm in dem Raum. Die Köchin wischte sich mit einem Taschentuch den Schweiß von der Stirn, fuhr sich dann über das rundliche Gesicht und rieb zuletzt über Hals und Nacken. »Immer diese Hitze! Gott sei Dank gibt es wenigstens das alte Ding«, stöhnte sie und zog an einer Schnur über dem Tisch. Langsam begann der Ventilator an der Decke zu rotieren. Ein feiner Luftzug zog durch den Raum. Anjali blieb abwartend sitzen und hörte, wie die Dienstmädchen die Tagesaufgaben zugeteilt bekamen. Tarun saß in der Ecke an einem separaten Tisch, putzte in weißen Stoffhandschuhen Silberplatten und fluchte dabei vor sich hin. Die beiden Mädchen kicherten über seine Worte, bis es Mary zu viel wurde. Ihre grauen Augen blitzten.

»Tarun, was sollen die unflätigen Sprüche? So kenne ich dich gar nicht«, sagte sie ärgerlich.

»Du kennst hier noch vieles nicht.«

»Was soll das heißen? Du hast wohl vergessen, dass ich bereits doppelt so lange in diesem Haus arbeite wie du!«

»Jetzt bringt Sir Tom schon so eine ins Haus.«

Die Dienstmädchen prusteten vor Lachen. In diesem Augenblick betrat Tom die Küche. Tarun und die Mädchen verstummten, doch die Küchentür war nur angelehnt gewesen.

»Tarun, gibt es etwas, das ich erfahren sollte?«

Der Butler stand eilig auf und verbeugte sich leicht. Auch die Mädchen erhoben sich und knicksten. »Ja, Sir, wir wundern uns, dass hier jetzt Plantagenarbeiterinnen beschäftigt werden.«

Woher wusste er, dass sie Teepflückerin war? Sicherlich hatte er ihre von den Blättchen grün verfärbten Finger bemerkt. Schnell stand sie ebenfalls auf.

»Tarun, wer sind ›wir‹?«

»Alle – außer Mary.«

»Dann können sich diejenigen, denen die Entscheidungen der Lady nicht passen, umgehend eine andere Anstellung suchen.«

Anjali spürte, wie ihr Gesicht heiß wurde, senkte den Kopf und starrte auf den Fußboden. Aus den Augenwinkeln sah sie, wie Tom sich einen der Muffins griff und hineinbiss. Den Rest warf er zurück auf die Platte. »Habe ich mich klar ausgedrückt? Und in zehn Minuten wünsche ich das Frühstück auf der hinteren Terrasse.« Er drehte sich um und verließ die Küche. Die Tür fiel krachend ins Schloss. Er hatte Anjali nicht einmal angesehen.

Die Köchin stellte eine Eisenpfanne auf den Herd. »Komm, Anjali, hol mir zwei Eier aus der Speisekammer.«

Anjali stand ratlos da und sah, dass Tarun und die Mädchen sie spöttisch angrinsten. Keiner erhob sich oder half ihr.

»Die stehen vorne auf dem Regal!« Marys Stimme klang verärgert, und die Köchin presste mit unnötiger Kraft Saft aus verschiedenen Früchten. Die Schalen warf sie in einen entfernt stehenden Kübel. Nebenbei schob sie Weißbrotscheiben in einen Metallkasten. Nach wenigen Augenblicken sprang das goldbraune Brot heraus. Keiner sprach, lediglich das Hantieren der Köchin und das Surren des Ventilators waren zu hören. Die ältere Frau füllte aus einem Hahn über dem riesigen weißen Becken Wasser in den Teekessel und stellte ihn auf den Herd. Daneben briet sie Eier mit Speck. Der Wasserkessel pfiff. »Anjali, gib einen Teelöffel Teeblätter aus der Dose dort drüben«, die Köchin zeigte mit dem Finger auf ein Brett an der Wand, »hier in die silberne Kanne und gieß Wasser drauf.« Sie stellte alles auf ein Tablett mit weißer Spitzendecke. »Tarun, du kannst servieren!«

Tarun tat beleidigt und antwortete: »Kann doch die Teepflückerin machen, der Sir wird sich sicherlich freuen!«

»Jetzt ist Schluss! Was ist denn in dich gefahren?«, schimpfte Mary.

Tarun nahm das Tablett und verließ maulend die Küche.

Die Köchin band ihre Schürze ab und hängte sie an einen Haken in der Speisekammer. »Anjali, heute ist Markttag. Hol die Körbe aus dem Vorratsraum dort drüben.« Sie zeigte auf eine weitere Tür, die Anjali bisher noch gar nicht bemerkt hatte. Sie beeilte sich, das Gewünschte zu holen.

Anjali gefiel das pulsierende Leben auf dem Markt, die verschiedenen Sprachen, die sich wellenförmig zwischen den Ständen zu einem bunten Stimmengewirr verwoben, und die Händler, die sich beim lautstarken Anpreisen ihrer Waren gegenseitig überboten. Eine derartige Fülle von Obst und Gemüse hatte sie noch nie gesehen. Anjali beobachtete Mary, wie sie einzelne Gemüsestücke hochnahm, drückte, drehte und wendete, wieder zurücklegte, um ein anderes Exemplar zu begutachten, oder dem Händler zum Wiegen übergab. Der angenehme Duft verschiedener Gewürze waberte über einigen Verkaufsständen, dafür stank es an anderen Stellen des Marktes nach Verwesung und Moder. Trübe Bäche liefen über den Boden, schlängelten sich durch zertretene Obst- und Gemüseabfälle, um irgendwo zu versiegen. Die Köchin steuerte gezielt einige Stände an, die sie zu kennen schien. Keine noch so ausgefeilte Taktik der anderen Händler schien sie zu beeindrucken. Erstaunt sah Anjali, wie Mary in einen Blechkasten mit rotem Puder griff, die gefüllte Hand an die Nase führte und lange daran roch. Danach erklärte ihr Mary ausführlich, wie sie die Qualität des gemahlenen Chilis erkennen konnte. Auf diese Weise verfuhr die Köchin mit Curry und Pfeffer und zeigte ihr, wie sie die Güte der Zimtstangen, der Muskatnüsse und anderen Gewürzen beurteilen konnte.

Pfützen von angetrocknetem Blut, übersät mit Scharen von Fliegen, bedeckten den Boden. An einem Geflügelstand wählte Mary besonders ausgefallene, braun-rot-gelb gefiederte Hühner und dicke Enten aus, die in Holzverschlägen und in einem kleinen Viereck aus Drahtgeflecht zusammengepfercht standen. Mit gestrecktem Zeigefinger deutete sie auf die gewünschten Tiere, und der Verkäufer schlug diesen an Ort und Stelle nacheinander die Köpfe ab. Ein Huhn hüpfte kopflos mehrere Meter davon, und Anjali drehte sich beklommen zur Seite. Dieses Schauspiel und der Geruch nach warmem Blut verursachten ihr Brechreiz, den sie nur mit Mühe unterdrücken konnte. Betroffen folgte sie der Köchin.

»Die Körbe sind so schwer, ich kann nicht schneller«, sagte Anjali entschuldigend.

»Dann wird es Zeit, dass der Fahrer alles übernimmt. Meistens verbringt er die Zeit bei irgendeinem Spiel um Geld.« Sie deutete mit der Hand in die entgegengesetzte Richtung. Als habe er sie gehört, stand der Mann plötzlich vor ihnen, tauschte die Körbe aus und verschwand wieder in der Menschenmenge.

»Warte auf uns bei der Garküche«, rief Mary ihm hinterher.

In dem Holzverschlag des Schlachters hingen Schweinehälften, Teile von Lämmern, Ziegen und Rindern, auf denen unzählige Fliegen saßen. Hin und wieder wedelte der Fleischer mit einer alten Zeitung an den Fleischmassen vorbei. Besonders unangenehm fand Anjali die Tierköpfe mit den trüben Augen. Auch hier kaufte Mary Unmengen von Fleisch. Die ausgetauschten Körbe, die sie über den Markt schleppte, waren inzwischen erneut so schwer geworden, dass sie diese immer wieder abstellen musste. Trotz der Last wäre Anjali gerne länger auf dem Markt geblieben, denn sie konnte sich an dem bunten Treiben nicht sattsehen. Selbst der außerordentliche Krach gefiel ihr. Zuletzt kamen sie an einer Garküche vorbei.

»Anjali, merke dir, für den Fall, dass du einmal allein auf den Markt gehen musst: Hier gibt es das beste Entencurry von ganz Colombo«, sagte Mary und stellte sich vor die riesige Pfanne, in der das Fett zischte und spritzte, sobald Fleischbrocken hineingeworfen wurden. In einer weiteren Pfanne wurde Gemüse gegart. »Komm, wir setzen uns dort drüben hin«, sagte Mary und zeigte dabei mit dem Ellenbogen auf einen wackligen Tisch. Sie setzten sich, und Anjali beobachtete, wie flink und elegant Mary die Stäbchen zwischen Daumen, Zeige- und Mittelfinger handhabte und die Curryhappen genussvoll verzehrte. Sie wollte es der Köchin nachmachen, aber es gelang ihr nicht. Sie stocherte in dem Napf herum und versuchte, mit den Stäbchen mühsam das Gemüse hervorzuziehen.

»Magst du keine Ente?«, frage Mary.

»Entschuldigung, aber ich habe noch nie Fleisch gegessen, ich weiß nicht, ob es mir schmeckt.«

Die Köchin schüttelte verwundert ihren Kopf. »Versuch es! Wenn du es nicht magst, gib es mir.«

Anjali griff mit der Hand nach einem winzigen Stück Fleisch und schob es sich in den Mund. Sie mochte nicht sagen, dass Hindus keine Tiere essen. Die Ente schmeckte. Plötzlich stand der Fahrer wieder neben ihnen.

»Hast wohl auch Hunger und kein Geld mehr für das Curry?« Die Köchin schüttelte den Kopf und drückte ihm einige Rupien in die Hand. »Aber es wird hier gegessen, ich will es sehen, sonst verspielst du das Geld wieder!«

In den nächsten Wochen lernte Anjali Obst und Gemüse auszuwählen, um daraus zur Dekoration kleine Gemüse- und Fruchtornamente zu schnitzen. Sie half beim Kuchenbacken oder rupfte dem Geflügel flink die Federn aus, die dann gesäubert in einem Leinenbeutel aufbewahrt wurden. Bald erkannte sie, wann das Roastbeef rosé, blutig oder durchgebraten war, und konnte Geflügel perfekt tranchieren sowie köstliche Saucen und Suppen kochen. Eifrig sog sie alles Neue in sich auf.

In der Küche begegnete Anjali dem jungen Herrn nie mehr. Aber eines Abends, als niemand mehr dort war, legte Tom seine alten Schulbücher, einen Rechenschieber und leere Hefte in einer Tüte verpackt auf den Tisch. Ein Zettel mit ihrem Namen klemmte daran.

Sobald sie die Aufgaben erledigt hatte, brachte sie die Sachen dorthin zurück, und wenige Tage später fand sie neues Material vor. In jeder freien Minute las, rechnete oder schrieb Anjali und machte gute Fortschritte. Alles interessierte sie, und wenn sie etwas nicht verstand, fragte sie Mary.

Kontakt zu den anderen Angestellten fand sie trotz aller Bemühungen nicht. Gerne hätte sie mit den Mädchen geschwatzt und gelacht, aber sie ignorierten Anjali. Es dauerte einige Zeit, bis sie begriffen hatte, weshalb die anderen die Mauer des Schweigens errichtet hatten: Obwohl es lange untersagt war, herrschte nicht nur bei den Hindus auf Ceylon, sondern selbst bei Buddhisten nach wie vor das Kastendenken.

Um der Einsamkeit zu entfliehen, setzte sich Anjali häufig nach Sonnenuntergang an den Strand, lauschte dem Rauschen des Meeres und dem Aufschlagen der Wellen und schickte Gebete über das Meer oder sang für die Götter. Manchmal öffnete sie dabei Lotosblüten, die sie im Garten gepflückt hatte, bog deren Blätter kunstvoll um und legte die Blüten als Opfergaben auf den kleinen selbstgebastelten Altar in ihrem Zimmer. In wolkenlosen Nächten schaute sie hinauf zu den Sternen und bat, dass sich Sir Tom, wie ihn alle nannten, noch einmal neben sie setzen möge.

Vielleicht hatten die Götter sie erhört, denn eines Abends kam Tom zu ihr ans Meer und setzte sich dicht neben sie in den vom Tage noch erwärmten Sand. Ihre Schenkel berührten sich. Ein angenehm warmer Schauer durchfuhr Anjali. Lange saßen sie schweigend nebeneinander und blickten über das vom Mondlicht glitzernde Meer. Aus heiterem Himmel begann Tom, Anjali abzufragen, und stellte ihr Grammatik- und Rechenaufgaben. Der Zauber war verflogen. Selbst ein Gedicht musste sie aufsagen. Darin war ein Stern vom Himmel auf die Erde gefallen und einsam verglüht. Sie liebte diese Zeilen und hatte sich beim Lernen besondere Mühe gegeben. Tom nickte bewundernd, stand auf und ließ sie wortlos zurück. Wieder umhüllte sie der Mantel der Einsamkeit. Anjali sehnte sich nach Toms Berührung – überhaupt nach menschlicher Wärme. Vergeblich hatte sie gehofft, dass seine Hand sie noch einmal so berühren würde, wie sie es auf der Fahrt vom Hochland getan hatte.

Am nächsten Morgen lagen neue Bücher auf dem Küchentisch. Ein englisches Geschichtsbuch und ein englischsprachiger Roman – ein Liebesroman. Mary schaute auf den Titel, schmunzelte und legte alles auf die Anrichte. Anjali konnte einige Brocken Englisch sprechen, aber nicht lesen. Sie bemühte sich und buchstabierte die Worte so lange, bis sie deren Sinn verstand. Auf diese Weise und mit Marys Hilfe, die nur Englisch mit ihr sprach, wurden ihre Kenntnisse immer besser. Anjali lernte schnell, eine andere Freizeitbeschäftigung hatte sie schließlich nicht, und das Lernen bereitete ihr riesige Freude.

Natürlich blieb den anderen nicht verborgen, dass der junge Herr für sie Bücher und Hefte in die Küche legte. Dafür sorgten Tarun und die Zimmermädchen schon. Anjali musste täglich ihren Unmut ertragen. Sobald sie außer Reichweite der Köchin oder des Herrenhauses waren, riefen sie ihr spöttisch hinterher: »Anjali, unsere schlaue Teepflückerin!«

Eines Vormittags erschien Lady Elizabeth in der Küche. Es war ein ungewöhnliches Ereignis, denn normalerweise ging Mary gegen elf Uhr hinüber ins Herrenhaus, um dort ihre Anweisungen zu erhalten.

Die Zimmermädchen verstummten, standen auf und knicksten.

Es war das erste Mal, dass Anjali die Hausherrin sah. Sie schaute die schlanke Dame bewundernd an. Die Lady trug ein dunkelblaues Seidenkleid und ihren Hals zierte eine dreireihige Perlenkette. Die blonden Haare waren längs am Hinterkopf zu einer Rolle zusammengesteckt. Das Blau des Kleides fand sich in ihren Augen wieder, Sir Tom musste seine Augenfarbe von seiner Mutter geerbt haben. Die Herrin mit dem länglichen Gesicht und der schlanken Nase gefiel ihr. Die Perlen glänzten seidig, und alle waren von gleicher Größe und Farbe. Vor Begeisterung schaffte Anjali es nicht, den Blick von dieser Kette abzuwenden. Erst Marys Stimme rief sie in die Gegenwart zurück. Sie erschrak über ihr unhöfliches Benehmen und beugte sich rasch über die Arbeit am Herd.

»Guten Tag, Anjali, ich hoffe, du hast dich gut eingelebt? Mary sagt, du seist fleißig und pünktlich.« Die Herrin lächelte. Tropfenförmige Perlohrringe zitterten an ihren Ohrläppchen.

Anjali war vollkommen durcheinander. Sie brachte keinen vernünftigen Satz zustande und machte stattdessen einen Knicks, wie sie es bei den Mädchen gesehen hatte.

Die Dame lächelte ihr zu und setzte sich mit Mary an den frisch geschrubbten Küchentisch. Anjali war so neugierig, dass sie dem Gespräch der beiden Frauen lauschte und völlig vergaß, die Gurken zu schälen.

»Mary, wie ich gerade erfahren habe, ist Lady Esther Copland vor einigen Tagen hier eingetroffen. Am nächsten Sonnabend wird ihr zu Ehren eine große Soiree stattfinden. Wir werden etwa 150 Gäste zu uns bitten.«

»Sehr wohl, Mylady. Tarun und ich werden alles zu Ihrer Zufriedenheit vorbereiten.«

»Danke, Mary«, sagte die zierliche Dame des Hauses, stand auf und verließ die Küche. Bei ihren Bewegungen raschelte die schwere Seide wie die Blätter der Palmen im Wind. Die Absätze der hochhackigen Schuhe klackten auf dem Steinboden.

Mary wusste natürlich von dem Ehrengast und erzählte Anjali von Lady Esther, einer Ärztin, die aus England erwartet worden war, um oben in den Bergen auf einer Krankenstation zu arbeiten.

»Die junge Dame soll bei dem Fest in die feine Gesellschaft Colombos eingeführt werden. Sie entstammt einer der ersten Familien Londons«, sagte die Köchin, und in ihrer Stimme lag eine gewisse Hochachtung. Anjali bekam vor Aufregung rote Flecken im Gesicht. »Eigentlich ist es in diesen Kreisen nicht üblich, dass Frauen überhaupt arbeiten – und schon gar nicht fernab der Heimat. Aber sie soll eine Bekannte oder Verwandte von Sir Geoffrey sein und will oben in den Bergen Erfahrungen sammeln.« Mary zuckte mit den Schultern. Anjali schwieg, da sie den genannten Sir nicht kannte. »Mal sehen, wie lange sie bleibt. Die jungen Dinger sind ja nichts gewohnt, und diese Schwüle hier …« Mary sammelte die Zettel zusammen, auf denen sie alle Anweisungen notiert hatte, und wischte sich unnötigerweise die sauberen Hände an der Schürze ab. Sie schien verlegen, und Anjali hegte den Verdacht, dass sie sich verschwatzt hatte.

»Feine Gesellschaft« – das konnte man von dem Arbeitgeber nicht sagen, dachte Anjali, schwieg aber. Sir Walter, Toms Vater, kam nachts meist angetrunken in die Personalunterkunft und verschaffte sich oft mit Gewalt bei einem der Mädchen Einlass. In dieser Hinsicht glich er den dreisten Aufsehern der Plantage, und Anjali stellte nachts zur Sicherheit den Stuhl unter die Türklinke. Schlösser oder Riegel fehlten. Nach einigen vergeblichen Versuchen, in ihr Zimmer zu gelangen, gab der Hausherr auf. Sein feistes rotes Gesicht und das ständige Gebrüll mit Untergebenen gefielen ihr nicht. Mit dem Personal sprach er selten in normaler Lautstärke – auch hier erinnerte er sie an die grässlichen Vorarbeiter der Plantage.

Von Mary wusste Anjali, dass er Lady Elizabeth mit anderen Frauen betrog – »billige Flittchen« nannte die Köchin sie. Die Lady tat Anjali leid. Die Hausherrin hatte unglücklich ausgesehen, obwohl sie doch so reich war.

In den folgenden Tagen herrschte reges Treiben. Pasteten aus Wildfleisch, Gemüse, Fisch und Schalentieren und dazu passende Saucen wurden zubereitet. Große Braten, verschiedene Geflügelsorten sowie jede Menge Kuchen und Kleingebäck kamen nacheinander in den Ofen, dessen Feuer frühmorgens angezündet und erst spätabends gelöscht wurde. Die fertigen Gerichte wurden auf Silberplatten angerichtet und prächtig verziert. Für die Dekoration schnitzte Anjali unter anderem Körbchen aus Gurken und Figuren aus Fruchtfleisch. Die Köchin ließ sie von allem kosten und freute sich, wenn es ihrem Schützling schmeckte. Nur das roségebratene Roastbeef wollte Anjali nicht probieren. Rind, nein, ein heiliges Tier zu essen, käme für sie nie in Frage, auch wenn es noch so verlockend aussah und roch.

Am Abend der Soiree schmückten Girlanden und Ballons den Garten, die Kapelle war eingetroffen, und auf einem extra dafür errichteten Podest bauten die Musiker die Instrumente auf. Die großen runden Tische waren mit weißen Damasttischdecken belegt und die steifen Servietten zu Schwänen gefaltet. In riesigen mit Eisstangen gefüllten Bottichen lagen unzählige Flaschen zum Kühlen.

»Champagner«, sagte Mary, und ihr Gesicht bekam einen verzückten Ausdruck.

Die Gärtner steckten Hunderte von Fackeln in die Erde, und auf den verschiedenen Teichen im Garten schwammen Kerzen in Seerosenblättern, die nach Einbruch der Dunkelheit entzündet werden sollten.

Kurz vor dem Eintreffen der Gäste schickte die Köchin Anjali ins Personalhaus. Anjali duschte und wählte den roten Sari, den sie bis zu diesem Abend noch nie getragen hatte. Sie hoffte insgeheim, dass Sir Tom vielleicht in die Küche kommen würde.

»Schön siehst du aus, Anjali.« Mary strich ihr über die Wange und steckte ihr eine Hibiskusblüte in den Haarknoten. »Sir Toms Verlobte ist übrigens zusammen mit der Ärztin eingetroffen.«

Anjali ließ einen Teller fallen.

Die Köchin schüttelte verärgert den Kopf. »Pass doch auf!« Gleich darauf fuhr sie unbeirrt fort: »Der junge Herr wird morgen mit Fräulein Inga hinauf in die Berge fahren – um allein zu sein!« Sie lachte. »Bisher habe ich die Braut aber nur auf einem Bild gesehen – eine Schwedin.«

Anjali konnte nur mit Mühe die Tränen zurückhalten, doch sie versuchte, das Gesicht zu wahren. Obwohl eine eiserne Faust ihr in die Magengegend zu drücken schien, lächelte sie. In ihrem Hals bildete sich ein Kloß. War sie bloß das Opfer eines gelangweilten Sirs gewesen?

Gegen 20 Uhr trafen die ersten Gäste ein. Jedem Angestellten wurden entsprechende Aufgaben zugeteilt, und es gab niemanden im Haus, der nicht anpacken musste. Turan war in seinem Element. Er scheuchte die zusätzlich engagierten Kellner hin und her und hatte ständig etwas auszusetzen. Die Köchin blieb erstaunlich ruhig. Sie organisierte und kommandierte, und in der Küche lief alles reibungslos. Klänge der Tanzmusik und süßer Blütenduft waberten durch die schwüle Abendluft. Der Garten mit den alten Bäumen und Palmen war durch unzählige Kerzen prächtig illuminiert und der Himmel sternenklar. Selbst der laue Wind war eingeschlafen.

Trotz ihrer verletzten Gefühle war Anjali mächtig neugierig. In einer freien Minute – die Platten waren gerade wieder aufgefüllt worden – schlüpfte sie zur Küchentür hinaus und schaute vorsichtig um die Ecke. Um noch besser sehen zu können, lief sie zu einem gigantischen Rhododendronbusch. Die Damen trugen lange, kostbar aussehende Kleider oder Saris, die Herren dunkle Hosen und weiße Jacketts. Der prächtige Schmuck, mit dem die Damen reichlich behängt waren, funkelte im Kerzenschein. Zwischen den tanzenden Paaren entdeckte sie Tom. Er hielt eine schlanke Frau fest umschlungen, die das blonde Haar hochgesteckt trug. Sie lehnte den Kopf an seine Schulter, und bei jeder Bewegung glitzerte ihr Diadem wie Tausende kleiner Sterne. Ein Stich in der Brust raubte Anjali fast den Atem, ihr Magen zog sich zusammen. Tränen kullerten ihr über die Wangen. Schnell rannte sie in die Küche zurück und warf die Tür hinter sich zu. Mary beobachtete sie schweigend. Was hatte sie, eine Teepflückerin und Küchenhilfe, erwartet, schien ihr Blick zu sagen. Und sie hatte recht!

Du bist eine Unberührbare! Wie naiv bist du? Der junge Herr hatte in den letzten Wochen aus Mitleid gehandelt – mehr nicht. Um sich abzulenken, arbeitete sie wie besessen und wünschte sich, dass der Abend bald ein Ende fände. Sie füllte Platten und Schüsseln auf, wusch ab, obwohl dafür eine Extrahilfe eingestellt worden war, und steckte sich Papierkügelchen in die Ohren. Sie wollte die Musik nicht mehr hören.

Die Zeiger der Küchenuhr zeigten kurz nach drei Uhr morgens. Anjalis Haarknoten hatte sich inzwischen gelöst, die Blüte lag welk am Boden. Ein Großteil der Gäste war bereits gegangen, der Rest im Aufbruch, da wurde die Küchentür aufgerissen, und Sir Walter stand mit puterrotem Gesicht leicht schwankend vor ihnen. Er roch nach Zigarrenrauch und Whiskey.

»Ein Diamantring wird vermisst. Die Dame hat ihn auf dem Waschbeckenrand in der Gästetoilette abgelegt, und als sie kurz danach zurückkehrte, lag er nicht mehr dort.«

»Sir, außer dem Butler und dem Stubenmädchen geht niemand von uns hinüber ins Haupthaus«, sagte Mary.

»Ich verlange, dass alles gründlich abgesucht wird, auch der Garten – peinlich genug, dass so etwas in meinem Haus vorkommt!«, brüllte er in üblicher Manier.

»Vielleicht hat ihn ein anderer Gast oder einer der zusätzlichen engagierten Kellner gefunden«, sagte Mary zaghaft.

»Um welche Uhrzeit vergaß die Dame den Ring?«, fragte Tarun.

»Vor gut einer Stunde.«

»Sir, da hatte das Aushilfspersonal das Gelände bereits verlassen. Der Sicherheitsdienst hat selbstverständlich alle überprüft. Ich hatte es angeordnet«, sagte Tarun selbstgefällig. »Natürlich werden wir alles dransetzen, den Ring zu finden, Sir. Und die Männer von der Kapelle werde ich auch sofort durchsuchen lassen.« Der Butler verbeugte sich leicht vor seinem Herrn, der aufgebracht den Raum verließ. Die bis dahin herrschende Fröhlichkeit war einem eisigen Schweigen gewichen.

»Keiner verlässt die Küche, bevor ich ihn inspiziert habe«, befahl Tarun. »Nur Mary kann gehen!«

Am folgenden Tag herrschte eine unheimliche Stille in der Küche. Anjali versuchte, wie immer fröhlich und aufmerksam zu sein. Trotzdem spürte sie eine ungewohnte Reserviertheit der Köchin.

Als der Abend hereinbrach, wurde die Küchentür aufgestoßen, und mehrere Polizeibeamte stürmten herein. Stiefelabsätze knallten auf dem Steinboden.

»Was geht hier vor?«, fragte Mary, aber niemand antwortete.

»Wer ist die Teepflückerin?«

Uma zeigte eilig auf Anjali.

Mary schaute Anjali entsetzt an und schüttelte den Kopf. »Tarun, was ist los?«, fragte sie den Butler, der nach den Beamten die Küche betrat.

»Wirst du bald erfahren.«

Ohne Begründung oder weitere Fragen zerrten zwei Polizisten Anjali vom Stuhl und drehten ihr die Arme auf den Rücken. Handschellen klickten, dann schoben sie Anjali zur Tür hinaus. Einer der Männer stieß ihr mit dem Gewehrkolben in den Rücken. Sie stolperte und fiel hin. Zwei Beamte rissen sie an den Haaren hoch und schubsten sie vorwärts, bis sie das Polizeiauto erreichten, das in der Einfahrt parkte.

Anjali wollte etwas sagen, aber in dem Moment traf sie ein Schlag ins Gesicht. Sie taumelte, der Beamte schlug erneut zu, sie fiel, dann regneten Stiefeltritte auf sie nieder. Ihre Lippen platzten auf, Blut strömte ihr aus der Nase und aus Wunden am Kopf. Einer der Männer packte sie und warf sie in das Innere des vergitterten Autos. Türen fielen zu. Das Auto raste los. Anjali verlor das Bewusstsein.

Kapitel 3

Bruchstückweise kehrte die Erinnerung an das Geschehene zurück. Anjali wollte die Augen öffnen, aber etwas stimmte nicht. Zentnerschwere Säcke bedeckten ihre Augenlider. Ihre Lippen brannten, und sie spürte unbändigen Durst. Mit der Zunge versuchte sie, die Lippen zu benetzen, aber die hing ausgetrocknet wie ein welkes Blatt in ihrem Mund. Anjali saß an eine Wand gelehnt und spürte Körper neben sich, so dicht, dass sie sich berührten. Sie hörte Stimmen wie durch einen Nebelschleier. Frauenstimmen. Wo war sie? Ein penetranter Gestank nach Schweiß, Fäkalien und Menstruationsblut hing in der stickigen Luft. Ein heftiger Tritt traf sie am Bauch. Anjalis Herz raste, sie fühlte den Puls am Hals und an den Schläfen pochen, aber sie stellte sich schlafend und versuchte, das Gesprochene zu verstehen. Nach wenigen Minuten gelang es ihr – die Frauen drückten sich noch vulgärer aus als die Vorarbeiter auf der Plantage. Soweit sie es verstand, heckten die Frauen etwas aus. Eine schrill klingende Stimme schlug vor, Anjalis Gesicht in den Kot zu drücken, eine andere befahl, dass sie Urin trinken sollte. Eine Hand begrapschte ihre Brüste. Die übrigen Anwesenden kreischten vor Vergnügen. Schwere Riegel wurden zurückgezogen. Anjali hörte Stiefel auf dem Betonboden und blinzelte mühsam. Es waren Aufseher. Sie feuerten die Frauen noch an.

Anjali betastete mit einer Hand ihr Gesicht, aber sie fühlte nur eine aufgequollene Fleischmasse, verkrustet und mit klebrigen, stinkenden Substanzen überzogen. Zwischen ihren geschundenen Lidern quollen Tränen hervor und rannen über ihr Gesicht.

»Aufhören!«, befahl eine tiefe Frauenstimme.

War es eine Aufseherin? Anjali wollte sich hinlegen, aber es gab nicht genügend Platz. Die Frau mit der tiefen Stimme setzte sich neben sie.

»Wer bist du? Wo kommst du her, und warum haben sie dich eingelocht?«

»Die behaupten, ich hätte einen Ring geklaut.« Anjali wählte die Teepflückersprache, die sie in letzter Zeit mit Mühe vermieden hatte. »Aber das ist gelogen. Ich hab das Ding nie gesehen.« Sie erzählte nicht, wie sie hieß oder woher sie kam – was ging es die Frauen an?

»Schöne, hör gut zu: Wenn du tust, was ich will, geht's dir gut, aber wenn du Zicken machst, wirst du's bereuen.«

Anjali vermutete, dass ihr Gegenüber die Anführerin war, deshalb nickte sie. Sie spürte, wie die Frau aufstand, dann schob sich ein anderer übelriechender Körper neben sie. Vorerst gab sie den Versuch auf, ihre Augen zu öffnen.

Am nächsten Morgen, Sonnenlicht fiel spärlich durch den offenen Mauerschlitz, wurde der Riegel zurückgeschoben, und ein Aufseher mit einer Peitsche in der Hand stand in der geöffneten Tür.

Abruptes Schweigen.

»Du da, komm mit, aber fix!« Er nickte ihr mit dem Kopf zu und deutete mit dem Zeigefinger auf sie. Anjali versuchte aufzustehen, aber die Beine knickten unter ihr weg wie weiche Teestrauchtriebe. Der Aufseher kam ihr entgegen. Sein Peitschenhieb traf ihre nackte Schulter, dann zerrte er sie mit einer fleischigen Hand hoch. Ihre Beine knickten sofort wieder ein, aber er hielt sie fest und schleifte sie hinter sich her.

Er zog sie in einen fensterlosen Raum und warf sie bäuchlings über einen in der Mitte stehenden Tisch. Sie hörte das Öffnen seiner Gürtelschnalle. Sekunden später spürte sie einen rasenden Schmerz, als er von hinten in sie eindrang. Er stieß mit heftiger Wucht zu. Anjali schrie. Der Mann riss sie an den Haaren wie einen Gaul an der Mähne. Der Peiniger brüllte wie ein Löwe, dann ließ er sich mit seinem ganzen Gewicht auf ihren Rücken fallen. Sie hörte das Knacken ihres Brustkorbs, spürte einen rasenden Schmerz, ihr Atem stockte. Sie fühlte sich wie eine zerquetschte

Ratte. Sie hörte, wie ein weiterer Mann zur Eile drängte. Das Gewicht ließ nach. Kurz darauf wurde erneut brutal in sie eingedrungen. Wut und Verzweiflung überfielen sie. Mit letzter Kraft bäumte sie sich auf, aber Hände drückten auf die gebrochenen Rippen und stießen sie zurück auf den Tisch. Sie hielten ihr den Mund zu. Anjalis erstickte Schreie klangen wie das Trompeten wütender Elefanten. Tränen der Machtlosigkeit und des Schmerzes rannen über ihr Gesicht. Anjalis Unterleib glich einer Feuerstelle, und je mehr sie sich gegen die Stöße der Männer wehrte, desto mehr verkrampfte sie ihren Unterleib. Irgendetwas riss. Die Schmerzen waren unerträglich, und sie hoffte, endlich den Verstand – oder wenigstens das Bewusstsein – zu verlieren.

Zwei weitere Männer schändeten sie, Herumstehende applaudierten. Anjali spürte unbändigen Hass auf diese Männer, auf alle Männer – auch auf Tom. Warum half er ihr nicht? Glaubte er ebenfalls, sie sei eine Diebin? Dass sie diese Behandlung verdiente? Sie dachte an Sita und an das Leid, das die Mutter vor ihrer Geburt erdulden und jetzt nach ihrer Flucht vielleicht wieder erleiden musste.

Anschließend schleppten die Männer sie in das Büro des Kommissars. Blut lief an ihren Beinen hinunter. Ihr Körper stand in Flammen.

»Warum hast du den Ring gestohlen?«, fragte der Kommissar und legte das Schmuckstück auf den Schreibtisch. »Leugne es nicht, wir haben das Ding in deinem Zimmer unter der Matratze gefunden.«

»Ich habe den Ring weder gesehen noch geklaut, ich war nie im Herrenhaus. Wahrscheinlich hat ihn jemand bei mir versteckt.«

»Aha, der große Unbekannte.« Wütend schlug der noch recht jung aussehende Kommissar auf die Tischplatte. »Verkauf mich nicht für blöd, du Schlampe! Ich frage jetzt zum letzten Mal.«

Anjali spürte erneut eine ungeheure Wut in sich aufsteigen und hätte den Mann am liebsten angeschrien, aber dazu fehlte es ihr an Kraft und Mut. Und was würde es ändern? Alle waren von ihrer Schuld überzeugt.

»Weshalb hast du den Ring gestohlen? Und Geld hast du dem Butler auch geklaut!«

Sie brauchten eine Diebin, und sie, die Unberührbare ohne Rechte, war bestens dafür geeignet. Sie würde sowieso verurteilt werden, sofern es überhaupt jemals zu einer Verhandlung käme. Anjali sah sich bereits an einem Baum hängen.

»Antworte gefälligst!«, brüllte der Kommissar und schlug erneut mit der Hand auf den Schreibtisch.

Sie war derart in Gedanken versunken, wer den Ring in ihrem Zimmer versteckt haben könnte und weshalb ihr Tom nicht half, dass sie seinen weiteren Vorwurf überhört hatte.

»Ich habe nichts zu sagen, ich habe den Ring nie gesehen.«

Ein Schlag traf sie im Gesicht, Blut spritzte dem Kommissar auf die weiße Uniform.

»Wegbringen!«, befahl er seinem Untergebenen wütend.

Wieder zerrten die fleischigen Hände des Aufsehers sie in die Höhe und schleiften sie in den Nebenraum. Zwei andere Polizisten stülpten ihr einen Sack über und drückten ihren Kopf in ein Wasserbecken. Sie zappelte. Der Stoff sog sich an Mund und Nase fest, ihre Lungen schienen zu bersten, aber die Männer ließen nicht locker. Erst als Anjali glaubte, das Ende wäre gekommen, rissen sie ihren Kopf hoch und zogen den Sack herunter. Der Kommissar war hereingekommen. Sie wurde auf einen Stuhl gesetzt. Die gleichen Fragen folgten. Der Zorn überfiel sie erneut, aber sie antwortete nicht. Wieder zerrten die Männer sie vom Stuhl und warfen sie auf eine schäbige Liege neben einer blutverschmierten Mauer. Dann zeigte ihr der Dicke mit grinsendem Gesicht eine Klinge. Anjali schloss die Augen. Jedem ihrer Schreie folgte ein weiterer Schnitt in die Fußsohlen. Sie träumte, ein Tiger würde sie zerfleischen.

Anjali erwachte in der Zelle. Ihre Mitgefangenen legten nasse Saris auf ihre Wunden und brachten Anjali den letzten Rest des Wassers. Selbst die Anführerin kam zu ihr und streichelte sie. Ein kleiner Trost, doch keine der Frauen konnte verhindern, dass sie täglich aufs Neue die gleichen Fragen, die gleiche Folter ertragen musste. Und jedes Mal dachten sich die Beamten etwas anderes, noch Grausameres aus. Inzwischen besaß Anjali keine Fuß- und Fingernägel mehr. Sie wollte die Qualen nicht mehr aushalten, sie sehnte sich nach dem Tod, nach einer besseren Welt.

II.

Der Fluch der Götter

Kapitel 4

Schon von weitem hörte sie die auf dem Betonfußboden hallenden Stiefelschritte, der Riegel wurde zurückgeschoben, und die schwere, rostige Eisentür öffnete sich quietschend. Das ständige Keifen der Frauen verstummte. Ängstliche Blicke richteten sich auf die zwei Beamten.

»Du da!«, brüllte der Dicke und zeigte auf Anjali. Der Gürtel seiner zu engen, ehemals sicherlich weißen Uniform hing weit unter dem Bauch, als würde er diesen stützen.

Anjali schob sich mit letzter Kraft an der Wand hoch.

»Beeil dich!«, rief der andere.

Ihr Puls beschleunigte sich. Sie wusste, was sie erwartete. Zögerlich ging sie auf die beiden Wärter zu. Der Dicke schubste sie genauso brutal den Gang entlang, wie er es in den letzten Wochen unzählige Male getan hatte. Kraftlos fiel Anjali zu Boden. Er zerrte sie hoch und stieß sie die schmutzigen, schummrigen Gänge vorwärts. Durch die wenigen glaslosen Fenster drangen Schreie und schwüle Luft herein, in der ein Gestank aus Schweiß und Fäkalien hing. Vermutlich wurden drüben im angrenzenden Gebäude wieder Gefangene zu Geständnissen gezwungen.

Nicht dorthin, flehte Anjali innerlich. Sie konnte die Qualen nicht mehr ertragen. Lieber wollte sie sterben.

Aber die Aufseher schlugen an diesem Tag einen anderen Weg ein. Nach kurzer Strecke erreichten sie ein rostiges Gitter, in dem eine Tür eingelassen war.

»Warten!«, schnauzte der Dicke sie an, als ob sie eine andere Wahl hätte.

Auf der gegenüberliegenden Seite öffnete ein grimmig aussehender Mann mit einem übergroßen Schlüssel die Tür, und der Aufseher schubste sie zu ihm hinüber. Anjali fiel auf den Steinboden. Die Tür fiel ins Schloss.

»Aufstehen!«, befahl der Mann. Anjali zitterte am ganzen Körper und hatte Gänsehaut, obwohl es im Gebäude muffig und unerträglich heiß war.

»Weiter, weiter«, maulte er.

Nach kurzer Strecke erreichten sie die nächste Tür, es folgte die gleiche Prozedur. Nur sah der dortige Aufseher noch furchterregender aus. Wo brachte man sie hin? Gab es noch grausamere Foltermethoden? Ihr Körper vibrierte, die Knie wurden ihr weich.

Der Aufseher führte Anjali zuerst in einen kahlen fensterlosen Raum, der nur mit einem Stuhl möbliert war. Mit knochigen Händen fingerte er an ihr herum und tat so, als suchte er etwas. Ihm schien das Grapschen erhebliche Freude zu bereiten. Anjali konnte nichts tun, als es über sich ergehen zu lassen. Nach der gründlichen Leibesvisitation befahl er Anjali, ihm zu folgen. Der Ton war geringfügig freundlicher geworden. Aus dem Metallregal, dessen Farbe größtenteils abgeschlagen war, nahm der Mann eine zerknitterte Papiertüte, die der glich, die sie von der Plantage nach Colombo mitgebracht hatte. Anjali stutzte. Es war ihre Tüte. Wer sollte ihre wenigen Habseligkeiten ins Gefängnis gebracht haben?

Tom? Nein, der glaubt wahrscheinlich auch, ich sei die Diebin.

Und außerdem waren der Sir und die Schwedin schon vor ihrer Verhaftung in die Berge abgereist. Wusste er gar nicht, dass sie im Gefängnis saß?

Der Aufseher suchte an seinem großen Ring voller Schlüssel nach dem passenden und schloss eine breite Stahltür auf, die in einen fensterlosen Gang führte. An dessen Ende gelangten sie an eine weitere verschlossene Tür, die sich auf Knopfdruck quietschend öffnete. Anjali blieb stehen. Angst überfiel sie. Wollte der Mann sie bei der Flucht erschießen? Sie spürte Brechreiz.

»Hau endlich ab, bevor der Chef seine Meinung ändert!«

»Soll ich fliehen?«, fragte sie naiv.

»Nein, du kannst gehen, sie haben den Dieb überführt. Vor

zwei Tagen hat eine korpulente Frau die Tüte und diesen Brief abgegeben.« Er zog einen geöffneten Umschlag aus der Jackentasche und gab ihn ihr.

»Wer hat den Ring …« Bevor sie weiterfragen konnte, wurde die Tür hinter ihr geschlossen. Anjali schob den Brief in die Tüte und rannte los.

Erst als sie glaubte, sich weit genug entfernt zu haben, setzte sie sich auf den Boden und zog den Brief aus der Tüte. Neugierig suchte sie einen Absender, zog den Briefbogen aus dem geöffneten Couvert und faltete das Blatt auseinander.

Hi, Anjali,
es tut mir sehr leid, was geschehen ist. Vor allem aber, dass auch ich davon überzeugt war, dass du die Diebin gewesen sein musstest. Glücklicherweise wurde der Diebstahl aufgeklärt. Tarun hat zugegeben, dass er den Ring gefunden und ihn in deinem Zimmer versteckt hatte. Als Begründung gab er bei der Vernehmung an, dass er und die anderen Angestellten eine Dalit als Küchenhilfe nicht hätten akzeptieren können. Der Kommissar, wohl selbst ein Tamile höherer Kaste, zeigte volles Verständnis dafür. Lady Elizabeth war erbost und forderte deine sofortige Freilassung.
Um weitere Unruhe unter den Angestellten zu vermeiden, möchten die Herrschaften, vor allem Sir Walter und sein Sohn Richard, nicht, dass du in das Haus zurückkehrst.
Anjali, natürlich hatte ich gespürt, dass du dich sehr zu Sir Tom hingezogen fühltest, vielleicht sogar verliebt warst. Wahrscheinlich erging es dem jungen Herrn mit dir ebenso. Meine Beobachtungen sind wohl auch den anderen Familienmitgliedern nicht verborgen geblieben, und so hat es hierzu sehr deutliche Worte gegeben, und seine vorzeitige Abreise am Morgen nach dem Fest wurde beschlossen. Ich hoffe, du verstehst, was ich damit sagen will.
Sir Tom und seine Braut wissen nichts von deinem Gefängnisaufenthalt. Auch wenn es für dich sicherlich eine schmerzhafte

Zeit war, vielleicht ist es besser, dass sich eure Wege so getrennt haben. Sir Tom wird demnächst nach London reisen, um als Anwalt zu arbeiten.
Deinen Lohn füge ich bei.
Vielleicht treffen wir uns an anderer Stelle einmal wieder.
Gruß
Mary

So einfach war das! Tränen tropften auf das Papier und verwischten die Tinte. Geld war nirgends zu finden. Vermutlich hatten sich die Aufseher bedient. Anjali schob das Blatt in den Umschlag und steckte ihn in die Tüte zurück.

Aha, deshalb hatte ihr Tom nicht geholfen. Er würde also in Europa mit dieser Inga leben. Bei dem Gedanken spürte sie wieder den Druck in der Magengegend, der aber sofort im Meer der Schmerzen verschwand. Europa war weit entfernt. Und sie blieb zurück wie weggeworfener Unrat zwischen Müllbergen, Ungeziefer und stinkenden Bächen. Dem passenden Ort für eine Dalit.

Seit Tagen lief Anjali ziellos durch Colombo, der rastlosen Hauptstadt mit zwei Gesichtern, wie sie inzwischen gelernt hatte. Auf die Plantage oder in das Herrenhaus konnte sie nicht zurückkehren. Hunger und Durst quälten sie. Die spärlichen Mahlzeiten im Gefängnis waren derart dürftig gewesen, dass sie davon nie satt geworden war. Aber hier draußen fand sie gar nichts. Sie durchwühlte die Abfallbehälter der Stadt, aber Hunderte von hungrigen Menschen hatten diese lange vor ihr durchsucht. Jeder Schritt tat höllisch weh, neben den tiefen Schnittwunden in den Fußsohlen war ihr Körper von zahllosen Schlägen blau und grün oder verquollen, die Lippen noch immer – beziehungsweise schon wieder – aufgeplatzt. Sie atmete flach. Jede Bewegung des Brustkorbs war eine Qual. Ihr Unterleib brannte wie Feuer. Die täglichen Vergewaltigungen durch Kommissare und Gefängniswärter hatten blutige Wunden hinterlassen, aber Anjalis größte Sorge war, ein Kind von einem dieser abscheulichen Männer zu bekommen: Ihre Regelblutung war ausgeblieben.

Irgendwann konnte sie vor Schwäche nicht mehr weiterlaufen und ließ sich mitten auf der Straße fallen. Autofahrer hupten, einige schrien ihr zu. Anjali war es egal, sie bewegte sich nicht.

Überfahrt mich endlich, dann hat das Elend ein Ende, dachte sie. Sie wollte gerade die Augen schließen, da sah sie einen gutgekleideten Europäer, der aus dem Auto stieg, auf sie zukam und sie an den Straßenrand zerrte. Dort ließ er sie wie einen Sack fallen und warf ihre Tüte hinterher. Sofort stürzten sich zwei Bettler darauf, aber sie griff mit letzter Kraft rasch genug danach und schob sie sich unter den Körper.

Anjali erinnerte sich nicht, wie lange sie regungslos dort gelegen hatte, aber nach und nach kehrte ihr Lebenswille zurück. Mühsam stand sie auf und nahm die Tüte. In einiger Entfernung sah sie den Hintereingang eines Hotels und beobachtete, wie Kübel mit Essensresten hinausgetragen und auf einen Kleinlaster geladen wurden. Trotz Schmerzen rannte sie dorthin. Sehnsüchtig blickte sie auf die Metalltonne.

Der Küchenjunge sah zu ihr herüber, drehte sich suchend um, langte unauffällig in die Tonne und warf ihr ein Stück altes Brot zu. Blitzschnell bückte sie sich danach. Er warf noch etwas hinterher, aber sie konnte es nicht mehr erreichen, da der Fahrer des Wagens sie entdeckt hatte.

»Hau ab und lass dich hier nie wieder blicken, du Dreckstück!«, schrie er, hob einen Stein vom staubigen Boden auf und warf ihn nach ihr. Doch sie hatte es erwartet, duckte sich, und das Geschoss verfehlte das Ziel. Eine Fensterscheibe klirrte. Anjali war überzeugt, der Kerl verkaufte die Reste an Bedürftige. Sie wollte sich mit einer Geste bei dem Jungen bedanken, aber der war bereits verschwunden. Mit letzter Kraft schleppte sie sich weiter, bis sie den Strand erreichte. Dort legte sie sich in den warmen Sand und schlief erschöpft ein.

Als sie erwachte, dämmerte es bereits. Die Fischer kehrten vom Meer zurück und zogen die kleinen Boote auf den Strand. Eine streunende Katze hatte sich dicht neben ihr zusammengerollt. Das Tier war ebenso abgemagert wie sie. Anjali stand auf und suchte in der Nähe der bunten Kähne nach Fischresten, aber sie fand nichts Essbares. Nur ein Stück Angelschnur, das sie in die Tüte steckte. Mühsam schlich sie am Strand weiter und setzte sich zwischendurch immer wieder in den Sand, um neue Kraft zu schöpfen.

Irgendwann tauchten in der Ferne zusammengewürfelte Bretterbuden auf. Einer der vielen Slums von Colombo. Hoffnung keimte in ihr auf. Vielleicht fand sie hier eine Bleibe? Sie lief schneller. Die Katze trottete treu neben ihr her, und sobald sie stehen blieb, schlich das Tier um ihre Beine, stellte den Schwanz auf und schnurrte.

Lange sah Anjali sehnsüchtig zu den Behausungen hinüber. Eine dürre Frau erschien vor einer der Hütten. Das Gesicht glich einem zerklüfteten Felsen im Hochland. Sie betrachtete Anjali eine Weile, dann kam sie auf sie zu.

Bestimmt auch eine Dalit, dachte Anjali.

»Suchst du eine Bleibe? Dann komm mit«, sagte die Frau, drehte dabei den Kopf über die Schulter und deutete auf die Hütten. »Da neben mir in der schmalen Bretterbude ist vorhin ein armer Krüppel gestorben, den bringen sie gerade weg, da kannst du wohnen, falls du nichts Besseres brauchst.« Während sie sprach, nickte sie mehrmals mit dem Kopf, als wollte sie die eigenen Worte bestätigen.

Anjali folgte ihr. In der Bretterbude stank es grässlich. Der Sandboden war bedeckt mit Unrat, Kot und Erbrochenem. Dicke grünliche Schmeißfliegen saßen überall. Eine Ratte verließ bei ihrem Eintreten flink die Behausung.

Die Alte bückte sich und drückte Anjali ein loses Holzbrett in die Hand. Damit schob sie den Müll und alles einigermaßen Feste ins Freie. Währenddessen holte die Frau in einem Blecheimer Wasser aus dem Meer und schüttete es über den Boden.

»Das kann ich doch machen«, protestierte Anjali.

Die Frau schaute sie wieder stumm an, ging und holte erneut Wasser und leerte es aus. »Du kannst ja kaum stehen, leg dich in meine Hütte, bis hier der Boden trocken ist.«

So wurde der Beach-Slum Anjalis neues Zuhause.

Sie erholte sich trotz des Hungerns einigermaßen schnell. Devi, so hieß die ältere Frau, versorgte sie, so gut sie konnte. Viel hatte sie ebenfalls nicht. Trotzdem brachte sie Anjali fast jeden zweiten Tag eine halbe Handvoll Reis. Woher sie ihn hatte, fragte Anjali nicht. Sie war erleichtert, als ein paar Wochen nach ihrer Entlassung ihre Regelblutung wieder einsetzte, und führte deren Ausfall auf die mangelnde Ernährung im Gefängnis zurück.

Nach und nach akzeptierten auch die männlichen Slumbewohner die alleinstehende Neue. Die Versuche sexueller Belästigung und andere Schikanen ließen nach. Die Männer pinkelten nicht mehr an ihre Hütte oder setzten ihre Haufen direkt vor den Eingang. Fließendes Wasser oder Toiletten gab es in der Hüttenansammlung nicht. Der einzige Luxus dieser Herberge war der Blick auf das Meer, und damit gab es zugleich eine Waschgelegenheit. Hier wohnten ausschließlich Unberührbare. Einige von ihnen arbeiteten als Latrinenreiniger, andere waren für die Leichenverbrennung zuständig, fegten Colombos Straßen, schufteten als Wäscher oder Friseure und in sonstigen für Unberührbare vorgesehenen Tätigkeiten für einen Hungerlohn, sofern sie überhaupt Arbeit hatten.

Anjali brauchte eine Beschäftigung, die ihr das Überleben ermöglichen würde. Sobald sie wieder einigermaßen schmerzfrei laufen konnte, bummelte sie durch die Umgebung, suchte am Strand nach trocknen Palmenwedeln und flocht daraus Matten als Bodenbelag oder Schlafstatt. Auch Devi, ihrer Retterin, schenkte sie eine von den selbst hergestellten Unterlagen. Sie ging von Hütte zu Hütte und bot die Matten zum Verkauf an, aber Slumbewohner besaßen entweder kein Geld oder kauften nur auf dem Markt.

Irgendetwas trieb sie weiter. Täglich lief Anjali viele Meilen den Strand entlang, und eines Tages gelangte sie an einen Hotelgarten, dessen gepflegte Rasenflächen sie an das Herrenhaus ihrer ehemaligen Arbeitgeber erinnerten. Was Sir Tom wohl machte? Er musste inzwischen nach Europa zurückgekehrt sein.

Sie hatte schon länger nicht mehr an ihn gedacht und spürte einen Stich in der Herzgegend. Sie blieb stehen und beobachtete die Männer und Frauen, die sich in knapper Badekleidung im Schatten der hohen Kokospalmen auf Holzliegen mit dicken Auflagen ausruhten. Die Haut glänzte fetttriefend wie das Fleisch in der Garküche. Einige Gäste hielten ein schlankes Glas mit heller Flüssigkeit in der Hand, bei anderen standen Geschirr und silberne Teekännchen auf den Tischchen neben den Liegen. Ob in den Gläsern Champagner war, wie es Mary so verzückt genannt hatte? Woher kamen die Hotelgäste? Sicherlich waren sie reich, aber besonders glücklich sahen die rot- oder braungebrannten Gesichter nicht aus.

Die Kellner der Strandbar beobachteten Anjali, sie glaubten wohl, sie würde die Gäste belästigen oder gar bestehlen. Ein Ober kam schließlich auf sie zu. Anjali rührte sich nicht, obwohl sie sich fürchtete.

»Was willst du hier?«

»Nichts, ich schaue nur, und vielleicht lassen die was zu essen übrig.«

Der Angestellte betrachtete sie von Kopf bis Fuß. »Du bist dahinten aus dem Slum, stimmt's?«

»Nein«, log sie frech und dachte: Die Götter mögen es verzeihen.

»Betrete nie den Rasen, und quatsche keinen der Gäste an, verstanden?«

Er drehte sich um und lief zur Bar zurück. Anjali sah, wie er mit seinen Kollegen tuschelte, und ging einige Schritte zurück, so dass sie auf dem Sand stand, der gehörte schließlich nicht mehr zum Hotel.

So kam es, dass Anjali fast täglich zum Hotel lief. Es war ein Ziel, und der Ausflug bot Abwechslung von dem tristen Dasein im Slum.

Anjali stand wie immer am Rand des großen Hotelgartens. Sie lehnte an dem Stamm einer Kokospalme und wollte den Proben der Tanzgruppe zusehen, die sie vor einiger Zeit auf der Terrasse eines Nebentraktes entdeckt hatte. Ein sanfter Windhauch vom Meer spielte mit ihren Haaren und ließ die Blätter der meterhohen Palmen rascheln. Anjali bewunderte die Anmut der Tänzerinnen und bewegte sich in Gedanken mit ihnen. Sorgfältig hatte sie sich jede Bewegung der Tänzerinnen eingeprägt, hatte versucht, in ihrer winzigen Behausung das Gesehene nachzuahmen. Wie sie die Arme elegant nach oben nahmen, die Hände bogen, dabei die Handflächen drehten und die Finger mit den langen Nagelspitzen spreizten und dazu die Füße gleichmäßig im Trommelwirbel hoben und senkten. Sie kannte einige der Tänzer und Tänzerinnen, denn einmal war sie zu der Gruppe gegangen und hatte sich erkundigt, wie man Tänzerin werden könnte. Die Mädchen hatten über die Frage gelacht.

An diesem Vormittag standen die Tänzerinnen ratlos herum und diskutierten. Sie postierten sich in ungewohnter Weise, aber der Tanz begann nicht, ein Ensemblemitglied fehlte. Mutig ging Anjali auf die Gruppe zu.

»Braucht ihr eine Tänzerin?«, fragte sie die Leiterin.

Alle lachten. Die Chefin sah sie mitleidig an. »Ja, Rati ist sehr krank geworden. Sie wird länger fehlen, und eine Ersatztänzerin habe ich in der Eile nicht gefunden.«

»Ich kann doch mittanzen«, sagte Anjali keck.

Wieder lachten die anderen.

»Ihr werdet sehen, ich kann es, ich habe viel geübt.«

Die Lehrerin sah Anjali so durchdringend an, als könnte sie in ihr Herz blicken. »Gut, versuchen wir es, stell dich in die letzte Reihe.«

Anjalis Beine wankten. Sie konnte es nicht glauben und wartete einen Moment, bis sie sich gefasst hatte, rannte dann die Stufen hinauf und stellte sich in die letzte Reihe. Nach wenigen Takten nahm sie die anderen nicht mehr wahr und tanzte wie im Rausch. Erst der Applaus der Gruppe ließ sie in die Wirklichkeit zurückkehren.

Im Nu befand sie sich im Umkleideraum der Tänzerinnen. In dem silberdurchwobenen Oberteil, dem langen silberbestickten weißen Rock und mit dem besonderen Kopfschmuck fühlte sie sich wie ein anderer Mensch. Ihre Augen füllten sich mit Tränen.

Wenn mich Tom nur einmal so sehen könnte!

Ringe aus ziseliertem Silber mit feinen Glöckchen im Inneren umgaben die Fußgelenke, und bei jeder Bewegung der Füße ertönte ein zartes Bimmeln. Ihr Haar war zu einem Knoten aufgesteckt, und auf dem Kopf trug sie einen hohen, dreieckigen, mit Blumenornamenten verzierten Silberschmuck. Ein rotes Zeichen auf die Stirn gemalt, die mandelförmigen Augen mit dicken schwarzen Strichen betont und den Mund dunkelrot geschminkt, fühlte Anjali sich schön wie eine Göttin.

Die kurze Zeit bis zum Auftritt verbrachte sie mit den anderen Tänzerinnen. Ihr Herzschlag beschleunigte sich, der Puls pochte heftig an den Schläfen, ihre Knie zitterten wie Kokoswedel im Wind, und sie glaubte, dass sie trotz aller Aufmunterung durch die anderen Frauen die Aufführung nicht würde überstehen können.

Um neun Uhr abends eilten die Tänzerinnen leichtfüßig auf die Bühne. In der Dunkelheit des Zuschauerraumes konnte Anjali die Anwesenden nur schemenhaft erkennen. Die braunen Teakholzbretter dufteten nach frischem Öl und glänzten im Scheinwerferlicht. Zu viert standen sie auf der Holzfläche und warteten auf den Beginn des Trommelwirbels der drei Musiker. Anjali stand kerzengerade und konzentriert, den Blick geradeaus in die Dunkelheit gerichtet. Sternenregen der Blitzlichter durchbrach die Schwärze für einen Augenblick. Anjalis Herz pochte so heftig wie die Trommeln, und sie glaubte, es würde jeden Augenblick aufhören zu schlagen. Der Trommelwirbel setzte ein. Sie bog die Hände, drehte die Handflächen und spreizte die Finger. Die Arme flogen in die Höhe, nach vorne oder zur Seite, dabei setzte sie die Füße sanft oder auch heftig auf den warmen Holzboden, je nach Vorgabe der Trommler. Anjali vergaß die Menschen um sich. Sie verspürte die ungemeine Leichtigkeit ihres Körpers und fühlte sich wie ein Pfau, der seine Federn ausbreitet, um in seiner ganzen Schönheit zu glänzen. Dann hörte sie den tosenden Beifall.

Müde, aber freudig aufgewühlt lief sie in der Dunkelheit der Nacht über den Strand nach Hause. Dort setzte sie sich auf den Boden, legte die Hände zusammen und dankte den Göttern für dieses Geschenk. Inga, ihre treue Mitbewohnerin, kroch aus dem Versteck. Anjali wusste nicht einmal, ob die Ratte tatsächlich ein Weibchen war, trotzdem hatte sie das Tier nach Toms schwedischer Braut benannt. Dankbar für die Gesellschaft, strich Anjali über den weichen Fellrücken und legte sich schlafen.

Von diesem Tag an tanzte Anjali jeden Abend in der Gruppe, die von Hotel zu Hotel zog und ihr Programm absolvierte.

Doch ihr Glück sollte nicht von langer Dauer sein. An einem Samstagabend, direkt nach der Vorstellung, kam ein junger Mann und fotografierte sie. Durch das Blitzlicht wurde sie geblendet, stolperte und stürzte die Bühnentreppe hinab. Beim Versuch, den Fall abzufangen, ertönte ein ungutes Geräusch – sie schrie auf. Sie betrachtete den Daumen und Fußknöchel. Beides wurde unförmig dick und dunkelblau und pochte unerträglich.

»Du musst sofort einen Arzt aufsuchen«, sagte die Tanzlehrerin mitfühlend. Geld für einen Arzt besaß Anjali nicht, aber sie schwieg.

In dieser Nacht wusste sie nicht, wie sie die Strecke im seichten Wasser des Indischen Ozeans bis nach Hause schaffte. Glücklicherweise stand der Mond prall gefüllt am wolkenlosen Sternenhimmel und wies ihr den Weg. Obwohl sie ihre Verletzungen mit feuchten Umschlägen kühlte, konnte sie drei Wochen nicht tanzen. Danach war der Platz in der Tanzgruppe wieder durch die genesene Vorgängerin besetzt. Sorgfältig vergrub sie die wenigen beim Tanzen verdienten Rupien in ihrer Hütte. Sie würde sparsam mit dem Geld umgehen müssen. Die angenehmen Wochen in der Tanzgruppe blieben für Anjali eine kurze Unterbrechung ihres Elends.

Kapitel 5

Colombo und Nuwara Eliya

Seit Wochen nahm sich Anjali vor, die Mutter zu besuchen, aber sie fand immer eine Ausrede, die Reise zu verschieben.

Morgen werde ich gehen, beschloss sie aber eines Abends, nachdem sie in den letzten Nächten immer häufiger von Sita geträumt hatte. Ein Gefühl der Unruhe überfiel sie. Gedanken, dass es der Mutter nicht gutginge, ließen Anjali nicht los. Na ja, was hieß schon »gutgehen«? Hoffentlich war sie gesund. Das Leben auf der Plantage war schwer genug – und Anjali hatte es ihrer Mutter durch ihre Flucht vor einem halben Jahr nicht einfacher gemacht.

Sie beschloss, ihrer Mutter nichts von dem Gefängnisaufenthalt und ihrem Leben im Slum zu erzählen, Sita sollte weiterhin glauben, ihre Tochter lebe in einer besseren Welt.

Am nächsten Morgen buddelte Anjali das vergrabene Geld wieder aus. Es war feucht geworden. Sie musste einen neuen Behälter finden. Für den Notfall vergrub sie einige Rupienscheine wieder. Fein säuberlich trat sie den Boden mit den Füßen fest und zog die Matte darüber.

Es war nicht sicher, ob ein Omnibusfahrer sie als eine Dalit erkennen und mitnehmen würde, daher stellte Anjali sich an die Ausfallstraße, die hinauf in die Berge in Richtung Nuwara Eliya führte. Sie winkte und hoffte, ein vorbeifahrendes Auto würde halten. Die Schwüle an diesem Morgen war unerträglich, und Schattenplätze gab es nicht, deshalb lief sie am Straßenrand in Richtung Hochland. Ein Gedanke ließ sie an ihrem Körper schnuppern. Roch sie nach Schweiß? Dann würde der Autofahrer sie bestimmt sofort wieder hinauswerfen.

Endlich hielt nach langer Zeit und häufigem Winken ein Auto.

Anjali öffnete zaghaft die Tür. Angenehme Kühle schlug ihr entgegen.

»Steig ein!« Die Fahrerin klopfte mit der Hand auf den freien Sitz. Anjali setzte sich rasch neben die rotblonde Frau, nicht, dass die Europäerin es sich noch anders überlegte.

»Wohin möchtest du?«

»Hoch, in die Nähe von Nuwara Eliya – ich will meine Mutter auf der Plantage besuchen. Diese Straße führt direkt daran vorbei.«

Anjali verstummte, unsicher, ob sie der Frau auf die Nerven fiel, aber die schien sich für die Tramperin zu interessieren.

»Und was hast du in Colombo gemacht?«

»Ich lebe da und arbeite bei Engländern.« Sie wusste, es war ein Fehler, in dem Moment, als sie es sagte.

»Ah, bei welcher Familie bist du beschäftigt? Vielleicht kenne ich sie?«, fragte die schlanke Frau.

Anjali lief ein Schauer über den Rücken. Sie zögerte und betrachtete die rotlackierten Fingernägel und die Haut der Fahrerin, die so weiß war wie der Porzellanwasserhahn im Herrenhaus. Sollte sie lügen? Ja, es musste sein, denn die Dame war sorgfältig gekleidet und frisiert. Sie kannte sicherlich die reichen Familien Colombos. Anjali suchte verzweifelt nach einem englischen Namen aus einem der Bücher, die sie von Tom bekommen hatte.

»Im Haus von Lady Cheston«, sagte sie kaum hörbar und beobachtete dabei das Gesicht der Dame. Aber deren Miene veränderte sich nicht. Anjali war erleichtert. Vielleicht gab es den Namen überhaupt nicht?

»Und weshalb bist du nicht mit dem Bus gefahren?«

»Ich bin eine Harijan und weiß nicht, ob ich einen Bus betreten darf, wenn andere Fahrgäste anwesend sind.« Anjali dachte, dass Harijan besser klang als Dalit, und hoffte, dass die angenehm duftende Europäerin sie nicht sofort wieder aus dem Auto warf.

»Weshalb darf eine Harijan – so hieß es doch? – nicht mit den öffentlichen Verkehrsmitteln fahren?«

Es war Anjali nicht klar, ob die Frau unwissend war oder ob diese sie zwingen wollte, das andere Wort auszusprechen? Sie nahm ihren ganzen Mut zusammen und antwortete: »Ich bin eine Unberührbare und beschmutze jeden Ort, den ich betrete.«

Anjali hielt die Luft an. *Gleich hält sie an,* dachte sie und flehte innerlich: *Bitte fahr weiter.*

Die Engländerin sah sie mit entgeistertem Blick an, schüttelte den Kopf und schwieg. Glücklicherweise setzte sie die Fahrt fort. In die folgende Stille hinein fragte sie nach einer Weile: »Wie heißt du?«

»Anjali«, antwortete sie fast unhörbar.

»Ich habe schon von kastenlosen Menschen gehört und gelesen, aber woran erkenne ich, dass ich eine Harijan vor mir habe?«

»Sie müssen nach ihrer Jati, ihrer Geburtsgruppe, fragen, Lady.«

Die Frau schüttelte erneut den Kopf. Dabei wippten ihre schulterlangen rotblonden Locken leicht auf und ab, und sie murmelte etwas auf Englisch. Die Worte verstand Anjali nicht. Schweigend fuhr die Frau die kurvenreiche Straße weiter hinauf. Anjali war überrascht, dass die Dame sie nicht aus dem Auto warf, und schielte verlegen zu ihr herüber. Sie wirkte konzentriert, fast abwesend, als hätte sie die Beifahrerin vergessen.

Es war angenehm in diesem kühlen Auto. Tom hatte in seinem alten Wagen keine Kühlanlage gehabt, dort waren die Fenster geöffnet gewesen, und durch den Fahrtwind mussten sie beide viel lauter sprechen. Anjali hörte nur ein leises Summen und kein tuckerndes Motorengeräusch wie in Toms Wagen, und sie fühlte sich wie ein Vogel, der über die Straße schwebte. Sie schloss die Augen und stellte sich vor, Tom säße neben ihr.

Tom. Aus unerfindlichen Gründen hatte sie ihn in all den Monaten nicht vergessen können. Ob er inzwischen diese Inga geheiratet hatte?

Nach geraumer Zeit schien sich die junge Dame an ihren Fahrgast zu erinnern.

»Harijan … Harijan – was bedeutet dieses Wort? Ich habe es noch nie gehört«, sagte sie sehr leise, eigentlich mehr zu sich selbst.

Anjali war stolz, der Dame antworten zu können. Sie erinnerte sich noch genau daran, wie Tom während der gemeinsamen Fahrt nach Colombo davon erzählt hatte. »›Kinder Gottes‹, eigentlich ›Vishnu-Geborene‹. Gandhi hat uns so in Indien genannt, aber wir selbst nennen uns Dalit, das bedeutet ›Unterdrückte‹.«

»Anjali – das ist ein schöner Name –, bitte erzähle mir von den Dalit, ich habe nur wenig darüber gelesen.«

»Was soll ich Ihnen erzählen?«

»Alles über Harijans. Entschuldige, aber ich finde den Namen ›Kinder Gottes‹ schöner.«

»Die Jati, unsere Geburtsgruppe, bestimmt, in welche soziale Stufe wir hineingeboren werden. Dalit gelten als ›Unberührbare‹ und dürfen nur unreine Berufe ausüben. Ausländer wie auch meine Arbeitgeber umgehen dieses Verbot aber häufig.«

Sie waren am Ziel angelangt. »Darf ich bitte hier raus?«, fragte Anjali.

Die Fahrerin bremste, lenkte den Wagen an den Straßenrand und ließ sie aussteigen. Demonstrativ streckte sie dem Mädchen die Hand hin.

»Sie werden unrein sein, Lady.«

»Dann werde ich mir die Hände eben wieder waschen«, antwortete die zarte Frau und lächelte.

Anjali gab ihr die Hand, sie hatte diese Geste bei den Europäern in Colombo beobachtet. Danach legte sie die Hände zusammen und verbeugte sich ehrfürchtig, bevor sie die Autotür zuschlug. Sie war sich sicher, die Dame hatte es nicht verstanden. Sie schaute dem davonfahrenden Auto nach und ging den schmalen Sandweg hinunter zu den Unterkünften der Arbeiterinnen. Wenn sie bloß keinem Aufseher begegnete!

Anjali kam alles fremd und unwirklich vor, obwohl sie die Plantage erst vor einem halben Jahr verlassen hatte.

Sie sah in den Verschlag ihrer Mutter. Alles war voller Unrat, und es stank fürchterlich, genauso eklig, wie die Hütte im Slum gerochen hatte, als sie eingezogen war. Was war mit Mutter los, und wo war die Gottesfigur Shiva geblieben? Hatte Sita sie in ihrer Not verkaufen müssen? Anjali bekam ein flaues Gefühl im Magen und rannte hinaus.

Die ersten Teepflückerinnen bogen um die Ecke. »Was machst du hier, Anjali?«, riefen sie ihr überrascht entgegen.

»Ich suche Mutter.«

Die Frauen schauten sie verständnislos an. Meena, die Älteste unter ihnen, die sich nach dem Tod von Sitas Mutter um sie gekümmert hatte, kam auf sie zu. »Komm, Anjali, wir gehen in meine Unterkunft, damit dich keiner der Aufseher sieht. Die sind ganz schön wütend gewesen, als du abgehauen bist. Sita musste deshalb viel leiden.«

Die anderen blickten ihnen neugierig hinterher.

»Setz dich!«, sagte Meena, nahm einen Blechnapf und reichte ihr etwas Wasser. Anjali trank es gierig aus, obwohl es lauwarm war und abgestanden schmeckte. Meena setzte sich dicht neben sie auf den Boden.

»Anjali, Sita ist tot«, sagte sie dann ohne Umschweife. »Eine Schlange hat sie gebissen, ganz dort oben.« Sie zeigte mit der Hand in Richtung Gipfel. »Bis wir sie hier runtergebracht hatten, war es zu spät. Eine Ärztin, die seit kurzem drüben auf einer Nachbarplantage arbeitet, hat alles versucht, aber es war nichts mehr zu machen.«

Anjali blieb stumm.

Sita, der einzige Mensch, den sie gehabt hatte, war nicht mehr da.

Sie begann zu weinen. Meena rührte sich nicht.

»Anjali, haben die dir in Colombo nichts gesagt? Pravin, der Oberaufseher, hat doch die Ärztin gefragt, ob sie im Haus der Herrschaften anrufen kann. Sie sollten dir ausrichten, was passiert ist. Deine Mutter hat uns gesagt, dass du jetzt bei reichen Leuten in der Küche arbeitest und bald kommst und sie abholst.«

Meena machte eine Pause und kratzte sich am Hinterkopf. »Vielleicht hat er uns ja angelogen, um sich wichtigzumachen?«

Anjali schüttelte den Kopf und vermutete, dass eh niemand gewusst hatte, wo sie in Colombo arbeitete. Außerdem musste es nach ihrer Verhaftung gewesen sein, wenn es sich bei dieser Ärztin um Lady Esther handelte. So viele Ärztinnen konnte es hier im Hochland nicht geben. Anjali erzählte nichts von dieser grausamen Zeit oder ihrem Leben im Slum, und beide Frauen schwiegen wieder eine Weile.

Endlich fragte Anjali: »Was habt ihr mit dem Leichnam gemacht?«

»Da wir als Frauen es ja nicht machen dürfen, haben Pravin und zwei jüngere Männer Holz gesammelt, am Fluss ein Feuer angezündet und sie verbrannt. Wir Frauen haben uns hinter den dicken Büschen versteckt, und dann habe ich gehört, wie einer sagte: ›Der Schädel hat geknackt, der Geist ist raus, fertig.‹ Dann sind wir weggerannt. Den Verbrennungsgeruch haben wir bis hierher gerochen, und am übernächsten Tag hat Pravin das Häufchen Asche in den Bach geschüttet.«

»Pravin hat für Mutter Holz gesammelt und die Asche verstreut? Komisch.«

Warum würde Pravin das tun? War er womöglich Anjalis Vater? Bei dem Gedanken wurde ihr ganz heiß, und sie spürte eine beklemmende Enge in der Brust. Rasch stand sie auf, verabschiedete sich von Meena und lief ins Freie.

»Warte«, rief die alte Frau. »Hier ist noch Shiva, ich habe ihn mir genommen, bevor Pravin kam.« Sie streckte Anjali die kleine Silberstatue entgegen.

»Weißt du, Anjali«, sagte sie dann, »deine Mutter hatte es nicht leicht, so ganz ohne Mutter in dieser Umgebung aufzuwachsen. Ich habe mein Bestes gegeben, aber … Als sie schwanger wurde, wusste sie nicht, ob sie eine gute Mutter sein könnte. Aber nach nur wenigen Wochen konnte sie sich ein Leben ohne dich nicht mehr vorstellen.« Die Alte lächelte und tätschelte Anjalis Hand, die Shiva umklammert hielt. »Als das Geburtshoroskop ergab, dass du einen Namen mit dem Anfangsbuchstaben A bekommen solltest, hat Sita lange überlegt, bevor sie sich für Anjali entschied. Der Name bedeutet ›Gottesgeschenk‹ oder auch ›die Glückliche‹ … Mach's gut, Mädchen. Und trauere nicht zu sehr um deine Mutter. Sie war nicht unglücklich hier und froh, dass du zu was Besserem gefunden hast.«

Anjali konnte nur nicken.

Sie rannte davon. Dabei sah sie in Gedanken den brennenden Scheiterhaufen und darauf Sitas ausgemergelte Gestalt. Sie versuchte, das vor ihrem inneren Auge auftauchende Bild zu verdrängen, und hoffte, Sita würde in dem nächsten Leben ein würdevolleres Dasein erlangen.

Der Sandweg mündete in die breite asphaltierte Straße. Hier musste sie sich entscheiden. Sollte sie nach Colombo zurückkehren, wo es immerhin die Hütte am Strand gab, oder versuchen, auf einer der anderen Plantagen Arbeit zu finden? Viele Chancen rechnete Anjali sich nicht aus, doch wie von einer unsichtbaren Hand geführt lief sie die Straße weiter hinauf in Richtung Nuwara Eliya.

Nach einigen Kilometern Fußmarsch blieb sie erschöpft stehen. Weshalb war sie nicht in die Hütte zurückgekehrt? Hatte sie in den vergangenen Monaten vergessen, wie kalt es in den Bergen werden konnte? Damals hatte ihr ganzes Streben nur einem Ziel gegolten: die Plantage zu verlassen. Und jetzt beabsichtigte sie tatsächlich, erneut hier oben nach Arbeit zu suchen? Wie einfältig war sie eigentlich?

Hungrig und durstig stand sie in der einbrechenden Dunkelheit und fror. Und dann entlud sich über ihr auch noch die dicke Wolkenwand. Rasch setzte sie sich unter einen mächtigen Bodhibaum. Seine Blätter boten ihr Schutz vor dem Regen, und die angrenzende Hibiskushecke hielt den auffrischenden Wind ab. Sie stellte die kleine Shivastatue aus dem Nachlass ihrer Mutter neben sich und lehnte sich an den dicken Baumstamm.

Ein bellender Hund ließ Anjali hochschrecken. Sie musste vor

Erschöpfung eingenickt sein. Der Köter raste hin und her, sprang wild kläffend auf der anderen Seite der Hecke in die Höhe und versuchte, sich durch das dichte Gehölz zu zwängen. Sie blieb regungslos sitzen und hoffte, dass er bald sein Interesse an ihr verlor. Vergebens. Kläffen und Knurren wechselten sich ab. Aus der Ferne hörte Anjali eine Frau rufen, aber der Hund ließ sich nicht beruhigen. Die Frau näherte sich.

»Was gibt es denn da?«, fragte sie auf Englisch.

Anjali hörte das Geräusch eines sich öffnenden Gartentürchens, das sie in der Dunkelheit nicht bemerkt hatte. Der Regen hatte inzwischen nachgelassen. Der Hund stürzte heraus und blieb knurrend vor ihr stehen, und sie sah eine ältere Frau auf sich zukommen. Anjali hielt die Arme um ihren Oberkörper geschlungen und rührte sich nicht. Sie zitterte am ganzen Körper und ihre Zähne schlugen aufeinander.

»Was machst du hier?«, fragte die Frau erstaunt und betrachtete sie aufmerksam im Schein der Gartenlaterne.

»Der Baum schützt mich vor dem Regen.«

»Und woher kommst du?« Bei der Frage sah ihr die Dame direkt in die Augen. »Du trägst ja nicht einmal eine Jacke bei diesem ungemütlichen Wetter!«

Anjali schwieg. Sie konnte unmöglich sagen, was passiert war und dass sie auf der Suche nach einer Arbeitsstelle war, denn dann würde die Frau vermuten, sie sei zum Stehlen unterwegs. Um Zeit zu gewinnen, sprang sie auf und blickte an sich herunter. Bestimmt sah sie erbärmlich aus mit den tropfenden Haaren und dem nassen, am Körper klebenden Sari.

»Ich will zur Krankenstation«, log sie.

Die Dame betrachtete sie von oben bis unten, dann blickte sie ihr wieder in die Augen. »Bist du krank?«

Anjali schüttelte den Kopf. »Nein, nein, ich muss der Ärztin Geld bringen. Sie hat meine Mutter behandelt. Eine Schlange hat sie gebissen, aber es war zu spät, es hat nichts mehr genutzt – sie ist gestorben.«

»Das tut mir leid … Besitzt du denn so viel Geld?«

»Ja, ich arbeite in Colombo«, log sie erneut und griff unter die obere Stoffbahn ihres Saris, zog die Rupien aus dem nassen Bund und hielt sie der Frau entgegen.

Die Dame starrte sie unvermindert an. Plötzlich wandte sie sich ab, blieb dann aber stehen und rief Anjali über die Schulter zu: »Komm mit!« Sie ging weiter und verschwand durch die Gartentür.

Anjali folgte. Das Gartentürchen fiel krachend hinter ihr ins Schloss. Vor ihnen erhob sich ein prächtiges Haus. Sie liefen bis zur Terrasse. Der Hund wich nicht von ihrer Seite. Durch ein erleuchtetes Fenster sah Anjali ein Kaminfeuer flackern. Auf dem Kaminsims lag eine Girlande aus grünen Zweigen, die mit vielen Lichtern und bunten Karten verziert war. Das Zimmer sah gemütlich und warm aus.

»Hier, eine Decke!« Die Frau war wieder an ihrer Seite aufgetaucht. »Falls du möchtest, kannst du im Geräteschuppen übernachten. Dort sind noch mehr Decken.« Mit einer Hand streckte ihr die ältere Dame die Wolldecke entgegen, mit der anderen Hand wies sie in die Dunkelheit.

»Morgen ist Weihnachten, da wirst du die Ärztin mit Sicherheit nicht auf der Krankenstation antreffen.«

Das war ihr egal. Schließlich wollte sie überhaupt nicht auf die Krankenstation. Trotzdem legte sie die Hände zusammen und senkte den Kopf zum Dank. Im Licht der Terrassenlampen konnte sie das Gesicht der Frau erkennen. Irgendwie kam sie ihr bekannt vor, aber Anjali wusste nicht, woher. Auch die Dame betrachtete sie erneut aufmerksam, bevor sie sich abrupt umdrehte und ging.

Anjali folgte dem schmalen Pfad und gelangte nach kurzer Zeit an ein Holzhäuschen. Sie öffnete die Tür, tastete an der Wand nach dem Lichtschalter und knipste eine von der Decke hängende Blechlampe an, die den geräumigen Raum und einen Stapel dick gepolsterter Auflagen in warmes Licht tauchte. Aus einem Holzregal zog sie eine weitere Wolldecke, dann wickelte sich Anjali darin ein und legte sich auf die weichen Matten. Sie rollte sich wie eine Katze zusammen, bis eine angenehme Wärme ihren Körper überschwemmte. Sie fühlte sich geborgen und summte ein Schlaflied aus ihrer Kindheit. In Gedanken tauchte der ausgemergelte Körper ihrer Mutter auf, die mit der schweren Kiepe auf dem Rücken gebückt zwischen den Teesträuchern die steilen Berghänge hinaufkletterte. Anjali sah Sitas Lächeln und ihre Tränen zum Abschied. Schuldgefühle überfielen Anjali. Sie stand auf und lief im Schuppen auf und ab. Tränen liefen ihr über die Wangen, während sie versuchte, die Bilder der Mutter zu verdrängen. Dabei ließ sie auch ein anderer Gedanke nicht in Ruhe: Woher kannte sie ihre Gastgeberin? Sie konnte sich einfach nicht erinnern. Aus dem Herrenhaus in Colombo? War die Dame dort zu Gast gewesen? Oder war es noch davor gewesen?

Müdigkeit überkam sie. Als sie später orientierungslos erwachte, kehrte ihre Erinnerung an den Vortag so zaghaft, wie sich Lotosblüten im Morgenlicht öffneten, zurück.

Es musste spät sein, durch das staubige Fenster fielen Sonnenstrahlen in den Raum und verfingen sich in den zarten Gebilden der Spinnen an der Bretterwand. Gerne wäre Anjali auf den Matten liegen geblieben, aber sie musste sich entscheiden. Die Lüge des Vortages, sie wolle der Ärztin für Sitas Behandlung danken, erschien ihr im Sonnenlicht gar nicht so abwegig. Würde ihr Geld reichen? Schweren Herzens setzte sie sich auf, richtete den Blick nach Osten und auf die kleine Shivastatue, die sie am Abend zuvor neben das Fenster gestellt hatte, und sprach das Morgengebet. Ein Klopfen an der Tür ließ sie aufschrecken.

Jetzt ist es so weit, jetzt jagen sie mich davon, dachte sie.

Die unverschlossene Schuppentür wurde geöffnet, und ein Mädchen rief ihr zu: »Memsahib wünscht frohe Weihnachten!« Es stellte ein Tablett mit einem Becher Tee und zwei Scheiben Marmeladentoast auf den winzigen Tisch neben der Tür und verschwand. Gierig verschlang Anjali das Weißbrot und stürzte die heiße Flüssigkeit herunter. Dabei überlegte sie, wie es weitergehen sollte. Nach einigem Hin und Her entschied sie, hinauf zur Krankenstation zu gehen und der Ärztin das Geld zu bringen, so wie sie es der Dame gesagt hatte. Eigentlich benötigte sie selbst jede Rupie, aber es gab kein Zurück. Sie wollte ihrer Gastgeberin nicht als Lügnerin unter die Augen treten, wenn sie sich für die Übernachtung bedankte. Auch, da sie immer noch nicht wusste, wo sie sich schon einmal begegnet waren. Sie beschloss, einige Rupien zu behalten und nach dem Arztbesuch nach Colombo zurückzukehren. Die Hütte im Slum war ihr in den letzten Monaten zum Zuhause geworden. Natürlich war die Nacht in diesem Geräteschuppen mit seinem Holzboden, den dicken Matten, den Decken und dem elektrischen Licht deutlich angenehmer gewesen, doch in Colombo war es wärmer, und dort würde man sie nicht als Dalit erkennen.

Kurz bevor sie alles aufgegessen hatte, hielt sie inne und brach ein winziges Brotstück ab. Aus dem Regal fischte sie ein Pappstück, legte die Brotkrume darauf und brachte es als Opfergabe nach draußen. Von einem Orchideenbaum in der Nähe riss sie einige Blüten ab, fügte sie schmückend dazu und huschte ins Häuschen zurück. Kurz darauf verließ sie es so, wie sie es vorgefunden hatte. Die Decke unter den Arm geklemmt und mit dem Tablett in der einen und Shiva in der anderen Hand, stieß sie mit dem Fuß die Tür hinter sich zu.

»Gib her!« Das Mädchen, das ihr das Frühstück gebracht hatte, stand plötzlich vor ihr und nahm ihr Decke und Tablett ab. »Die Lady will, dass du sofort zu ihr kommst, sie sitzt auf der Terrasse und wartet.«

»Danke«, sagte Anjali und folgte der Einheimischen zwischen rot- und lilablühenden Orchideen- und Hibiskussträuchern zum Herrenhaus. Außer ihnen war niemand zu sehen, nur das Singen der Gelbohr-Nachtigallen aus den Bäumen und das Kreischen der Affen in der Ferne begleiteten sie. Insekten schwirrten um sie herum. Der süßliche Blütenduft eines Frangipanibaums hing in der lauwarmen Luft.

Ihre Gedanken schweiften zu Tom, und sie spürte wieder dieses Schmetterlingstanzen im Bauch. Weshalb dachte sie gerade jetzt an ihn? War es der gepflegte Garten mit den kurzgeschnittenen Rasenflächen und den blühenden Büschen und Bäumen, der die Erinnerung hervorrief? Rasch verdrängte sie den Gedanken an ihn.

Das Mädchen zeigte ihr einen Brunnen, der in der Ecke des Gartens plätscherte und an dem sie sich waschen konnte. Sie reinigte sich und drehte ihr nasses Haar zu einem Knoten zusammen.

Das weißgetünchte Haus mit den dunklen Fensterrahmen sah in der Vormittagssonne prächtig aus, und die roten Blüten der Hibiskussträucher leuchteten weit sichtbar. Die grauhaarige Dame saß aufrecht in einem Korbsessel und las in einem Buch. Jetzt bei Tageslicht konnte Anjali das Gesicht der Frau genauer sehen, obwohl es teilweise durch die Krempe eines Strohhuts verdeckt wurde. Die Dame lächelte beim Lesen, dann sah sie auf, und ihre Blicke trafen sich. Anjali wäre am liebsten weggerannt, aber sie beherrschte sich. Ja, kein Zweifel: Sie kannte die Dame. Wenn sie nur wüsste, wo sie ihr schon einmal begegnet war? Und was wollte sie von ihr? Schnell legte Anjali die Hände zusammen und senkte ehrfürchtig den Kopf.

»Bitte entschuldigen Sie, Memsahib, ich wäre nicht weggelaufen, ohne mich zu bedanken.«

»Deshalb habe ich dich nicht rufen lassen. Möchtest du einen weiteren Tag hierbleiben?«

Anjali war sprachlos und nickte erfreut.

»Morgen früh werde ich auf der Krankenstation anrufen, und falls die Ärztin anwesend ist, kannst du deine Schulden begleichen.«

Während die Dame sprach, lag ihr Blick fest auf Anjalis Gesicht. Die fühlte sich unwohl und blickte zur Seite. »Wie heißt du?«

»Anjali«, antwortete sie mit brüchiger Stimme.

»Anjali – das ist ein schöner Name, er passt zu dir.«

Mit dieser weichen englischen Betonung der ersten Silbe hatte bisher niemand den Namen ausgesprochen. Es gefiel ihr. »Danke, Memsahib«, antwortete sie artig.

Wahrscheinlich fragte die Frau gleich, wo sie in Colombo arbeitete. Anjali spürte einen Druck in der Magengegend, als hätte sie einen Stein verschluckt. Jetzt durfte sie nicht mehr lügen, das war klar. Früher hatte sie nie gelogen, aber gestern musste sie es zu ihrem Schutz tun. Hoffentlich hatte sie sich nicht zu viel schlechtes Karma aufgehäuft.

»Du sagtest, deine Mutter habe vor ihrem Tod auf einer Plantage hier in der Nähe gearbeitet? Wie alt war sie?«

»Ich weiß nicht, ich glaube, 35 oder 37. Ich habe sie mal gefragt, aber sie wusste es nicht genau, da sie noch ein kleines Kind war, als ihre Mutter starb, so dass sie sie nie fragen konnte.«

Anjali wunderte sich über sich selbst. War es Dankbarkeit für die unerwartete Gastfreundschaft, die sie einer Unbekannten gegenüber so frei von sich erzählen ließ?

»Wüsste dein Großvater es nicht?«

Anjali zuckte mit den Schultern. »Ich weiß nicht, wer mein Großvater ist. Meinen Vater kenne ich auch nicht. Mutter hat nie von ihm gesprochen.« Anjali dachte an die Schreie aus den Nachbarhütten und versuchte, sich auf das Gezwitscher der Vögel zu konzentrieren, um die Erinnerung zu verscheuchen.

Glücklicherweise ging die Dame nicht weiter darauf ein. »Geh hinüber in den Schuppen und ruhe dich weiter aus, Anjali.« Die Lady legte das Buch auf den Tisch, stand auf und wandte sich zur Glastür, die ins Hausinnere führte.

Eilig fügte Anjali die Hände zusammen und verneigte sich zum Dank.

Erfreut darüber, dass sie einen weiteren Tag bleiben durfte, schlenderte sie durch den Garten zurück zum Geräteschuppen und betrachtete dabei aufmerksam die verschiedenen Insekten in den Blüten. Auf Stängeln und Blättern ruderten bunte Schmetterlinge mit den Flügeln, um das Gleichgewicht zu behalten.

Sie setzte sich an die Holzwand des Schuppens in die wärmende Sonne und schloss die Augen. Sie hätte gerne gelesen, aber sie hatte es nicht gewagt, die Lady um ein Buch zu bitten. Seit der Zeit im Gefängnis hatte sie keine Lektüre mehr gehabt. Nur ab und zu hatte sie in Colombo aus einer Mülltonne ein altes Stück Zeitung gefischt.

Später wurde sie ins Herrenhaus eingeladen, um sich ein Stück Truthahn und etwas Plumpudding zu holen. Dankbar betrat sie den Küchenanbau der Villa und setzte sich auf einen Platz am Ende eines langen Holzküchentisches, an dem bereits sechs Mädchen saßen. Ein köstlicher Bratengeruch hing in der Luft und erinnerte sie an den Aufenthalt in der Villa der Van der Meers. Der Tisch war zur Feier des Tages mit einem weißen Tuch bedeckt und mit wassergefüllten Glasschalen dekoriert, in denen Blüten des Tempelbaumes schwammen. Die Köchin stellte mehrere Schüsseln mit Curry aus Fleisch, Fisch oder Gemüse dazu. Am Ende zog sie noch einen quadratischen Behälter aus dem Ofen, in dem ein großer knuspriger Vogel lag. Fachmännisch zerlegte sie das Tier, drapierte alles auf einer Porzellanplatte und stellte diese in die Mitte des Tisches.

»Merry Christmas!«

Die Anwesenden stürzten sich auf das Essen. Anjali hörte ihnen amüsiert zu, wie sie wild durcheinanderredeten, und nahm einen Löffel von dem Gemüsecurry und fügte ein wenig Reis dazu. Nur den Truthahn, den die Köchin ihr anbot und der laut dieser unbedingt zum Weihnachtsfest dazugehörte, lehnte sie dankend ab.

Am nächsten Morgen erschien das ihr bekannte Mädchen wieder im Schuppen. »Die Lady lässt dir ausrichten, die Ärztin sei heute in der Krankenstation.«

Anjali bedankte sich und sah dem Mädchen durch die geöffnete Tür nach, die zwischen Frangipani- und Orchideenbäumen verschwand.

Der Abschied fiel Anjali schwer, aber sie war glücklich, dass sie sich hatte satt essen dürfen. Sie dankte den Göttern, nahm Shiva und verließ den Schuppen. Sie hatte erwartet, dass sie die Dame wieder auf der Terrasse sitzend antreffen würde – sie wollte sich bedanken und verabschieden –, aber außer den Gärtnern war niemand zu sehen. Erst als sie durch das Gartentürchen schritt, fiel ihr auf, dass ihre Gastgeberin ihr nie ihren Namen genannt hatte.

Kapitel 6

Nach ungefähr einer Stunde Fußmarsch entdeckte sie zwischen Teepflanzen, Büschen und Bäumen ein langgestrecktes Gebäude aus Holz. Eine ausgetretene Steintreppe führte zu einer zweiflügligen Haustür. Als sie näher kam, sah sie Mütter mit weinenden Kindern, alte Frauen und vor sich hindösende Männer aufgereiht auf der Erde sitzen und liegen. Das musste die Krankenstation sein.

Schweigend setzte sich Anjali ans Ende der Schlange. Sicherlich würde es Stunden dauern, bis sie an der Reihe wäre, aber sie mochte sich nicht vordrängeln. Vielleicht waren die anderen Wartenden von weit her gekommen und verbrachten hier schon die ganze Nacht oder sogar Tage. Was verpasste sie schon? Selbst der Gedanke, dass sie den langen Weg nach Colombo im Dunkeln würde zurücklegen müssen, machte ihr keine Angst. Sie lehnte den Kopf an die Hauswand und schloss die Augen.

Würde die Hütte noch frei sein? Schaffte es Devi überhaupt, Eindringlinge abzuwehren? Weshalb hatte sie derart unbedacht ihr Heim zurückgelassen, und warum war sie nicht sofort dorthin zurückgekehrt? Erschreckende Bilder türmten sich vor ihrem inneren Auge auf, und sie wähnte die Slumbehausung und die immer noch dort vergrabenen Rupien wie auch ihr weniges Hab und Gut bereits verloren. Das Herz schlug ihr bis zum Hals, und Angstschweiß überzog ihren Körper. Was würde aus ihr werden? Auf so einen glücklichen Zufall wie in den vergangenen Tagen durfte sie kein weiteres Mal hoffen.

Erst das Raunen der Menge holte sie in die Wirklichkeit zurück.

»Das ist die englische Ärztin«, hörte Anjali die Einheimische neben sich sagen und öffnete die Augen.

Eine blonde Frau in weißer Hose und weißer Bluse stand auf dem Treppenabsatz und sprach zu einer jungen Mutter, die einen Säugling auf dem Arm trug. Als sie dabei zufällig in Anjalis Richtung sah, trafen sich ihre Blicke. Schnell stand Anjali auf und lief der schlanken Ärztin entgegen.

»Entschuldigung, ich möchte mich nicht vordrängeln, sondern nur die Behandlung von meiner Mutter bezahlen. Ich muss zur Arbeit zurück nach Colombo.«

»Die Behandlung von deiner Mutter?«, fragte die Ärztin. Ihr Gesicht machte einen ungläubigen Eindruck, sie zog die zarten Brauen zusammen, lächelte und schüttelte leicht den Kopf.

»Ja, eine Schlange hatte sie gebissen, oben in den Bergen zwischen den Teesträuchern. Es war aber zu spät – sie ist gestorben.«

»Ich habe die Frau behandelt? Wie hieß sie – und wie lange nach der Behandlung ist sie gestorben?«

Anjali zuckte mit den Schultern. »Das weiß ich nicht. Ich wollte sie besuchen, und da haben sie auf der Plantage gesagt, dass Mutter tot sei.«

Die Ärztin schaute sie durchdringend an und holte tief Luft. Die Enden ihrer schlanken Nase bebten wie die Flügel eines Schmetterlings. Sie griff nach hinten und hielt das lockige Haar als Pferdeschwanz zusammen, während sie in die Ferne blickte.

Wahrscheinlich wartet sie darauf, dass ich sie bezahle, dachte Anjali. Sie zögerte, da sie die silberne Shivastatue, die sie in der Hand hielt, nicht auf dem feuchten Boden abstellen wollte. Abgesehen von den in der Hütte vergrabenen Rupien, der Papiertüte mit den zwei Saris von Tom und der Fotografie, die ihre Mutter ihr damals zugesteckt hatte, war sie ihr ganzer Besitz und zugleich die letzte Erinnerung an Sita und das frühere Zuhause. Geschickt zog sie mit einer Hand die Rupien aus dem Sarioberteil und streckte sie der Ärztin entgegen. Glücklicherweise hatte sie den Stoff am Morgen im Brunnen gewaschen und hoffte, dass sie nach dem langen Fußmarsch nicht unangenehm roch. Die Ärztin ignorierte die Scheine. Reichten die Rupien nicht? War die Behandlung teurer? Ein Kloß im Hals schnürte ihr fast die Luft ab.

Der Blick der Frau kehrte aus der Ferne zurück zu Anjali.

»Bitte komm herein. Es gibt zwar viel zu tun, trotzdem möchte ich mich einen Moment mit dir unterhalten.« Sie schob Anjali an der Schulter ins Haus. »Wie heißt du?«

»Anjali.«

Jetzt wird sie mir sagen, wie viel ich für die Behandlung zahlen muss, dachte sie ängstlich.

Die Ärztin ging voraus, überquerte einen schmalen Flur und betrat einen sparsam möblierten Raum. Eine Glastür, die angelehnt war, führte auf eine Holzveranda. Durch das Fenster konnte Anjali einen gepflegten Garten sehen. Die Möbel im Zimmer sahen anders aus als die im Haus der Van der Meers. Die robusten Oberflächen des Tisches und der Anrichte glänzten nicht, und die Sessel erinnerten sie an die Verandamöbel ihrer Gastgeberin der vergangenen zwei Tage. An der Holzbalkendecke schnitt ein rotierender Ventilator durch die stickige Luft. Anjali stand unbeholfen im Raum und wusste nicht, ob sie sich setzen und Shiva auf dem Boden abstellen durfte. Sie wollte keinesfalls aufdringlich erscheinen.

»Setz dich!«, sagte die Ärztin gleich darauf mit freundlicher Stimme und deutete auf einen Korbsessel. »Das Mädchen bringt dir sofort eine Limonade, du bist doch sicher durstig?«

»Ja, ich habe mich beeilt, um Sie noch zu erreichen.«

Esther lachte. »Ich wohne hier, du kannst mich nicht verfehlen.«

»Aber es ist Weihnachten, da dachte ich …« Anjali beendete den Satz nicht, denn es fiel ihr nichts Passendes ein.

»Menschen sind krank, ob Weihnachten ist oder nicht. Viele der Wartenden sind tagelang unterwegs, da kann ich meine Tür doch nicht verschließen. Und nicht wenigen von ihnen ist unser Weihnachtsfest unbekannt.«

Es klopfte. Ein Mädchen brachte auf einem Bambustablett zwei große Gläser Orangenlimonade. Hinter ihr betrat ein weißhaariger Herr das Zimmer.

»Sir Geoffrey!« Die Ärztin sprang freudig vom Sessel auf.

Eilig erhob sich Anjali ebenfalls und sah sehnsüchtig auf das Glas. Sicherlich würde die Ärztin sie nun bitten, zu gehen. Der Herr trug einen perfekt sitzenden Leinenanzug sowie blankgeputzte, mit Weiß abgesetzte schwarze Schuhe, und an seinem Jackettrevers war eine rote Orchideenblüte befestigt. Über dem Zeigefinger der rechten Hand baumelte ein Strohhut. Anstatt einer Krawatte trug er eine blaue Fliege, wenige Töne dunkler als das Oberhemd.

»Jeff, das ist Anjali. Stell dir vor: Sie möchte die Behandlung von ihrer Mutter bezahlen, die gestorben ist«, sagte die Ärztin.

Anjali legte die Hände zusammen und verbeugte sich ehrfürchtig vor dem Herrn, drehte sich um und wollte den Raum verlassen.

»Setz dich und trink die Limonade«, forderte Esther sie auf.

Eilig ergriff Anjali das Glas und trank es bis zur Hälfte leer. Der Herr beobachtete sie aufmerksam. Sein Blick erinnerte sie an den der Dame, die sie so freundlich in dem Schuppen hatte übernachten lassen. War dieser abschätzende Blick etwa allen Europäern eigen?

Sir Geoffrey flüsterte Esther etwas zu, das Anjali nicht verstand.

Die Ärztin lächelte und nickte. »Ja, Jeff, du hast recht, Anjali ist ein außergewöhnlich schönes Mädchen. Diese Augen! Sie erinnern dich an deine Schwester?«

Hitze der Verlegenheit schoss Anjali ins Gesicht. Schnell stand sie wieder auf und wandte sich zur Tür.

»Bleib doch hier«, sagte die Ärztin.

»Du hast wunderschöne Augen – wie Smaragde. Hat dir das bisher niemand gesagt?«, fragte der Herr und zog dabei seine üppigen grauen Augenbrauen hoch, als wollte er dadurch seinen Unglauben ausdrücken.

Anjali wollte nur noch hinaus aus dem Raum, selbst der Rest der Limonade interessierte sie nicht mehr. Ein ungutes Gefühl beschlich sie. Weshalb begutachtete sie der schlanke ältere Mann und sprach mit der Ärztin über ihr Aussehen? Er ließ den Blick nicht von ihr. Seine wässrig grünen Augen taxierten sie vom Kopf bis zu den nackten Füßen, sie fühlte sich wie ein Vogel im Käfig. Hatte sie lüsterne Gefühle in dem alternden Körper geweckt? Erinnerungen an das Gefängnis überfielen sie. Anjali stand wieder auf.

»Memsahib, ich muss gehen, ich will heute noch zurück nach Colombo.« Was die Ärztin wohl von ihr dachte? Die Frau lud sie zu einer Limonade ein, und sie sagte, dass sie keine Zeit hätte. »Und ich möchte nicht weiter stören«, hörte sie ihre Stimme wie aus weiter Ferne.

»Nein, nein, bleib«, sagte der Herr, und Esther fügte hinzu: »Anjali, du kannst Sir Geoffrey Gesellschaft leisten, während ich die Kranken versorge. Wir reden dann später.«

»Gute Idee, Esther. Ich komm dich extra abholen, damit du deine Patienten nicht wieder als Ausrede vorschiebst. Judy erwartet uns pünktlich um 20 Uhr«, erwiderte der Mann mit tiefer Stimme.

»Ja, aber ich wollte doch nur das Geld abgeben.«

»Ich weiß, aber Sir Geoffrey und ich fahren später zu einem Dinner nicht weit von hier, und falls du möchtest, kannst du auf der Krankenstation im Gästezimmer übernachten. Es ist viel zu gefährlich für dich, allein im Dunkeln nach Colombo zurückzukehren. Ich möchte nicht schuld sein, wenn dir etwas zustößt. Aber es wäre schön, wenn du den Schwestern in der Zwischenzeit ein wenig helfen könntest. Und morgen sehen wir weiter.«

Hatten sich alle Götter ihrer angenommen? Anjali verstand die Welt nicht mehr. Sie, eine Teepflückerin, durfte wieder in einem richtigen Haus schlafen.

»Memsahib, ich bin eine Dalit.«

»Ja, und?« Die Ärztin stoppte ihren Einwand mit einer unwirschen Handbewegung und verließ das Zimmer.

Sir Geoffrey schaute Anjali weiterhin durchdringend an. Verlegen hob Anjali Shiva hoch und drehte die Statue in den Händen. Natürlich schickte es sich nicht, einen Gott so zu behandeln, aber in ihrer Unsicherheit suchte sie eine Ablenkung. Sie überlegte: Wie sollte sie reagieren, wenn er mit ihr schlafen wollte? Hatte die Ärztin sie etwa aus diesem Grund mit ihm allein gelassen? Und wenn schon – was würde es ausmachen? Sie, das rechtlose Mädchen, galt als Freiwild – jeder konnte sich nehmen, was und wann er wollte.

Doch plötzlich verschwand das Interesse des alten Herrn an ihr.

»Unmöglich«, meinte sie ihn murmeln zu hören.

Er erhob sich, ging hinüber zu dem Korb, der neben dem Fenster stand, und wühlte aus einem unordentlichen Stapel von Zeitschriften eine Tageszeitung hervor. Mit einer gepflegten Hand zog er ein Etui aus der Jackentasche, öffnete es, holte eine goldgeränderte Brille hervor und setzte sie sich auf die schlanke Nase. Dann setzte er sich wieder in den Sessel.

Anjalis Spannung ließ spürbar nach. Die Gottesstatue stellte sie sachte zurück auf den Boden. Aus dem Garten drang kein Laut zu ihnen, sie hörte nur das Rascheln der Zeitung und das unaufhörliche Rotieren des Ventilators.

»Anjali!« Die Stimme des Mädchens riss sie aus ihren Gedanken. Auch Sir Geoffrey ließ erschrocken die Zeitung sinken. »Memsahib will, dass du rüber in die Krankenstation kommst.«

Überhastet stand sie auf und stolperte dabei über Shiva, der krachend umfiel. Aus dem Augenwinkel sah sie Sir Geoffreys amüsiertes Lächeln.

Nur verschwinden, dachte sie, griff nach der Statue und verließ ohne einen Gruß das Zimmer.

Die Tür zur Krankenstation war angelehnt, und Anjali stieß sie mit der Fußspitze auf. Ein eigenartig beißender Geruch durchströmte den Gang und hing selbst in den angrenzenden Krankenzimmern. Nur langsam gewöhnte sie sich daran.

Esther kam aus einem der Zimmer und bat Anjali im Vorübergehen, den bettlägerigen Patienten frisches Wasser zu bringen. »Ich hatte nicht mit dieser ungeheuren Anzahl an Kranken gerechnet, deshalb habe ich den Christen heute freigegeben, aber Oberschwester Cathy wird dir helfen.«

Anjali war stolz, gebraucht zu werden. Bevor sie die Gläser mit dem gekühlten Wasser füllte, wusch sie sich sorgfältig die Hände mit Seife, so wie sie es in der Küche in Colombo gelernt hatte. Es gab fünf Krankensäle, und in jedem Raum standen acht Metallbetten, deren weiße Farbe längst abgeschabt war und auf denen teilweise mehrere Personen eng aneinandergedrückt lagen. Für Anjali war es schwierig, zu erkennen, wer Patient und wer Angehöriger war. Deshalb hielt sie allen ein Glas hin, und keiner verweigerte das Getränk. Ganz im Gegenteil: Sie stürzten die Flüssigkeit in einem Zug herunter und schienen nach mehr zu lechzen. Natürlich ahnte keiner von ihnen, dass eine Dalit sie versorgte. Glücklicherweise entdeckte sie unter den Anwesenden niemanden von der Plantage, der sie als Teepflückerin entlarven könnte. Und sicherlich gehörten die meisten der Patienten ebenfalls zur Gruppe der Dalit.

»Anjali, da liegt ein Berg gewaschener Mullbinden, die kannst du aufwickeln. Schau her, zuerst musst du die Dinger so auseinanderziehen, mit der Hand glatt streichen und dann recht fest aufrollen, so dass die Ränder abschließen«, sagte Schwester Cathy, die in das Schwesternzimmer gekommen war.

Anjali befolgte die Anweisungen und legte eine Rolle neben die andere und war stolz darauf, dass alle ungefähr gleich aussahen.

So verging der Tag. Immer gab es etwas für sie zu tun.

»Dreh die Tupfer aus kleinen Mullvierecken über deine Fingerspitzen.«

»Nimm die Emailschüssel, die hinter dem Vorhang im Regal steht, schütte heißes Wasser aus dem Kessel rein und gib etwas von dem Desinfektionsmittel dazu.«

»Reinige die Glaszylinder und die Metallkolben gut mit der Bürste.«

»Ziehe den feinen Metallfaden mehrfach durch das Nadelinnere, um die Kanülen durchgängig zu halten und von Blutresten zu befreien. Leg alles auf die Metalltabletts des Sterilisators, auch die Tupfer und Binden. Natürlich getrennt. Aber pass auf, dass sich Metall und Glas nicht berühren, sonst springt das Glas, und die Spritze ist futsch. Die Nadeln einzeln daneben, damit ich sie besser mit der sterilen Pinzette fassen und in die Metallbox einordnen kann. Und dann schieb alles in den Sterilisator.«

Anjali war überrascht, was es alles zu beachten gab, und war stolz, dass die Oberschwester ihr die Aufgaben zutraute.

»Gut machst du das«, sagte Schwester Cathy einmal im Vorübergehen. Selbst die Ärztin strich ihr anerkennend über die Schulter.

Und Anjali interessierte sich für alles. Sie schielte verlegen in die aufgeschlagenen Bücher, die auf dem Schreibtisch lagen, und versuchte, die Anordnungen der Ärztin zu entziffern, die die Oberschwester darin notiert hatte.

Sie merkte nicht, wie schnell die Zeit verstrich. Draußen wurde es dunkel. Die Krankenschwestern kehrten nacheinander in das Schwesternzimmer zurück.

»Anjali, hilfst du mir bei der Essensausgabe?« Die Schwester schob den klappernden Wagen mit Kübeln aus der Tür. Ein angenehmer Duft durchzog den Flur. »Frau Doktor ist so großzügig, dass sie für die Patienten und sogar für deren Angehörige die Nahrungsmittel vom eigenen Geld bezahlt. Ich glaub, so was gibt's nirgendwo sonst auf der Welt.«

Anjali öffnete die Tür zum Krankensaal und hatte das Gefühl, tausend Arme streckten sich ihr entgegen. Glücklicherweise hatten die Köchinnen ausreichend von den Gerichten zubereitet, so dass sie allen Menschen davon geben konnte – wenn auch den Angehörigen eine geringere Menge.

Anschließend setzte sie sich zu den Schwestern an den Tisch. Sie war hungrig und wusste nicht, ob sie in den nächsten Tagen wieder etwas zu essen bekommen würde, daher sagte sie nicht nein, als man eine Portion von dem Curry vor sie stellte, auch wenn darin Fleisch war.

Die Ärztin sah sie an diesem Abend nicht mehr. Oberschwester Cathy erzählte ihr, dass Esther zum Dinner bei Lady Judy eingeladen war, einer Dame, die nicht weit entfernt von der

Krankenstation wohnte. Von der Richtung, in die die Schwester zeigte, fragte sich Anjali, ob es sich bei dieser Lady Judy um ihre Gönnerin der letzten Tage handelte.

Schwester Cathy zeigte ihr das Gästezimmer. Das Bett war bezogen, und frischer Grasgeruch durchzog den Raum. Selbst hier rotierte an der Decke ein Ventilator, und ein Moskitonetz hing über dem Bettgestell aus Metall. Anjali sprach das Abendgebet und legte den Göttern eine Opfergabe ob eines fehlenden Hindualtars auf den dunkel gebeizten Holzboden.

Als sie ins Bett ging, schob sie zuerst die Enden des Moskitonetzes unter die Matratze, so wie sie es bei den Schwestern gesehen hatte, um dann durch einen kleinen Spalt, den sie offen gelassen hatte und den sie hinter sich schloss, hineinzuschlüpfen.

Inzwischen herrschte Ruhe in dem langen Gebäude. Nur ab und zu durchzogen Schmerzensschreie den Gang, und durch das geöffnete Fenster hörte sie Kreischen der Makaken und das Heulen der Hunde, wenn diese von den Hutaffen gebissen oder an den Schwänzen gezogen wurden.

Am nächsten Morgen erwachte Anjali durch das Rumpeln des Geschirrwagens und das Geklapper der Blechgefäße. Draußen dämmerte es bereits. Sie hatte fest und traumlos geschlafen. Ihr erster Gedanke galt der bevorstehenden Rückkehr nach Colombo. In ihrer Brust entstand eine Enge, die ihr fast die Atemluft abschnürte. Gerne wäre sie in der Krankenstation geblieben, aber sie hatte die Ärztin beschwindelt, und diese Lüge holte sie nun ein.

Als Dankeschön dafür, dass sie hatte bleiben dürfen, sammelte sie auf der Station das Frühstücksgeschirr ein und wischte die Tische in den Zimmern feucht ab, obwohl ihre Arbeitskraft überflüssig war: Die christlichen Mitarbeiter waren aus den Heimatorten zurückgekehrt und liefen geschäftig umher.

Schwester Cathy entdeckte sie schließlich. »Guten Morgen, Anjali, ich dachte, du musst dringend nach Colombo zurück?«

Anjali nickte. »Ja, aber bevor ich gehe, möchte ich mich bei der Ärztin bedanken und verabschieden.«

»Das ist schön, aber Frau Doktor ist noch nicht da.«

»Dann werde ich warten. Kann ich noch helfen?«

»Nein, aber du kannst mit mir frühstücken – komm mit in die Küche!«

Ein Geschenk der Götter, dachte Anjali.

»Schwester Cathy, würden Sie mir von England erzählen?«, bat sie, während sie zusammensaßen und frühstückten.

»Was soll ich dir erzählen? Dass es in England ebenfalls arme Menschen gibt, die nicht lesen und schreiben können und kein Zuhause haben und in Mülltonnen stöbern? Die teilweise unter Brücken oder in zerstörten Gebäuden leben? Nur ist es in England viel, viel kälter und regnerischer, da ist es trister als hier. Manchmal zünden die Leute Zeitungspapier in alten Tonnen an, damit sie sich daran wärmen können.« Anjali musste entsetzt geschaut haben, denn Schwester Cathy lachte laut.

»Guten Morgen, was gibt es denn so Lustiges?«, fragte Esther. Sie hatten ihr Kommen nicht bemerkt. Schwester Cathy winkte ab, woraufhin sich Esther an Anjali wandte: »Anjali, gegen Mittag wird dich der Chauffeur von Sir Geoffrey, dem Herrn, der gestern hier war, vorne an der Straße abholen und mit hinunter nach Colombo nehmen. Ich habe ihn darum gebeten, damit du heil ankommst.«

»Vielen Dank, aber haben Sie gesagt, dass ich …«

Esther unterbrach sie mit einer wegwerfenden Handbewegung. »Die Gäste und der Fahrer sind Engländer, die interessiert nicht, welcher Kaste die Menschen hier angehören.«

Schwester Cathy, die inzwischen aufgestanden war, wiegte bei diesen Worten zweifelnd den Kopf.

Sollte sie die Ärztin noch einmal an die Bezahlung der Behandlungskosten von ihrer Mutter erinnern? Sie hätte gerne gewusst, was genau geschehen war, aber Anjali vermied, das Thema anzusprechen, legte stattdessen höflich die Hände zusammen und verbeugte sich zuerst vor der Ärztin, dann vor der Schwester. Die Ärztin folgte Schwester Cathy hinaus auf den Gang.

Traurig, dass sie diesen heimeligen Ort verlassen sollte, setzte Anjali sich vor der Eingangstür auf die oberste Steinstufe.

Die Sonne stand längst am Zenit, als eine schwarze Limousine vorfuhr. Die Reisenden im Fond des Wagens waren durch geschlossene Gardinen an den Seitenscheiben verborgen. Der Fahrer beugte sich weit herüber und stieß von innen die Beifahrertür auf. Anjali stieg ein, wandte sich den zwei jungen Herren auf dem Rücksitz zu, legte die Hände zusammen und verbeugte sich.

Das Gespräch verstummte. Beide sahen Anjali überrascht an. Der blonde Herr stupste seinen Nachbarn mit dem Ellenbogen an. »Charles, kannst du mir erklären, weshalb uns Esther diese Schönheit bisher vorenthalten hat?«

»Wahrscheinlich um sie vor deinem Jagdtrieb zu schützen.«

Beide lachten, dann wandten sie sich einem anderen Thema zu.

Während der Fahrt lauschte Anjali dem Gespräch der Herren. Einer der beiden sprach mit tiefer Stimme und schwärmte von der Ärztin. Er erzählte, dass er seine Geschäfte ohne weiteres auch von Ceylon aus betreiben könnte und deshalb überlegte, ihretwegen weitere Monate in Colombo zu bleiben, anstatt nach England zurückzukehren. Er wollte versuchen, Esther zur Rückkehr zu überreden.

Der andere lachte aus vollem Hals. »Charles, ich glaube es nicht: Du bist verliebt!«

Der zweite Mann hatte eine angenehme Stimme, aber bevor Anjali erkennen konnte, welcher der beiden Herren es war, ließ der Chauffeur die Zwischenscheibe hochgleiten.

Der Motor schnurrte wie eine Katze. Selbst die auf der Strecke üblichen Unebenheiten und Löcher spürte sie nicht. Anjali erinnerte sich an ihre Nervosität während der ersten Autofahrt mit Tom. Wie naiv sie damals doch gewesen war. War es tatsächlich erst ein halbes Jahr her, dass sie die Plantage verlassen hatte?

Nach über vier Stunden schweigsamer Fahrt erreichten sie Colombo. Der Rolls-Royce bog in die Auffahrt des Hotels Mount Lavinia ein und stoppte vor dem Eingang. Livrierte Türsteher flitzten herbei und öffneten die Autotüren, doch die Herren blieben sitzen und diskutierten weiter. Anjali stieg eilig aus und bedankte sich mit einer Verbeugung vor der geöffneten Tür. Der Dunkelhaarige sah sie an, aber sie hatte das Gefühl, er blicke dabei durch sie hindurch.

Die Nacht war fast hereingebrochen, als Anjali ihre fensterlose Behausung im Slum erreichte. Sie schob das dreieckige Blech, das ihr als Tür diente, zur Seite. Die Hütte war leer. Sie konnte es kaum glauben! Sie huschte hinein und verschloss den Eingang. Mit den Händen wühlte sie im Sand. Ihr Herz pochte. Sie stocherte und wühlte so lange, bis sie auf die verrostete Büchse stieß. Sie war noch da! Anjali zog den Behälter vorsichtig so weit heraus, dass sie den verbeulten Deckel einen Spalt weit öffnen konnte. Geschickt schob sie die Rupienscheine, die die Ärztin nicht genommen hatte, hinein, legte die Dose zurück und verschloss das Loch sorgfältig. Shiva stellte sie auf das kleine Holzregal, das sie sich kurz nach ihrer Ankunft im Slum aus alten Holzresten zusammengebastelt hatte und das ihre gesamte Habe von zwei Blechnäpfen, der Papiertüte und den Kleidungsstücken beherbergte. Auch hier war noch alles an seinem Platz. Sie zog die provisorische Eingangstür erneut zur Seite, um mit einem Palmenwedel, der ihr als Besen diente, den Schmutz, der sich während ihrer Abwesenheit angesammelt hatte, vor die Hütte zu kehren. Auch die Schlafmatte schüttelte sie gründlich aus.

Zwei ausgemergelte Slumbewohner liefen vorbei. »He, du bist ja da! Wir dachten, einer hätte dich abgemurkst!«, riefen sie ihr zu. Anjali war überrascht, dass sie überhaupt mit ihr sprachen. Das war selbst im Slum ungewöhnlich, denn auch hier akzeptierten Männer keine unverheirateten Frauen.

Anjali setzte sich vor die Hütte und blickte hinauf zu dem sternenklaren Himmel. Eine leichte Brise wehte vom Meer herüber und ließ die Schwüle und den Gestank des Slums erträglicher werden.

Anjali dankte den Göttern für das Erlebte. Sie fühlte sich einsam nach den ereignisreichen Tagen bei der alten Dame und den aufregenden Stunden auf der Krankenstation. Wie gerne wäre sie dort geblieben. Aber durch die Lügerei hatte sie sich selbst um diese Chance gebracht. Einen Augenblick lang ärgerte sie sich, dass sie vor den Augen der jungen Herren in Richtung Slum gelaufen war. Doch dann schalt sie sich eine Närrin. Es konnte ihr egal sein, ob sie wussten, wo sie lebte. Keinen dieser arroganten Engländer würde sie jemals wiedersehen.

Kapitel 7

Colombo

Die folgenden Tage verliefen ebenso eintönig wie vor der Reise in die Berge. Eines Morgens fand Anjali bei einem der langen Strandspaziergänge ein Stück Angelschnur. Während sie darüber nachdachte, wofür sie es verwenden könnte, wanderte ihr Blick über den in der Sonne gleißenden Sand. In einiger Entfernung entdeckte sie etwas Glitzerndes. Sie stand auf, nahm die aufgebrochene Muschelhälfte hoch, drehte sie in den Händen und bewunderte die Innenseite, deren Perlmutt in zarten Farbtönen glänzte. Weshalb hatte sie bisher nie die Schönheit der Muscheln bemerkt? Hatte sie überhaupt jemals darauf geachtet? Gleich neben ihrem Fuß lag eine Meeresschnecke, das unmerklich gestreifte bräunliche Haus begeisterte sie. Sie trug beide Funde zurück zur Hütte, legte sie als Opfergaben zu Shiva und ging zurück an den Strand. In der Ferne verschmolz das Blau des Himmels mit dem des Meeres. Wind strich über den Sand und hinterließ feine, treppenartige Gebilde, die wie das Relief einer Muschelschale aussahen. Ein Zeichen? Anjali erinnerte sich, dass sie vor längerer Zeit bei einer Touristin eine Muschelkette gesehen hatte. Schnur besaß sie nun. Jetzt brauchte sie nur noch mehr von diesen wunderschönen Schalen.

Kurz nach Sonnenaufgang lief Anjali los, ihre Begeisterung für die Idee duldete keinen Aufschub. In den folgenden Tagen durchsuchte Anjali wie besessen den weißen Sand und den Meeresrand. In aller Frühe begann sie mit der Suche und kehrte erst bei Einbruch der Dunkelheit in die Hütte zurück. Nach einiger Zeit hatte sie einen kleinen Muschel- und Schneckenberg beisammen.

Vor neugierigen Blicken geschützt, sortierte Anjali neben ihrer

Behausung die einzelnen Teile nach Größe, Farbe und Dicke und borgte Devis Blecheimer. Sie schöpfte ihn voll Meerwasser und schleppte das Gefäß die wenigen Meter zur Hütte zurück. Sie setzte sich an die ehemals grün gestrichene Bretterwand, deren Farbe nur noch in kleinsten Farbklecksen zu erahnen war, und ließ das erste Häufchen der Muscheln ins Wasser gleiten. Nach wenigen Minuten nahm sie sie einzeln heraus und rieb sie mit dem feinen gelblichen Sand aus. Anschließend schwenkte sie die Teile mehrfach im Wasser und legte sie in der Hütte zum Trocknen auf eine alte Matte. Gleiches tat sie mit den Schneckenhäusern und hoffte, dass deren Bewohner verschwunden oder ausgetrocknet waren.

Anjali suchte zwischen den schäbigen Hütten in den Unratbergen nach etwas Brauchbarem, um ein Loch in die Mitte der Teile zu bohren. Nach einiger Zeit fand sie einen rostigen Nagel, der in einem Brett steckte. Freudig lief sie zurück und setzte die Nagelspitze in der Mitte der Muschel an, aber beim geringsten Druck zerbrach diese in unzählige Teile. Den dünnen Stahlstift konnte Anjali nicht genügend festhalten. Er glitt ihr mehrfach aus der Hand. Es würde nicht funktionieren. Sie räumte die Fundstücke frustriert zurück in die Behausung.

Am nächsten Morgen lief Anjali in Richtung Stadt an den ärmlichen Hütten vorbei, die teilweise aus Steinresten und Lehm zusammengebaut oder wie ihre aus einfachen Brettern und Latten zusammengezimmert waren. In jedem Abfallhaufen hoffte sie, etwas Entsprechendes zu finden, aber außer Ungeziefer gab es nichts. Sie wollte gerade umkehren, als ein alter Mann, der an den Stamm einer Kokospalme gelehnt auf dem Boden saß, ihr zurief: »Was wühlste da im Dreck?«

»Ich suche was Spitzes, damit ich ein Loch bohren kann.«

»Wozu?«

»Ich will Muscheln auffädeln.«

»Muscheln auffädeln«, wiederholte er und betonte dabei die Worte so, als ob sie nicht bei Verstand wäre.

Inzwischen war Anjali ihm entgegengegangen und blieb einige

Meter vor ihm stehen. Er grinste sie an und zeigte dabei sein lückenhaftes, bräunlich verfärbtes Gebiss. Er war nicht so alt, wie sie aus der Entfernung vermutet hatte.

Langsam erhob er sich, wickelte das verschmutzte Beintuch ordentlich um die mageren Hüften und schlurfte zu ihr herüber. »Komm mit, ich geb dir einen Bohrer – den bringst du aber gefälligst zurück, verstanden?«

»Klar«, antwortete sie erfreut.

Er drehte sich um und ging schleppend zu einer Palmengruppe in der Nähe. Aus einem versteckten Loch in der Mitte eines Stammes zog er einen Stahlstift mit einem verwitterten Holzgriff und streckte ihn Anjali hin. »Hast du Faden?«

Bei der Frage bekam er einen mächtigen Hustenanfall, spitzte die wulstigen Lippen und spuckte in hohem Bogen auf den Boden.

Anjali blickte auf die rötlich braune Masse im Sand und drehte sich angeekelt zur Seite. »Ich habe Angelschnur am Strand gefunden.«

Eigentlich sah der Mann nicht aus, als hätte er etwas zu verschenken, und woher er den Bohrer hatte, wollte sie lieber nicht wissen. Es war ihr egal, selbst wenn er ein Dieb war. Sie bekam das passende Werkzeug, das war, was zählte. »Hast du auch etwas, damit ich die Schnur in Stücke schneiden kann?«

Er schaute sie einen Moment an, griff dann erneut in das Loch und gab ihr ein rostiges Metallstück, das einer Klinge ähnelte. »Das kannste behalten. Und wenn du den Bohrer bringst und ich bin nicht hier, leg ihn wieder in den Baum, verstanden? Komm her, ich zeig dir die winzige Öffnung. Das findet keiner, verstanden?« Er deutete mit seiner Hand auf eine Stelle, die durch eine Verdickung alter abgestorbener Palmenwedel im Stamm unsichtbar war. Ihr Herz hüpfte vor Freude.

Sie rannte nach Hause. Dort nahm sie ein Brett, klemmte es sich unter den Arm, holte die Muscheln und die Schnur und lief die kurze Strecke bis zum Strand. Sie bohrte ein Loch nach dem anderen in die zarten Gebilde. Die Arbeit war derart schwierig, dass sich durch den Druck mit dem Holzschaft in der Innenfläche der rechten Hand eine offene Stelle bildete. Aber es funktionierte – die Muscheln blieben ganz! Sie fädelte die durchlöcherten Teile verschiedenartig auf, und als Letztes schob sie ein Schneckenhäuschen hinterher, in dem sie die verknoteten Enden der Schnur versteckte. Anjali war begeistert von dem Ergebnis und bohrte trotz der Wunde weitere Löcher, bis das Blut in den Sand tropfte.

Die Muscheln reichten für drei Ketten. So viele brauchte sie nicht, und nach reiflicher Überlegung beschloss sie, die Erzeugnisse in den Strandhotels anzubieten.

Vor Aufregung über den geplanten Verkauf schlief Anjali schlecht. Sie wälzte sich auf der Matte hin und her, lauschte dem Rauschen des Meeres und den Geräuschen der Nacht und überlegte, welchen Preis sie für jede Kette fordern könnte. Vielleicht zehn Rupien? Der Preis erschien ihr zuerst zu hoch, aber nach längerem Abwägen fand sie ihn bei dieser Mühe gerechtfertigt.

Die Dunkelheit der Nacht verdeckte noch die Ärmlichkeit der Hütten, da stand Anjali auf, wusch ihre Haare im Meer und legte den roten Sari an, den ihr Tom damals bringen ließ. Das Stoffstück sah wie neu aus, da sie den Sari erst wenige Male getragen hatte. Sie musste ordentlich und sauber aussehen, sonst würde niemand etwas bei ihr kaufen. Die drei Ketten hängte sie sich um den Hals.

Anjali lief über drei Stunden, bis sie das Galle Face Hotel erreichte, und stellte sich an den Rand des gepflegten Rasens. Sie wählte genau die Stelle des Gartens, an der die Hotelgrenze zum Sandstrand verlief. Von diesem Punkt aus konnte sie jederzeit einen Schritt zurücktreten und würde sich so auf öffentlichem Gelände befinden. Nach längerem Warten kam eine junge Frau in Badekleidung zu ihr herüber.

»Verkaufst du diese Ketten?« Sie deutete auf Anjalis Hals. Auf Anjalis Nicken hin sagte sie in gebrochenem Englisch: »Ich habe das Schimmern in der Sonne gesehen. Gib mal her!« Sie streckte die Hand aus.

Anjali hob eine Kette behutsam über den Kopf und hielt sie der Interessentin hin. In dem zwischen Palmenblättern einfallenden Sonnenlicht bemerkte Anjali erneut, wie schön das Farbenspiel aus Weiß, Rosé und Silber war.

»Ganz ordentlich«, sagte die Touristin in einem eher abfälligen Ton und blickte über das Meer. Kurz darauf deutete sie mit einer Kopfbewegung auf die Ketten. »Was kosten die?«

Verärgert über die Reaktion der Frau, antwortete Anjali: »30 Rupien – jede Kette.« Sie war selbst über ihre Dreistigkeit erschrocken, denn am Vorabend glaubte sie ja noch, dass bereits zehn Rupien Wucher seien.

»Okay, ich nehme alle«, sagte die Blonde und streckte ihr einen 100-Rupien-Schein entgegen, den sie aus der Bikinihose gezogen hatte.

Anjali übergab ihr die restlichen Ketten, aber Wechselgeld besaß sie nicht. Sie schaute verlegen. Die junge Frau betrachtete sie von oben bis unten, drehte sich um und ging wortlos zu ihrer Holzliege zurück. Anjali wartete noch, ob die Touristin mit dem passenden Geldbetrag zurückkam, dann schob sie den Rupienschein in ihr Oberteil und lief erfreut nach Hause.

Ob sie vielleicht auf dem Markt eine winzige Öllampe kaufen sollte? Was die wohl kostete? Natürlich brauchte sie dazu Palmöl, aber ein wenig Licht in der fensterlosen Hütte wäre prächtig, und sie war fest entschlossen, wenigstens einmal danach zu sehen.

Täglich suchte Anjali neue Muscheln und Schneckenhäuschen und fertigte Ketten an, die sie in den zu Fuß erreichbaren Strandhotels anbot. Der Verkauf lief ausgezeichnet. Natürlich blieb dem Wachpersonal der Hotels ihre Tätigkeit nicht verborgen. Um Schwierigkeiten vorzubeugen, plauderte Anjali mit den Männern und steckte ihnen gelegentlich Ketten zu, die sie ihren Frauen oder Müttern schenken konnten. Vielleicht verkauften sie die Schmuckstücke auch weiter, aber das interessierte sie nicht.

Inzwischen bestand mit Vimal, dem Mann, von dem sie sich

den Bohrer auslieh, ein stilles Abkommen. Sie holte das Werkzeug und brachte es am nächsten Tag zurück. Ihn traf sie dabei selten an. Einmal legte sie ihm eine Muschelkette als Geschenk in das Palmenloch. Kurz darauf entdeckte sie dort eine nagelneue Angelschnur, die er für sie um das Arbeitsgerät gebunden hatte.

Als sich Anfang April der Monsun ankündigte und die Gäste in den Strandhotels an der Südwestküste spärlicher wurden, lohnte sich für Anjali der tägliche weite Weg dorthin nicht mehr. Deshalb verbrachte sie die Sturm- und Regentage in oder vor der Hütte mit dem Anfertigen von Ketten und schaffte so genügend Vorrat für die kommende Touristensaison an.

Anjali war eines Morgens gerade damit beschäftigt, in haufenweise Muscheln und Schneckenhäuser Löcher zu bohren, als Vimal auftauchte.

»Ich will mal sehen, wie das läuft«, sagte er und setzte sich dicht neben sie in den vom letzten Regenschauer nassen Sand und beobachtete eine Weile schweigend die mühsame Arbeit. »Gib her!« Dabei riss er ihr den Bohrer aus der Hand und übernahm den Rest der Muscheln.

Anjali war glücklich, denn die Wunde in ihrem Handteller verheilte durch den ständigen Druck nicht, und jeder Tropfen Salzwassers schmerzte.

»Ich war Perlentaucher, hab ich dir das schon erzählt? Kann aber nicht mehr tauchen – das Scheißwasser hat mir die Lungen und Eingeweide zerfressen.«

Da ihr außer Mitleid nichts einfiel, schwieg sie.

Deshalb sieht er so alt und ausgemergelt aus, dachte Anjali, als er gerade wieder von einem kräftigen Hustenanfall geschüttelt wurde.

Sollte sie ihm erzählen, dass sie von einer Teeplantage stammte? Sie schwieg. Denn außer, dass dieser ungepflegte Mann einen Bohrer besaß und Perlentaucher gewesen war, wusste sie nichts von ihm und hatte keine Ahnung, was er von ihr wollte.

»Hör mal.« Er zuckte kurz mit dem Kopf. »Kannst du auch Ketten aus Perlen verkaufen?« Erneut schüttelte ihn ein Hustenanfall, und er spuckte auf den Boden. Er schob mit der Hand reichlich Sand über das zähe rötliche Sekret und fuhr fort: »Ich habe welche geklaut, quatsch aber nicht, verstanden?«

»Bestimmt nicht. Aber ob sich in die runden Dinger Löcher bohren lassen?« Anjali zuckte mit den Schultern.

»Ich probier mal«, sagte Vimal und zog eine Perle aus dem verfilzten grauen Haar. Er legte die Perle auf das Brett und hielt sie mit der linken Hand zwischen Daumen und Zeigefinger fest. Dann setzte er den Bohrer an und versuchte vorsichtig, ein Loch zu drehen.

Anjali war so aufgeregt, dass sie vergaß zu atmen, und sah in Gedanken Lady Elizabeths Perlenkette vor sich. Sie vermutete, dass die Perlen größer gewesen waren, aber der Glanz und die Farbe waren identisch. Doch die Rarität zwischen Vimals Fingern zerbrach. Tränen schossen ihr in die Augen, denn sie stellte sich vor, unter welchen Qualen und Ängsten er die Perle gefunden und gestohlen hatte. Sie schluckte und starrte über das Meer, als könnte sie so eine neue herbeizaubern.

»Macht nix, Mädchen – war ein Wunsch von mir, drüben am Ganges in Varanasi zu sterben, aber es soll nicht sein. Ich bin krank, die nehmen mich sowieso nicht – die Götter haben mich schon geholt – verstanden?«

Er legte den Bohrer zur Seite und spielte mit dem feinen Sand, so wie es Tom auf der Fahrt nach Colombo getan hatte. Langsam wurde ihr Vimal sympathischer. Schweigend blieben sie bis zum Einbruch der Dunkelheit nebeneinander sitzen. Dann verschwand er wieder.

Von diesem Tag an besuchte Vimal sie häufiger am Strand und half, Löcher zu bohren, und wenn er einigermaßen Luft bekam, begleitete er sie beim Muschelsuchen. Sie gab ihm dafür einige Rupien. Obwohl sich Anjali immer häufiger über die Gesellschaft des ruhigen Mannes freute, war sie froh, dass er nach Hause ging, sobald die Palmen lange Schatten warfen oder sich die tiefgraue Nacht über die Behausungen senkte. Sie suchte keinen körperlichen Kontakt. Zum einen verströmte Vimal einen undefinierbar süßlichen Geruch, der wahrscheinlich von seiner Krankheit herrührte und auf den sie ihn deshalb lieber nicht ansprechen wollte. Zum anderen waren die seelischen Wunden, die aus dem Gefängnis herrührten, längst nicht verheilt.

Die Regenzeit ging zu Ende, und Touristen kehrten an die Südwestküste Ceylons zurück. Täglich bot Anjali in den Hotels die vorbereiteten Ketten an, die sich weiterhin prächtig verkauften.

Nachdem ihr Vorrat wenige Wochen später zur Neige ging, fertigte Vimal die Ware an, während Anjali sie verkaufte. Neuen Schmuckstücken fügten sie als Verschluss zarte Silberkugeln hinzu, die Anjali von dem Erlös der Ketten auf dem Markt kaufte.

Eines Nachmittags, als sie von der Verkaufstour zurückkehrte, setzte sie sich neben den Perlentaucher, und als sie glaubte, der geeignete Moment sei gekommen, sagte sie: »Vimal, du arbeitest jeden Tag, ich möchte das Geld mit dir teilen. Natürlich ziehe ich den Betrag ab, den ich auf dem Markt für Schnüre und Silberkugeln ausgeben muss.«

»Das will ich nicht – verstanden?«, sagte er und schüttelte verärgert seinen Kopf. Ein erneuter Hustenanfall überfiel ihn, bevor er weitersprechen konnte. »Ich bin froh, dass ich helfen kann, verstanden?«, sagte er, als er wieder Luft bekam.

»Aber ich will es! Ich weiß noch nicht einmal, ob du …« Anjali beendete den Satz nicht. Ihre Frage, ob er eine Familie besaß, hätte vielleicht das zarte Band ihrer Freundschaft zerstört.

»Gut, ich nehm's, verstanden?«, murrte er schließlich.

»Jaja, ich hab's kapiert, du brauchst nicht jedes Mal ›verstanden‹ zu fragen.« Beide lachten. »Warum sprichst du so wenig?«

Vimal zuckte mit den Schultern. »Unter Wasser quatscht keiner.«

Klar, weshalb war sie nicht selbst darauf gekommen?

Aus dem Gewinn der Kettenverkäufe besorgte Anjali in der Stadt bessere Bohrer mit seitlichem Rädchen, das ein sanftes

Arbeiten erlaubte, und erhöhte je nach Qualität den Preis der Ketten. Schon bald kannte sie die Hotelstandards und lernte das Niveau der Gäste einzuschätzen. Trotz des verdienten Geldes änderte sie ihr armseliges Leben nicht und blieb in der Behausung wohnen. Keiner der Slumbewohner sollte von ihrem geringen Wohlstand erfahren, denn es hätte unweigerlich zu Neid und wahrscheinlich auch zu Gewalt geführt. Die Rupien steckte sie in verschließbare Gläser, um sie vor Ungeziefer und Nässe zu schützen, und vergrub sie wie bisher in der Erde. Nur der alten Devi, die ihr in der Not geholfen hatte, gab sie mitunter einige Scheinchen. Die bedankte sich gelegentlich dafür mit einem leckeren Curry und lud auch Vimal dazu ein. An diesen Abenden verließ er sie erst spät, denn nach dem Essen blieben sie oft bis tief in die Nacht an dem ausgehenden Feuer vor der Hütte sitzen, und Anjali sang Lieder der Teepflücker.

Devi hatte eines Abends wieder eines der schmackhaften Currys zubereitet. Nach dem Essen saßen sie schweigsam an der Feuerstelle und blickten in die Nacht. Unverhofft griff Vimal nach Anjalis Hand und streichelte mit der anderen ihren Rücken. Hin und wieder änderte er die Richtung, und seine Hand erreichte ihre Oberschenkel. Sie ließ es geschehen.

Lange, nachdem das Feuer erloschen und Devi in ihrer Hütte verschwunden war, zog er sie an sich und hielt sie mit den Armen umschlungen. Er küsste ihr Haar und flüsterte leise in den vom Meer aufziehenden Wind: »Schade, ist zu spät, ich schaff's nicht mehr.«

Anjali fragte nicht, was er meinte. Sie glaubte, es zu wissen. Sie genoss die zärtliche Umarmung, die Geborgenheit, trotz seines unerklärlichen Geruchs und der erst langsam verblassenden seelischen Wunden.

Kapitel 8

Inzwischen war seit der Reise in die Berge fast ein Jahr vergangen. Täglich zog Anjali mit den Ketten durch die Hotels und erkaufte sich das Wohlwollen des Personals mit immer häufigeren Geschenken. Wenn sie gegen Abend zurückkehrte, setzte sie sich schweigend neben Vimal und dachte über neue Modelle nach. Die Ideen zeichnete sie mit einem Stöckchen in den feuchten Sand. Da der Wind die Sandzeichnungen rasch verwehte, musste Vimal jedes Mal seine Arbeit beiseitelegen und zuerst die Vorlage aus feinem Silberdraht und kleinen Muscheln anfertigen. Es kam auch vor, dass ein Entwurf nicht Anjalis Vorstellung entsprach, dann blieb es bei dem Muster.

Eines Nachmittags bot Anjali ihre Ketten wieder im Galle Face Hotel an. Doch an diesem Tag gestaltete sich der Verkauf außergewöhnlich zäh, und es war das erste Mal, dass sie Ware mit nach Hause nehmen musste. Sie lief früher als geplant durch den gepflegten Garten in Richtung Strand und kam an der Bar vorbei. Dort saß ein blonder Herr auf einem der Hocker und sprach mit dem Barmann, der gespülte Gläser wegräumte und Flaschen sortierte. Der Gast kam ihr bekannt vor. War es womöglich einer der Herren, die sie vom Hochland mit nach Colombo genommen hatten? Neugierig schlich sie mehrfach um das Häuschen, in dem die Bar angesiedelt war, und beobachtete ihn. Dabei versuchte sie, sich an das Aussehen des Herrn im Auto zu erinnern. Sie meinte, dieses ovale Gesicht mit der schlanken Nase und dem wohlgeformten Mund, dessen Winkel in Richtung Kinn zeigten, zu erkennen. Ja, er hatte genau solche grünen Augen und zarte Augenbrauen gehabt, dazu das kurzgeschnittene blonde Haar. Sie war sich nun sicher, dass er es sein musste. Ja, sie erinnerte sich noch genau an diese angenehme Stimme, die im krassen Kontrast zu dem arroganten Gesichtsausdruck stand, den sie auch damals schon bemerkt hatte.

Sollte sie den Herrn ansprechen?

Weshalb?, schalt sie sich gleich. *Selbst wenn er es ist, was soll ich sagen?*

Ob der andere Herr auch hier wohnte? Nach der Fahrt vom Hochland hatte der Chauffeur die beiden Herren schließlich in das Hotel Mount Lavinia gebracht. Charles – so hatte der Blonde seinen Begleiter damals genannt. Den Namen des Mannes, den sie nun vor sich sah, hatte sie damals nicht erfahren.

Auf dem Heimweg überlegte sie, weshalb der Engländer nach Ceylon zurückgekehrt war. Oder lebte er hier? Gerne hätte sie gewusst, ob sein Freund es geschafft hatte, die freundliche Ärztin zu überzeugen, nach England zurückzukehren, oder ob sie noch im Hochland arbeitete.

Als sie ihre Unterkunft erreichte, war es bereits dunkel. Die Sterne funkelten am Himmel, und der Vollmond stand über dem Meer. Er schien zum Greifen nahe. Aus der Ferne drang Trommel- und Flötenmusik herüber. Anjali liebte diese Stimmung und blieb einen Moment stehen, schaute über das im Mondlicht glänzende Wasser und hörte dem sanften Klatschen der Wellen zu, bevor sie auf dem Ufer ausliefen. Sie dachte an den Engländer und beschloss, bei einem erneuten Zusammentreffen doch nach der Ärztin zu fragen.

Sie schlenderte zu ihrer Hütte. Und erschrak. Durch die Helligkeit des Vollmondes erkannte sie Vimal, der an die Bretterwand gelehnt saß und nach Luft rang. Sein vom fahlen Mondschein beleuchtetes Gesicht war eingefallen und ließ die Wangenknochen unter der dunklen lederartigen Haut wie Felsen hervorstechen. Die schwarzen Augen schienen riesig und lagen tief in ihren Höhlen.

»Du, ich glaube, das Ende der Ablösung ist gekommen.«

Für die wenigen Worte brauchte er lange, denn er wurde ständig durch Hustenanfälle unterbrochen.

Anjali wollte es nicht hören und drehte sich weg. Er packte sie am Handgelenk, und sie erschrak über die Kraft, die er noch aufbot.

»Setz dich! Und hör mir genau zu, verstanden? Sofort nach meinem letzten Atemzug läufst du zur Palme, da wo der Bohrer lag, und gehst einmal um den Stamm rum. Genau auf der anderen Seite ist noch ein Loch. Ist aber verdeckt. Man kann es nicht sehen. Du musst den Blattansatz fest runterdrücken, verstanden? Dort liegen die Perlen, die ich geklaut habe. Ich wollte sie verkaufen, du weißt – um am Ganges zu sterben. Die Zeit reicht nicht mehr. Nimm sie dir, verstanden?«

»Hast du keine Familie?« Jetzt musste sie ihn fragen. Sie durfte auf keinen Fall etwas nehmen, das anderen gehörte.

»Nein, meine Frau ist gestorben und die beiden Söhne auch. Der jüngere ist vom Perlentauchen nicht mehr hochgekommen. Ich hab ihn nicht gefunden. Vielleicht hat ihn ein Hai erwischt? Und den anderen hat einer im Dunkeln überfahren und einfach liegen lassen, wie'n räudigen Hund. Und die drei Töchter wohnen irgendwo im Norden bei ihren Männern, haben mich viel Geld gekostet, verstanden?«

Sie wollte etwas erwidern, aber er wischte mit der Hand ihre Einwände zur Seite.

Die Sterne funkelten wie Diamanten am dunklen Firmament, ein laues Lüftchen wehte den Gestank nach Verfaultem und Verwestem zu ihnen herüber. Sie schwiegen. Nur sein unaufhörliches Husten und Giemen waren zu hören. Als die Hustenanfälle ein wenig nachließen, erklärte er ihr ausführlich, wie man eine Muschel öffnete, sie mit einem Fremdkörper impfte und dann hoffte, dass daraus eine Perle entstand. Anjali konnte ihm nicht folgen, aber sie versuchte, sich jedes seiner unter Mühen hervorgebrachten Worte zu merken.

Er strich ihr zart über die Hand. »Schade, Mädchen, dass ich dich so spät kennengelernt habe«, sagte er mühsam. Danach schwieg er.

Er war auf das Kommende vorbereitet.

Es begann bereits zu dämmern, beide saßen an gleicher Stelle, da schoss ein Blutschwall aus seinem Mund. Einmal atmete Vimal noch schwer, dann sackte er zusammen und fiel zur Seite. Er hatte sein jämmerliches Leben ausgespuckt.

Anjali zog Vimals ausgemergelten Körper in ihre Behausung, legte ihn mit dem Kopf nach Süden, zündete die Öllampe an und setzte sich neben den Toten. Die Flammen sollten an die Vergänglichkeit des Lebens erinnern. Sie wusste nicht, wo er gelebt hatte, auch nicht, wo seine Töchter wohnten. Jetzt musste sie sich um seinen Leichnam kümmern. Sollte sie die erste Handlung des Waschens übernehmen, bevor sie ging, um einen Mann für die Verbrennung zu finden?

Endlich war sie einem freundlichen Menschen begegnet, schon verließ er sie. Tränen tropften auf den Sandboden.

Von dem Geruch seines letzten Blutsturzes wurden Fliegen und anderes Ungeziefer angelockt. Anjali nahm ihre ganze Kraft zusammen und holte Devis Blecheimer. Sie goss Meerwasser über den Leichnam, um ihn zu reinigen. Anschließend spülte sie die Reste seines Todeskampfes weg.

Anjalis Blick folgte der dünnen Spur aus Wasser und Blut, die sich Richtung Ozean schlängelte. Sie ging zurück in die Hütte und bedeckte Vimals sterbliche Hülle mit dem grünen Sari. Etwas Weißes besaß sie nicht.

Langsam, im Rhythmus des Wellenschlags des Indischen Ozeans, erwachten die Slumbewohner und kamen aus den Hütten, um sich im Meer zu waschen. Anjali wartete, bis einige junge Männer, die sie vom Sehen kannte, ihr morgendliches Bad beendet hatten, und ging ihnen entgegen.

»Wisst ihr, ob hier einer lebt, der für Verbrennungen zuständig ist?«

Nur ein Jüngling blieb stehen, die anderen ignorierten sie. »Ich kenne keinen, frag mal den Alten dahinten.« Er deutete mit einem Kopfzucken in Richtung Wasser.

Sie wartete, bis auch der Weißhaarige seine Waschungen beendet hatte, und bat ihn, einen Shaiva-Kurukkal, einen Bestattungspriester, zu rufen und für Vimals Verbrennung zu sorgen, da der Verstorbene keine Familie besäße. Der Alte sah sie erstaunt an. Gerne hätte Anjali es für ihren Freund getan, aber es war ihr als Frau nicht gestattet. Sie bot dem Alten Geld für seine Tätigkeiten und die Verbrennungskosten an. Der Mann sprach kein Wort, sondern stimmte mit dem üblichen Kopfzittern zu, bevor er weitere Männer fragte. Da Vimal in ihrer Hütte verstorben war, galt diese nun für 31 Tage als unrein, aber ihr war es egal, sie gehörte nicht zu seiner Familie und fühlte sich der üblichen Quarantäne nicht verpflichtet. Ob wohl der Shaiva-Kurukkal in ihre Hütte kommen würde?

Anjali ging zum Markt und kaufte von einem Teil des Geldes, das sie am Vorabend nicht vergraben hatte, weißes Tuch und Früchte. Damit kehrte sie zur Hütte zurück und legte Vimal mehrere Muschelketten auf die Brust und tauschte den Sari, den sie über ihn gelegt hatte, gegen den neuen Stoff aus. Seine Seele durfte keinesfalls durch Motive im Gewebe abgelenkt werden. Auf kleine Teller aus Palmenblättern legte sie reichlich Opfergaben für die Götter. Die Früchte und den Reis verzierte sie liebevoll mit Blüten und drapierte alles auf dem Hausaltar neben Shiva. Den Rest des Tages verbrachte sie mit Gebeten und der Totenwache. Ob der Priester in ihrer Abwesenheit da gewesen war, konnte sie nicht feststellen.

Am nächsten Tag holten Männer Vimal ab, zogen ihm seine alten Kleider aus, wickelten ihn wieder in Anjalis weißes Tuch und legten ihn auf eine Bahre aus Bambusstöcken. Der Alte, mit dem Anjali gesprochen hatte, trug eine brennende Fackel, und ein jüngerer mit einem wassergefüllten Tontopf führte den winzigen Leichenzug an.

Anjali folgte ihnen in großem Abstand zum Verbrennungsplatz. Sie hatte sich, bevor er weggetragen wurde, durch mehrmaliges Umkreisen des Toten von ihm verabschiedet und ihm Reiskörner mit auf seine letzte Reise gegeben. Aus der Ferne sah sie den lodernden Scheiterhaufen und hoffte, dass der Schädel durch das Feuer zersprungen war, damit Atman, die Seele, die körperliche Hülle verlassen konnte. Sein Tod war kein endgültiger Abschied, und Anjali hoffte, dass Vimal viel gutes Karma für ein besseres Leben nach seiner Wiedergeburt angehäuft hatte. Sie dachte an Sita. Ob sie auch für Sita einen Shaiva-Kurkkal geholt hatten?

Wohl eher nicht, dachte sie traurig.

Drei Tage später brachte der alte Mann die Asche des Toten in einem Stofffetzen und streute alles in den Ozean. Anjali beobachtete ihn von ihrer Hütte aus und wünschte sich für ihren Freund, dass es eine Verbindung mit dem Ganges geben möge. Vimal hatte sich so sehr gewünscht, dort zu sterben, denn dadurch wäre Samsara, der leidvolle Kreislauf von Tod und Wiedergeburt, vorbei und Moksha, die Erlösung, erreicht.

31 Tage später bereitete Anjali für den Alten und die Slumbewohner, die bei der Verbrennung geholfen hatten, ein Fest und kochte zum Dank Reis und Gemüsecurry. Alle waren fröhlich, sangen, tanzten und hofften, Vimal würde, sofern er das Moksha noch nicht erreicht hatte, in Besserem wiedergeboren werden.

Lange nachdem die Männer gegangen waren, setzte sich Devi zu ihr. Bisher hatte sie nie über ihr Schicksal gesprochen, jetzt schien für sie der richtige Zeitpunkt gekommen.

»Ich komme eigentlich aus Indien. Nachdem ich Witwe wurde, war ich lange unterwegs. Am Ende habe ich einen Fischer bestochen, der mich hierher nach Ceylon gebracht hat … Als Vimal verbrannt wurde, kam die Erinnerung zurück. Ich stamme aus der Kaste der Händler und selbständigen Bauern, der Vaishyas.« Anjalis Augen weiteten sich bewundernd. »Meine Söhne wollten, dass ich Sati, die Witwenverbrennung, begehe. Alle Nachbarn haben mir zugeredet, aber ich habe unser gesamtes Geld genommen und bin in der Nacht davongelaufen. Nach vielen Wochen bin ich hier gelandet. Ich glaube nicht, dass einer meiner Söhne nach mir gesucht hat.«

»Devi, Sati ist schon lange verboten!«, erinnerte sich Anjali an ein Gespräch, das sie mit Tom hatte.

»Mädchen, vieles ist verboten und wird trotzdem gemacht. Auf dem Land, da wo ich herkomme, scheren die Menschen sich einen Dreck darum. Da gelten die alten Sitten.« Sie fuhr sich mit der Hand über das Gesicht. »An dem Tag, als du aufgetaucht bist, erinnerte ich mich an meine Ankunft hier.« Sie wedelte dabei mit der Hand wie die Palmenblätter im Wind. Schweigend blieben sie bis spät in der Nacht dort sitzen. Anjali dachte an ihre verstorbene Mutter und daran, dass die Ärztin das Geld nicht genommen hatte. Weshalb war sie nie auf den Gedanken gekommen, Vimal zu der Ärztin auf die Krankenstation zu bringen? Vielleicht hätte sie ihm helfen können.

Am nächsten Tag lief Anjali zur Palme. Sie hatte Mühe, das Loch zu finden. Schnell drückte sie den trocknen Astansatz herunter und zog das kleine Lumpenbündel heraus. Ihr Herz raste. Selbst das Geld, das sie Vimal für die Ketten gegeben hatte, lag in der Höhle. Sie griff alles und blickte sich vorsichtig um. Niemand war zu sehen. Trotzdem blieb sie unsicher, ob sie nicht doch jemand beobachtet hatte, und verließ rasch die Palmengruppe. Erst als sie weit genug entfernt war, setzte sie sich auf den Boden und schlug das Tuch auseinander. Ihr Atem stockte beim Anblick dieser Pracht.

In den Bretterverschlägen, die in der Nähe des Palmenhains standen, fragte sie nach Vimal, aber niemand erinnerte sich an ihn. Anjali lief weiter zu den Fischerhütten am Strand und fragte auch dort, ob jemand den Perlentaucher gekannt hatte. Wieder schüttelten alle Befragten den Kopf. Eine leere Hütte oder zu einem Unterschlupf zusammengestellte Palmenwedel, die auf Vimal hindeuteten, konnte sie ebenfalls nirgends finden. Wo hatte er gewohnt? Hatte er trotz dieser Perlen unter dem freien Himmel gelebt? Traurigkeit überfiel sie.

Plötzlich umzingelten zwei Heranwachsende sie. Der eine begrapschte sie. Sie spuckte ihm ins Gesicht. Er wich zurück und wischte sich den Speichel ab. Anjali gab die Suche auf und rannte davon.

Nach der Rückkehr in ihre Hütte vergrub sie den Schatz in

Windeseile und legte anschließend eine wesentlich größere, schön verzierte Portion Opfergaben auf den Altar. Sie dachte an Vimal und dankte ihm für das kostbare Geschenk.

Anjali wählte zwei der schönsten Perlen aus, bevor sie das Bündel mit den restlichen Schätzen an einer anderen Stelle in der Hütte vergrub, und lief zum Galle Face Hotel. Panik überfiel sie. An wen sollte sie sich wenden, falls der Engländer inzwischen abgereist war oder das Hotel gewechselt hatte? Sie hatte keine Ahnung, welchen Wert Perlen besaßen. Sie konnte unmöglich einen Händler fragen, der würde glauben, sie sei eine Diebin, und sofort die Polizei verständigen. Erinnerungen an ihren Gefängnisaufenthalt stiegen gegen ihren Willen auf und wühlten sie derart auf, dass sie nicht merkte, wie schnell sie lief. Vor ihr tauchte bereits das Hotel auf.

Suchend lief sie durch den Garten. Und falls er sich im Hotelinneren aufhielt? Konnte sie dort nach dem großen schlanken Engländer fragen, dessen Namen sie nicht kannte? Sicherlich jagten sie die Angestellten aus der Halle.

Doch nach einigem Suchen entdeckte sie den Herrn auf einem der Korbsessel, die neben der Poolbar standen. Selbstbewusst näherte sie sich ihm und ignorierte den warnenden Blick und das heftige Kopfschütteln des Barmanns. Ihr Herz schlug schneller. Als sie knapp vor dem Engländer stand, sah dieser von seiner Zeitung auf und taxierte sie von Kopf bis Fuß.

»Entschuldigen Sie, dass ich Sie störe, Sir, aber ich habe gehofft, dass Sie mir helfen könnten.«

»Wobei soll ich dir helfen?« Er grinste spöttisch.

Anjali wurde verlegen, dann nahm sie allen Mut zusammen. »Sir, mein Name ist Anjali. Vor längerer Zeit haben Sie mich in Ihrem Wagen aus dem Hochland nach Colombo mitgenommen, und da dachte ich …« Sie stockte. Sollte sie zuerst nach der Ärztin fragen? Vielleicht hatte diese ihren Namen genannt.

»Ich habe dich in meinem Wagen mitgenommen?« Er schüttelte den Kopf. »Daran könnte ich mich mit Sicherheit erinnern. Eine solche Schönheit fällt jedem Mann auf.«

Anjali spürte Hitze in sich aufsteigen, ihre Handflächen wurden feucht. »Doch, Sir, Sie haben mich bei der Krankenstation bei Nuwara Eliya abgeholt. Die Ärztin hatte Sie darum gebeten.« So schön war sie wohl doch nicht, dass sie ihm aufgefallen war.

»Ah, ja, ganz schwach erinnere ich mich … Und was möchtest du jetzt von mir, soll ich dich wieder mit hinauf nach Nuwara Eliya nehmen?« Er stand auf.

Anjali schüttelte den Kopf. »Nein, Sir, darf ich Ihnen etwas zeigen? Aber bitte an einem abgelegeneren Ort«, fügte sie leise hinzu.

»Was willst du mir denn so Geheimnisvolles zeigen?«, fragte er laut und lächelte erneut süffisant.

Anjali bemerkte, dass der Barkeeper lauschte. Er tat geschäftig und spülte zum wiederholten Mal die gleichen Gläser.

»Ach, überhaupt nichts Wichtiges«, antwortete Anjali patziger als beabsichtigt.

Der Engländer bemerkte die Verärgerung und ruderte zurück. »Komm, lass uns zu der Bank unter der Palme hinübergehen.« Er deutete mit dem Finger auf eine am Gartenende stehende gepolsterte Sitzgelegenheit. »Da sind wir ungestört. Übrigens: Ich bin Henry Malcam, Sir Henry Malcam.« Er deutete eine kaum wahrnehmbare Verbeugung an.

Auf der Bank zog Anjali die Perlen aus dem Oberteil und streckte sie ihm auf der flachen Handfläche entgegen. »Sir, können Sie mir sagen, was diese Perlen wert sind?«

Henry schien sichtlich überrascht. »Oho, davon habe ich überhaupt keine Ahnung, aber sie scheinen wertvoll zu sein. Am besten fragen wir Charles oder besser noch Richard.«

Er wird doch nicht Richard Van der Meer meinen?, dachte sie ängstlich. Wie sollte sie sich aus der Affäre ziehen?

Glücklicherweise tauchte in dem Augenblick Charles, der andere Herr aus dem Wagen, auf, winkte und kam auf sie zu. Er war derjenige, der in die Ärztin verliebt war, aber sie hatte ihn schlanker und größer in Erinnerung, doch sie hatte ihn ja auch nur im Auto sitzend gesehen. Tatsächlich überragte er sie lediglich um eine halbe Kopflänge. Sein Haar trug er nach hinten gekämmt, und es hatte die Farbe eines Mausefells. Auch mit seiner kurzen Nase, den braunen Knopfaugen und buschigen Augenbrauen ähnelte er dem Tier. Das war ihr damals bei der schummrigen Beleuchtung im Auto gar nicht aufgefallen. Er nagte an seiner schmalen Unterlippe und schien verärgert.

»Henry, auf dich kann man sich nie verlassen – wir waren doch an der Bar verabredet«, sagte er in vorwurfsvollem Ton und fuchtelte mit der Hand. Eine goldene Armbanduhr zeigte sich unter der Manschette des Oberhemdes.

»Ich weiß, entschuldige bitte, aber die Dame hier«, Henry deutete mit der Hand auf Anjali, »wollte mir etwas zeigen, jedoch nicht vor aller Augen.«

»Und deshalb habt ihr euch in den letzten Winkel verkrochen?« In Charles' Krawatte steckte eine Diamantnadel, die im Sonnenlicht funkelte. Und aus der Brusttasche seiner Anzugjacke hing ein zur Krawatte farblich passendes Einstecktuch. »Okay, Frauenheld, diesmal sei dir verziehen«, fügte er versöhnlicher hinzu.

Anjali fühlte sich unwohl und tat so, als schaute sie interessiert aufs Meer.

»Charles, erinnerst du dich an diese junge Dame? Sie heißt Anjali.«

»Klar, wir haben sie bei unserem letzten Besuch aus Nuwara Eliya mitgenommen.«

Henry sah ihn überrascht an. »Na ja, dir bleibt wohl alles, was mit Esther zu tun hat, im Gedächtnis. Aber als Juwelengroßhändler kannst du bestimmt sagen, welchen Wert die Perlen haben.«

Anjali öffnete die schlanke Hand, in der sie die Kostbarkeiten verborgen hielt.

Charles beugte sich über den Tisch, nahm eine Perle mit zwei

Fingern und betrachtete sie von allen Seiten. »Ein Vermögen.« Dabei zog er das Wort »Vermögen« ungewöhnlich in die Länge.

Anjali blickte ihn ungläubig an.

»Wirklich, Mädchen, die Perlen sind von einzigartiger Güte. Ich kaufe sie dir sofort ab, falls du möchtest?« Er wischte sich mit einem Stofftaschentuch über die Stirn. »Diese Rarität lässt sich bestens zu Ohrringen verarbeiten.«

War es Verrat an Vimal, sein Geschenk zu verkaufen? Erneut blickte Anjali über das Meer, als wollte sie den toten Perlentaucher um Rat fragen. In diesem Augenblick flog ein Graupelikan über das Wasser. Anjali sah es als ein Zeichen und bewegte bejahend den Kopf.

Charles zog ein dickes Bündel Geldscheine aus seiner Anzugjacke, blätterte mit angefeuchtetem Daumen seiner fleischigen Hand die Scheine durch und gab ihr einen Großteil davon. Es waren englische Pfundnoten. Anjali kannte den Wert nicht. Sie verstaute das Geld an bewährter Stelle in ihrem Oberteil. Die beiden Herren sahen ihr amüsiert dabei zu. Die Sonne stand inzwischen tief, und die Palmen warfen lange Schatten auf die Rasenfläche. Der leichte Wind spielte mit ihrem Haar, das Anjali an dem Tag offen und nicht wie gewöhnlich zu einem Knoten verschlungen trug. Für dieses Treffen hatte sie den kostbaren roten Sari angelegt. Den schäbigen Sari von der Plantage trug sie ausschließlich im Slum oder wenn sie auf den Markt ging, da sie glaubte, je besser sie gekleidet war, desto teurer müsste sie die Waren bezahlen. Nur wenn sie in den Hotels die Ketten anbot, nahm sie die wertvolleren Stoffbahnen. Anjali und Henry standen auf, und Henry wandte sich in Richtung Bar. Anjalis Weg führte in die entgegengesetzte Richtung. Sie wollte sich bedanken und verabschieden, dabei sah sie, dass Charles sie mit zusammengekniffenen Augen ausgiebig betrachtete.

»Bitte, Henry, Anjali, wartet hier einen Augenblick«, rief er, drehte sich um und eilte in Richtung Bar.

»Komm«, sagte Henry, fasste sie am Arm und führte sie hinüber zu einer Palmenansammlung, unter der mehrere Sitzgruppen standen. Er ließ sich in das weiche Polster fallen und winkte nach dem Ober. Anjali blieb einige Meter entfernt stehen. Sie wurde unruhig.

»Sir, ich muss nach Hause, die Sonne steht sehr tief, und sobald sie im Meer versinkt, wird es sofort dunkel und der Rückweg umso schwerer.«

Er reagierte nicht. Sollte sie unhöflich sein und einfach gehen?

Sie blieb. Notfalls könnte sie sich ein Tuk-Tuk, ein motorisiertes dreirädriges und überdachtes Gefährt, leisten. Der Verkaufserlös von Vimals Perlen würde ihr die Verschwendung ausnahmsweise gestatten.

Eine Fahrt vom Luxushotel zum Beach-Slum, dachte sie amüsiert und war sicher, keiner der Dreiradmopedfahrer würde sie dorthin bringen. Während sie noch mit dem albernen Gedanken beschäftigt war, kam Sir Charles in Begleitung eines grauhaarigen Singhalesen über die kurzgeschnittene Rasenfläche. Der Einheimische trug einen mächtigen Fotoapparat in der Hand. Eine weitere Kamera pendelte vor seiner Brust.

»Weißt du, Henry«, wandte sich Charles aufgeregt an seinen Freund, »ich habe mir gerade überlegt, ob ich Lola wieder nach Paris zurückschicke und dieses außergewöhnliche Mädchen als Schmuckmodell nehme. Wäre mal etwas anderes. Was meinst du?«

Henry nickte. »Ich finde die Idee gut, aber ob deine alten Kundinnen davon begeistert sind?« Er grinste und zuckte mit den Schultern.

»Möglicherweise greifen die Ehemänner leichter zu, wenn sie die Schmuckstücke an dieser Schönheit sehen. Wäre einen Versuch wert. Oder soll ich beide nehmen, um Lola nicht zu verprellen?«

»Quatsch, es gibt Tausende Lolas. Du kannst sie ja noch zwei Tage hierbehalten.« Er grinste vielsagend.

Charles wandte sich an Anjali. »Dürfte der Hotelfotograf Aufnahmen von dir machen?«

Sie schaute ihn ungläubig an, bewegte aber bejahend den Kopf.

»Bitte stell dich noch einmal dorthin.« Er deutete mit dem Kopf auf die Stelle, an der sie zuvor mit Sir Henry gestanden hatte.

Sie ging die wenigen Meter auf dem Rasen zurück. Der Fotograf grinste über sein ganzes feistes Gesicht und zeigte dabei seine vom Rauchen vergilbten Zähne. Er grunzte vor Begeisterung wie ein fettes Schweinchen und drückte auf den Auslöser. Das Klicken nahm kein Ende.

»Anjali, jetzt stell dich bitte zu Sir Henry an den Tisch und dreh deinen Kopf in meine Richtung.«

Erneutes Klicken.

Es folgten Fotos am Strand. Danach kehrten sie an den Tisch zurück.

Charles bedankte sich bei ihr. »Heute Abend erwarte ich meinen Fotografen aus London. Er wird Aufnahmen für den neuen Katalog anfertigen. Morgen schaue ich mir deine Bilder an, und falls sie meinen Vorstellungen entsprechen, wärest du dann zu weiteren Fotografien bereit?«

Über die Frage war sie derart erstaunt, dass sie nicht antwortete.

»Natürlich gegen Bezahlung«, fügte er rasch hinzu.

Sie schüttelte bejahend den Kopf, obwohl sie sich nicht vorstellen konnte, weshalb er sie für seine Fotografien auswählen sollte.

»Komm bitte morgen Mittag wieder her, dann besprechen wir alles … Kannst du nicht reden?« Es klang ungehalten.

Sie wäre am liebsten vor Freude in die Luft gesprungen, stattdessen legte sie eilig die Hände zusammen, verbeugte sich vor den Herren und rannte trotz der einbrechenden Dunkelheit zum Strand. Nein, ein Tuk-Tuk oder Taxi wollte sie sich nicht leisten. Sie durfte nicht verschwenderisch werden.

Auf dem Nachhauseweg dachte sie wieder an Vimal und erzählte ihm in Gedanken von dem Erlebten. Er fehlte ihr. Vielleicht war sie doch ein Fluch der Götter, dass alle Menschen aus ihrer Umgebung so früh starben. Sie beschleunigte den Gang. Völlig erschöpft erreichte sie ihr Zuhause.

Devi hatte auf sie gewartet und kam herübergeschlurft. »Du kommst spät, ich hab gedacht, dir sei was passiert. Den ganzen Tag hatte ich ein mulmiges Gefühl.«

»Nein, Devi«, antwortete Anjali fröhlich. »Ich habe mich verspätet, weil …« Sie sprach nicht weiter.

Zwei fremde Männer schlichen um die Hütten der Frauen. Niemand sollte von dem Glück erfahren: Sie betrat rasch die Hütte, erst als sie den Eingang mit dem Haustürblech, hinter dem eine Matte aus Palmenzweigen befestigt war, sorgfältig verschlossen hatte, fühlte sie sich unbeobachtet und blieb nachdenklich auf dem Sandboden sitzen. Sie zog das Geldbündel hervor, doch es war zu dunkel, sie konnte die Zahlen auf den Scheinen nicht erkennen. Ein blechernes Geräusch ließ sie zusammenzucken. Schnell schob sie das Geld unter die Matte und legte sich mit klopfendem Herzen darauf. Das gleiche Geräusch folgte. Anjali hielt den Atem an. Machte sich jemand an dem Eingang zu schaffen? Sie stand auf, griff die Shivastatue. Ein Krachen, dem ein jämmerliches Miauen folgte. Anjali atmete tief durch. Vermutlich hatten Ratten mit einer Katze gekämpft.

Sie wühlte die Behälter aus dem Versteck, schob das Geld hinein und bedeckte alles sorgfältig mit Erde, schob die Matte darüber und legte sich hin.

Obwohl sie müde war, konnte sie nicht einschlafen. Die Bilder des Tages kreisten in ihren Gedanken, und sie malte sich aus, wie Diebe das Geld und die Perlen fanden. Sie wurde immer unruhiger. Die Fremden hatten ihr Angst eingejagt. Bisher hatte sie sich als Frau hier einigermaßen sicher gefühlt. Ihr Herz raste, ihr Puls klopfte so laut, dass sie glaubte, man könnte es draußen hören. Sollte sie die Perlen in die Palme zurückbringen? Hinauf in die Berge fahren und die Ärztin um Rat bitten? Anjali verwarf den letzten Gedanken gleich wieder, sie kannte die Engländerin kaum. Konnte sie ihr trauen? Durfte sie die Herren im Hotel um Hilfe bitten?

Fragen über Fragen wirbelten ihr durch den Kopf, und sie fand bis zum Morgengrauen keine geeignete Lösung.

Lange bevor die Sonne aufging, lief Anjali ans Wasser und lief auf und ab. Die Engländer erwarteten sie bald im Hotel. Sollte sie die Dose besser mitnehmen oder an alter Stelle belassen? Starke Regenfälle könnten den Boden aufweichen, im schlimmsten Fall würde die Hütte durch Sturm oder Flut zerstört werden. Und würde es die schwächlich wirkende Devi schaffen, die Behausung zu verteidigen, wenn sie unterwegs wäre, wenn diese fremden Männer, die sie gesehen hatte, wiederkämen?

Die Sonne schickte ihre goldenen Strahlen über das Wasser, der Himmel war wolkenlos, und eine leichte Brise milderte die Schwüle. Sorgfältig wusch Anjali Körper und Haare im Meer, ging zurück, sprach das Morgengebet und bereitete auf der Feuerstelle das Frühstück. An diesem Morgen wählte sie die Reisportion üppiger und wollte durch ausreichend Opfergaben die Götter gütig stimmen. Den Rest des Frühstücks schob sie Devi unter der Tür durch. Anjali beschloss, das Geld an alter Stelle zu belassen, und kleidete sich sorgfältig an. Die Stoffbahnen waren feucht und rochen muffig, und sie nahm sich vor, sofort nach der Rückkehr die Saris in die Sonne zu legen.

Viel zu früh machte sie sich auf den Weg zum Hotel und hoffte, ihr fiele unterwegs eine Lösung zu dem Sicherheitsproblem ihrer Behausung ein. Sie brauchte ebenfalls Nachschub an Muscheln, daher suchte sie welche auf dem Weg zum Hotel. Die Muschelausbeute war an diesem Morgen mager. Entweder suchte sie nicht konzentriert genug, oder das Meer hatte zu wenig angeschwemmt. Das Häufchen war mickrig. Hoffentlich hatte kein anderer die Idee der Ketten aufgegriffen.

Die beiden Herren und eine blonde Dame saßen an der Bar, als Anjali die weite Rasenfläche des Hotelgeländes überquerte. Welche Entscheidung hatte der Herr wohl getroffen? Schweißperlen erschienen auf ihrer Stirn, und Anjali wusste nicht, ob die Hitze oder ihre Unsicherheit dahintersteckte.

Sie blieb stehen. Sollte sie dort hinübergehen? Vielleicht war alles nur ein Scherz gewesen – oder Sir Charles hatte sein Angebot bereits wieder vergessen? Niemand bemerkte sie. Wenn überhaupt, wurde sie am Mittag erwartet.

Die Hotelgäste schienen sich über Nacht verdoppelt zu haben. Sämtliche Holzliegen mit den weißen Auflagen waren durch Gäste besetzt. Kellner mit überfüllten Tabletts liefen geschäftig hin und her, stellten Gläser mit Erfrischungen auf die kleinen Beistelltische, die neben den Liegen standen, oder räumten Tee und Kaffeegeschirr ab. Korken knallten. Ein paar Gäste betrachteten Anjali mit neugierigen oder gar abschätzenden Blicken.

Sir Henry sah in ihre Richtung, erblickte sie und winkte ihr mit einer Geste, näher zu kommen. Ein Kellner blickte sie zornig an. Vielleicht glaubte er, sie arbeitete inzwischen als Prostituierte, aber Anjali hielt seinem Blick stand. Sir Henry kam ihr entgegen und legte freundschaftlich den Arm um ihre Schultern. Um die eventuell vorgefasste Meinung des Kellners nicht zu bestätigen, versuchte sie, sich unauffällig aus der Umarmung zu befreien, doch es gelang ihr nicht. Die Herrschaften würden in Kürze abreisen, aber sie musste weiterhin ihre Ketten hier verkaufen. Auf dem Markt hatte sie einmal gehört, dass Hotelportiers für Gäste Prostituierte kommen ließen. Wahrscheinlich glaubten alle Männer, sie sei käuflich. Unsicherheit überfiel sie.

Sie erreichten die Bar. Die Dame, die das blonde Haar hochgesteckt trug, drehte sich um. Es war die Ärztin! Sie zeigte sich erfreut, Anjali wiederzusehen, und strich ihr freundschaftlich über den Arm, und Anjali hoffte, die Angestellten hatten auch diese Berührung bemerkt.

Sir Charles reichte ihr ein Glas Orangensaft. »Anjali, ich bitte dich noch um etwas Geduld. Ich erwarte weitere Gäste. Nachdem ich die Herrschaften begrüßt habe, werden wir alles in Ruhe besprechen.«

Esther drehte sich auf dem Hocker erneut zu ihr. »Anjali, schön, dich zu treffen. Wie geht es dir? Arbeitest du noch bei den Engländern?«

Sie bekam ein flaues Gefühl in der Magengegend und spürte Wärme in sich aufsteigen. Wahrscheinlich war ihr Gesicht knallrot geworden. Weshalb hatte sie damals bloß gelogen? »Nein, ich habe die Stelle verloren. Inzwischen produziere und verkaufe ich Muschelketten. Hier in den Hotels werde ich sie gut los.«

»Toll«, sagte Esther bewundernd.

»Mein Partner, der mir dabei geholfen hat, ist leider vor kurzem gestorben. Ich werfe mir immer noch vor, dass ich Vimal nicht zu Ihnen auf die Krankenstation gebracht habe. Vielleicht hätten Sie ihn retten können?«

Esther strich ihr erneut über den Arm. »Das tut mir leid, Anjali. Woran ist dein Partner gestorben?«

»Er war Perlentaucher, seine Lungen waren vom Salzwasser zerfressen.«

»Dann hätte ihm der beste Arzt nicht helfen können.«

Die Antwort erfüllte Anjali mit Erleichterung. Sie hätte es sich nie verziehen, hätte sie Vimals Leben retten können.

»Ich muss mich auch bei Ihnen entschuldigen. Ich habe damals vergessen, Ihnen das Geld für die Behandlung meiner Mutter zu geben.«

»Vergiss die Geschichte mit dem Geld! Ich konnte nichts mehr für deine Mutter tun. Ich wollte damals nur wissen, ob ich vielleicht einen Behandlungsfehler begangen habe – deshalb hatte ich dich reingebeten. Leider hatten wir dann ja keine Zeit mehr, uns zu unterhalten.«

In diesem Augenblick näherten sich auf dem Steinweg Richard Van der Meer, Toms Bruder, und seine Frau Sarah. Anjali hatte Lady Sarah damals nur wenige Male im Herrenhaus gesehen – und dann nur aus der Ferne. Richard, der genauso unangenehm war wie sein Vater, bemerkte sie glücklicherweise nicht, stattdessen begrüßte er seine Freunde überschwänglich. Sie entfernte sich Meter für Meter von der Gruppe, bis sie hinter der Barhütte verborgen war. Von dort aus hörte sie Korken knallen, Gläser klirren und fröhliches Gelächter.

»Bitte entschuldigt mich einen Augenblick, ich habe kurz geschäftlich zu tun, aber ich wollte euch erst begrüßen«, hörte sie Sir Charles sagen.

Vorsichtig linste Anjali hinter der Hausecke hervor. Charles drehte sich suchend um. Esther deutete mit dem Kopf in ihre Richtung, und er kam zu ihr.

»Weshalb bist du weggelaufen?«

»Sir, Sie haben gesagt, ich soll wegen der Fotografien kommen und nicht zu einem Drink.«

»Jaja«, antwortete er abwesend und schüttelte den Kopf. »Die Bilder sind wirklich ausgezeichnet geworden. Ich würde gerne weitere Aufnahmen von dir für den Schmuckkatalog anfertigen lassen. Die Sachen werden morgen vom Goldschmied geliefert. Die Hochglanzbroschüre wird weltweit vertrieben, deshalb muss sie von exzellenter Güte sein. Ich verlasse mich also auf dich. In Ordnung?«

»Ja«, antwortete sie fast unhörbar. Sie sollte Schmuckstücke tragen, die in einem Katalog abgebildet werden würden? Nur wusste sie nicht, was der Katalog oder die Broschüre genau war, aber sie mochte nicht fragen.

»Noch etwas: Ich möchte, dass du während dieser Tage hier in der Nähe bleibst, so dass du für den Fotografen jederzeit erreichbar bist. Er ist ein Exzentriker und legt besonderen Wert auf ständige Verfügbarkeit der Modelle«, sagte Charles, verzog dabei eine Augenbraue und machte einen herablassenden Eindruck. »Er bestimmt die Arbeitszeit je nach Lichtverhältnissen.« Seine Stimme hatte einen unangenehmen Ton angenommen. Es klang wie ein Befehl.

Anjali wurde schwindlig. Wovon sollte sie die Unterkunft bezahlen? So viel Geld besaß sie trotz des Perlenverkaufs nicht und wollte es keinesfalls dafür ausgeben. Sie trat von einem Bein auf das andere und suchte nach Ausreden.

Sir Charles bemerkte ihre Unsicherheit. »Keine Sorge, ich komme für Unterbringung und Essen auf, und du wirst eine ausreichende Vergütung erhalten«, sagte er in geringfügig verbindlicherem Ton.

Sie glaubte, zu träumen, und kniff sich hinten in den Oberschenkel.

Sir Charles sah es und lachte. »Ich erwarte dich spätestens heute Abend hier im Hotel.«

Hatte sie mit ihren reichlichen Opfergaben die Götter gütig gestimmt? Alles schien wie ein Traum. »Ich war noch nie in einem Hotel, ich weiß nicht …«

»Geh an die Rezeption, frage nach dem Schlüssel für die Unterkunft des mitreisenden Personals von Sir Charles. Dort ist ein Zimmer für dich reserviert. Der Chauffeur und Butler sind ebenfalls da untergebracht. Ich glaube, es gibt auch einen Speiseraum, dort kannst du essen.«

»Vielen Dank.« Sie legte die Hände zusammen und verbeugte sich ehrfürchtig.

Sir Charles wandte sich wortlos um und ging zurück zu seinen Gästen.

Anjali schlenderte an den Strand zurück und setze sich unter eine schiefstehende Palme. Bei dem Gedanken, in einem Hotel zu schlafen, geriet sie in Panik. Hätte sie das Angebot ausschlagen müssen? Mit zwei Saris und ohne Schuhe konnte sie dort unmöglich auftauchen! Wusste Sir Charles überhaupt, dass sie eine Dalit war? Sie versuchte, sich an Dinge zu erinnern, die ihr die Köchin Mary beigebracht hatte. So wusste sie wenigstens, dass sie eine Teetasse am Henkel anfassen und den Unterteller darunter halten musste, falls sie die Tasse vom Tisch nahm. Mary hatte ihr ebenfalls gezeigt, wie sie mit Messer und Gabel essen musste, und erklärt, dass sie nicht mit vollem Mund sprechen durfte und ihn beim Kauen geschlossen halten sollte. Damals hatte Anjali sich darüber amüsiert, jetzt war sie der alten Frau dankbar.

Langsam stand sie auf und ging nach Hause. Erleichtert dachte sie daran, dass Sir Richard sie nicht bemerkt hatte. Vielleicht hätte er sie eine Diebin genannt, und verschwiegen, dass sie unschuldig im Gefängnis gewesen war. Unruhe überfiel sie. Würde sie ihn am Abend wiedersehen?

Als sie zu Hause eintraf, setzte sie sich vor die Hütte und schaute dem ständigen Auf und Ab der in der Sonne glänzenden

Wellen zu. Schaumkronen spritzten in die Höhe und erinnerten Anjali an speiende Wassergötter. Weiße Wolkenpakete schoben sich eilig über den stahlblauen Nachmittagshimmel. Nichts erinnerte an die Beunruhigung, die sie noch am Abend zuvor beim Anblick der fremden Männer empfunden hatte.

Sollte sie die Hütte aufgeben? Aber was würde aus ihr werden, sobald die Aufnahmen beendet waren? Ein heilloses Durcheinander entstand in ihrem Kopf.

Kinderlachen in der Nähe riss sie aus den Gedanken. Nein, für die wenigen Tage würde sie keine großen Veränderungen vornehmen.

Sie ging auf den Markt, kaufte eine billige Basttasche, Gummilatschen und hochhackige rote Sandalen. Darin war es Anjali unmöglich, zu laufen, da sie in ihrem bisherigen Leben nur barfuß gehen durfte. Sie entdeckte weitere Dinge, von denen sie glaubte, sie unbedingt in einem Hotel benötigen zu müssen, und kehrte mit einer völlig überfüllten Tasche zurück. So viel Geld hatte sie eigentlich nicht ausgeben wollen, aber jetzt freute sie sich über die Zahnbürste, den Kamm, den Spiegel und die Wolljacke. Sie breitete die Einkäufe auf dem Fußboden ihrer Hütte aus.

Sie musste noch Devi bitten, auf Shiva und die Hütte aufzupassen.

Aber was, wenn heftiger Regen einsetzte, die Erde aufweichte, und Devi das Geld fand und damit verschwand, oder ein Sturm die Hütte wegfegte? Eine weitere Panikattacke überfiel sie.

Schnell grub sie die Geldbehälter aus, steckte alles samt der Shivastatue in die Tasche und nahm es mit.

Kapitel 9

Die Unterkunft für die mitgereisten Bediensteten der Hotelgäste war ein rechteckiger Holzbau im Landesstil. Das überhängende Dach sollte vor Regen und Sonne schützen. Das Gebäude lag weit entfernt von dem prächtigen weißen Hotelbau, eingebettet in dem hinteren Teil des Geländes, und bestand aus zwei Stockwerken. Anjali erhielt ein geräumiges Zimmer. Vor der Zimmertür streifte sie die unbequemen Sandalen ab, in die sie geschlüpft war, kurz bevor sie das Hotel erreicht hatte. Barfuß lief sie über den glänzenden Holzboden, warf ihre Tasche auf das Bett und betrachtete sich ausführlich in dem langen Spiegel, der neben der Eingangstür hing.

Weshalb hatte Sir Charles gerade sie für die Aufnahmen auserwählt?

Sie fand keine Erklärung und ging hinüber in das angrenzende Badezimmer. Als sie einige Zeit später zurückkehrte, lagen mehrere Saris auf dem Bett, und zwei Paar Schuhe in gleichen Farbentönen standen davor. Schnell schlüpfte sie in die dunkelblauen hochhackigen Pumps und stöckelte im Zimmer umher. Die Dinger passten, aber ihre Füße knickten darin ständig zur Seite weg. Sie kam sich ungeschickt vor und stellte die Schuhe in die Ecke. Das andere Paar war moosgrün und mit glitzernden Steinchen bestickt. Die wollte Anjali in keinem Fall probieren, sie schienen zu wertvoll. Stattdessen zog sie die neuen Gummilatschen aus der Tasche. Sie musste sich an Schuhe gewöhnen, aber der Gummi war hart und scheuerte, deshalb versteckte Anjali die ärmliche Fußbekleidung weit hinten in dem Mahagoniholzschrank, der eine gesamte Wand einnahm. Lange betrachtete sie die auf dem Bett liegenden Saris. Die Stoffbahnen sahen kostbar aus und waren wahrscheinlich für die kommenden Fotoaufnahmen gedacht. Anjali legte die Teile sorgfältig auf ein Brett im Schrank. Anschließend packte sie die Tasche aus, faltete die Papiertüte zusammen und verstaute alles im hinteren Teil des Einbauschranks. Die Fotografie, die ihr Sita zum Abschied in die Tüte gesteckt hatte, stellte sie vor den Lampenfuß auf den Nachttisch, Shiva stellte sie daneben. Sie hatte das Bild lange nicht mehr angesehen. Eigentlich hatte sie es bis jetzt total vergessen. Sie ging mit dem Foto zum Fenster und betrachtete es im Licht der Abendsonne genauer.

Das Gesicht und die schlanke Gestalt des Herrn auf der Fotografie kamen ihr bekannt vor. Spielten ihre Nerven total verrückt? Begann sie zu phantasieren? Schnell stellte sie das Bild auf das dunkle Holztischchen zurück und setzte sich in den gepolsterten Rattansessel. Es klopfte.

Eine junge Frau in schwarzem Kleid mit weißer Schürze stand vor der Tür. »Sir Charles wünscht, dass Sie in einer Stunde im Hotelgarten erscheinen. Der Fotograf ist eingetroffen.«

Anjali besaß keine Uhr. Wie lange dauerte eine Stunde? Sie blickte zum Fenster hinaus und sah der sinkenden Sonne zu. Kurz bevor sie im Meer verschwand, wollte sie hinuntergehen.

Es war bereits dunkel, als sie den Garten erreichte. Der Geruch nach feuchter sonnenwarmer Erde hing in der Luft. Ein Teil der Gartenanlage wurde durch riesige Scheinwerfer beleuchtet. Die Ausläufer der Palmenblätter zitterten im Abendwind, und Anjali glaubte, die Schatten wollten nach ihr greifen.

Der Fotograf, ein dürrer hochgewachsener Mann Mitte 30 mit verstrubbeltem rotem Haar, erwartete sie.

»Hi. Fred Allington«, stellte er sich vor und streckte ihr seine knochige Hand entgegen, die Anjali ignorierte. Sie legte schnell die Handflächen zusammen und verbeugte sich knapp. Er roch nach Schweiß, vermischt mit kaltem Rauch und aufdringlichem Rasierwasser. Die Nase stach wie ein Schnabel aus dem langen Gesicht hervor. Seine Augen standen dicht beieinander, und die Wangen waren eingefallen. Der Fotograf erinnerte sie an einen Greifvogel aus den Bergen. Der weiße Anzug war verknittert, und seine Zähne wirkten im Scheinwerferlicht so vergilbt wie die Fotografie auf dem Nachttisch.

»Ich bin Anjali«, stellte sie sich vor und ging zwei Schritte zurück.

Er umkreiste und begutachtete sie von allen Seiten. Bei dieser unwirklichen Beleuchtung schob er sie mal hierhin mal dorthin, ließ sie auf einem der Stühle Platz nehmen, wieder aufstehen, zerwühlte ihr Haar und blickte ständig in den kleinen schwarzen Fotoapparat, bevor er wieder Unverständliches vor sich hin brummte. Einzelne Gäste, die sich im Garten aufhielten, schauten dem Treiben interessiert zu und gaben Ratschläge, die der Fotograf missbilligend zur Kenntnis nahm. Endlich sagte er überraschend freundlich: »So, für heute sind wir fertig, du kannst gehen. Ich glaube, wir werden gut zusammenarbeiten. Gute Nacht.«

»Morgen früh erwarte ich dich bei Sonnenaufgang«, rief er ihr hinterher.

Tausend Gedanken wirbelten Anjali durch den Kopf und hielten sie bis zur Morgendämmerung wach. Der Ventilator über dem Bett durchschnitt die feuchtwarme Luft.

Noch im Dunkeln stand Anjali auf und freute sich über die erfrischende Dusche. Sie legte einen der neuen Saris an und drehte das frisch gewaschene Haar zu einem tiefsitzenden Knoten zusammen. Die hochhackigen Schuhe nahm sie in die Hand. Lange bevor der Fotograf mit Charles erschien, stand sie auf dem taunassen Rasen und blickte auf das langsam heller scheinende Meer. Ihre Füße hatten auf dem nachtfeuchten Gras deutliche Spuren hinterlassen.

Hinter ihr stieß der Fotograf einen Begeisterungsschrei aus und knipste bereits ein Foto nach dem anderen. Charles legte einen glänzenden Metallbehälter auf einen Gartentisch, öffnete ihn, nahm vorsichtig ein mit Smaragden und Brillanten besetztes Collier heraus und legte es ihr um den Hals. Sicherheitsbeamte beobachteten das Geschehen aus der Ferne.

Anjali folgte den Anweisungen des Fotografen. An diesem Morgen roch Fred angenehm nach herbem Rasierwasser. Seine braune Leinenhose und das weiße Hemd saßen perfekt.

Charles drapierte ein kranzartiges Schmuckstück so auf ihrem Kopf, dass ein ovaler blauer Saphir weit in die Stirn über der Nasenwurzel hing. Alle erdenklichen Ohrringarten, die mit Perlen oder verschiedenfarbigen Steinen besetzt waren, wurden an Anjalis Ohren befestigt. Dann wieder umschlangen mehrreihige Perlenschnüre unterschiedlicher Farbnuancen und Länge ihren Hals.

Nach einer Weile sagte der Fotograf: »Sir, bei den Ohrringen, die keinen Clip besitzen, wäre es besser, wenn sie in den Ohrläppchen steckten und nicht in der Muschel hingen. Das sieht dilettantisch aus.«

Sir Charles runzelte die Stirn, kniff den Mund zusammen und nickte.

»Der Schmuck würde dadurch kraftvoller wirken, und ich könnte eine andere Perspektive wählen.«

Charles schaute in die Ferne, brummte etwas Unverständliches und nickte erneut. »Da gebe ich Ihnen recht, die Perspektive ist ordentlich, aber …« Den Rest des Satzes verwehte der Wind.

Wollten die Herren Löcher in ihre Ohrläppchen stechen? Ängstlich schaute sie auf Charles. Aber der schien abwesend und nickte weiter vor sich hin. Er hielt mit dem Nicken inne und fragte laut in die morgendliche Stille: »Anjali, bist du einverstanden, wenn wir den Arzt rufen, um die Maßnahme zu ergreifen?«

»Maßnahme ergreifen« nannte er es also, anstatt ihr zu erklären, was mit ihr geschehen sollte. Was blieb ihr anderes übrig? Sagte sie nein, wäre die Arbeit beendet, sie müsste das schöne Zimmer verlassen und konnte die Bezahlung vergessen.

»Was kostet das?«, fragte sie.

Sir Charles wischte ihre Frage mit der Hand weg. »Das erledige ich!«

Also stimmte sie zu.

Wenig später wurde sie zum Arzt gebracht, einem dicken, noch verschlafenen Inder mit schwarzem Turban, der gleich Anjalis Ohrläppchen befingerte. Dabei verzog er das Gesicht, indem er seinen Unterkiefer zu einer Grimasse vorschob, und ähnelte dabei einer Kaulquappe. Er nickte befriedigt.

Anjali dachte an Mary, wie sie auf dem Markt die Tiere befingert hatte, bevor sie geschlachtet wurden, und fühlte sich, als sei sie ebenfalls zum Schlachten freigegeben.

Der Arzt malte mit einem dicken Stift Punkte auf die Ohrläppchen, danach sprühte er etwas Kaltes darauf und glühte eine Nadel in einem Bunsenbrenner aus. Dann stach er sie ihr durch die markierten Stellen. Es tat nicht besonders weh und blutete wenig.

Schnell schob Sir Charles, der sie begleitet hatte, dem Arzt zwei kleine Goldherzen hinüber. Die wurden ihr in die frisch gestochenen Löcher gesteckt. »Ein Geschenk für deine Schmerzen«, sagte Charles.

Sie befingerte die Objekte und konnte es kaum erwarten, in einen Spiegel zu schauen.

Das Fotoshooting wurde wieder aufgenommen. Die neuen Goldherzen wurden durch Brillanten in Tropfenform ausgetauscht. In kurzen Abständen wurde ihr Make-up aufgefrischt, man türmte ihre Haare zu einem unendlichen Gebilde auf, flocht Perlenstränge hinein oder ließ ihr das Haar über die Schulter fallen. Anjali musste unentwegt den Sari wechseln. Tapfer ertrug sie die unbequemen Schuhe und folgte Freds und Charles' Anweisungen, hob die Arme, drehte den Kopf, setzte sich auf den Barhocker und stand wieder auf.

Erst spät nach Mitternacht fiel sie erschöpft in das mit kühlen Laken bezogene Bett. Ein Klopfen ließ sie kurz darauf aufschrecken. Schnell schlüpfte sie in den Frotteebademantel, der am Haken hing, und öffnete. Fred stand vor ihr. Er roch nach Alkohol. Sie befürchtete das Schlimmste.

»Entschuldige, der Chef hat eben beschlossen, morgen Vormittag gleich nach dem Frühstück hinauf in die Berge zu fahren. Würdest du mir einen Gefallen tun und eine Stunde für mich persönlich arbeiten? Ich möchte gerne Fotos von dir ohne diesen ganzen Schnickschnack machen. Vielleicht mit einer Blüte im Haar oder einer einfachen Kette, ganz natürlich.«

»Ja, wenn der Sir nichts dagegen hat?« Sie drehte sich um, ging hinüber zum Schrank und kramte zwei Muschelketten hervor. Es waren die letzten Ketten, die Vimal angefertigt hatte. Anjali wollte sie für sich behalten, wenigstens so lange, bis sie das Geld unbedingt benötigte. Sie streckte sie Fred entgegen.

Er nickte befriedigt. »Bring sie morgen Früh mit! Ich stelle mir Fotos am Strand vor, ohne Schminke mit wehendem Haar und einem schlichten Sari, falls du so etwas hast. Gute Nacht.«

Sie beeilte sich, die Tür zu schließen. Sie hoffte, keiner der Angestellten hatte ihn gesehen und Falsches vermutet.

Gegen neun Uhr morgens beendete Fred die Aufnahmen am Strand. Er schien begeistert, und Anjali war total erschöpft, obwohl ihr Arbeitstag erst begann. Sie wollte während der Fahrt schlafen, da sie mit Sicherheit wieder neben dem Chauffeur sitzen musste, der kein Wort mit ihr sprechen würde. Sie stürmte hinauf in ihr Zimmer, stelle sich nochmals rasch unter die Dusche, da ihr Körper verschwitzt und sandig war, und warf dann ihre Habseligkeiten in die Tasche. Sie blickte ein letztes Mal wehmütig über die Bucht. Mit Gewissheit würde sie nie mehr in dieses Hotel zurückkehren.

Dann rannte Anjali über den Sandweg zum Haupteingang des Hotels. Aus der Ferne sah sie, wie die dunkle Limousine das Hotelgelände verließ. Traurig blickte sie dem Rolls-Royce hinterher. Warum würden die Männer sie zurücklassen? Anjali nahm ihren gesamten Mut zusammen, betrat die Hotelhalle und ging hinüber zum Empfang. Ein blasiert aussehender Angestellter in weißer Livree betrachtete sie interessiert. Danach rief er den Boy, der hinter dem Pult vor der Eingangstür stand, und befahl ihm, Anjali die Tasche abzunehmen und diese draußen zu den übrigen Gepäckstücken zu stellen. Sie lief dem Mann hinterher und schaute verlegen zu, als er die schäbige Tasche zu den feinen Lederkoffern und Reisetaschen stellte. Die Basttasche wirkte wie ein Fremdkörper unter ihnen. Auch sie fühlte sich wie ein Fremdkörper in dieser vornehmen Welt. Der Boy zog hinter seinem Stehpult eine Tüte hervor, die ein Picknick enthielt.

»Danke«, sagte Anjali.

Aus dem Schatten der mächtigen Säulen, die das Vordach trugen, löste sich ein unrasierter älterer Einheimischer und kam ihr entgegen. An seinem dünnen Körper hing ein mehr graues als weißes Beintuch, das Oberhemd war löchrig. Er kaute auf einem Stöckchen. Bevor er sie erreicht hatte, spuckte er auf den Boden.

»Da bist du ja endlich!«, blaffte er sie an. »Setz dich in den Wagen! Ich hole das Gepäck, dann können wir fahren.«

Die Koffer verstaute er im Gepäckraum des klapprigen Fords, die Taschen und restlichen Gepäckstücke türmte er neben ihr auf der Rückbank auf, so dass ihre Bewegungsfreiheit weitgehend eingeschränkt wurde. In dem Wagen roch es nach fauligem Obst, kaltem Rauch und Katzenurin.

Angeekelt würgte Anjali und versuchte, sich abzulenken. Was hatte sie erwartet? Trotzdem war sie enttäuscht, dass sie als lästiges Gepäckstück betrachtet wurde. Sie lehnte sich auf dem zerschlissenen befleckten Sitz zurück. Eine Metallfeder, die sich durch das ehemals braune Kunstlederpolster gebohrt hatte, stach ihr in den Po.

Endlich quetschte sich der Fahrer hinter das Steuerrad und versuchte, das Fenster mit einem Reststück der nicht mehr vorhandenen Kurbel zu schließen. Glücklicherweise gelang es ihm nicht. Der Fahrtwind blies Anjali ins Gesicht und ließ den Gestank erträglicher werden. Sie wollte mit dem Mann kein Gespräch beginnen, deshalb schloss sie die Augen und versuchte zu schlafen. Der Wagen rumpelte über die schlechte Straße, das Gepäck verschob sich, so dass ihr nichts anderes übrig blieb, als den Gepäckturm nach jeder Kurve wieder zurückzuschieben. Der Fahrer beobachtete Anjali in dem größtenteils blind gewordenen Rückspiegel. Wenn sie zufällig die Augen öffnete, lächelte er ihr zu. Es war ein aufdringliches Lächeln, und sie versuchte, es zu ignorieren, und schloss sofort die Augen oder blickte seitlich aus dem Fenster.

Die ersten Hügel mit Teesträuchern tauchten auf. Sie dachte an die Autofahrt mit Tom und kämpfte mit den Tränen. Nur nicht heulen. Sie versuchte krampfhaft, an etwas Lustiges zu denken. Es gelang ihr nicht. Eine Träne kullerte über die Wange. Schnell wischte sie diese mit dem Handrücken ab und bückte sich, als suche sie etwas.

Sie zerrte die Picknicktüte hervor und breitete das Essen auf dem Schoß aus. »Hast du auch was?«, rief sie dem Fahrer zu.

Er drehte sich um, blies die Wangen auf und schnaubte durch die Nase. »Denkste, der Gepäckfahrer kriegt noch Essen serviert? Ärgerlich genug für die Leute, dass das Gepäck wegen den immer häufigeren Überfällen durch Tamilen extra transportiert werden muss.«

Obwohl der Mann ihr unsympathisch war, spürte sie Mitleid. Sie streckte ihm eine Banane und ein Gurkensandwich entgegen. »Hier, nimm!«

Er nahm beides, betrachtete das weiße Brot und biss zaghaft hinein. »Hm, schmeckt nicht schlecht«, sagte er verschämt. Sie vermutete, dass er nur die Speisen der Einheimischen kannte.

»Danke«, sagte er viel später in freundlicherem Ton.

Um sich bei einer Frau zu bedanken, hatte er lange gebraucht. Teilen hatte er scheinbar nicht von dem armen Fahrgast erwartet. Den Rest der Fahrt schwiegen beide wieder.

Am frühen Nachmittag erreichten sie das Ziel. Die Umgebung kam Anjali bekannt vor. Sie waren Richtung Nuwara Eliya unterwegs gewesen, und sie glaubte, das Haus der alten Dame, bei der sie die Tage um Weihnachten verbracht hatte, befand sich ganz in der Nähe. Der Wagen rumpelte die Auffahrt des parkähnlichen Grundstücks entlang. Es schien, als würde der Zufahrtsweg kein Ende nehmen. Vor der mächtigen Freitreppe des Herrenhauses hielt der Fahrer und begann, die Koffer auszuladen. Anjali nahm ihre Tasche und wollte sie zu den übrigen Sachen stellen. Dabei ließ sie sie aus Versehen fallen, und der gesamte Inhalt breitete sich auf den feinen Steinchen aus.

Ein Boy kam angerannt und schnauzte den Fahrer an: »Fahr gefälligst rechts am Haus vorbei nach hinten, da ist der Personaleingang – und hilf mir, verdammt noch mal, die Koffer dorthin zu schaffen!«

Anjali sammelte rasch das Verstreute auf, stopfte es in die Tasche zurück und wollte dem Auto nachlaufen.

»Warte, du hast deine Fotografie vergessen«, rief eine tiefe Stimme.

Anjali drehte sich um. Ein Mann stand vor ihr und streckte ihr die Fotografie entgegen. Es war der Herr, den sie auf der Krankenstation getroffen hatte: Sir Geoffrey. Er zog den Arm zurück und blickte auf die Fotografie. Er stutzte, führte die Hand näher an die Augen und betrachtete erneut das vergilbte Bild. Sein Gesichtsausdruck versteinerte sich, und er wurde aschfahl. Er griff in die Tasche seines grünbraun karierten Jacketts und zog einen Kneifer aus Gold hervor. Er studierte jedes Detail der Fotografie, drehte sie um und betrachtete die Rückseite. Dort standen wenige rotfarbene Buchstaben und Zahlen, mit denen Anjali nichts anfangen konnte.

»Woher hast du das Bild?«, fragte er, ohne sie dabei anzusehen. Stattdessen hob er den Kopf und sah in die Ferne, als erwartete er keine Antwort. Es schien, als hätte er sie vergessen.

»Meine Mutter hat es mir vermacht, Sir.«

Gerne hätte sie gefragt, was ihn an dem Foto so interessierte, aber sie wagte es nicht, sondern nahm das Foto entgegen, drehte sich um und rannte den anderen hinterher. Im Schutz der Hauswand blieb sie stehen und schaute zurück. Sir Geoffrey stand wie angewurzelt an gleicher Stelle und starrte ins Leere.

»Du«, rief der Boy direkt hinter ihr.

Sie zuckte zusammen und stammelte: »Ja?«

»Los, komm, ich bring dich zu deiner Unterkunft!«

Anjali trottete hinter ihm her. Das Gesindegebäude aus grauem Stein lag weitab. Zu ihrem kargen Raum gehörte ein kleines fensterloses Bad. »Es ist das beste Zimmer«, sagte der Boy stolz und ließ sie allein.

Erschöpft warf sich Anjali aufs Bett. Das Metall ächzte. Ihre Gedanken wanderten zu Sir Geoffrey und der Fotografie zurück.

Was daran hatte ihn so fasziniert? Kannte er das Paar? Über diesen Überlegungen schlief sie ein.

Heftiges Klopfen ließ sie hochschrecken. Anjali sprang auf und lief zur Tür. Niemand war zu sehen. Ein Tablett mit einer Wasserkaraffe und einer Portion Reis mit Gemüsecurry stand davor. Sie stellte es auf den Tisch und verschlang gierig das Essen. Dann entdeckte sie den kleinen Zettel.

Morgen früh, kurz nach Sonnenaufgang, erwarte ich dich vor dem Eingang des Herrenhauses, falls es nicht regnet.
Gruß
Fred

Sie verstaute ihre wenige Habe. Für Shiva wählte Anjali einen Platz seitlich des Fensters. Er sollte eine besonders schöne Stelle bekommen, denn sie war überzeugt, die vielen glücklichen Zufälle hatte sie nur seiner Güte zu verdanken.

Die Sonne schob sich gerade über die Berggipfel, als Anjali den Haupteingang erreichte. Der Fotograf erwartete sie bereits. Er sah lächerlich aus in seinen gelben Bermudas, dem bunten Hemd und dem Strohhut. Und das Ganze wurde noch durch blankgeputzte Schuhe und Kniestrümpfe abgerundet. Er erinnerte sie an einen bunten Vogel. Sie konnte gerade noch ein Lachen unterdrücken.

Sie liefen hinüber zu Sir Geoffreys ehemaliger Teeplantage und begannen mit der Arbeit. Er legte ihr Ketten um den Hals und reichte die passenden Armbänder. Anjali drehte die Arme nach rechts, nach links, reckte ihr Gesicht in die Richtung, die er vorgab, lief durch Teesträucher und zupfte an den kleinen Trieben. Was er sich bei diesen Aufnahmen gedacht haben mochte? Eine Teepflückerin mit goldenen Ketten und Armbändern? Die hatten ganz andere Sorgen!

Fred stelzte wie die Tänzer abends auf den Bühnen der Hotels um sie herum, sein Lächeln schien unnatürlich verkrampft, und seine Stimme nahm den Ton eines flötenden Vogels an. Der

Mann kam ihr albern vor. Als Sir Charles ihnen gegen Mittag bei der Arbeit zusah, versuchte auch er, bei Freds Anblick das Lachen zu unterdrücken.

Anschließend fotografierte Fred Anjali vor dem Herrenhaus. Sie war zum Umfallen müde, aber sie tat, was er von ihr verlangte. Schließlich wurde sie ja dafür bezahlt, und eine gemütliche Unterkunft hatte sie ebenfalls. Selbst das Essen wurde ihr von einem unsichtbaren Geist pünktlich vor die Tür gestellt. Außerdem gab es einen elektrischen Tauchsieder, eine Teedose und Tassen aus Porzellan in ihrem Zimmer.

Als der Fotograf wieder eine dieser kleinen schwarzen Celluloidrollen einspannte, fragte Anjali ihn neugierig: »Sie haben schon so viele Rollen verbraucht – wie dick wird denn der Katalog?«

Fred zuckte mit den Schultern, und Sir Charles schmunzelte über die scheinbar naive Frage, antwortete aber nicht. Es war der Fotograf, der endlich sagte: »Zuerst entwickele ich alle Filme, danach suche ich die besten Fotos heraus und lege sie zur Begutachtung vor. Sir Charles bestimmt dann, welche verwendet werden. Erfahrungsgemäß sind es 30 bis 40. Selten mehr.«

»Und was machen Sie mit dem Rest?«, fragte sie erstaunt.

»Sofern ich von meinem Auftraggeber die Erlaubnis zur weiteren Verwendung erhalte, versuche ich, Aufnahmen an Zeitschriften zu verkaufen, die übrigen wandern ins Archiv.«

Gut. Und was war ein Archiv? Sie fragte nicht nach. Es war schließlich egal, ob sie in einem Katalog oder in diesem Archiv landete.

Am späten Nachmittag gingen sie zu Fuß zum angrenzenden Golfplatz. Die Sonne schickte gelegentlich ihre Strahlen durch die dicke, tiefhängende Wolkendecke, als wollte sie nachsehen, was eine Teepflückerin auf dem Golfplatz zu suchen hatte. Anjali lief ohne Schuhe hinter den beiden Herren her. Die Pumps trug sie in der Hand. Die kleine Gruppe hatte das Golfgelände gerade erreicht, da nahm ein Herr Sir Charles zur Seite und redete eindringlich auf ihn ein. Charles schien verlegen, sein Gesicht rötete sich. Er drehte sich zu ihr um und bemerkte, dass sie barfuß war.

»Anjali, weshalb trägst du keine Schuhe?« Sein Tonfall ließ darauf schließen, dass er einen Wutausbruch unterdrückte.

Sie erklärte schnell, dass ihr die hochhackigen Schuhe nicht richtig passten und dass sie sonst keine anständigen Schuhe besaß.

»Ohne entsprechende Kleidung dürfen wir das Gelände des Golfplatzes nicht betreten.« Charles versuchte, seinen Zorn über die Maßregelung des Herrn zu mäßigen. »Fatzke«, fügte er leise hinzu.

Selbst Fred war von dem groben Ton überrascht und schaute sich mitleidig nach ihr um. Er hatte die bunte Kleidung vom Vormittag abgelegt und trug jetzt lange Hosen und ein weißes Polohemd. Er wandte sich zu Charles und flüsterte ihm etwas ins Ohr. Charles nickte. Fred wandte sich an Anjali.

»Setz dich dort hinten auf die Bank. Ich werde nachsehen, ob ich im Clubhaus Schuhe für dich finde. Welche Schuhgröße brauchst du?«

Sie wusste es nicht und zuckte mit den Schultern. Tränen der Wut rollten ihr übers Gesicht. Was konnte sie dafür, dass eine Dalit keine Schuhe tragen durfte? Ihre Sympathie für Sir Charles schmolz dahin.

Charles lief dem Clubhaus entgegen, und Fred folgte ihm, nachdem er ihr ein Taschentuch für ihre Tränen gereicht hatte. Der Mann wurde ihr langsam sympathischer.

Weshalb brauchte der Fotograf aber überhaupt noch Bilder vom Golfplatz, wenn die danach eh im Archiv landeten?

Sie wartete. Und wartete. Weshalb brauchte Fred so lange für die Schuhsuche? Neugierig und auf der Suche nach Ablenkung lief sie einige Meter bis zu einer Begrenzungshecke des Golfplatzes und blickte hinüber.

Überrascht sog sie die Luft ein. Das Grundstück der alten Dame, bei der sie die zwei Nächte letzten Winter verbringen durfte, grenzte direkt an den Golfplatz.

Anjali stellte sich auf die Zehenspitzen. Eine Bewegung zog ihren Blick auf sich. Die alte Dame und Sir Geoffrey liefen wild gestikulierend durch den Garten. Es sah aus, als stritten die beiden Herrschaften. Zwischendurch blieben beide immer wieder stehen. Der Wind trug die Wortfetzen zu ihr herüber, deren Sinn Anjali aber nicht verstand.

»Judy!«, brauste Sir Geoffrey einmal laut auf.

Aha, es war also tatsächlich ihre Gönnerin, die die Ärztin und Sir Geoffrey an dem Abend, den sie auf der Krankenstation verbracht hatte, besucht hatten.

Zu gerne hätte sie weiter gelauscht, aber Fred kam mit zwei Paar Golfschuhen unter seinem Arm zurück und rief nach ihr. Selbst kleine Socken hatte er mitgebracht. Sie probierte sie an. Glücklicherweise passte das weiße Schuhpaar, und sie durfte das Gelände betreten. Auch Charles kam aus dem Clubhaus zurück. »Anjali, stell dich auf das Grün«, befahl er und drückte ihr einen Golfschläger in die Hand. Danach erklärte er dem Fotografen seine Wünsche.

»Anjali, du musst den Putter hin- und herschieben, wie ein Uhrpendel«, sagte Fred.

Sie schüttelte den Kopf. Uhrpendel, was war das schon wieder? Auf gut Glück bewegte sie den Schläger vor und zurück. Dann legte Charles einen kleinen Ball daneben. Fred schien begeistert und lobte sie unentwegt.

Die Abendsonne lugte zwischen den Wolken hervor, und Freds Körper warf lange Schatten über den kurzgeschnittenen Rasen, als der Fotograf sich vergewisserte, dass kein Golfspieler in der Nähe war.

»Anjali, zieh schnell die Schuhe aus und laufe barfuß über das Fairway. Öffne das Haar und lasse den Wind darin spielen.«

Fred knipste ohne Pause. »Selten finde ich so etwas Besonderes für meine Arbeit. Diese grandiose Abendstimmung mit den sich weich abzeichnenden Bergen im Hintergrund bietet eine so herrliche Kulisse für ein so wunderbares Model«, rief er begeistert und lächelte Anjali zu.

Schnell lief sie zurück und schlüpfte in die Schuhe. Er musste ihr die Schnürsenkel binden.

Vor dem Tor zog sie die Schuhe aus, und Fred klemmte sich beides unter den Arm. Mit der anderen Hand streckte er ihr eine Visitenkarte hin. »Hier, meine Adresse und Telefonnummer in London.« Ein Schuh fiel herunter. Fred schaute zu Boden, ließ ihn aber liegen. »Es wäre nett, wenn auch du mir deine Adresse aufschreibst. Ich hoffe, wir werden in Zukunft häufiger zusammenarbeiten.« Er hob den Schuh auf und sah Anjali an.

Sie schüttelte bejahend den Kopf, obwohl sie wusste, dass sie es nicht tun würde, denn welche Adresse sollte sie hinschreiben?

Anjali, wohnhaft im Beach-Slum von Colombo, erste Meerreihe rechts?, dachte sie traurig.

Fred schlug ihr freundschaftlich auf die Schulter. »Anjali, ich verabschiede mich jetzt, denn die beiden Herren erwarten mich zum Drink im Clubhaus. Das war unser letzter Arbeitstag. Mit dir zu arbeiten, hat mir viel Freude bereitet, und Charles lässt dir ausrichten, er habe deinen Lohn im Herrenhaus hinterlegt. Du kannst ihn dort abholen.«

Sie versuchte, ihre Tränen zu unterdrücken, drehte sich um und rannte wortlos davon.

Im Herrenhaus klopfte sie an die Bürotür von Sir Geoffreys Sekretär. Der Singhalese übergab ihr schweigend das Couvert und schlug die Tür zu.

Noch am gleichen Abend packte sie ihre wenigen Sachen zusammen und verließ das Anwesen. Die vornehmen Schuhe und die fremden Saris ließ sie zurück.

Auf dem Weg nach Colombo kam Anjali an der Krankenstation vorbei. Sie blieb stehen. Sollte sie die Ärztin besuchen oder weitergehen? Aber wohin? Zurück in den Slum?

Trotz des späten Abends saßen noch viele Kranke mit ihren Familien vor dem Haus. Anjali setzte sich dazu und blickte verstohlen in den bereits geöffneten Umschlag. Sie war überzeugt davon, dass sich der Angestellte mehrere Rupienscheine abgezwackt hatte, dennoch würden dieses Geld und der Rest in der Dose viele Monate zum Leben reichen.

Durch die unbequemen hochhackigen Schuhe war an ihrer rechten Ferse eine Blase entstanden. Hier war ärztliche Hilfe dringend erforderlich, um einer Entzündung vorzubeugen, gaukelte sie sich vor und musste über die blöde Idee schmunzeln.

Als sie einige Zeit später einer Schwester, die sie nicht kannte, die Blase am Fuß zeigte, lachte diese laut.

So laut, dass die Tür zum Behandlungszimmer aufgerissen wurde und zwei neugierige Krankenschwestern ihre Köpfe hereinsteckten und selbst die Ärztin auftauchte. »Was ist los?«

Die Krankenschwester deutete mit dem Zeigefinger auf die winzige Blase. Esther lachte nun ebenfalls, und als sie wieder sprechen konnte, fragte sie: »Anjali, du bist nicht etwa wegen dieser lächerlichen Blase hierhergekommen?«

Anjali schüttelte den Kopf. »Nein, Frau Doktor, ich wollte Sie besuchen, bevor ich zurück nach Colombo gehe. Die Blase war bloß ein Vorwand.«

Die Krankenschwester pinselte ihr einen Klecks Jod auf die wunde Stelle, klebte ein Pflaster drüber und klatschte ihr auf den Oberschenkel. »Fertig, die schwere Verletzung ist versorgt«, sagte sie amüsiert.

Die Ärztin bat Anjali zu bleiben, bis sie die Patienten versorgt hatte. Eigentlich hatte Anjali fragen wollen, ob sie auf der Krankenstation bleiben durfte. Doch als sie länger darüber nachdachte, erschien ihr die Frage plötzlich sinnlos. Eine Dalit durfte hier nicht arbeiten. Irgendwann würde ihre Sprache sie verraten und die Ärztin vielleicht in Schwierigkeiten bringen.

Es war spät, als Esther zu Anjali auf die Terrasse kam. Sie setzte sich nicht, sondern winkte ihr mit der Hand. »Komm, wir essen zusammen, und später kannst du wieder drüben schlafen, falls du magst.«

Das Mädchen stellte eine Platte mit Brathuhn und Gemüse auf den Beistelltisch, der neben dem gedeckten runden Mahagonitisch stand. Sie zerteilte das Fleisch und servierte. Esther legte eine Serviette auf den Schoß, und Anjali tat es ihr nach. Zum Essen trank die Ärztin ein Glas Rotwein, und Anjali goss sich Wasser aus dem Krug ein. Sie aßen schweigend. Als Esther die Hälfte ihrer Portion gegessen hatte, warf sie die Serviette neben den Teller und zündete sich eine Zigarette an der Kerzenflamme an. Im flackernden Kerzenschein sah sie abgekämpft und irgendwie verändert aus.

Anjali fand, dass sie traurig aussah.

Die Ärztin zog lange an der Zigarette, formte die Lippen zu einem Kreis und blies den Rauch stoßweise als Kringel gegen die Decke. Erst die dort rotierenden Ventilatorblätter zerstörten die zarten Gebilde. Nachdem sie zwei Zigaretten auf diese Weise geraucht hatte und Anjali überzeugt war, dass die Ärztin an dem Abend kein Wort mehr sprechen würde, sagte sie mit eigenartiger Stimme: »Anjali, erzähl mir ehrlich, was dich bedrückt.«

»Eigentlich wollte ich Sie nur wiedersehen, bevor ich nach Colombo zurückgehe … Aber, ach, Colombo – ich weiß überhaupt nicht, wohin ich gehen soll. Ich habe niemanden mehr. Keine Familie, kein Zuhause … und da dachte ich …« Esther beobachtete sie aufmerksam, während sie sprach. Anjali entschied, ihr die Wahrheit zu sagen. Sie wollte keine Ausreden suchen, die Dame verdiente keine Lügen oder Ausflüchte. »Ich wollte mich verabschieden und um Verzeihung bitten, dass ich Sie bei unserem ersten Treffen angelogen habe. Sie waren so nett zu mir, obwohl ich eine Dalit bin. Die Wahrheit ist, dass ich schon damals ohne Arbeit war.« Mehr hatte Anjali gar nicht erzählen wollen, aber die Worte flossen nur so aus ihr heraus: »In dem Haus in Colombo, in dem ich damals als Küchenhilfe gearbeitet habe, gab es während einer Abendveranstaltung einen Diebstahl. Als Hochlandtamilin wurde gleich ich beschuldigt. Die Polizisten brachten mich ins Gefängnis, ohne mich anzuhören. Dort blieb ich für mehr als einen Monat.« Tränen liefen Anjali über die Wangen. Weshalb waren gerade jetzt die schmerzhaften Erinnerungen zurückgekehrt?

Esther griff nach ihrem Glas, trank einen großen Schluck Wein und lehnte sich in die weichen Polster des Rattansessels zurück. »Anjali, ich kenne die Geschichte. Sarah hat dich damals im Hotel erkannt und es mir erzählt. Es tut mir sehr leid, was dir widerfahren ist. Für mich ist es unverständlich, dass fast alle Van der Meers sich so leicht von deiner Schuld überzeugen ließen. Nur Lady Elizabeth nicht. Sie hat dafür gesorgt, dass du aus dem Gefängnis freikommst, und hat dafür reichlich bezahlt. Natürlich ohne Wissen ihres Mannes«, fügte sie leiser hinzu. »Die Lady besitzt eigenes Geld, das sie von ihren Eltern geerbt hat. Ich möchte dich bitten, diese Information für dich zu behalten. Sollte Sir Walter oder Richard von der Aktion erfahren, könnte sie Schwierigkeiten bekommen.«

Anjali schüttelte ihren Kopf zustimmend. »Mir war nicht bewusst, dass Sie die Herrschaften so gut kennen.«

»Ich kenne sie sogar sehr gut. Sarah, Richard, Tom, Henry und ich sind seit Kindertagen eng befreundet, und wir haben in Cambridge zusammen studiert. Es waren tolle aufregende Jahre.« Bei den letzten Worten lächelte Esther, schloss für einen Augenblick die Augen, als tauchte sie in die Vergangenheit ein. Ein tiefer Seufzer durchbrach das Schweigen. Sie öffnete die Augen und nahm erneut einen kräftigen Schluck aus dem Glas und hielt es mit beiden Händen umklammert.

Die Kerze flackerte, und Anjali glaubte, Tränen in Esthers Augen zu sehen. Schnell blickte sie hinauf zur Decke und folgte dem Rotieren der Ventilatorblätter.

Das Telefon klingelte. Die Ärztin stand auf und ging hinüber in ihr Arbeitszimmer. In der Eile gab sie der Tür einen Stoß, die aber nicht ins Schloss fiel, sondern einen Spalt offen stehenblieb.

Anjali beobachtete, wie Esther den Hörer abnahm und müde den Kopf in ihre aufgestützte Hand legte. Obwohl Esther leise sprach, konnte sie jedes Wort verstehen.

»Guten Abend, Henry. Nein, nein, du störst nicht, ich bin nur müde.« Esther drückte den Rücken durch.

»Ob ich morgen Abend zu deinem Abschiedsessen in die Villa komme? Ich glaube nicht.« Sie wischte mit dem anderen Arm über die Tischplatte und schaute dem imaginären Staub hinterher. Esther holte hörbar Luft. »Henry, es hat Zeiten in meinem

Leben gegeben, da wäre ich Hunderte von Kilometern gefahren, um dich zu treffen, aber das ist lange vorbei.« Esther lachte kurz auf. »Wieso? Na, hast du nie bemerkt, wie verliebt ich in dich war? Natürlich nicht ... Ich hatte mir so sehr gewünscht, dass du mich einmal auf eine Party begleitest.« Wieder lachte sie trocken auf. »Stattdessen brachtest du jedes Mal eine neue Flamme mit. Selbst bei meinem Abschiedsfest hattest du nicht einen einzigen Tanz für mich übrig ... Warum ich nichts gesagt habe? Hältst du mich für einfältig? Wo doch noch nicht einmal das Abendkleid, das ich extra für diesen Abend in Paris erstanden hatte, deine Aufmerksamkeit fand?« Esther gähnte. »Du warst der einzige Grund, weshalb ich England verlassen habe – aber heute bin ich Geoffrey für seinen Vorschlag, nach Ceylon zu kommen, außerordentlich dankbar. Auch wenn meine Mutter es mir nie verzeihen wird.« Esther nahm den Hörer in die andere Hand. »Nein, Henry, es gibt kein Zurück, die Arbeit macht mir viel Freude, und die Menschen brauchen mich. Sie brauchen mich wirklich, und ich könnte nicht wieder in das High-Society-Leben eintauchen, mit dem nichtssagenden Blabla, den unnützen Einkäufen bei Harrods und dem Fünfuhrtee im Ritz. Ja, ich weiß, dass du Mutters Ansichten über Ceylon teilst.« Esther lehnte sich im Ohrensessel zurück und legte den Kopf an das Polster. »Nein, nein, grüße bitte alle herzlich von mir. Vor allem meine Mutter, die nicht versteht, wie ich es hier aushalten kann. Die Armut, diesen Dreck, das fehlende soziale Leben und was sie alles aufzählt, um mich nach England zurückzuholen. Stell dir mal vor, Mutter hat tatsächlich kurz vor meiner Abreise Visitenkarten drucken lassen. Sie ließ sich nicht davon abbringen.« Esther amüsierte sich bei den Worten und rutschte auf dem Sessel hin und her. »Wer von meinen Patienten, die meistens weder lesen noch schreiben können, interessiert sich schon für eine Visitenkarte?« Esthers erneutes Lachen klang weniger traurig als vorher. »Und bitte richte Vater aus, dass ich für seinen monatlichen Scheck sehr dankbar bin. Mit dem Geld bin ich in der Lage, die stationären Patienten und deren Familien mit Essen zu versorgen. … Gute Nacht, Henry, und grüß Charles. Ich wünsche euch eine gute Reise. Ah, Charles bleibt noch einige Tage. Gerne. Sag ihm, ich freue mich auf seinen Besuch.«

Esther kam zurück und bemerkte, dass die Tür nicht geschlossen war. Sie setzte sich wieder in den Korbsessel und zündete eine neue Zigarette an.

Ob Esther glaubte, dass sie gelauscht hatte? Sollte sie aufstehen und sich verabschieden? Wie benahm sich ein Gast in dieser Situation? Fragend schaute Anjali die Ärztin an und sah, dass ihre Augen mit Wasser gefüllt waren. Erste Tränen rollten ihr über die Wangen. Schnell blickte Anjali zur Seite.

Esther griff nach der Serviette, wischte die Tränen damit ab und versuchte, zu lächeln. »Du siehst, auch ich habe Probleme, aber die sind geradezu lächerlich winzig im Gegensatz zu deinen … Möchtest du morgen wirklich zurück nach Colombo? Überlege es dir, du kannst jederzeit zurückkommen«, sagte sie leise und stand auf. »Wenn du magst, kannst du die Sachen hierlassen, die du nicht unbedingt brauchst. Du kannst alles drüben im Schrank einschließen, bis du wieder Fuß gefasst hast. Den Schlüssel bewahre ich sicher für dich auf … Dann hast du auch einen Grund zurückzukommen.« Sie zwinkerte ihr zu.

Anjali zog sich in ihr Zimmer zurück. Es war so viel passiert in den letzten Tagen, aber jetzt wusste sie nicht mehr weiter. Sicherlich, ein wenig Geld hatte sie, aber kein Zuhause, keine Arbeit. Was war wohl aus der Hütte im Slum geworden? War Devi noch da? Fragen kreisten in ihrem Kopf und ließen sie nicht schlafen. Sie wälzte sich im Bett umher und zählte das Schnalzen der Geckos, die an der Decke mit ihren langen Zungen Insekten vertilgten. Obwohl Anjali nicht allein in der Krankenstation war, fühlte sie sich einsam. Die vergangenen Tage kamen ihr wie ein unendlicher Traum vor, der langsam verblasste.

Kapitel 10

Vor der Krankenstation pflückte Anjali eine Blüte vom Frangipani-Baum und zupfte die einzelnen Blätter ab, so wie sie es als Kind getan hatte. Colombo, Nuwara Eliya, Colombo, Nuwara Eliya … Colombo war das letzte Blatt. Trotzdem ging Anjali in die andere Richtung und kam kurz darauf an einem kleinen Hain aus Maulbeerbäumen vorbei. Zwei junge Mädchen pflückten Blätter und klaubten etwas von den Bäumen. Interessiert ging Anjali zu ihnen. »Was macht ihr da?«

Die Kinder schauten sie an und kicherten. »Du hast aber keine Ahnung! Wir pflücken Blätter und sammeln Eier oder Raupen, und wenn wir Kokons finden, nehmen wir die auch.«

»Und wofür?«

»Das bringen wir nach Hause. Opa braucht diese Sachen.«

»Und was macht euer Opa damit?«

Die Kinder kicherten wieder, und das kleinere Mädchen zog dabei die Schultern in die Höhe.

»Opa legt alles in verschiedene Holzkisten. Die gelben Eier kriegen immer wieder eine andere Farbe, dann schlüpfen da Raupen raus. Die kommen in einen anderen Kasten. Dafür müssen wir zum Fressen die Blätter ganz fein schneiden. Und wenn die Raupen viermal eine neue Haut gekriegt haben, dann bilden sie weißliche Gebilde, die Kokons. Daraus machen Mama und Oma Fäden, lange Fäden. Die werden gefärbt, und dann werden Seidenstoffe daraus gewebt«, sagte das ältere.

»Wie heißt du? Und woher kommst du?«, fragte die Kleine.

»Ich bin Anjali und komme aus Colombo.«

»Aus Colombo – deswegen weißt du also nichts.«

»Darf ich mir das bei euch zu Hause ansehen?«

»Klar, Opa freut sich sicherlich, wenn du sagst, dass du seine

Raupen ansehen willst. Die sind ihm ganz wichtig, wegen der Seide.«

Anjali nahm ihnen einen Korb ab. Das ältere Mädchen stellte sich als Leela und ihre Schwester als Kali vor. Die kleine Kali lief, abwechselnd von einem Bein aufs andere hüpfend, neben Anjali her. Leela trug den anderen Korb auf dem Kopf.

»Da vorne wohnen wir«, riefen beide. Sie deuteten auf ein heruntergekommen aussehendes Gehöft. Davor befand sich ein staubiger Vorplatz, der umgeben war von mächtigen Blattpflanzen, so dass die Schäbigkeit des Hauses nicht sofort erkennbar war. Von dem Vorplatz führte eine aus verschieden langen Latten zusammengezimmerte Tür in den Innenhof, der von einem schäbigen Bretterzaun umzäunt war. Einzelne Latten fehlten, andere lagen ungeordnet im Hof verstreut.

Sie hatten das Ziel noch nicht erreicht, da lief ihnen eine weinende Frau entgegen. »Großvater ist tot«, schluchzte sie.

Leela ließ den Korb fallen, und sie und Kali rannten beide in den Innenhof. Die herbeigeeilte junge Frau sah Anjali mit schräger Kopfhaltung an und kam näher.

»Entschuldigung, ich habe die Kinder begleitet, ich hatte mir die Raupen ansehen wollen.«

Die Frau ignorierte Anjalis Worte, blieb vor ihr stehen und jammerte, als kannten sie sich seit Jahren, als wäre Anjali keine Fremde. »Der plötzliche Tod bedeutet Unglück für die Familie.« Sie zog die laufende Nase hoch. »Jetzt ist das Haus ohne Mann, ohne Geld. Nur Schulden hat er hinterlassen. Der Schwiegervater hat schlecht gewirtschaftet und Rupien, die wir dringend brauchten, beim Hahnenkampf verspielt. Selbst den neuen Hahn, den er von den letzten Rupien gekauft hatte, hat er zum Schluss noch versetzt!« Sie scharrte mit der Fußspitze wie ein Huhn im Sand. »Und mein Mann ist vor Jahren gestorben, der war wie sein Alter Spieler – und jede Menge Raki gesoffen hat er.«

Anjali hatte das Gefühl, die Frau spräche eher zu sich selbst und hätte sie längst vergessen. Sie rührte sich nicht. Was sollte sie der Frau sagen? Dass sie selbst überhaupt niemanden besaß? Dass sie noch nicht einmal eine solche klägliche Behausung wie das Haus des Seidenwebers ihr Eigen nennen konnte?

Sie ließ die klagende Frau stehen und folgte den Kindern zögernd in die dunkle, feuchte Holzbehausung. Durch Bretterverschläge waren ein Webraum, eine Kochecke und ein Schlafraum entstanden. Es roch muffig. Durch das glaslose Fenster fiel nur spärlich Licht. Das Haus erinnerte Anjali an die Verschläge der Teepflückerinnen. Eine Greisin, deren Gesicht einer verschrumpelten Papaya glich, saß schweigend neben dem Toten auf dem Holzfußboden in einer Ecke und schien Anjali überhaupt nicht zu bemerken. Jedenfalls zeigte sie keinerlei Interesse an der Fremden. Vorsichtig zog Anjali aus ihrem Sarioberteil einige Rupienscheine und legte sie neben die Hand der Frau, mit der sie sich auf dem Boden aufstützte. Die Alte blieb regungslos sitzen und wandte den Blick nicht von dem Verstorbenen.

Die Frau, die sie draußen angesprochen hatte, anscheinend die Mutter der beiden Mädchen, trat neben Anjali. »Danke«, flüsterte sie und deutete mit der Hand auf ein am Boden liegendes Kissen.

Anjali folgte der Aufforderung, setzte sich, nahm das Glas, das ihr die Frau reichte, und trank schlückchenweise Tee.

»Ich bin Saduni«, sagte die junge Frau, setzte sich neben Anjali und stellte einen Korb mit Kokons daneben. Nach und nach begann sie, die Kokons in die vorbereitete Schüssel mit kochendem Wasser zu werfen, fischte sie nach einiger Zeit heraus und entwirrte sie. Mit überaus geschickten Handgriffen und mit Hilfe eines Holzrades mit Kurbel wickelte sie flink die meterlangen Fäden auf. Anjali sah ihr lange zu, nahm dann einen Kokon und versuchte zu helfen. Sie wickelte die Fäden auf eine Holzspule. Natürlich brauchte sie die dreifache Zeit, aber Saduni blickte sie dankbar an. Draußen war es bereits dunkel, als alle Kokons verarbeitet waren, und es schien wie selbstverständlich, dass Anjali blieb.

Anjali blieb nicht nur, sie zahlte auch für die Verbrennung des Großvaters sowie für das Totenfest und beglich die erheblichen Schulden der Familie. Sie empfand keine Eile, nach Colombo zurückzukehren. Was erwartete sie dort? Hier tat sie Sinnvolles, und die stille Dankbarkeit der beiden Frauen tat ihr gut. Es war, als hätte sie plötzlich eine eigene Familie. Nach nur kurzer Zeit betrachteten die Kinder ihre Anwesenheit als selbstverständlich. Saduni bewegte sich in Anjalis Nähe so unauffällig, als habe sie Angst, die Wohltäterin könnte so plötzlich aus ihrem Leben verschwinden, wie sie aufgetaucht war.

Nach den Trauertagen kamen Gläubiger in die Hütte, die weder die Großmutter noch Saduni je gesehen hatten und die keine Schuldscheine vorweisen konnten. Männer, die versuchten, die Weberei an sich zu bringen. Anjali war überzeugt, dass in den kommenden Wochen weitere Schmarotzer auftauchen würden. Auch das war ein Grund für sie, zu bleiben und die Rückkehr nach Colombo hinauszuzögern. Anjali wollte nicht, dass sich ihre bisherige Hilfe für den männerlosen Haushalt in der Gier anderer auflöste.

Auch die Großmutter fand nach einiger Zeit in das normale Leben zurück. Eine Zeitlang sah Anjali der alten Frau beim Weben zu, dann griff sie selbst zum Schiffchen. Natürlich schaffte sie es nicht so perfekt wie die beiden anderen Frauen, aber sie spürte wieder diesen Ehrgeiz, der sie früher stundenlang nach Muscheln hatte suchen lassen. Ideen für die Weberei drängten sich ihr regelrecht auf. Wie selbstverständlich akzeptierten Saduni, die Großmutter und selbst die Kinder Anjali als neues Oberhaupt des kleinen Unternehmens.

Anjalis Webarbeit wurde von Tag zu Tag korrekter, bis die Unterschiede unmerklich ausfielen. Gemeinsam reinigten, färbten und webten sie die Seidenfäden. Glücklicherweise hatte der Großvater für ausreichend Pflanzenfarben gesorgt, so dass sie in naher Zukunft hierfür keine Pflanzen sammeln mussten.

Den bisherigen Abnehmern der Webereiprodukte war nicht verborgen geblieben, dass der Großvater gestorben war, und plötzlich sahen sie sich nicht mehr in der Lage, für die meterlangen Seidenstoffballen den geforderten Preis zu zahlen. Sie feilschten so lange, bis Anjali als ihr neuer Geschäftspartner die Ware für die Hälfte abgeben musste. Auch kämpften sie täglich mit Anfeindungen und Verleumdungen anderer Webereibesitzer, denen der florierende Frauenbetrieb ein Dorn im Auge war.

Anjali war bemüht, das erwirtschaftete Geld sorgfältig einzuteilen.

Trotz aller Schwierigkeiten fühlte sie sich in der neuen Umgebung wohl. Manchmal schien es ihr, als hätte Saduni nur auf sie gewartet, und die Götter hatten es wieder einmal gut mit ihr gemeint und sie dorthin geführt. Jeden Tag dankte sie den Göttern für die glückliche Fügung.

Bisher wurden alle Stoffe nach dem seit Generationen überlieferten Familienmuster hergestellt. Doch Anjali hatte andere Ideen. Oft saß sie stundenlang im Hof und zeichnete Muster in den Sand, wie sie es früher bei Vimal getan hatte, außer dass nun anstelle von Ketten Stoffmuster entstanden. Sie zeichnete Muster, verwarf sie, zeichnete neue, bis sie glaubte, etwas Besonderes entdeckt zu haben. Ein solches Muster übertrug sie auf ein altes Kartonstück. Die Farben schrieb sie mit Bleistift dazu, denn Buntstifte besaß sie nicht. Anschließend bat sie Saduni, nach dieser Vorlage Probeexemplare herzustellen. Dabei stand sie neben der Weberin und nannte ihr die jeweilige Farbe. Selbst die Großmutter sah dem Entstehen des neuen Stoffmusters interessiert zu. Anjali ließ weitere Stücke in anderen Farbkombinationen weben, und Saduni schob so lange die einzelnen farbigen Schiffchen durch die gespannten Fäden, bis Anjali überzeugt war, dass es wieder etwas Außergewöhnliches war. Sorgfältig hob sie alle fertigen Musterstücke auf.

Die Großmutter – Madhu hieß sie – wurde angehalten, wie bisher die nach der Familientradition überlieferten Stoffbahnen zu weben, während Saduni und die Kinder die Herstellung der neuen Stoffe übernahmen. Den bisherigen Abnehmern bot Anjali nur die traditionelle Ware an, denn der davon erzielte Gewinn reichte kaum zum Überleben. Für die neue Seide musste sie andere Käufer und am besten noch einen weiteren Webstuhl finden. Die einzige Möglichkeit hierfür gab es in den Städten, vielleicht nur in Colombo, denn selten verkaufte eine Familie die Ausrüstung. Der Webstuhl war der Grundstein für ihren Lebensunterhalt und wurde von Generation zu Generation vererbt.

Um neue Kunden zu finden und einen Webstuhl zu suchen, fuhr Anjali per Anhalter nach Colombo. Es war ein eigenartiges Gefühl, zurückzukehren, denn sie wusste, dass sie nicht bleiben, sondern schon bald zur Weberei zurückkehren würde. Sie besuchte Devi, die ihr anbot, bei ihr zu übernachten, da Anjalis Behausung kurz nach ihrer Fahrt ins Hochland von einer kinderreichen Familie in Beschlag genommen worden war. Glücklicherweise hatte sie damals auch die letzten Rupien mitgenommen. Um ihre verbliebenen Blechnäpfe und die Matten war es nicht schade.

In den folgenden Tagen klapperte Anjali mit Musterstücken sämtliche Boutiquen in den Ladenpassagen der größeren Hotels ab und bot die Stoffe an. Später suchte sie in der Stadt nach entsprechenden Geschäften. Immerhin erhielt Anjali Bestellungen von dem Geschäftsführer eines kleinen Ladens im Hotel Pegasus Reef und einem Geschäft mit eigener Schneiderei im Hotel Mount Lavinia. Stolz kehrte sie nach einigen Tagen mit einer gut gefüllten Bestellliste für Stoffe, aber ohne weiteren Webstuhl ins Hochland zurück. Bei der Rückfahrt hatten sich die Götter abermals gütig gezeigt, denn ein Touristenehepaar hatte sie in ihrem Auto mit zurück nach Nuwara Eliya genommen.

Um die Liefertermine einhalten zu können, übernahmen Anjali und die Kinder täglich eine zusätzliche Schicht, sobald Großmutter und Saduni ihre Arbeit beendet hatten. Sie woben Tag und Nacht, zwischendurch bearbeiteten sie die Kokons der Seidenraupen oder färbten und trockneten die benötigten Fäden. Sie brauchten dringend Hilfe, aber vor allem einen weiteren Webstuhl.

Am nächsten Morgen beschloss Anjali, wieder einmal die Ärztin um Rat zu fragen, und nahm eine der neuen, sechs Meter langen Stoffbahnen mit. Esther war begeistert von der Farbzusammenstellung und wickelte sich das mitgebrachte Teil gleich um den Körper. Natürlich half Anjali ihr dabei, denn die Engländerin besaß keine Erfahrung mit dem Befestigen eines Saris, in der Klinik trug sie weiße Leinenhosen und Blusen oder Kittel. Anjali berichtete von der Reise nach Colombo und der vergeblichen Suche nach einem Webstuhl, woraufhin Esther aufstand, zum Telefon ging und Sir Geoffrey anrief. Sie fragte ihn, ob und wo man einen Webstuhl kaufen könnte, kurz danach legte Esther den Hörer auf die Gabel. »Sir Geoffrey will sich darum kümmern.«

An diesem Tag blieb Anjali länger bei der Ärztin. Es war offensichtlich, dass die Engländerin sich über den Besuch freute, da sie die Arbeit auf der Krankenstation immer weiter hinauszögerte. Daher erzählte Anjali ihr von der Arbeit und der neuen Familie und bat um eine kleine Summe von ihrem Geld, das die Ärztin für sie zusammen mit ihrem Hab und Gut aufbewahrte. Anjali hielt es vorerst nicht für notwendig, all diese Dinge mit in ihre neue Bleibe zu nehmen. Hier bei Esther war es in Sicherheit.

Zum Abschied versprach Esther, sie in ihrem neuen Heim zu besuchen, sobald sie Zeit hatte und Informationen über den Webstuhl besaß.

Unerwartet hielt wenige Wochen später ein Lieferwagen vor der schäbigen Behausung, und Männer stellten zwei nagelneue Webstühle auf den Vorplatz des Hauses. Anjali rätselte, woher Sir Geoffrey ihre Adresse kannte, denn sie hatte Esther nur eine sehr vage Wegbeschreibung gegeben. Aber die Freude überwog. Jetzt besaßen sie Webstühle, aber keinen ausreichenden Platz, deshalb rückten die Hausbewohner noch enger zusammen, damit sie Tag und Nacht arbeiten konnten.

Bald kamen weitere Händler aus Colombo, Kandy und Nuwara Eliya, die von den neuen Stoffen gehört oder sie in Läden gesehen hatten. Es ging nicht anders: Die neue Gemeinschaft brauchte mehr Wohn- und Lagerfläche. Das Unternehmen lief blendend, und deshalb beschloss Anjali, das ärmliche Haus zu vergrößern und als Hilfe Devi aus Colombo zu holen, sofern diese dazu bereit war. Auch wenn Devi nicht weben konnte, könnte sie wenigstens für die Mahlzeiten und für Sauberkeit sorgen.

Der Hof wurde umgebaut und überdacht, der Bau durch das Einziehen von Holzbalken um ein zweites Stockwerk erweitert. In dem aufgestockten Gebäudeteil wurden im unteren Geschoss die Weberei mit einem kleinen Lagerraum und im oberen Stock die Schlafräume für Saduni und die Kinder eingerichtet. Anjali, die Großmutter und Devi, die Anjalis Angebot sofort angenommen hatte, blieben in dem alten Gebäudeteil, das geringfügig renoviert wurde.

Esther besuchte sie, sooft es ihre Arbeit auf der Krankenstation erlaubte, und gab Anjali Anregungen zur Verschönerung des Hauses. Auch eine von Esther vorgeschlagene Dusche installierte Anjali. Dazu bohrte sie kleine Löcher in den Verschluss eines Kanisters und befestigte ihn an der Decke. Vor dem Waschen füllten sie den Behälter dann mit Wasser.

Materialien, die Anjali nicht bekommen konnte, ließ sie über Esther bei Sir Geoffrey bestellen. Die Fragen nach den Kosten beantwortete die Ärztin jedes Mal mit einem Schulterzucken. Aber Anjali führte über die Anschaffungen Buch und behielt die Beträge im Auge, die irgendwann zu bezahlen wären.

Natürlich blieben den Nachbarn Esthers Besuche nicht verborgen. Die Kinder umringten den grünen Bentley, in dem sie vorfuhr, und streichelten den glänzenden Lack. Hass und Neid breiteten sich wie eine Seuche unter den Nachbarn aus, obwohl Anjali versuchte, allen zu helfen, so gut es ging. Vor allem die Männer belästigten Saduni und die Kinder. Den Stoffhändlern, die nach dem Weg zu Anjalis Weberei fragten, erzählten sie, dass die Stoffe überhaupt nicht in dem Haus gefertigt würden, sondern eine blonde Frau die Ballen in ihrem Auto lieferte. Als hätte sie nicht schon genug Dinge zu erledigen, musste Anjali nun also auch noch diese Verleumdungen gegenüber den Abnehmern immer wieder zurechtrücken.

Eines Abends, etwa drei Jahre, nachdem Anjalis Weg sie zur Weberei geführt hatte, es war schon spät, klopfte es an der Tür. Die Frauen und die beiden Mädchen lagen bereits auf den Matten. Regen trommelte seit Stunden unaufhörlich auf das Dach. Anjali stand auf, nahm den Regenschirm, eine ihrer neuesten Errungenschaften, und öffnete die Tür. Im schwachen Licht der Öllampe erkannte sie Esther. Eine Träne, groß wie eine Glasperle, kullerte der Ärztin über die Wange. Sie wischte sie eilig mit der Hand weg und tat so, als verscheuchte sie ein lästiges Insekt. Anjali verbeugte sich. »Memsahib, bitte treten Sie ein. Was ist passiert?«

»Nicht viel«, sagte Esther und versuchte, weitere Tränen zurückzuhalten, es gelang ihr nicht. Sie setzte sich auf das Bodenkissen in der Ecke des Raumes und weinte hemmungslos.

Anjali ließ die Ärztin allein, ging in die Küchenecke und kochte Tee. Nun hatte sie die Frau ein zweites Mal in diesem traurigen Zustand erlebt. Hatte die Engländerin Heimweh und fühlte sich gar nicht so wohl, wie sie es bei dem Telefongespräch mit Henry gesagt hatte?

Nach einigen Minuten hatte sich Esther gefasst, trank den angebotenen Tee und sagte: »Henry hat mich heute Abend zu seiner Hochzeit eingeladen, und da musste ich mit einem vertrauten Menschen sprechen.«

Anjali verstand die Frau nicht. Damals, als sie mit Henry telefonierte, hatte sie sich freundlich von ihm verabschiedet und sogar seine Einladung abgelehnt. Aber sie hatte auch gesagt: »Henry, es hat Zeiten in meinem Leben gegeben, da wäre ich Hunderte von Kilometern gefahren, um dich zu treffen.«

Esther liebte diesen Mann also noch immer. Was sonst würde sie so traurig stimmen? Anjali war stolz, dass die Ärztin sie als vertraute Person betrachtete, und fragte: »Memsahib, werden Sie für die Hochzeit nach England fahren?«

»Ja, deshalb bin ich gekommen. Unter anderem«, fügte sie schnell hinzu. »Ich wünsche mir ein ausgefallenes Kleidungsstück für diesen Tag. Kannst du mir ein solches anfertigen?«

Anjali fühlte sich geschmeichelt. »Ich werde eine besonders schöne Stoffbahn weben.«

In Gedanken sah sie das Teil bereits vor sich. Tiefblaue Seide bestickt mit silbernen Elefanten, für die Augen wollte sie kleine Edelsteinsplitter besorgen, sofern die nicht zu teuer waren.

»Darf ich heute Nacht hierbleiben?«

Die Frage riss Anjali aus ihren Gedanken, und sie bewegte bejahend den Kopf. Wo sollte sie ein Lager für die Lady bereiten? Eilig stieg sie die Leiter hinauf und jagte Saduni und die Kinder von den Matten, dann schleppte sie alle zur Auslieferung bereitgestellten Stoffballen auf die Palmenmatten. Aber die Ärztin wollte sich nicht auf die Kostbarkeiten legen. Sie stritten. Esther war zu müde und gab nach. Als Anjali sie mit einem Seidenstoff zudeckte, war Esther vor Erschöpfung bereits eingeschlafen.

Am nächsten Morgen bat Anjali die Ärztin, Devi und sie nach Nuwara Eliya zu bringen. Sie wollten dort in einem Geschäft die Steinsplitter besorgen. Devi gehörte einer höheren Kaste an, und Anjali hoffte, dass sie das Gewünschte ohne Schwierigkeiten erhalten würde. Sie brauchte auch einen Schreibblock und Buntstifte.

Noch am gleichen Abend, Devi und sie waren erfolgreich zurückgekehrt, setzte sich Anjali unter die Öllampe und entwarf einen Kopfschmuck. Sie zeichnete ein Stirnband, an dessen Spitze, direkt über der Nasenwurzel, eine große tropfenförmige Perle hing. Der restliche Silberkranz war mit blauen Saphiren besetzt. Diesen Kontrast zu Esthers blondem Haar stellte sie sich besonders schön vor. Danach folgte ein ausgefallenes Webmuster für den Stoff. Große Mengen von Seidenfäden mussten stahlblau eingefärbt werden. Hierbei durfte nicht der kleinste Farbunterschied entstehen, deshalb brachte Anjali die Seide zu einem geübten Färber. Mit dem Weben der Stoffbahnen wurde die Großmutter betreut. Sie schob das Schiffchen geschickt zwischen die Spannfäden. Auch die übrigen Handgriffe hatten durch die jahrelange Arbeit am Webstuhl eine derartige Perfektion erlangt, dass die Stoffe nicht die geringsten Ungenauigkeiten aufwiesen.

Zuerst wob sie eine zwei Meter lange, gänzlich blaue Bahn für das Oberteil. Danach weitere sechs Meter, in die sie nach Anjalis vorgegebenem Muster Silberfäden einwebte. Die alte Frau schuftete von Sonnenaufgang bis tief in die Nacht, ohne ein Wort der Klage. Während sie arbeitete, sprach sie nie, trank nur ein wenig Tee, und selbst zum Essen musste Anjali sie zwingen. Trotzdem hatte sie den Eindruck, dass die Arbeit der alten Frau Freude bereitete. Saduni, die inzwischen mehrere Kilo zugenommen hatte, war begeistert über die Schönheit.

Anjali arbeitete wie besessen und brachte der Ärztin schon wenige Tage nach Esthers Besuch die Zeichnung für den Kopfschmuck und nahm Maß, um das Oberteil anzufertigen. Esther war entzückt über den Entwurf und wollte den Schmuck umgehend bei Sir Charles' Goldschmied in Colombo in Auftrag geben.

Aus der Nachbarschaft suchte sich Anjali einige besonders geschickte Frauen, die sie bat, ihnen beim Aufsticken zu helfen. Auf dem Oberteil und der Rockbahn sollten sorgfältig Elefanten aus Silberfäden entstehen. Um eventuelle Größenunterschiede der Tiere zu vermeiden, hatte Anjali Schablonen gebastelt. Das Anbringen der Edelsteinaugen war Devis Arbeit. Natürlich erzählte Anjali allen, dass es sich hierbei um Glassteinchen handelte, denn sie wollte Devi nicht in Gefahr bringen. Das Geld und die Edelsteine bewahrte Anjali in einem beim Umbau extra dafür geschaffenen Hohlraum auf.

Sie arbeiteten von morgens bis zum späten Abend ohne Unterbrechung, und als das Teil nach zwei Wochen endlich fertig war, schickte Anjali die Mädchen zur Krankenstation und ließ der Ärztin ausrichten, der Sari sei fertig.

Noch am gleichen Abend erschien Esther in der Weberei. Anjali band ihr den Stoff um. Esther drehte sich im Kreis. Sie war begeistert und legte schweigend eine dicke Rolle Rupienscheine auf den Webstuhl. Anjali protestierte – erfolglos.

Durch die unerwartete Arbeit für Esthers Hochzeitssari waren sie mit den normalen Aufträgen in Verzug geraten und mussten weiterhin Sonderschichten einlegen. Die Webstühle standen nachts nur wenige Stunden still.

Gerade als sie einigermaßen das Versäumte aufgeholt hatten, erschien Esther eines Morgens wieder in der Weberei und bat Anjali, mit nach Colombo zu fahren. Sie nannte keinen Grund, und Anjali ahnte nicht, was sie dort erwartete. Aber ihre Dankbarkeit für die entgegengebrachte Freundlichkeit der Ärztin ließ sie keinen Moment zögern. Sie genoss es, neben der eleganten Frau zu sitzen und mit ihr über die Arbeit zu plaudern. Gemeinsam fuhren sie in das Hotel Mount Lavinia. Als sie die Halle betraten, sah Anjali Lady Elizabeth in einem Sessel sitzen. Die Lady entdeckte die Neuankömmlinge sofort und winkte ihnen entgegen. Es war zu spät, Anjali konnte nicht mehr davonlaufen. Ängstlich und verärgert sah sie sich zur Ärztin um, die ihr beruhigend die Hand auf die Schulter legte.

»Lady Elizabeth ist so begeistert von meinem Kleidungsstück, dass sie bei dir ebenfalls einen Sari anfertigen lassen möchte – auch für die Hochzeit«, fügte sie unnötigerweise hinzu.

Vor Aufregung verschlug es Anjali die Sprache. Sie verbeugte sich, atmete tief ein und brachte mühsam krächzend ein »Guten Tag« hervor.

Eigenartigerweise erwähnte ihre ehemalige Arbeitgeberin die Vergangenheit mit keinem Wort, sondern kam sofort zur Sache: »Guten Tag, Anjali, ich wünsche einen grünen Sari. Sir Walter besteht darauf, dass er mit reichlich Edelsteinen besetzt wird.«

Anjali schluckte. Wie sollte sie die Steine bezahlen?

Lady Elizabeth hatte wohl trotz des Lächelns den Schreck in ihren Augen bemerkt und fügte schnell hinzu: »Keine Panik, du wirst alle Steine, die du hierfür benötigst, von uns erhalten. Ist es möglich, das Teil bei uns zu besticken?«

Anjali schüttelte den Kopf. »Hierzu brauche ich Hilfe, die Zeit ist zu knapp, alles nach Colombo zu verlegen, aber falls Sie mir nicht trauen, könnte ich vielleicht auf der Krankenstation arbeiten.«

»Nein, Anjali, ich spreche von dem Haus in den Bergen. Könnt ihr es dort erledigen?«

Anjali überlegte kurz. »In Ordnung. Der Stoff kann in der Weberei hergestellt werden, danach könnte ich mit drei oder vier Frauen in Ihrem Haus den Stoff verzieren. Die Steine müssten aber vorbereitet werden.« Über ihre Kühnheit war sie selbst erschrocken.

Sie bat einen Augenblick um Geduld, holte ein großes Blatt Papier und Farbstifte von der Rezeption und begann an einem separaten Tisch zu zeichnen. Das Oberteil und die Borte sollten vorwiegend mit Perlen besetzt werden, bat Lady Elizabeth. Während Anjali arbeitete, tranken die beiden Damen Tee. Zuletzt strich Anjali mit dem Finger über die Zeichnung, um die Konturen der Stifte zu verwischen, und legte den Plan der Kundin vor. Lady Elizabeth schien begeistert von dem Entwurf und sagte etwas von unterschiedlich farbigen Saphiren und Turmalinen. Anjali konnte sich darunter nichts vorstellen, aber egal: Elizabeth sollte die Steine bringen, und sie würde danach entscheiden, wie sie am besten mit dem Sari verarbeitet werden würden.

Überraschenderweise drückte ihr die Dame mehrere Geldscheine in die Hand. »Bitte, für die Auslagen.«

Anjali wollte das Geld nicht nehmen, aber Lady Elizabeth bestand darauf. Glücklicherweise hatte sie zwischen die Geldscheine einen Zettel mit ihren Maßen geschoben.

Bei ihrer Rückkehr erzählte Anjali freudig von dem neuen Auftrag. Zur Feier des Tages kochte Devi ein besonders leckeres Gemüsecurry, und es gab verschiedene Früchte.

Die Frauen arbeiteten unermüdlich. Anjali ließ diesmal reichlich Goldfäden verarbeiten. Nachdem der Stoff gewoben war, bat sie Saduni, Devi und zwei Nachbarinnen, die bisher einigermaßen freundlich zu ihr gewesen waren, mit in das Landhaus der Lady zu kommen. Dort hatten die Hausangestellten ein Zimmer ausgeräumt. Ein glänzender Holzkasten stand auf einem runden Tisch in der Mitte des Raumes. Er war das einzige Möbelstück. Ein Wächter stand neben Anjali, als sie den Deckel des Kastens öffnete. Sie stieß einen bewundernden Schrei aus. Sonnenstrahlen fielen durch das Fenster direkt auf den Inhalt des

Kastens. Es glitzerte und funkelte. Der Anblick überwältigte sie. Das Innere des Kastens war in verschieden große Vierecke unterteilt, in denen Steine nach Farbe und Größe geordnet lagen. Alle waren mit einem Loch oder einer Öse versehen. Diese Steinvielfalt veranlasste Anjali, ein neues Muster zu entwerfen, und sie bat um Papier.

Der Bewacher hatte sich so gesetzt, dass er alle Frauen im Blick hatte. Er sah genauso blasiert aus wie die Männer an der Wiegestelle der Plantage. Neben ihm stand eine Silberglocke, und wenn etwas gebraucht wurde, bimmelte er. Nachdem Anjali die überarbeitete Musterzeichnung fertig hatte, klingelte er, und kurz darauf erschien eine Hausangestellte mit einer weißen Schürze über dem schwarzen Kleid und einem weißen Häubchen im Haar. Anjali forderte das Mädchen auf, die Hausherrin zu bitten, für einen Moment in den Arbeitsraum zu kommen.

Lady Elizabeth erschien, nahm den Entwurf und stimmte Anjalis Arbeit zu. Sie befingerte die schwere grüne Seide. Die Farbe gefiel ihr ausnehmend gut.

Anjali breitete den Stoff auf dem Boden aus und fügte die Steine dem Muster entsprechend hinzu, wie sie aufgenäht werden sollten.

Die Lady war fasziniert. »Tom, sieh dir das an!«, rief sie durch die Tür, die sie offen stehengelassen hatte.

Anjalis Herzschlag beschleunigte sich. War Tom nicht in England? Er musste wohl zu Besuch sein. Ihr wurde abwechselnd heiß und kalt. Als Tom in Begleitung einer blonden Frau den Raum betrat, konnte sie nur mit Mühe das Zittern ihrer Hände verbergen. Am liebsten wäre sie durch die offene Tür verschwunden.

Tom betrat grinsend den Raum. Er schien gewusst zu haben, dass sie im Haus arbeitete, denn er war nicht überrascht, sie zu sehen, und begrüßte sie freudig.

»Inga, das ist Anjali, ich habe dir doch von ihr erzählt.« Danach deutete er mit der Hand auf seine Braut und sagte unnötigerweise: »Meine zukünftige Frau, Fräulein Inga.«

Anjali verbeugte sich und konzentrierte sich rasch wieder auf die Arbeit.

»Tom, wird es nicht ein herrliches Kleid?«

Tom seufzte. »Nein, Mutter, du weißt, wie ich Verschwendung verabscheue. Edelsteine auf einem Sari!« Er lief aufgebracht im Raum auf und ab. »Wir sind doch keine Maharadschas – Vater mit seiner verdammten Großmannssucht!«

»Tom, bitte beruhige dich! Die Steine kann man anschließend wieder verwenden. Wo ist da Verschwendung?«

»Ja, Tom, da muss ich deiner Mutter recht geben, du benimmst dich kindisch. Und muss diese Auseinandersetzung vor dem Personal sein?«

»Danke, Inga«, sagte die Lady leise.

»Erstens versteht das Personal so gut wie kein Englisch, und zweitens ist es den armen Menschen gegenüber noch beschämender.«

»Ich verbitte mir diesen Ton!«, sagte die Lady und eilte aus dem Zimmer.

»Inga, hast du mal gesehen, wie Edelsteine gefördert werden? Ich musste als Kind zusehen, wie Vater einen ausgemergelten Minenarbeiter auspeitschen ließ. Ich war fünf Jahre alt. Der Mann hat geschrien, und als ich weglaufen wollte, hat Vater mich gezwungen, dem Strafakt, wie er es nannte, zuzusehen. Den Kopf hat er mir festgehalten! Ich habe mit angesehen, wie aus den tiefen Wunden Blut spritzte. Seither hasse ich ihn. Richard ebenso – der ist keinen Deut besser! Was glaubst du, weshalb ich Anwalt für Menschenrechte geworden bin?«

Inga verließ kopfschüttelnd den Raum. Tom folgte ihr, ohne sich nach Anjali umzudrehen, und schlug geräuschvoll die Tür hinter sich zu. Wie oft hatte sie sich in Gedanken ein Wiedersehen mit ihm vorgestellt – wie völlig anders fiel die Realität aus! Sie hatte gehofft, er würde ihr gestehen, dass er nie an ihre Schuld geglaubt habe und ihr geholfen hätte, wenn er in Colombo gewesen wäre. Doch kein Wort des Mitleids, nur dieses Grinsen.

Dann die Vorstellung seiner Braut – was interessierte sie diese Inga? Keine Frage, wie es ihr ergangen war oder wo sie nun wohnte.

Immerhin verurteilte er die verschwenderischen Gewohnheiten seiner Eltern. Ein kleiner Pluspunkt für ihn. Aber sie musste diesen Mann endlich aus ihren Gedanken verbannen. Anjali hoffte, die anderen hatten seine Worte nicht verstanden. Sie legte die Steine sorgfältig in die jeweilige Abteilung des Kästchens zurück. Sie gab den Frauen Anweisungen, und alle begannen, zu sticken oder Steine aufzunähen.

Kurz nach Einbruch der Dunkelheit brachte sie ein Tuk-Tuk nach Hause zurück. Die Frauen waren dankbar über den Fahrdienst, er ersparte ihnen den weiten Fußmarsch, und sie konnten dadurch länger arbeiten. Natürlich wurden alle vor der Abfahrt von einem zweiten Wächter durchsucht. Als sie zu Hause ankamen, legte sich Devi, ohne etwas zu essen, sofort auf die Matte. Saduni versorgte die Kinder. Anjali blieb im Hof sitzen.

Toms Verärgerung hatte sie aufgewühlt, denn schließlich hatte sie damit begonnen, auf Esthers Sari Elefantenaugen aus Steinchen zu befestigen. War sie an der Verschwendung mitschuldig? Natürlich hatte auch die Lady recht, die Steine fanden Wiederverwendung, sobald sie abgetrennt wurden. Sie war hin- und hergerissen. Erst sehr spät ging Anjali in ihre Kammer.

Sie stickten mehr als eine Woche an Lady Elizabeths Hochzeitssari. Am letzten Arbeitstag kam Tom noch einmal in den Arbeitsraum. Er war allein und kam zu Anjali rüber.

»Anjali, Esther sagte mir, es gehe dir gut, und ihr beide pfleget einen freundschaftlichen Kontakt?«

Seine Stimme klang fremd, unnatürlich.

»Ja, danke, Sir. Ich freue mich immer, die Ärztin zu sehen. Sie ist sehr nett zu mir und hilft, wo es geht. Ich habe viel von ihr gelernt.«

Er stand dicht neben ihr, sie konnte sein Rasierwasser riechen, es war der gleiche Duft wie damals. Sie fühlte ein Kribbeln in der Bauchgegend. Ihr Arm berührte seinen. Sie blieben einen Augenblick bewegungslos nebeneinander stehen, dann strich er ihr wortlos über den Rücken und verließ eilig den Raum.

Rasch setzte sie sich zu den anderen und war traurig, dass er wieder kein Wort über ihren vermeintlichen Diebstahl und die schlimmen Folgen gesagt hatte. Inzwischen musste er es erfahren haben. Es schien für alle Van der Meers ein unangenehmes Thema zu sein, denn ein Wort der Entschuldigung fanden sie nicht. Auch wenn er heute ein paar nette Worte an sie gerichtet hatte: Sie musste Tom endlich vergessen, er war verlobt und würde sicherlich bald heiraten.

Anjali starrte gedankenverloren in den Raum und sah, wie Asha, die dicke Nachbarin, etwas in ihr Oberteil schob. Der Wächter hatte Tom hinterhergeschaut und war für einige Sekunden unaufmerksam gewesen. Schweiß trat Anjali auf die Stirn. Ihr Herz raste, in ihrem Hals bildete sich ein Kloß. Ihr Gehirn arbeitete fieberhaft. Wie sollte sie das Problem mit Asha lösen, ohne die Aufmerksamkeit der anderen oder des Wächters auf sich zu ziehen? Glaubte Asha wirklich, einen Stein entwenden zu können?

Endlich war der letzte Stein aufgenäht. Anjali erhob sich, trat neben Asha und bat den Aufseher, nach dem Stubenmädchen zu läuten. Diesen kurzen Moment nutzte Anjali und griff Asha ins Oberteil. Mit dem Stein in der Faust eilte sie zum Kasten und ließ den Stein lautlos hineinfallen. Dabei tat sie so, als überprüfte sie die verbrauchte Ware, und war froh, dass sie nicht mehr in dieses Haus zurückkehren musste.

Anjali war über Ashas Verhalten maßlos enttäuscht und wütend. Asha heulte und flehte, ihrem Mann ja nichts vor dem Vorfall zu erzählen. Anjali versprach es, aber Asha durfte nie wieder für sie arbeiten.

Wieder waren sie mit der normalen Arbeit in Verzug, und Anjali überlegte, wie sie sich besser organisieren könnten. Sie fand keine Lösung. Obwohl sie inzwischen zwei weitere Weberinnen beschäftigte, konnten sie den Rückstand nicht aufholen. Sollte sie vielleicht Webarbeiten außer Haus geben?

Sie hatte noch keinen Entschluss gefasst, da erschien zwei Tage später der Fahrer der Herrschaften in der Weberei. Er beorderte Anjali zu Lady Elizabeth. Eigentlich fehlte ihr die Zeit, dorthin zu fahren. Sie durfte die bisherigen Auftraggeber nicht verärgern, nur um den Launen einer verwöhnten Frau zu folgen, aber sie fand keine passende Ausrede. Sie fuhr mit.

Im Wohnzimmer des Hauses traf sie auf die beiden Schwägerinnen: Lady Sarah, die Frau von Toms Bruder Richard, und Inga.

»Anjali, könntest du bitte auch für mich einen festlichen Sari anfertigen?«, fragte Sarah in freundlichem Ton und lächelte sie an.

»Sehr gerne, Mylady«, antwortete Anjali, so wie sie es damals von der Köchin gehört hatte, und verbeugte sich.

»Und für mich einen roten, aber ohne diese Steine, mein Verlobter mag das nicht«, sagte Inga bestimmend, ohne Anjali anzusehen.

Anjali dachte an das unangenehme Streitgespräch über die Steine, das sie mitverfolgt hatte, und fühlte sich unwohl. Für Sarah tat sie es gerne, aber für diese Inga hätte sie lieber eine Ausrede erfunden, doch sie konnte es sich nicht leisten, daher fragte sie die Damen nach ihren Vorstellungen. Lady Sarah wünschte sich einen curryfarbenen, besetzt mit weißen Saphiren und goldfarbener Stickerei. Anjali gefiel die Farbzusammenstellung überhaupt nicht, aber sie sagte nichts und entwarf den dazu passenden Kopfschmuck. Inga verzichtete auf ihren. Anjali war sehr froh darüber, sie hätte sich doch schwergetan, Toms zukünftige Frau zu schmücken.

Kapitel 11

Anjalis Können hatte sich bis nach Colombo herumgesprochen, und niemand ahnte, dass eine Dalit dahintersteckte. Viele arbeitsreiche Wochen vergingen, und zahlreiche Aufträge aus Colombos Gesellschaft trudelten ein. Die Damen wollten kostbare Saris für eine bevorstehende indische Maharadscha-Hochzeit, zu der sie eingeladen waren. Nur wenige fragten nach den Kosten. Selbst ehemalige Händler, die sie im Preis gedrückt oder nie mehr bei ihnen gekauft hatten, kehrten zurück. Die Weberei florierte. Inzwischen beschäftigte Anjali weitere Weberinnen, teilweise auch außerhalb des Hauses.

Sie planten gerade einen Erweiterungsbau, als Madhu, die Großmutter, unerwartet starb. Die Verbrennung und die Feierlichkeiten folgten, beides kostete viel Kraft und Geld. Auch dieses Mal kamen wieder Menschen ins Haus, die Madhu bestimmt nie gekannt hatte.

Die alte Frau fehlte Anjali. Sie war eine ruhige Frau gewesen und hatte nie über die Arbeit geklagt. Anjali befürchtete, die alte Frau mit der vielen Arbeit überlastet zu haben. Dieser Gedanke bereitete ihr schlaflose Nächte. In den letzten Monaten hatte sie mit Madhu keine hundert Sätze gesprochen, aber eines Abends, bevor sich die Großmutter auf ihre Matte gelegt hatte, war sie zu Anjali gekommen, hatte ihr über die Schulter gestrichen und lächelnd zu Shiva geblickt, der in Anjalis Kammer auf dem winzigen Altar stand.

Anjali hatte die Ärztin seit deren Rückkehr aus England nicht mehr getroffen und entschloss sich, sie am nächsten Tag aufzusuchen. Sie hatte viel Geld im Haus verstecken müssen, und da Esther ihre bisherigen Geldangelegenheiten geregelt hatte, wollte Anjali sie bitten, die große Summe ebenfalls zu verwalten.

Sofort, nachdem sie den Frauen das Tagespensum aufgetragen hatte, wollte sie sich auf den Weg machen, doch eine innere Stimme riet ihr, nur eine geringe Menge Rupien mitzunehmen. Anjali ärgerte sich über die Vorsicht, aber folgte der Eingebung. Sie verließ die Unterkunft und war noch nicht lange gegangen, da hörte sie ein Geräusch hinter sich. Sie drehte sich um.

Niemand war zu sehen. War sie überarbeitet? Begann sie zu fantasieren? Der plötzliche Tod der Großmutter bereitete ihr immer noch Schuldgefühle. Sie lief gedankenversunken weiter.

Ein Schlag traf sie. Sie stürzte. Schmerz breitete sich in ihrem Körper aus, dann verlor sie das Bewusstsein.

Der Mond stand bereits am Himmel, als Anjali wieder zu sich kam. Sie lag am Straßenrand. Ihre Beine ragten auf die Schotterstraße. Die neue Tasche, die sie beim letzten Besuch in Colombo erstanden hatte, fehlte. Anjali versuchte, sich aufzurichten, doch ein bohrender Schmerz hinderte sie daran. Trotz erheblicher Schmerzen im Arm schob sie die Hand in den Ausschnitt. Wie üblich hatte sie auch dieses Mal die Rupien dort versteckt. Das Geld war verschwunden. Eine warme Flüssigkeit lief ihr am Körper hinunter. Ihr Gesicht schmerzte. Waren Nasenbein und Kieferknochen gebrochen? Vorsichtig betastete sie die Stellen, konnte aber durch die Schwellung nichts fühlen. Erinnerungen an das Gefängnis tauchten auf. Langsam zog Anjali ihre Beine Zentimeter für Zentimeter von der Fahrbahn aufs Gras und rollte sich dann auf die Seite. Total erschöpft schlief sie wieder ein.

In der Ferne krähte ein Hahn, die Sonne schob sich am Himmel empor. Anjali erwachte frierend und wollte aufstehen. Erst nach mehrmaligen Versuchen gelang es ihr, und sie schleppte sich mühselig am Straßenrand nach Hause. Zwischendurch setzte sie sich immer wieder und versuchte, durch Handzeichen vorbeifahrende Autos auf sich aufmerksam zu machen, und hoffte, dass jemand hielte und sie mitnähme. Vergebens.

Die Sonne stand hoch am Himmel, als sie endlich im Hof eintraf. Sie durchquerte den Neubau, aber weder Saduni noch Devi saßen an den Webstühlen. Auch von den anderen war niemand zu sehen.

Lachen und Gesprächsfetzen durchdrangen das Haus. Anjali betrat den älteren Gebäudeteil. Saduni, Devi und ein fremder Mann saßen auf dem Küchenboden, blickten sie erstaunt an und verstummten. Keiner erhob sich, um ihr zu helfen, oder fragte, was ihr zugestoßen war.

»Wo sind die Kinder und die anderen Frauen, und weshalb arbeitet ihr nicht?«, fragte Anjali erstaunt.

»Na, wo wohl? In der Schule«, antwortete Saduni. »Und damit du es gleich weißt: Ich werde wieder heiraten«, fügte sie patzig hinzu.

Anjali antwortete nicht, ging hinüber in ihren abgeteilten Raum und legte sich auf die Matte.

Woher kam der fremde Mann so plötzlich? Was war mit den Frauen los? Was brachte sie gegen sie auf? Waren inzwischen alle völlig überarbeitet, oder machte auch den anderen der unerwartete Tod der Großmutter zu schaffen? War Madhu der ruhende Pol gewesen, oder hatte sie sich vor lauter Geschäftstrieb verändert? Sie wollte doch lediglich für alle ein wenig Wohlstand. Weshalb hatte sich keiner beschwert?

Übelkeit stieg in ihr auf. Alle im Haus wussten, dass sie auf dem Weg zur Ärztin gewesen war und viel Geld bei sich gehabt hatte. Schnell verdrängte sie den Gedanken, die Frauen oder der Fremde könnten etwas mit dem Unfall zu tun gehabt haben. Aber die Unsicherheit blieb. Und sie war froh, verschwiegen zu haben, dass sie nur einen Teil des Geldes mitnehmen wollte.

Sie wünschte, allein zu sein, und blieb drei Tage und Nächte auf der Matte in ihrem Raum liegen und stand nur auf, um etwas zu essen oder zu trinken. Die beiden Mädchen versuchten, sie aufzumuntern, und setzten sich zu ihr, erzählten ihr erdachte Geschichten und wechselten die auf den Blutergüssen liegenden nassen Lappen, sobald sie getrocknet waren. Anjali schaute zu Shiva. Als sie klein war, hatte ihre Mutter ihr viel über den mächtigsten und meistverehrten Hindugott erzählt: Nachdem Brahma die Welt erschaffen und Vishnu sie bewahrt hat, ist er ihr Zerstörer. Brahma erschafft die Welt daraufhin erneut, und der ewige Kreislauf beginnt von Neuem. Neben Tod und Zerstörung ist Shiva auch für eine zweite Art der Veränderung: die der Erneuerung. Außerdem steht er auch für Güte, Gnade und Freundschaft. Alles, was einen Anfang hat, muss ein Ende haben. Zerstörung macht den Weg frei für Neues. Lange dachte sie darüber nach. War Shiva für die mehrfache Veränderung ihres Lebens verantwortlich?

Sie erinnerte sich auch, dass Shivas Gemahlin Parvati – die Tochter der Berge – Ganesha erschaffen hatte, den Gott des Erfolgs. Es schien ihr, als würde ihr Leben mal vom einen, mal vom anderen Gott gesegnet. »Fluch der Götter« ... wie recht die Männer auf der Plantage doch hatten.

Devi und Saduni kümmerten sich nicht um sie. Beide waren verschwunden, selbst die Kinder hatten sie zurückgelassen. Auch die anderen Frauen waren nicht wieder zur Arbeit erschienen.

Am vierten Tage nach dem Unfall bereitete Anjali gerade das Abendessen für die Kinder vor, da stand der fremde Mann vor ihr.

»Ich will Saduni heiraten, und du wirst die Mitgift bezahlen.«

Während er sprach, zerrte er an ihrem Sarioberteil, und seine schwarzen Augen starrten sie hasserfüllt an.

Sie stieß ihn heftig zurück und antwortete ruhig, obwohl ihre Knie vor Angst zitterten: »Ich werde alles mit Saduni besprechen. Sie wird bekommen, was ihr zusteht, und jetzt mach, dass du wegkommst!« Sie drehte sich um und ließ ihn stehen.

Er folgte ihr schimpfend drei Schritte, blieb dann aber zurück und verschwand.

Glücklicherweise hatte sie über alle Einnahmen, Ausgaben, Arbeitsstunden und Kosten Buch geführt. Anjali kramte das dicke Heft hervor, entzündete eine weitere Öllampe, setzte sich auf das Bodenkissen und rechnete für Devi und Saduni alles penibel aus.

Was würde aus den Kindern werden? Mit Esthers Hilfe hatte Saduni die Mädchen in eine der selten gewordenen Missionsschulen schicken dürfen. Inzwischen betrachtete sie die beiden wie ihre eigenen Töchter. Mit Mädchen wollte sich der unsympathische Mann sicherlich keinesfalls belasten und schon gar nicht in seinem Haus aufnehmen. Es war nur ein kleiner Hoffnungsschimmer, aber er war da: Mädchen bedeuteten Ballast. Vielleicht durften sie bei ihr bleiben. Anjali nahm sich vor, mit allen Mitteln um die Kinder zu kämpfen.

In der Nacht träumte sie, Saduni und dieser brutale Mensch hätten die Mädchen verkauft. Während des Traums suchte sie nach ihnen in den Straßen Colombos und fand sie als Prostituierte im Haus eines Menschenhändlers. Schweißgebadet erwachte Anjali und schlich mit einer Kerze hinauf in den oberen Stock. Beide Mädchen schliefen auf ihren Matten. Sie lief zurück und legte sich wieder hin.

Anjali war mächtig enttäuscht. Hatte sie sich in den vergangenen dreieinhalb Jahren so in den Frauen getäuscht? Vor allem Devi verzieh Anjali das Verhalten nicht. Sie kannten sich erheblich länger und waren in Colombo fast Vertraute gewesen. Anjali hatte der alten Nachbarin hier in der Weberei ein neues Leben ermöglicht. Und nun das.

Am nächsten Morgen kehrten Saduni und Devi zurück und trafen Anjali in der Küche. Beiden war wohl ihr Fehlverhalten klargeworden, und das Vorgefallene schien ihnen unangenehm zu sein. Sie versuchten, in gewohnt freundschaftlichem Ton mit Anjali zu sprechen und zu scherzen, aber kein Wort der Entschuldigung kam ihnen über die Lippen.

Anjali überhörte ihre kläglichen Versuche und legte beiden die genaue Abrechnung über ihre Arbeitsleistung vor.

»Das Geld bekommt ihr morgen Früh, danach kann jede ihrer Wege gehen.«

Anjalis kühle, sachliche Art jagte den Frauen wohl Angst vor der Zukunft ein. Devi erhob sich rasch, kochte Tee und bot Anjali mit lächelndem Gesicht eine Tasse an. »Denk doch an unsere gemeinsame Zeit.«

Mit der Handinnenseite wies Anjali den Tee zurück. »Devi,

daran hättest du vorher denken sollen. Falls ich euch zu viel Arbeit zugemutet habe, hättet ihr mit mir darüber sprechen können. Ich wollte nur das Beste. Die familiäre Gemeinschaft ist hiermit beendet.«

Sie stand auf, holte ihre Tasche und verließ das Haus. Tränen liefen ihr über die Wangen, aber sie durfte keine Schwäche zeigen. Sie musste hart bleiben, auch wenn es ihr noch so schwerfiele. Sie war auf dem Weg zu den Weberinnen, die der Arbeit ferngeblieben waren, um sie zu entlassen. Die Frauen hatten ihr Vertrauen missbraucht. Es gab genügend Arbeitsuchende.

Mehrfach versuchten Devi und Saduni, das gewohnte Leben wieder herzustellen, aber Anjalis Enttäuschung über das Benehmen der beiden Frauen und die Ungewissheit, ob sie vielleicht doch hinter dem Unfall steckten, war zu groß. Beide waren alt genug, und sie hatte kein Recht, den Frauen ihr neues Leben aufzuzwingen.

Nur einen wesentlichen Punkt hatte sie dabei übersehen: Das Haus gehörte Saduni. Natürlich war es eine feuchte, baufällige, dunkle Bude gewesen, und sie hatte die erheblichen Schulden beglichen, die Verbrennung von Sadunis Schwiegereltern, die riesigen Totenfeste sowie den Ausbau des Hauses bezahlt – trotzdem gehörte es Saduni. Anjalis Eigentum waren die neuen Webstühle, die noch bezahlt werden mussten. Anjali hatte keine Ahnung, welchen Wert ein halb verfallenes Haus besaß, und bat Esther um Rat. Das restliche Geld und die Webmustervorlagen brachte sie bei der Ärztin in Sicherheit. Seit Tagen beschlich sie ein ungutes Gefühl, für das sie keine Erklärung fand, und beschloss, nicht einmal mit den Kindern über den geplanten Besuch bei der Ärztin zu sprechen.

Das für Saduni und Devi errechnete Geld legte sie abgezählt jeweils auf ein Stück Papier und beschloss, die Frage nach dem Wert des Hauses mit Saduni zu einem späteren Zeitpunkt zu klären. Lesen konnte Saduni nicht, aber Anjali war sicher, die Kinder würden ihr die Abrechnung erklären.

Die folgenden Wochen setzte sich Anjali Tag und Nacht an den Webstuhl, denn in den letzten Jahren hatte sie sich die Fertigkeiten angeeignet und stand normalen Weberinnen in nichts mehr nach. Nur Madhu konnte sie nicht ersetzen. Täglich nach der Arbeit trug sie die fertigen Stoffe mit immer neuen Mustern in ihre Kammer, bündelte sie je nach Kunde und befestigte die Rechnungen. Das Geld stand ihr allein zu, da sich keine der Frauen an der Arbeit beteiligte.

Wach, aber mit geschlossenen Augen lag Anjali eines Nachts auf ihrer Matte. Unzählige Fragen, für die sie keine Antworten fand, gingen ihr durch den Kopf. Eine Ratte huschte über sie hinweg. Sie erschrak und stieß einen spitzen Schrei aus, aber niemand im Haus störte sich daran. In den letzten Tagen war sie sehr schreckhaft geworden. Der geringste Ton oder die leiseste Berührung ließ sie zusammenzucken. Gerade hatte sie sich wieder beruhigt, da hörte sie ein schabendes Geräusch. Ihr Herz begann, wild zu schlagen, den Puls spürte sie am Hals klopfen. Sie bewegte sich nicht. Unter fast geschlossenen Augenlidern hervor versuchte sie, in der Dunkelheit etwas zu erkennen. Eine mittelgroße Gestalt suchte etwas zwischen den Stoffballen. Anjali stöhnte laut und drehte sich geräuschvoll zur Seite. Die dunkle Gestalt rannte davon.

Kurz darauf hörte Anjali von Harish, dem neuen Mann in Sadunis Leben, lustvolle Schreie. Harish ging nicht sanft mit Saduni um. Die Laute spülten lang verdrängte Szenen ihrer Vergewaltigungen im Gefängnis wieder hervor. Ihr Herz raste. Sie bekam kaum Luft. Schnell hielt sich Anjali die Ohren zu.

Jemand stieß sie mit dem Fuß an, ein säuerlicher Geruch stieg ihr in die Nase. Plötzlich spürte sie die raue Haut zweier Hände, die ihren Hals umschlangen und ihr mit immer festerem Griff die Luft abschnürten. Mit geschlossenen Augen und den Händen über den Ohren hatte sie den Eindringling nicht wahrgenommen. Sie wehrte sich mit ganzer Kraft, schlug mit den Beinen um sich, versuchte, den Körper hochzustemmen, aber der Griff wurde immer fester. Ihr Blick verschwamm und ließ sie ihren Angreifer nicht deutlich erkennen. Sie bekam keine Luft mehr.

Plötzlich sackte der Schatten zusammen und fiel auf sie. Die Hände lösten sich von ihrem Hals.

Leela, das ältere der beiden Mädchen, stand vor der Matte, und sagte weinend in die Dunkelheit: »Ich habe fest zugeschlagen, hoffentlich ist er nicht tot.«

Anjali schob den leblosen Körper von sich und stand mit zittrigen Beinen auf. Sie zündete die Öllampe an. Im schwachen Lichtschein erkannte sie die Gestalt einer Frau. Anjali tastete nach dem Puls – sie lebte. Um das Gesicht zu sehen, drehte sie die Frau auf den Rücken. Es war Asha, die entlassene Stickerin. Leela und Anjali schleiften den Körper aus dem Haus, durch den Innenhof und über den Vorplatz und legten Asha vor der nächsten Hütte ab. Sollten sich die Götter ihrer annehmen. Anjalis Bedarf an Konflikten war gedeckt.

Als sie zurückkehrten, hörten sie aus Sadunis Kammer statt lustvollen Gestöhns Streit. Saduni schrie wie eine Furie, dann folgte mehrfaches Klatschen. Stille. Durch das Geschrei war auch Kali, Leelas jüngere Schwester, erwacht und kam völlig verstört zu Anjali.

»Kommt, legt euch zu mir auf die Matte«, forderte Anjali die beiden Kinder auf.

»Anjali, kann ich nicht für immer bei dir bleiben? Ich will nicht zu dem bösen Mann«, flüsterte Kali.

»Du bist vielleicht doof, der blöde Kerl zieht hier ein, er hat nämlich gar kein Zuhause«, antwortete Leela.

»Er will hier einziehen?«, fragte Anjali überrascht. »Woher weißt du das?«

»Ich hab gehört, wie Mutter im Streit geschrien hat, dass das Haus ihr nicht mehr gehört, sondern dir, Anjali. Daraufhin hat er Mutter geschlagen und die Stiege runtergestoßen.«

»Wann war das?«

»Ich glaube, du bist in Colombo gewesen.«

»Leela, ich war lange nicht mehr in Colombo. Lügst du?«

»Bestimmt nicht, Anjali! Mutter trifft den bösen Mann, seit Großmutter tot ist. Von da ab kam er jedes Mal gleich, wenn du das Haus verlassen hast. Er hat immer im Hof hinter dem Balken gesessen und dich beobachtet. Zuerst war er ja auch ganz nett und hat nur mit Mutter auf der Matte gelegen.«

»Das stimmt«, sagte Kali.

War sie so blind gewesen, dass sie nicht bemerkt hatte, was in dem Haus vorging?

»Und was hat Devi gemacht?«, fragte Anjali leise.

»Devi hat sich an den Webstuhl gesetzt, gekocht oder mit Mutter und den Kerlen Späße gemacht. Einmal habe ich gehört, wie Devi gesagt hat, dass wir bald reich seien, da habe ich gefragt: ›Von wem?‹, da haben sie mich bemerkt und weggejagt. Ich weiß nicht genau, aber ich glaube, es war an dem Tag, wo du so blutig wiedergekommen bist.«

War ihre Vermutung richtig gewesen – steckten die drei hinter dem Überfall?

Leela fragte etwas Ähnliches.

»Ach, das glaube ich nicht«, antwortete Anjali. »Devi und eure Mutter tun mir nichts, wir sind doch Freundinnen.« Sie wollte die Kinder beruhigen, obwohl die Mädchen sicher die Veränderung in ihrer Stimme bemerkt hatten.

»Ich glaub, nicht mehr«, flüsterte Kali und schüttelte den Kopf.

Sie schwiegen.

Kurz darauf flehte auch Leela: »Anjali, bitte sag, dass wir bei dir bleiben dürfen, wenn Mutter mit diesem Kerl geht.«

»Warten wir's ab, vielleicht heiratet eure Mutter den Mann gar nicht, und wir bleiben alle zusammen, wie bisher. Normalerweise heiraten Witwen schließlich nie mehr, eure Mutter wird den Mann vertrösten, ihr werdet sehen«, sagte Anjali schnell, obwohl sie wusste, dass sie log.

Dicht aneinandergedrängt schliefen sie ein.

Am nächsten Morgen stand Anjali sehr früh auf, bereitete das Frühstück für die Kinder und die Opfergaben vor und suchte das restliche Geld und die Musterzeichnungen. Sie versteckte alles zwischen den einzelnen Bahnen eines Stoffballens.

Der erste Händler traf schon gegen neun Uhr aus Nuwara Eliya ein. Devi, Saduni und ihr Kerl waren bisher nicht erschienen. Anjali legte ihm die bestellte Ware vor.

»Der Stoff zeigt ein anderes Muster, dafür zahle ich den geforderten Preis nicht«, sagte er.

»Dann werde ich Ihnen keine Ware verkaufen«, antwortete Anjali und lächelte. »Dieses Muster ist einzigartig, die übrigen Käufer werden sich darum reißen«, sagte sie, obwohl sie genau wusste, dass es schwierig werden würde.

Sie feilschten um jede Rupie, Anjali gab nicht nach. Entnervt schmiss er die geforderten Scheine auf den Boden, schnappte sich die Stoffballen und verschwand.

Auch die weiteren Händler, die an diesem Morgen eintrafen, waren nicht bereit, die von Anjali geforderte Summe zu bezahlen, aber sie bestand auf den Preis. Durch den zähen Verkauf verging der Vormittag. Den letzten Käufer, einen jungen Mann, fragte Anjali: »Könnten Sie mich in Ihrem Auto ein Stück mitnehmen?«

Er schaute sie abfällig an, griff nach seiner Ware und verließ eilig die Weberei.

Wie konnte sie so dumm sein und vergessen, wer sie war? Die Ärztin hatte ihr in den letzten Jahren so viel Selbstvertrauen vermittelt, dass sie mitunter ihre Herkunft verdrängte.

Sie schnappte sich den präparierten Stoffballen, tarierte ihn auf dem Kopf aus und verließ das Haus. Sie wollte verschwunden sein, bevor die Kinder zurückkamen oder Devi auftauchte. Aus Sadunis Kammer hörte sie die gewohnten Laute.

Nach wenigen Schritten blieb sie stehen, drehte sich ängstlich um und horchte nach einem verdächtigen Geräusch. Nichts.

Anjali erreichte die Krankenstation unbehelligt. Davor parkten drei Limousinen. Kein Staubkorn befand sich auf dem glänzend schwarzen Lack. Die Fahrer in den weißen, mit Goldlitzen verzierten Uniformen saßen hinter dem Lenkrad und dösten vor sich hin.

Chauffeure dösen immer, der Beruf muss anstrengend sein, dachte Anjali und blieb stehen. Sollte sie dort hineinplatzen? Während sie noch unsicher vor dem Haus stand, legte sich von hinten eine warme Hand auf ihre Schulter, und eine bekannte Stimme sagte: »Anjali, was für eine Überraschung! Schön, dich zu sehen.«

Sie drehte sich langsam um, ihre Knie wurden weich. Sie schaute in Toms blaue Augen.

»Weshalb bleibst du hier vor dem Haus stehen und gehst nicht hinein?«

»Ich wusste nicht, dass Lady Esther Besuch hat, sonst wäre ich nicht gekommen. Ich möchte die Ärztin und die Gäste nicht stören.« Der Stoffballen rutschte ihr vom Kopf und fiel zu Boden. Ihre Köpfe stießen aneinander, als sich beide gleichzeitig danach bückten.

»Entschuldigung«, sagte sie verlegen, griff nach dem Stoff und spürte aufsteigende Hitze im Gesicht.

»Nein, das war meine Schuld. Wir können ja noch ein bisschen üben«, sagte Tom und grinste spitzbübisch.

Verlegen antwortete Anjali: »Ich wollte das Paket bei der Ärztin abgeben.« Sie deutete mit der Hand auf den Stoff.

Er blickte sie fragend an.

Weshalb erzählte sie ihm nicht, dass dort die gesamten Musterzeichnungen und Geld verborgen waren? Traute sie ihm nicht? So wie sie damals Marys Zeilen nicht geglaubt hatte, als sie schrieb, dass Tom nichts von dem Gefängnisaufenthalt mitbekommen hatte?

»Komm, Anjali, lass uns reingehen! Später fahre ich dich dann nach Hause.«

Gerne wäre sie noch einen Moment mit ihm allein geblieben, aber Tom schob sie bereits in Richtung Verandatreppe.

Inga kam ihnen lachend entgegen und sah auf den Stoffballen. »Oh, Anjali, hat dir Sir Tom schon erzählt, dass wir im nächsten Monat heiraten? Ich hatte ihn nämlich gebeten, bei dir den Stoff für mein Hochzeitskleid zu bestellen.« Sie drehte ihr pferdeähnliches Gesicht mit der wirren blonden Mähne Tom zu. »Mensch,

Tom, ich wusste gar nicht, dass du meine Wünsche so prompt erledigst – na ja, wieder ein Pluspunkt für dich.« Sie zog die schmalen Lippen leicht nach oben. Grübchen bildeten sich in den Wangen. »Schön, Anjali, dass du gleich ein Stoffmuster mitbringst.«

Lügnerin, dachte Anjali und wusste nicht, wie sie reagieren sollte. Durfte sie den Sir bloßstellen und sagen, dass sie sich zufällig getroffen hatten, oder sollte sie bei dem erbärmlichen Theater mitspielen? Sie lächelte Inga an, legte die Hände zusammen, verbeugte sich höflich und schwieg. Ihretwegen konnte sie denken, was sie wollte, die neue Lady Van der Meer. Anjali mochte sie nicht und wollte für sie auch keinen Hochzeitsstoff anfertigen.

»Jaja, Inga, Anjali spürt sofort, wenn ich sie brauche«, erwiderte Tom ironisch.

Anjali hätte ihm gerne etwas Unfreundliches gesagt, aber sie musste das Gesicht wahren, und außerdem fühlte sie trotz allem wieder Tausende von Schmetterlingen in ihrem Bauch, deshalb lächelte sie. Auch durfte sie keinesfalls durch Ungehörigkeit die Freundschaft zu Lady Esther gefährden. Was hatte sie zu verlieren, wenn sie nett zu den Herrschaften war? Die wären bald wieder in England.

Die Ärztin betrat die Veranda. Sie lächelte Anjali zu. Bei jeder Bewegung raschelte die schwere rote Seide des Kleides, das sie trug. Die hochhackigen Pumps und der Lippenstift waren von derselben Farbe. Das Haar trug sie hochgesteckt, und seitlich war eine rote Orchidee darin befestigt. Anjali schaute sie bewundernd an, hatte sie die Frau doch bisher nur in Arbeitskleidung gesehen.

»Komm herein, Anjali, heute ist mein Geburtstag, und das Haus ist voller Gäste. Trink ein Glas Champagner mit mir!«

Champagner – das Wort erinnerte Anjali an den verzückten Gesichtsausdruck der Köchin. Das musste wirklich etwas Besonderes sein. »Danke, Frau Doktor, ich möchte nicht stören, ich wollte Sie bitten, meinen Stoffballen aufzubewahren, aber vor allem den Inhalt«, fügte sie leise hinzu.

Die Ärztin schaute sie an und nickte dabei unmerklich. Inzwischen kannte Anjali die englische Sitte, dass Kopfnicken »Ja« bedeutete. Um das zu begreifen, hatte sie lange gebraucht.

»Geh schon, Anjali, ich fahre dich später zurück«, drängte Tom.

Um den wertvollen Besitz in Sicherheit zu bringen und dabei noch einige Minuten in der Nähe des jungen Herrn zu verbringen, willigte sie ein. Nachdem der Stoff mitsamt verborgenem Inhalt verstaut war, schob Esther sie sanft an der Schulter ins Wohnzimmer. Sie erschrak ob der vielen Besucher. Außer Sir Geoffrey waren Lady Esthers Eltern und Sir Henry mit seiner neuen Frau Carolyn gekommen. Sie gefiel Anjali nicht, obwohl sie die Frau überhaupt nicht kannte, aber sie hatte irgendetwas Störendes in ihrem Gesicht. Sie wirkte blasiert und desinteressiert, und die roten Fingernägel erinnerten Anjali an Vogelkrallen.

»Das ist Anjali, meine beste Freundin hier«, stellte Esther sie vor.

Die Gespräche verstummten.

»Na ja, die Auswahl ist auch nicht besonders groß in dieser Einöde«, sagte Carolyn in die Stille hinein, hob ihre linke Hand und zog an der langen Zigarettenspitze, die sie zwischen zwei Fingern hielt.

Nur nichts anmerken lassen, dachte Anjali, lächelte, obwohl ihr zum Weinen zumute war, verbeugte sich knapp und eilte aus dem Raum. Sie rannte die Treppe hinunter und hörte noch Sir Geoffreys scharfe Stimme: »Caro, war das nötig?«

Tom hastete hinter ihr her und rief: »Renn nicht gleich weg, Carolyn hat es nicht böse gemeint!«

Sie antwortete nicht und rannte weiter.

»Bleib doch stehen! Ich fahre dich nach Hause.«

Anjali blieb stehen.

»Komm, mein Auto steht um die Ecke!«

Es war der gleiche alte Mercedes von damals. Sie stieg ein.

»Weißt du, Anjali, manche Menschen glauben, sie seien etwas

Besseres. Das zeugt nur von Dummheit. Überhöre es das nächste Mal.«

Im Wagen streichelte er sanft ihren Arm. Zuerst glaubte sie, er wollte sie nur trösten, aber dann wanderte die Hand weiter hinauf bis zum Nacken – und stoppte. Es war ihm wohl eingefallen, dass der Kopf bei Hindus nicht berührt werden darf. Er legte seine Hand auf ihr Knie, fuhr weiter und streichelte dabei ihren Oberschenkel. Dabei schob er den Stoff nach oben. Seine Hand glitt höher. Er schaute lächelnd zu ihr herüber. Sie ließ es geschehen. Sie spürte die Wärme seiner Hand durch den Seidenstoff, und ein angenehmes Gefühl durchfuhr ihren gesamten Körper bis hinauf zu den Haarwurzeln. Vor lauter Aufregung hätte Anjali beinahe vergessen, ihm zu erklären, wie er fahren sollte. Aber es fiel ihr noch rechtzeitig ein, und sie erklärte ihm kurz den Weg, bevor sie wieder schwiegen, als ob durch Worte der Zauber des Augenblicks zerstört werden könnte.

Sie fuhren ungefähr zehn Minuten auf der geteerten Straße, bevor Tom die Hand zurück ans Lenkrad legte und in den unbefestigten Weg einbog. Von dort benötigte er weitere zehn Minuten bis zu ihrer Unterkunft. Sie hoffte, er würde die Hand noch einmal auf ihr Knie legen, aber er hielt das Steuerrad fest, als hätte er Angst, den Weg zu verfehlen, und blickte stur geradeaus. Die wenigen Hütten in der Umgebung machten einen verwahrlosten Eindruck. Die Bewohner warfen Unrat und alles, was sie nicht mehr brauchten, auf freie Flächen neben ihren Türen. Hühner scharrten im Dreck. Anjali schämte sich.

Tom stoppte den Wagen vor der Weberei.

»Zeig mir dein neues Zuhause«, bat er.

Nach kurzem Zögern stimmte sie zu. Das Haus war leer. Die Kinder vermutete sie in der Schule oder beim Blättersammeln. Auch Devi und Saduni waren nirgends zu sehen. Tom begutachtete ausgiebig die Webstühle, dann nahm er ihre Hand, und zusammen liefen sie durch das Hausinnere. Tom stellte viele Fragen. Er schien wirklich an ihrer Arbeit und ihrem Leben interessiert zu sein. Eine ihr unbekannte Kiste in einer Ecke des Hauses fiel ihr ins Auge. Darum würde sie sich später kümmern. Bei jedem Schritt berührten sich ihre Arme, ein Glücksgefühl durchströmte ihren Körper. Als sie ihre Kammer erreicht hatten, riss er sie plötzlich an sich, küsste sie stürmisch und schob dabei die Hand in ihren Ausschnitt und streichelte ihre Brüste. Sie ließ ihn gewähren. Sie verdrängte den Gedanken an seine zukünftige Frau, schloss die Lider und genoss den Augenblick. Mit einem Arm hielt Tom sie fest umschlungen. Er bedeutete ihr, sich auf die Matte zu legen. Er folgte ihr. Sein Gewicht auf ihr erregte sie, und sein beschleunigter Atem ging in ein Stöhnen über. Mit einer Hand löste er die Gürtelschnalle, den Hosenknopf und den Reißverschluss seiner Hose. Mit der anderen Hand griff er ihr unter den Sari und schob ihn in die Höhe. Ein wohlig warmes Gefühl durchströmte ihren Körper.

Toms Hand hatte bereits den Punkt erreicht, an dem ihre Schenkel aufeinandertrafen, als Erinnerungen an ihre Zeit im Gefängnis vor ihrem inneren Auge erschienen. Ein Gefühl des Grauens überfiel sie. Alles in ihr sträubte sich plötzlich gegen Toms Berührungen. Anjali spürte seine Erregung auf der nackten Haut.

Das Kichern der Kinder, die unerwartet hinter ihnen im dunklen Raum standen, trieb sie auseinander.

Tom erhob sich, als wäre nichts geschehen, und ordnete ruhig seine Kleidung. Er verabschiedete sich mit einem schnellen Kuss auf die Wange von ihr. »Danke, ich finde den Weg alleine.«

Trotzdem begleitete Anjali ihn zur Tür.

Dort blieb er kurz stehen, als ringe er mit sich selbst, bevor er sich noch einmal zu ihr umdrehte. »Ich liebe dich«, flüsterte er, dann rannte er los. Ein kurzer Regenguss hatte den Boden des Hofs in eine einzige schlammige Masse verwandelt, und Tom versuchte, auf den Zehenspitzen springend, den Wagen zu erreichen. Er glich dabei einem der Tänzer, den Anjali damals in Colombo sehr gemocht, aber dessen Stolz es offenbar nicht zugelassen hatte, sie überhaupt zu beachten. Tom blickte nicht zurück, sondern stieg in den Wagen und schlug die Autotür zu.

Anjali hatte keine Ahnung, ob sie über die Störung der Kinder ärgerlich oder dankbar sein sollte, und ging, ohne sich um die beiden Mädchen zu kümmern, in ihre Kammer zurück.

»Anjali, wir haben Hunger!«, riefen sie ihr nach.

»Dann macht euch was!«

»Bitte, Anjali!«

»Wo ist eure Mutter? Die kümmert sich einen Dreck um euch, seit dieser Mistkerl hier herumlungert!«, rief sie wütend und drehte sich zur Wand. Von der Kochstelle hörte Anjali das wüste Scheppern der Blechtöpfe. Genervt steckte sie sich beide Zeigefinger in die Ohren. Sie wollte in Gedanken Tom nahe sein …

Schreie schreckten sie auf. Sie musste wohl eingenickt sein.

Dann hörte sie mehrfaches Knallen. Sie sprang von der Matte auf und rannte in die Küche. Feuer speiende Tiere griffen nach ihr. Hitze schlug ihr entgegen. Wo waren die Kinder? Ihre Namen schreiend, versuchte Anjali, über glühende und brennende Teile zu klettern. Schwarzer Rauch brannte ihr in den Augen und nahm ihr die Sicht und die Luft. Balken und Bretter knackten überall und stürzten zu Boden, aber die Sorge um die Kinder trieb sie trotz der Flammen und Hitze vorwärts. Endlich sah Anjali einen Körper auf dem Boden liegen, aber sie konnte nicht erkennen, um welches der Mädchen es sich handelte. Mit ganzer Kraft zerrte sie ihn hinaus auf den Hof und rannte zurück ins Haus. Sie fand einen weiteren Körper – verkohlt, unter brennenden Hölzern. Weitere glühende Teile fielen herab. Erneutes Knallen durchdrang das bereits fast gänzlich zerstörte Haus. Vom Feuer verschlungene Wände brachen in sich zusammen. Es war zu spät, sie musste raus! Anjali sah einen lodernden Deckenbalken auf sich zukommen. Sie versuchte auszuweichen, versuchte, ihn mit den Händen wegzustoßen. Sie stürzte zu Boden. Dann wurde es dunkel um sie.

III.

Tränen der Götter

Kapitel 12

Aus der Ferne vernahm Anjali Stimmen, aber sie verstand den Sinn der Worte nicht. Sie hörte das Geräusch eines herabstürzenden Wasserfalls. Ein unangenehmer Geruch hing in der stickigen Luft. Anjali versuchte, die Augenlider zu öffnen, aber sie schienen bleischwer zu sein. Auch die Hand zu heben, gelang ihr nicht.

»Sie bewegt sich!«, hörte sie eine helle Stimme etwas klarer und spürte kühle Finger, die ihre Wange tätschelten.

»Du hast dich geirrt«, antwortete eine tiefere Stimme. Die leichten Schläge ließen nach.

»Nein, bestimmt nicht, die Finger haben sich bewegt!«

»Dann bleib hier, und ruf mich sofort, falls sie tatsächlich aufwacht.«

Erneut versuchte Anjali, die Hand zu heben und die Augen zu öffnen. Erfolglos. Wieder spürte sie sanfte Schläge. Sie wollte etwas sagen, aber die Lippen gehorchten ihr nicht, und die Zunge klebte am Gaumen. Mühsam gab sie ein Stöhnen von sich und hoffte, die Fremde bliebe bei ihr.

»Anjali, Anjali, wach auf!«

Wo war sie, und wer kannte ihren Namen? Sie glitt in die angenehme Ruhe zurück.

Weshalb ließen die fremden Stimmen sie nicht zufrieden? Erneut spürte Anjali das Klatschen auf der Wange, diesmal fester, und die helle Stimme rief unaufhörlich: »Wach auf, Anjali!«

Aber sie schaffte es wieder nicht, sich bemerkbar zu machen, obwohl sie ihre gesamte Kraft mobilisierte. Ein Schweißfilm überzog ihren Körper. Ein nasses Tuch wurde ihr auf die Stirn gelegt. Das tat gut. Die Gedanken wurden klarer, die Stimmen lauter. Den ganzen Körper rieben sie ihr mit einem feuchten Lappen ab, dann ziepte es am Bauch. Irgendetwas zerrte an ihr.

»Au«, brachte sie endlich hervor, und die unsichtbare Hand hielt inne.

»Ich glaube, du hast recht. Sie erwacht tatsächlich.«

Wieder dieses Zerren und Ziepen, jetzt an den Beinen, dann drehten kräftige Hände sie um, und sie spürte das brennende Gefühl auf dem Rücken. War sie tot? Lag sie auf dem Scheiterhaufen? Die Schmerzen wurden heftiger, sie wollte schreien, aber es gelang nur ein Krächzen.

»Spritz Morphium«, hörte Anjali die angenehme Stimme, die ihr bekannt vorkam. Etwas pikste ihren Po.

»Anjali, wir sind gleich fertig, dann lassen wir dich in Ruhe.«

Sie wollte gar keine Ruhe. Sie hatte Durst und konnte es nicht sagen. Plötzlich schoss das Wort »Durst!« aus ihrem Mund.

»Anjali, falls du mich hörst, gib ein Zeichen.«

Sie bewegte unmerklich den Kopf, mehr gelang nicht.

»Ich glaube, sie versteht uns nicht. Jetzt sind fast drei Wochen vergangen. Wenn sie bis jetzt keine Reaktion zeigt, schafft sie es bestimmt nicht.«

»Doch«, brachte Anjali mühsam heraus und hoffte, jemand würde sie hören.

»War das Anjali?«

Niemand antwortete.

»Sir Geoffrey kommt heute Nachmittag. Es wäre wunderbar, wenn ich ihm mitteilen könnte, dass seine Blutspende ihr das Leben gerettet hat«, sagte die sympathische Stimme.

Weshalb verstand sie keiner? War es die Sprache?

Sie schlummerte wieder ein.

Gedämpftes Licht fiel durch die geöffnete Tür aus dem Flur in den Raum. Anjali erkannte Schwester Cathy, die neben ihr eine Tischlampe anknipste, die auf dem weißen Blechnachttisch stand. Spärliches Licht durchdrang den Lampenschirm aus Milchglas. Die Schwester tauschte die an einem hohen Metallständer hängende leere Flasche gegen eine mit klarer Flüssigkeit gefüllte aus. Danach spürte Anjali einen Druck an der Hand.

»Guten Abend«, sagte Anjali.

Schwester Cathy schrie auf. Durch den Schrei kamen zwei weitere Schwestern angerannt. »Was ist los?«

»Anjali ist wach, ruft die Chefin!«

Cathy setzte sich auf den Bettrand und strich ihr das Haar aus dem Gesicht, so wie es Sita früher getan hatte. Über ihr rotierte der Ventilator, das zischende Geräusch hörte sie nicht mehr.

Die Ärztin und Sir Geoffrey stürzten ins Zimmer. Er streichelte zur Begrüßung Anjalis nackten Arm. Sie schämte sich, nicht sorgfältig gekleidet zu sein.

Esther schaute sie lange an, blies die Wangen auf und pustete den Atem geräuschvoll aus und sagte: »Oh, bin ich froh, dass wir es geschafft haben. Du warst so schwer verletzt, dass ich nie geglaubt hätte, dich hier auf Ceylon wiederherstellen zu können.« Sie setzte sich auf die andere Bettkante und lächelte ihr beruhigend zu. »Erinnerst du dich, was passiert ist? Es war an meinem Geburtstag? Meine Eltern, Freunde und Sir Geoffrey waren bei mir zu Gast, als dich Tom schwer verletzt brachte. Du hattest unzählige Wunden durch herabstürzende Balken erlitten. Glücklicherweise keinen zuerst von mir vermuteten Milzriss. Da hätte ich dir hier ohne Operation nicht mehr helfen können. Und keine allzu schlimmen Brandverletzungen. Es sollten keine Narben bleiben. Doch der Blutverlust war so erheblich, dass du unbedingt eine Transfusion brauchtest. Sir Geoffrey hat glücklicherweise die gleiche Blutgruppe und sich sofort bereit erklärt, für dich zu spenden.«

Anjali wusste nicht, was sie antworten sollte. Sie schaute zu dem Herrn, der aufrecht am Fußende des Bettes stand und mit seinen schmalen Händen das weiße Metallgestell umschlang.

Er hob seine Hand und winkte ab: »Ach, Esther, mach kein Drama daraus, das war doch selbstverständlich.«

»Du hattest großes Glück, dass Sir Geoffrey gerade hier war«, ignorierte die Ärztin ihn. »Ist dir bekannt, wie selten deine Blutgruppe ist – B negativ?«, fragte Esther und betonte dabei das »negativ«.

Anjali schüttelte den Kopf. Woher sollte sie das wissen? Sie wusste nicht einmal, was eine Blutgruppe war.

»So, jetzt lassen wir dich wieder in Ruhe, ich schaue später noch einmal nach dir.«

Sie blieb allein zurück und grübelte, was geschehen war. Nur schwach erinnerte sie sich an den Besuch bei der Ärztin und die abfällige Bemerkung von Lady Carolyn. Sie dachte an Tom, der sie nach Hause gefahren und dem sie noch das Haus gezeigt hatte. Die Momente mit Tom in ihrer Kammer versuchte sie zu verdrängen. Sie wollte lieber nicht darüber nachdenken, was geschehen wäre, wenn die Kinder sie nicht gestört hätten? Wären die Erinnerungen zu viel gewesen, oder hätte sie sich ihren Gefühlen für Tom hingegeben? Jetzt konnte sie sich eingestehen, dass eine solche Handlung Inga gegenüber ziemlich schäbig gewesen wäre.

Aber sie konnte sich nicht genau erinnern, was geschehen war, nachdem Tom gegangen war. Sie nahm sich vor, am nächsten Tag die Ärztin nach näheren Details zum Unfall zu fragen. Dann schlief sie wieder ein.

Am folgenden Morgen erschien Esther, streifte das Moskitonetz auseinander und wechselte mit Schwester Cathy, die einen Blechwagen mit allerlei Scheren, Mullbinden und Rollen neben ihr Bett schob, die Verbände an ihrem Körper. Beim Entfernen der weißen Mullstücke spürte sie das gleiche Ziepen wie am Vortag. Die Ärztin streifte sich die Gummihandschuhe von den Händen, warf sie in den Mülleimer und setzte sich auf die Bettkante. Die Schwester verließ mit dem klappernden Gefährt den Raum.

»Anjali, ich werde in den nächsten Tagen für zwei Wochen nach Europa fliegen. Zuerst nach London zu meinen Eltern und dann zusammen mit ihnen nach Stockholm, um an der Hochzeit von Sir Tom mit Fräulein Inga teilzunehmen.«

Ein Kloß bildete sich in Anjalis Hals und schnürte ihr fast die Luft ab.

»Natürlich kann ich nicht ohne eine Vertretung die Klinik verlassen, deshalb wird morgen ein Arzt eintreffen, der dich weiter behandeln wird. Und Cathy wird auch hier sein.«

Tränen liefen Anjali übers Gesicht, obwohl sie krampfhaft versuchte, sie zurückzuhalten. Sie wusste nicht, ob es die Traurigkeit über Esthers Abreise oder Toms Hochzeit war.

Sie wollte nicht ohne ihre Freundin zurückbleiben, und noch weniger wollte sie sich vorstellen, wie Tom diese Inga zur Frau nahm. Hatte ihm ihre gemeinsame Zeit denn gar nichts bedeutet? Konnte er einfach so zu seiner Verlobten zurückkehren?

Die Ärztin strich ihr über die Hand, in der noch immer die Infusionsnadel steckte. »Eigentlich wollte ich dich mitnehmen und dir Europa zeigen, aber in diesem Zustand ist das völlig ausgeschlossen.«

»Danke, aber das ginge sowieso nicht.«

Esther schaute sie fragend an.

»Ich habe keine Papiere, und mein Geld reicht nicht für so eine weite Reise«, brachte sie zögerlich hervor. Gerne wäre sie mit der Ärztin in einen der großen Stahlvögel gestiegen, deren glänzende Körper sie manchmal vom Strand aus bewundert hatte, wenn sie im Anflug auf den Flughafen von Colombo waren. Wie oft hatte sie davon geträumt, einmal in einem Flugzeug zu sitzen? Schnell schob sie den Gedanken beiseite. Es war besser so. Nie wäre sie in ein Flugzeug gestiegen, das sie Toms Hochzeit näher brachte.

Esther betrachtete sie einige Minuten schweigend, dann erhob sie sich, schloss das Moskitonetz und verließ das Zimmer.

Von ihrem Bett aus blickte Anjali traurig durchs Fenster auf die davorstehenden rotblühenden Büsche. Durch die Neuigkeit hatte sie völlig vergessen, die Ärztin nach dem Unfallhergang zu fragen, und hoffte, dass sie sich noch von ihr verabschieden würde.

Abrupt fuhr Anjali hoch. Ein Schmerz durchschnitt ihren Rücken. Schreie der beiden Mädchen hatten sie aufgeschreckt. Sie musste geschlafen und geträumt haben. Was war mit der siebenjährigen Kali und der zwölfjährigen Leela geschehen? Im Zeitlupentempo erinnerte sie sich daran, wie sie Tom durch das Haus begleitet und in der Weberei hinter den Stoffballen eine Metallkiste bemerkt hatte. Weshalb hatte sie nicht sofort nach der unbekannten Kiste gesehen? Nach und nach hörte sie wieder das Geräusch der klappernden Blechtöpfe und das Knallen, roch den eigenartigen Gestank.

»Feuer!«, schrie sie.

Schwester Cathy kam angerannt. »Wo ist Feuer?«, fragte sie entsetzt.

»Bei mir zu Hause!«, schrie Anjali.

Schwester Cathy schob das Moskitonetz zur Seite und setzte sich zu ihr auf die Bettkante. »Anjali, du hast geträumt.«

»Aber ich habe nicht geschlafen«, protestierte sie.

Cathy legte ihr sanft die Hand auf den Arm und dämpfte ihre Stimme. »Sir Tom berichtete, dass er, nachdem er in das Auto gestiegen war, noch eine Weile dort sitzen geblieben sei. Er habe eine Explosion gehört und sei zum Haus zurückgerannt. Doch das Haus sei bereits völlig zerstört gewesen. Anjali … Er fand die beiden Mädchen, dann hat er dich im Hof entdeckt, schwer verletzt unter mehreren Balken, und sofort hierhergebracht.«

»Sind die Mädchen …?«

Die Schwester nickte. »Es tut mir sehr leid. Sie sind beide tot. Die Polizisten, die dich vernehmen wollten, sprachen von weiteren Funden. Es müssen noch mehr Menschen umgekommen sein. Du hattest sehr großes Glück.«

Aber wer wollte alles vernichten? War es Neid, oder hatte sie Agni, den Gott des Feuers, erzürnt? Ihn missachtet? Agni herrschte über die Kraft des Feuers, den Lebensfunken, das Feuer der Sonne und den Saft der Pflanzen. Alles Licht kommt von Agni, jede Eingebung ist feurig – alles Leben ist Verbrennung. Aber Agni ist doch auch der Gott des Wohlstandes, des Reichtums und der materiellen Schätze – waren ihre Opfergaben nicht ausreichend gewesen?

Sie verstand nichts mehr. Waren an dieser Zerstörung möglicherweise andere Mächte am Werk gewesen? Hatten der fremde Mann und seine Freunde etwas damit zu tun?

Die Schwester hatte von weiteren Funden gesprochen.

Devi und Saduni, dachte sie und war erstaunt, dass sie der Tod der beiden Frauen nicht berührte.

»Die Kinder sind tot?«, wiederholte sie, als ob sie die Kleinen durch ihre Worte wieder zum Leben erwecken könnte. »Aber … ich habe doch Kali rausgezerrt? Und danach Leela gesucht.«

»Das stimmt. Aber Kali wurde wahrscheinlich schon durch die Explosion getötet. Und du selbst wurdest durch die Wucht hinausgeschleudert. Leela …« Cathy zuckte die Schulter und stand auf. »Den Rest erzählt dir die Polizei, ruh dich erst einmal aus.«

Auf die konnte Anjali verzichten. Sie überlegte, ob sie aus der Krankenstation verschwinden sollte, sobald Esther nach Europa abgereist war. Vielleicht könnte sie in den Slum von Colombo zurückkehren, dort würde die Polizei bestimmt nicht nach ihr suchen. Erschöpft schlief sie wieder ein.

Die nächsten beiden Tage verliefen im Gleichklang, mit Essen, Verbandswechsel und Schlafen. Dann betraten Esther und ein dunkelhaariger Mann das Zimmer.

»Anjali, das ist Dr. Demut, mein deutscher Vertreter. Ich hatte ihn dir schon angekündigt.«

Der Arzt streckte ihr eine riesige Hand hin, aber Anjali legte schnell beide Hände zusammen und deutete eine Verbeugung an. Es interessierte sie nicht, ob er Deutscher, Engländer oder sonst was war, sie mochte ihn nicht. Seine Handrücken waren schwarz behaart und die Finger kurz und fleischig. Sein Gesicht erinnerte sie an einen Affen. Die Nase war platt gedrückt und die Nasenlöcher besonders groß. Tom hatte ihr einmal erzählt, der Mensch stamme von den Affen ab – jetzt glaubte sie ihm.

Zum Abschied nahm Esther sie kurz in den Arm und eilte aus dem Raum. Es blieb keine Zeit für weitere Fragen.

Am nächsten Tag kam Dr. Demut zum Verbandswechsel. »Mädchen, du kannst morgen das Krankenhaus verlassen, die

Wunden sind einigermaßen verheilt, den Rest kannst du zu Hause machen«, sagte er in einem arroganten Ton.

»In Ordnung«, erwiderte Anjali. »Mädchen« hatte sie hier noch keiner genannt. Schweiß trat ihr auf die Stirn. Wohin sollte sie gehen?

Cathy, die dem Arzt geholfen hatte, betrachtete sie aufmerksam. »Ich komme später noch einmal, dann besprechen wir deine Entlassung«, sagte sie und zwinkerte dabei mit dem Auge.

Draußen war es bereits dunkel, da klopfte es an der Tür. Und bevor Anjali antworten konnte, betrat Sir Geoffrey das Zimmer. Schnell knipste sie die Nachttischlampe an. Er wedelte sich mit einer Zeitung frische Luft zu, denn in dem Raum war es stickig, und ein süßlich unangenehmer Geruch, vermutlich Ausdünstungen ihres verletzten Körpers, hing in der Luft.

»Guten Abend, Anjali. Schwester Cathy hat mich angerufen und mir mitgeteilt, dass du morgen entlassen wirst. Sie glaubt, du wüsstest nicht, wohin du gehen kannst, da dein Haus zerstört ist. Richtig?« Er setzte sich auf einen weißgestrichenen Holzstuhl neben dem Fenster.

Sie nickte und spürte Tränen aufsteigen. »Cathy wollte, dass du im Gästezimmer bleibst, aber der Arzt habe gesagt, dass seine Frau und seine Kinder morgen einträfen und er alle Räume benötige. Von Cathy weiß ich, dass Lady Esther vor der Abreise angeordnet hat, dass du bis zu ihrer Rückkehr hierbleiben könntest. Ich bin mir sicher, dass sie nicht wusste, dass die Familie des Arztes hier Urlaub machen wollte.«

»Das ist egal, ich werde nach Colombo zurückgehen«, antwortete sie.

Geoffrey schaute sie amüsiert an. »Und wer verbindet deine Wunden dort?«

Anjali zuckte mit den Schultern. »Vielleicht finde ich jemanden?«

»Cathy hat mir erklärt, dass alles weiterhin versorgt werden müsse und sie die Entscheidung des Arztes nicht verstehen könne. Mein Chauffeur wird dich morgen nach dem Mittagessen hier abholen. Du kannst in der Angestelltenunterkunft bleiben, bis du völlig wiederhergestellt bist.«

Anjalis Herz schlug bis zum Hals. Nicht nur wegen der stickigen Luft begann sie zu schwitzen – sie wusste auch nicht, was sie antworten sollte.

Erfreulicherweise sprach Sir Geoffrey weiter: »Möchtest du in dem gleichen Zimmer wohnen wie zuvor? Dann lasse ich es vorbereiten.«

Schnell zitterte Anjali bejahend mit dem Kopf und suchte nach Worten, aber es fiel ihr nichts Passendes ein.

»Ich werde selbstverständlich für die Unterbringung bezahlen«, stammelte sie schließlich. »Die Ärztin verwaltet mein Geld, und sobald sie zurück ist …«

Sir Geoffrey lachte aus vollem Hals, und ihre letzten Worte verhallten in dem warmen Geräusch. Er stand auf, strich ihr über den Arm und ging zur Tür. »Schlaf gut, bis morgen.«

Natürlich schlief sie vor Aufregung in dieser Nacht überhaupt nicht und hörte draußen die Affen schreien. Hunde jaulten. Geckos fingen schnalzend Mücken an der Zimmerdecke, die trotz der Gaze vor dem Fenster in das Zimmer gelangt waren. Lange hatte sie die Geräusche der Nacht nicht mehr so deutlich wahrgenommen.

Am nächsten Vormittag verband Cathy ihre Wunden ein letztes Mal, und es fiel Anjali schwer, sich von der Schwester zu verabschieden. Anjali mochte sie.

»Schwester Cathy, im Zimmer, in dem ich damals schlafen durfte, liegen im Schrank ein paar Habseligkeiten, die ich hier bei Lady Esther lassen durfte. Darf ich sie mir holen?«

Die Frau bückte sich und zog ein weißes Bündel aus dem unteren Teil des Blechwagens hervor. »Hier, bitte, ich habe die Sachen an mich genommen, bevor der Arzt das Zimmer betrat. Ich wollte nicht, dass etwas verlorengeht. Frau Doktor hat mir den Schrankschlüssel anvertraut, damit ich ihn dir geben könnte, sobald du dort wohnst.«

»Vielen Dank, das ist alles, was ich noch besitze. Oder glauben

Sie, dass ich in den Trümmern des Hauses noch etwas finden könnte?«

Cathy schüttelte bedauernd den roten Lockenschopf. »Mit Sicherheit nicht. Die beiden Herren Tom und Henry sind gleich dorthin zurückgefahren, um nach Brauchbarem zu suchen, aber da waren bereits reichlich Diebe am Werk gewesen, die alles durchgewühlt haben. Sir Tom fand Shiva in einem Schutthaufen, die anderen haben die Statue wohl übersehen. Sie ist hier drin.« Bei den Worten klopfte sie auf das Baumwolltuch.

Anjali öffnete das Bündel und zog den alten Sari heraus, den sie damals trug, als sie die Plantage verließ. Es war der Sari, den sie zu ihrem Pubertätsfest mit zwölf Jahren bekommen hatte. Sie wickelte sich die verwaschene Stoffbahn um. Sie schätzte sich glücklich, dass sie die Ärztin damals gebeten hatte, ihre Ersparnisse für sie aufzubewahren, und dass sie ihre Sachen hatte hierlassen dürfen, bis sie ein neues Zuhause gefunden hätte. Wie gut, dass sie ihr weniges Hab und Gut nie zu sich in die Weberei geholt hatte, sonst hätte sie jetzt nicht einmal etwas zum Anziehen. Anjali erinnerte sich, dass sie bei ihrem letzten Besuch – an Lady Esthers Geburtstag, dem Tag des Feuers – den Seidenstoffballen mit den eingeschobenen Rupienscheinen abgegeben hatte. Hoffnung erfasste sie, und Anjali nahm sich vor, beim Abschied die Schwester danach zu fragen.

In diesem Augenblick erschien Cathy mit dem Stoff. »Hier, Anjali, vielleicht benötigst du den für neue Kleidung?« Dabei klopfte sie auf den Ballen, legte ihn auf das Bett und verließ das Zimmer.

»Oh, ja, vielen Dank«, rief Anjali ihr nach. Schnell schob sie die Hand zwischen die einzelnen Bahnen und suchte nach dem Geld. Es steckte noch alles dort. Ein Glücksgefühl überfiel sie, und sie nahm sich vor, den Göttern besonders reichliche Opfergaben darzubieten. Überhaupt hatte sie die Götter durch den Unfall vernachlässigt. Sie würde es wiedergutmachen. Sorgsam verknotete sie das Bündel.

Sie war gerade fertig, da betrat Cathy mit dem Chauffeur den Raum. Die Schwester übergab ihr eine Tüte mit Verbandstoff, umarmte sie und sagte: »Viel Glück, Anjali, und falls irgendetwas nicht richtig verheilt oder du Schmerzen hast, sag bitte sofort Bescheid. Und wenn du wieder gesund bist, freuen wir uns über deinen Besuch.«

Beim Verlassen des Hauses standen alle Schwestern, die Anjali kannten, auf dem Treppenabsatz vor der dunklen Haustür, und riefen: »Gute Besserung, Anjali, auf Wiedersehen!«

Durch die Rufe aufgeschreckt, blickten die Patienten, die vor der Tür saßen, zu ihr hoch, und auch der Arzt sah kurz aus dem Fenster seines Behandlungszimmers. Anjali hatte ihn nicht mehr gesehen und tat so, als bemerkte sie ihn nicht, und stieg in die schwarze Limousine. Der Chauffeur half ihr dabei und schloss die Wagentür des Rolls-Royce. Anjali fühlte sich wie eine große Dame.

Für die Fahrt benötigten sie nur wenige Minuten. Der Chauffeur fuhr seitlich am Herrenhaus vorbei zu den Personalunterkünften. »So, Ende der Fahrt«, sagte er und machte keinerlei Anstalten, ihr noch einmal zu helfen.

Sie griff ihre wenigen Dinge und stieg aus. Sie stöhnte. Jeder Schritt war eine Qual. Es gab keinen Knochen, keinen Muskel, der nicht schmerzte. Vor allem der Rücken musste große Wunden haben. Bei jeder Bewegung stieß sie einen spitzen Schrei aus.

Sir Geoffrey hatte ihr zwar das Zimmer angeboten, in dem sie während der Fotoaufnahmen gewohnt hatte, aber sollte sie unaufgefordert dort hinaufgehen? Unschlüssig stand sie vor dem Eingang.

Der alte Herr trat neben sie. Sie hatte ihn nicht bemerkt. »Guten Tag, ich hoffe, es geht dir besser?«

Er schien keine Antwort zu erwarten, denn er sprach sofort weiter: »Du kennst den Weg. Ab morgen kommt Schwester Cathy jeden zweiten Tag hierher, um dich zu verbinden. Ich hoffe, du bist bald wieder vollständig hergestellt.«

Erneut betrachtete er sie eine Weile abwesend, drehte sich um und lief dann den Kiesweg zurück zum Haupthaus.

Sie war verunsichert, blieb stehen und verfolgte das leiser werdende Knirschen seiner Schritte. Irgendwie erschien ihr der Herr an diesem Morgen reservierter. Er war nicht unfreundlich gewesen, aber nach den Besuchen in der Krankenstation hatte sie sich den Empfang anders vorgestellt.

Hatte sie erwartet, er würde sie zum Tee einladen? Glaubte sie, nur weil er ihr in der Not Blut gespendet hatte, würde er sie anders behandeln? Vielleicht hatte er nur aus Mitleid gehandelt? Und weshalb hatte sich die Schwester so überschwänglich verabschiedet, wenn sie doch zum Verbinden kam? Anjali verstand die Europäer nicht.

Langsam stieg sie die Holztreppe hinauf. Glücklicherweise war die Zimmertür nur angelehnt, so dass sie die Tür mit der Fußspitze aufstoßen konnte. Das dunkle Holzbett war weiß bezogen und die Decke darauf aufgeschlagen. Auf dem Nachttisch aus gleichem Holz lagen direkt neben der Lampe Bücher. Sie ging hinüber zum Fenster, öffnete die Jalousie und betrachtete die blühenden Bäume vor dem Fenster, in denen Vögel und Papageien zwitschernd und kreischend umherhüpften. Unzählige schlafende Flughunde hingen an einem uralten Baum. So schön hatte sie den Blick nicht mehr in Erinnerung gehabt. Anjali zog an der herabhängenden Kordel und setzte den Ventilator in Gang. Ein angenehmer Lufthauch umgab sie. Leise schloss sie die Tür.

Zwei Wochen lang traf Schwester Cathy jeden zweiten Tag pünktlich ein und versorgte ihre Wunden. An einem darauffolgenden Mittwoch kam sie, entfernte die Verbände, bewegte den Kopf abwägend hin und her und sagte: »So, Anjali, jetzt brauchen wir keine Verbände mehr, alles sieht bestens aus. Kratz nicht, der Schorf fällt von allein ab. Heute bin ich das letzte Mal hier.«

Einerseits war sie traurig, dass die Schwester nicht mehr kommen musste, andererseits war sie glücklich, dass die Wunden fast verheilt waren.

Die nächsten Tage blieb Anjali im verdunkelten Raum liegen. Sobald eines der Mädchen kam, um ihr das Essen zu bringen, stellte sie sich schlafend. Bevor sie nicht wusste, wie es weitergehen sollte, wollte sie mit niemandem sprechen. Vielleicht wäre es bei dem Unfall besser gewesen, Vimal und Mutter zu folgen, aber die Götter hatten anders entschieden. Alles wird gut werden, redete sie sich ein.

Sie musste sich fügen und beschloss, auf einer Plantage um Arbeit zu bitten. Sie würde wieder in einer der Hütten der Pflückerinnen leben – dort, wo sie hingehörte.

Der Gedanke stieß ihr übel auf. Nein, entschied Anjali, zuerst werde ich nach dem ausgebrannten Haus sehen. Sie hatte so vieles geschafft. Sie würde alles wieder aufbauen und nahm sich vor, sobald die Ärztin wieder da wäre, nach ihrem Geld zu fragen. Eventuell konnte sie vorab eine notdürftige Behausung errichten und einen neuen Webstuhl finden. Nein, auf eine Plantage würde sie nie zurückgehen. Dieser Hoffnungsschimmer ließ sie den Rest des Tages nicht mehr zur Ruhe kommen, und am liebsten wäre sie sofort losgelaufen.

Schließlich war sie wieder ganz genesen. Seit der Ankunft auf dem Anwesen hatte Anjali Sir Geoffrey nicht mehr getroffen. Hoffte sie insgeheim, dass er sie bat, in dem Gesindehaus zu bleiben, bis das abgebrannte Haus neu erstellt und bewohnbar war? Nein, sie musste eigene Entscheidungen treffen und durfte sich nicht wieder auf seine Hilfe verlassen. Doch ohne den Entschluss in die Tat umzusetzen, trödelte sie herum, wischte den Fußboden und legte ihre wenigen Sachen auf den Tisch.

Durch das geöffnete Fenster ertönte plötzlich eine Frauenstimme: »Anjali, Sir Geoffrey lässt dir ausrichten, dass er dich in einer Stunde im Garten auf der weißen Bank vor dem Herrenhaus erwartet!«

Da sie nicht wusste, weswegen der Herr mit ihr reden wollte, packte Anjali vorsichtshalber ihren mickrigen Besitz zusammen. Sie verabschiedete sich bei dem schimpfenden Papagei, den sie Tom genannt hatte und der auf seinem Stammplatz auf der uralten Baumfeige in der Sonne saß. Sie schloss wehmütig das Fenster und lief zu dem verabredeten Treffpunkt.

Natürlich war sie zu früh, aber ohne Uhr musste sie die Zeit schätzen. Anjali blieb neben der Bank stehen, das Bündel und den Stoffballen legte sie auf den Rasen, und blickte in die Ferne. Sie erschrak, als hinter ihr Sir Geoffreys Stimme ertönte: »Was willst du mit dem Kram?«

»Sir, Sie haben mich rufen lassen. Und da ich jetzt gesund bin, werde ich die Unterkunft verlassen. Das wollten Sie mir doch mitteilen?«

Geoffrey lachte laut und zog ein weißes Papier aus seiner Krokodilledermappe, die er unter dem Arm trug. »Unsinn, komm und setz dich dort drüben an den Tisch.«

Er hielt ihr einen goldenen Füllfederhalter hin. Anjali mochte ihn nicht anfassen, er sah teuer aus, und zögerte.

»Nimm! Fülle das Formular sauber aus und verwisch die Tinte nicht mit der Hand. Dann unterschreibe mit deinem vollständigen Namen – da unten links.« Er deutete auf ein blaues Tintenkreuz auf dem Blatt. »Und falls du etwas nicht verstehst, frag mich.«

Sie setzten sich an den Tisch. Er las Zeitung, Anjali blickte auf das Formular. Sie war sich nicht sicher, was Sir Geoffrey damit bezweckte, aber sie begann trotzdem, es auszufüllen. Vieles war ihr unbekannt. »Sir, bitte entschuldigen Sie, aber ich weiß nicht genau, wann meine Mutter geboren ist.«

Geoffrey grunzte vor sich hin. »Wie alt war sie denn, als sie starb?«

»Ich weiß nicht genau. Ich glaube, 35.« Sie überlegte kurz. »Vielleicht auch 37«, sagte sie verlegen.

»Weißt du den Tag?«

»17. Mai, glaube ich.«

»Glaubst du«, sagte er spöttisch. Seine Hände begannen zu zittern. Die Zeitung raschelte. Schnell legte er die Hände auf den Tisch. »Anjali, du wirst doch den Geburtstag deiner Mutter wissen. Also rechnen wir: Als sie starb, war sie 37 Jahre und wäre jetzt 42, richtig?«

»Ja, und es war der 17. Mai, jetzt bin ich mir sicher. Aber das Jahr …« Anjali zuckte mit den Schultern. »Sir, weshalb brauchen Sie die Angaben?«

Der alte Herr antwortete nicht, sondern fuhr fort: »Also, dann ist deine Mutter am 17. Mai 1923 geboren. Trage bitte das Datum in diese Spalte ein. Gestorben am?«

»Das genaue Datum kenne ich nicht, aber auf der Krankenstation müssten sie es wissen – vielleicht.« Verunsichert knabberte sie an ihrem Daumennagel.

»Und dein Vater?«

»Den kenne ich nicht, seinen Namen auch nicht. Ich bin das Produkt einer Vergewaltigung.« Sir Geoffrey schaute sie entsetzt an. »Es muss einer von der Plantage sein. Mutter hat mir den Namen nie verraten.«

»Dann schreib hin: ›Vater unbekannt‹.«

Bei der nächsten Frage schaute sie ihn wieder verstohlen an. Wohnhaft: Ja, was sollte sie hier hinschreiben?

Geoffrey bemerkte das Zögern und fragte etwas ungehalten: »Was weißt du jetzt wieder nicht?«

»Eine Adresse. Das Haus ist verbrannt. Soll ich schreiben: wohnhaft im Beach-Slum von Colombo?«

Sir Geoffrey schaute sie bestürzt an. Ihm musste jetzt erst klargeworden sein, dass sie ein heimatloses Wesen war.

»Lass es frei und unterschreibe!«, befahl er barsch. Danach riss er ihr das Papier weg und steckte es in die Tasche. »Komm, der Wagen wartet, wir fahren in die Stadt zu einem Fotografen.«

»Und warum zu einem Fotografen?«

»Anjali, frag nicht so viel – steig ein! Wir sind in Eile, ich erkläre es dir später.«

Was hatte das alles zu bedeuten? Warum sagte er ihr nicht, wofür er die Zettel und die Bilder brauchte?

In Nuwara Eliya begleitete er Anjali in das Fotostudio und beauftragte den Fotografen, mehrere Passfotos von ihr anzufertigen.

»Du kannst weiterhin im Personalhaus wohnen. Also pack

deinen Kram wieder aus«, herrschte Sir Geoffrey sie später an, bevor er im Herrenhaus verschwand.

Anjali bat den Chauffeur, sie zu dem zerstörten Haus zu fahren. Zuerst lehnte er ab, aber nach einigem Murren ließ er sich dazu herab. An der Stelle, wo ehemals das Haus gestanden hatte, befand sich nur noch ein großer Schutthaufen. Selbst unter primitivsten Verhältnissen war es unmöglich, dort zu wohnen. Anjali weinte. Unter diesem Haufen lagen alle Mühen und Hoffnungen der letzten Jahre begraben. Der Fahrer meckerte etwas von vergeudeter Zeit, dann brachte er sie nach Hause zurück.

Anjali packte ihre Sachen wieder aus und vertrödelte ihre Tage mit Spaziergängen oder dem Lesen in den Büchern, die sie am Tag des Einzugs im Zimmer vorgefunden hatte. Aus der Stadt hatte sie sich einige Papierbögen mitgebracht und zeichnete Stoffmuster, hörte dem Zirpen der Grillen vor ihrem Fenster zu oder schaute den Wolken nach, wie sie im Wind davoneilten.

Seit dem Ausflug mit Sir Geoffrey in die Stadt waren fast zwei Wochen vergangen, und Anjali hatte ihn seitdem nicht mehr getroffen. Sie nahm sich vor, solange hierzubleiben, bis der Herr sie vor die Tür setzte oder die Ärztin wieder auf der Krankenstation war. Und falls Esther in den nächsten Wochen nicht nach Ceylon zurückkehrte, würde sie den alten Herrn um Hilfe beim Bau bitten müssen.

Selbst bei Regenwetter besuchte Anjali in der Nähe den Wasserfall und bewunderte dessen Schönheit und Kraft. Sie suchte nach abgelegenen, unbewachten Hindutempeln und sang für die Götter. Aber ihre Hauptbeschäftigung galt Tom, dem Papagei. Sie versuchte, dem Vogel das Sprechen beizubringen, und er machte gute Fortschritte.

Eines Tages stand bei ihrer Rückkehr von einem ausgedehnten Spaziergang mitten im Raum ein Koffer. Weshalb hatten sie ihr den Koffer gebracht? Für ihren spärlichen Besitz brauchte sie das große Teil nicht. War es das nicht sehr diskrete Zeichen, dass sie ihr augenblickliches Zuhause verlassen sollte? Sie zog den Vorhang vor dem Regal zurück und erschrak. Reichliche europäische Kleidung füllte die Fächer, daneben hing an der Schmalseite des Regals ein Fellmantel. War bereits eine Europäerin eingezogen? Gehörte ihr der Koffer? Sollte sie deswegen gehen?

Anjali war verärgert. Weshalb sagte keiner, dass sie verschwinden sollte? Wütend riss sie den Mantel vom Bügel und schlüpfte hinein. Der Leopardenfellmantel passte. Vor dem langen Spiegel öffnete sie das Haar, kniete nieder, stützte die Hände auf und fauchte wie ein wildes Tier. Plötzlich sah sie das Spiegelbild Sir Geoffreys, der hinter ihr stand und sich über die Vorstellung amüsierte. Schnell stand sie auf, blieb dabei mit dem Fuß im Mantel hängen, schwankte und konnte gerade noch einen Sturz vermeiden.

»Entschuldigung, aber …«, stammelte sie verschämt.

Geoffrey wischte grinsend ihre Worte mit der Hand beiseite und streckte ihr etwas entgegen. »Anjali, hier ist dein Reisepass.«

Erstaunt blickte sie ihn an. »Wieso? So etwas brauche ich nicht. Ich besitze doch noch nicht einmal eine Geburtsurkunde!«

»Keine Widerrede, er gehört dir! Lady Esther wird sich in London mit Sir Charles verloben und hat dich zu dem Fest eingeladen. Wir beide fliegen übermorgen nach Europa. Es freut mich, dass dir die Sachen passen. Schwester Cathy hat alles für dich ausgesucht.«

Diese Sachen sollten für sie sein? Anjali strich bewundernd über die Kleidung im Schrank. Doch eine brennende Frage ließ sie aufblicken. »Wird die Ärztin nie wiederkommen?«

»Nein, Anjali, vorerst nicht. Sie hat wohl ihre Meinung kurzfristig geändert.«

Also hatte der mausartig aussehende Mann doch die Frau seiner Träume bekommen. Anjali erinnerte sich daran, dass Esther häufig traurig ausgesehen hatte, und hoffte, dass der junge Mann sie glücklich machen würde.

»Sir Geoffrey, ich habe kein Geld für eine Reise und die vielen Sachen hier. Die Ärztin verwaltet meine sämtlichen Rupien, und mit denen muss ich doch das Haus wiederaufbauen.«

Er antwortete nicht und ging grußlos aus dem Raum. Sie hörte das Knarren, während er die letzten Stufen hinabstieg. Sie war sich sicher, er hatte den Einwand verstanden. Vielleicht war er über ihren Ton verärgert? Es war das erste Mal, dass sie so mit ihm gesprochen hatte.

Sie setzte sich auf die Bettkante, nahm das Büchlein und blätterte darin. Ihr Name, ihr Geburtsdatum und ihre Nationalität standen säuberlich geschrieben in den einzelnen Rubriken. Selbst ihr Foto war eingeheftet. Bei Beruf war ein Strich. Weshalb war hier nicht »Teepflückerin« eingetragen?

Anjali steckte den Pass in eine Tasche, die einem Krokodil glich. Im Inneren fand sie dazu noch ein Täschchen aus dem gleichen Material, gefüllt mit englischen Pfundnoten, einen kleinen Spiegel und einen Kamm.

Anjali stellte sich vor das Regal und dachte: Weshalb durfte sie die Kleidung nicht selbst aussuchen? Diesen Tiermantel hätte sie bestimmt nie gekauft. Aber sie hatte ja überhaupt keine Ahnung, welche Sachen man in England brauchen würde. Verschiedenfarbige Wollpullover, drei Röcke, und zwei Paar hochhackige Schuhe standen dort. Sie schlüpfte in die schwarzen Pumps und stöckelte im Zimmer auf und ab. Die Dinger waren genauso unbequem wie die damals beim Fototermin. Sie schmiss die Schuhe zurück. Dann probierte sie die Röcke – sie passten. Woher kannte Schwester Cathy die Größe? Bei einem Sari ist es egal, ob die entsprechende Person dick oder dünn ist.

Zwei Saris lagen ebenfalls in einem der Fächer. Anjali zog den blauen Sari heraus und sah, dass er mit Goldfäden durchwoben war. Das Muster glich ihren Erzeugnissen. Der Stoff musste aus ihrer Weberei stammen, davon war sie überzeugt. Aber woher kamen die Stücke? Ein dazu passendes Oberteil lag obenauf. Sie wickelte sich den Sari um und drehte sich bewundernd vor dem Spiegel. Dieses Teil würde sie zu Esthers Fest tragen, nahm sie sich vor.

Je länger sie in den Sachen stöberte und probierte, desto mehr freute sie sich auf die Reise. Sie würde die Ärztin wiedersehen und London kennenlernen. Noch vor wenigen Minuten war sie überzeugt gewesen, nie nach Europa zu reisen. Sie hatte ihre Meinung so rasch geändert wie dahinziehende Wolken im Wind. Gleich morgen früh würde sie Sir Geoffrey mitteilen, dass sie die Einladung zu der Reise annahm. Sie dankte den Göttern und ging glücklich zu Bett.

Sie stand barfuß auf einer Anhöhe im weichen, noch warmen Gras. Der Einbruch der Dämmerung ließ die in der Ferne stehenden Pfefferbäume in ihren Konturen zerfließen. Nur wenige Meter unter ihr lief ein Rudel Löwen hin und her. Ihre gelbbraunen dünnen Schwänze bogen sie elegant nach unten, die schwarze Schwanzquaste wirkte ruppig und war leicht nach oben gestellt. Sie hörte ein unterdrücktes Brüllen. In einer ihr völlig fremden Sprache versuchte Anjali, sie zu beruhigen, aber die Meute ließ sich davon nicht beeindrucken. Die Tiere schlichen weiter gegenseitig um sich herum und rieben ihre schlanken Körper gegeneinander. Anjali spürte ihre Kampfeslust. Ein besonders großes Tier blickte zu ihr hinauf, dann setzte es zu einem Sprung an. Anjali blickte in die gelbbraunen Augen der Löwin, Funken sprühten ihr entgegen. Das weit aufgerissene Maul erschien direkt vor ihr, und sie sah in den tiefen Schlund des Rachens. Sie wollte schreien, es gelang ihr nicht.

Nur langsam kehrte Anjali aus der Traumwelt in die Wirklichkeit zurück. Das Bett war durchnässt von ihrem Angstschweiß. Die Nacht lag noch schwer über den Bergen. Sekundenschnell öffnete ein Blitz diese Dunkelheit. Ein scharfer Knall folgte. Regen peitschte an das Fenster. Sie tastete nach dem Lichtschalter und fand ihn nicht. Ein erneutes Blitzen durchtrennte die Dunkelheit, und sie erkannte die Lampe neben sich. Sie griff hinüber und drückte den kleinen Knopf. Sanftes Licht erfüllte den Raum. Das Gewitter entlud sich mit voller Wucht. Übermorgen flog sie nach Europa. Anjali spürte einen schalen Geschmack im Mund.

Der folgende Tag verging wie im Flug und ließ ihr kaum Zeit, sich länger über den Traum Gedanken zu machen. Ein Dienstmädchen brachte immer neue Dinge: Handschuhe, Stofftaschentücher, Schals, ordentlich legte sie alles in den Koffer.

Abends ließ Sir Geoffrey Anjali rufen. Sie betrat das Herrenhaus zum ersten Mal und war überwältigt. Hier war es noch eleganter als bei Lady Esther. Möbel aus rotbraun glänzenden Hölzern, mit Leder bezogene Sessel, dicke Teppiche auf den dunklen Holzböden und überall mit Blumen gefüllte Vasen. An den Wänden standen zimmerhohe Bücherregale. Gerne hätte Anjali sie sich näher angesehen, aber sie wagte es nicht.

»Setz dich, Anjali, was möchtest du trinken?«

Sie war so erstaunt, gefragt zu werden, dass sie stotterte. »Ein Glas Wasser, bitte.« Eigentlich hätte sie lieber Limonade getrunken, aber sie erwähnte es mit keinem Wort.

»Anjali, morgen Nachmittag werden wir zum Flugplatz nach Colombo gebracht. Bitte ziehe dir warme Kleidung an. In England wird es kühl sein. Wir fliegen nachts und werden gegen sechs Uhr frühmorgens in London landen.«

So lang hatte sie sich die Reise nicht vorgestellt, und über die Temperatur in Europa hatte sie sich nie Gedanken gemacht. Was würde sie in der Fremde noch alles erwarten?

An diesem Abend ließ sie eine extragroße Portion ihres Essens zurück und legte alles für die Götter vor die Tür auf den selbstgebastelten Altar. Erst sehr spät legte sie sich auf das Bett. Durch das geöffnete Fenster waren die Laute des Urwaldes zu hören, und Blütenduft durchzog den Raum. Ihr Herz schlug schneller. Wie wird Europa aussehen? Hoffentlich war London nicht so groß wie Colombo. Ob sie sich dort zurechtfand? Wie lange würde sie bleiben dürfen? Und wenn die Ärztin nicht zurückkam, wen könnte sie dann um Hilfe für das Bauen der Weberei bitten?

Am nächsten Morgen war Anjali derart aufgeregt, dass sie im Zimmer auf und ab lief. Sie kramte in der Handtasche, zählte ein weiteres Mal die Pfundnoten und schaute erneut den Reisepass an. Auf das Dokument war sie inzwischen unglaublich stolz. Doch sie wusste nicht, wie sie sich kleiden sollte, und packte den Koffer ständig ein und aus. Dann entschied sie sich für den weißen Pullover, den schwarzen engen Rock und das passende Jackett. Oder sollte sie den roten Pullover nehmen? Sie blieb beim weißen.

Endlich am späten Nachmittag rief das Mädchen zur Abfahrt. In der ungewohnten Kleidung schwitzte Anjali nach nur wenigen Metern. Sie glaubte, unangenehm zu riechen, und begrüßte Sir Geoffrey und die Schwester, die gekommen war, um sich von ihr zu verabschieden, aus einiger Entfernung. Die aber kam auf sie zu und nahm sie zum Abschied in den Arm. »Schön siehst du aus in diesen Sachen!«, sagte sie und steckte ihr einen Londoner Stadtplan und ein Buch zu.

Von der Fahrt zum Flughafen bekam Anjali vor Aufregung kaum etwas mit. In der Abflughalle herrschte großes Gedränge. Anjali blieb dicht hinter ihrem Reisebegleiter und dem Gepäckträger. Sir Geoffrey selbst kümmerte sich nicht weiter um sie. Zum Einchecken und bei der Gepäckaufgabe benötigte er ihren Pass und winkte sie mit ungeduldigem Gesichtsausdruck heran. Die Bordkarten steckte er in die Brusttasche seines Jacketts und gab ihr den Pass zurück. War sie ihm lästig?

Bei der Ausreise übergab sie dem Zollbeamten den Pass, der betrachtete ihn sorgfältig, und danach musterte er Anjali. Ihr Herzschlag beschleunigte sich, und sie spürte einen zunehmenden Druck in der Magengegend. Dann blätterte der Uniformierte in dem vor ihm aufgeschlagenen Buch, fuhr mit dem Zeigefinger die einzelnen Reihen hinunter und überprüfte die dort mit Tinte geschriebenen Namen. Ihr Pass lag geöffnet vor ihm. Einige Male stutzte er. Die Menschenschlange hinter ihnen wurde immer länger, und Unruhe entstand.

Plötzlich sagte Sir Geoffrey hinter ihr: »Die junge Dame ist meine Begleiterin. Ich bürge für sie.« Dabei wedelte er mit den Bordkarten.

Der Beamte sah hoch, nickte und drückte einen Stempel in das Dokument. Er fügte eine Unterschrift hinzu und gab ihr den Pass mit ernstem Gesicht zurück. Er war sich seiner Wichtigkeit bewusst. Danach überprüfte der Mann Sir Geoffreys Pass.

Anschließend begleitete sie der alte Herr zu einem Warteraum. »Bleib hier sitzen, bis der Flug aufgerufen wird und die anderen Passagiere durch die Tür gehen. Folge ihnen! Hier, nimm deine Bordkarte. Du hast Reihe 23, Sitz A, also den Fensterplatz. Die Stewardess hilft dir, falls du Schwierigkeiten hast.« Danach drehte er sich um und ging in eine andere Richtung davon.

»Sir, fliegen Sie nicht mit?«, rief sie ihm hinterher.

Er ignorierte sie.

Später im Flugzeug konnte sie ihn nirgends entdecken. Die junge Dame in einem blauen Kostüm mit dem blauroten Seidenschal um den Hals und einem lächerlichen Schiffchen auf dem roten Haar missdeutete das Suchen und begleitete sie zu ihrem Sitzplatz. Das Lächeln der Frau schien eingefroren zu sein. Anjali fühlte sich verlassen.

Die Motoren dröhnten, die Maschine raste auf der breiten Bahn los. Sie schloss die Augen, krallte sich an den Armlehnen fest und hoffte, das Flugzeug würde nicht umkippen. Dann streckte der Vogel seine Nase in die Höhe und hob ab. Anjali sah Colombo unter sich verschwinden. Erst viel später lehnte sie sich entspannt im Sitz zurück, und ihr Herzschlag beruhigte sich langsam.

Das angebotene warme Essen lehnte Anjali ab. Die Pfundnoten in der Handtasche würde sie in London brauchen. Ihre Sitznachbarin, eine grauhaarige rundliche Engländerin, sah sie an, drehte sich zur Stewardess und sagte: »Bitte geben Sie mir ein Tablett für die junge Dame, vielleicht bekommt sie später Hunger. Der Flug ist lang.«

Sie stellte Anjali das duftende Viereck auf das heruntergeklappte Tischchen. »Es kostet nichts. Das Essen ist im Flugpreis inbegriffen, die Getränke ebenfalls. Also keine Scheu«, sagte die elegante Frau und lächelte ihr aufmunternd zu.

Anjali ließ von den köstlichen Dingen nichts auf dem Teller zurück. Selbst das gebratene Fleisch aß sie. Anschließend lehnte sie sich im Sitz zurück und schloss die Augen. Durch das gleichmäßige Motorengeräusch fühlte sie sich wie ein Vogel, der im Wind seine Schwingen ausbreitete und durch die Lüfte über das blaue Meer zu unbekannten Gefilden segelte.

Kapitel 13

London

Auch nach der Landung konnte Anjali Sir Geoffrey nirgends entdecken, deshalb lief sie der Menschenmenge hinterher in die Einreisehalle. An der Zollstelle erwartete sie der alte Herr. Seine Einreiseformalitäten waren bereits erledigt, und er stand auf der anderen Seite des Abfertigungshäuschens. Er winkte ihr zu. Sie war erleichtert, ihn wiederzusehen, und winkte zaghaft zurück.

Auch der englische Zollbeamte überprüfte ihren Pass gewissenhaft, wieder musste Sir Geoffrey eingreifen. Anjalis Hand zitterte wie das Gras im Wind, während sie schließlich dem Ausgang entgegeneilte, als befürchtete sie, der Beamte könnte sie zurückrufen.

Sir Geoffrey war ihre Unsicherheit nicht entgangen. »Anjali, der Pass ist völlig in Ordnung, du brauchst keine Sorge zu haben«, sagte er beruhigend.

Sie rätselte noch immer, wie er das geschafft hatte, und hätte ihn gerne gefragt, aber sie wollte ihn nicht belästigen. Sie besaß einen Pass. Das reichte. Stolz steckte sie ihn zurück in die Handtasche.

Der Chauffeur erwartete sie vor dem Flughafengebäude. Anjali setzte sich neben den Fahrer, Sir Geoffrey in den Fond des Rolls- Royce, während ihr Gepäck im Kofferraum verstaut wurde.

»Anjali, wir setzen dich im Haus von Lord und Lady Copland ab, Esther erwartet dich dort.«

Sie spürte einen Druck in der Herzgegend und wäre am liebsten ausgestiegen und davongerannt. An dem Geburtstag der Ärztin war sie den Herrschaften in Ceylon begegnet, und sie hatte damals das Gefühl gehabt, dass die Eltern die Freundschaft zwischen ihrer

Tochter und der Tamilin nicht schätzten. Jetzt sollte sie in ihrem Haus wohnen – der Gedanken erfüllte sie mit Unbehagen. Sollte sie besser sofort nach Colombo zurückfliegen?

Nebel waberte durch die noch wenig befahrenen Straßen des Londoner Stadtteils Belgravia. Das stattliche helle Gebäude mit den goldfarbenen Beschlägen an der zweiflügligen Eingangstür lag in morgendlicher Ruhe. Ein Livrierter führte zwei fette, kurzbeinige Hunde im Nieselregen spazieren. Als sie vor dem Haus hielten, verschwand er gerade darin.

Die grässlichen Hunde gehören also zu Esther, dachte sie verwundert.

Ein Butler trat ans Auto und öffnete ihnen die Tür. »Mylord«, begrüßte er Sir Geoffrey. Die Anrede ließ Anjali überrascht zu ihrem Reisepartner schauen. Sir Geoffrey war ein Lord?

Der Chauffeur stellte Anjalis Koffer auf den Bürgersteig. Der Butler nahm ihn und bedeutete ihr zu folgen. Rasch stieg sie aus und legte ihre Hände zum Gruß zusammen und verbeugte sich vor dem Lord.

»Auf Wiedersehen, Anjali. Wir treffen uns in Kürze auf der Verlobungsfeier. Genieße deinen Aufenthalt in London.« Er winkte knapp, und der Wagen rollte geräuschlos davon.

Sie stand wie angewurzelt in dem Leopardenfellmantel vor dem Haus.

»Kommen Sie«, rief der Butler ihr zu, »die Herrschaften schlafen noch, aber man wird Sie zu Ihrem Zimmer führen und Ihnen ein Frühstück bereiten.« Er öffnete den seitlichen Personaleingang des Hauses und stellte den Koffer ab.

Ein junges Mädchen mit Spitzenhäubchen, schwarzem Kleid und weißer Schürze eilte ihnen entgegen.

»Willkommen in London. Ich hoffe, Sie hatten eine gute Reise«, begrüßte sie Anjali höflich und verzog keine Miene. »Sie möchten sich sicherlich frisch machen?«, fragte sie, erwartete keine Antwort, sondern sprach sofort weiter: »Ich bringe Sie gleich ins Gartenhaus, Lady Esther hat dort alles für Sie vorbereiten lassen.«

Sie gingen durch einen langen schmalen Gang und erreichten die Küche, die mindestens die Ausmaße der Küche der Van der Meers in Colombo besaß. Der Butler folgte ihnen mit dem Koffer. Das Mädchen blieb nicht stehen, sondern durchquerte den Raum und öffnete eine Glastür ins Freie. Über die Schulter rief es ihr zu: »Das Frühstück werde ich Ihnen drüben servieren.«

Auf dem verschlungenen Sandweg hatten sich breite Pfützen gebildet. Unter einem Gartenhaus hatte sie sich einen Geräteschuppen vorgestellt, aber das Gebäude, das sie nach einigen Yards erreichten, war ein richtiges Steinhaus. Die langen weißen Sprossenfenster und die grün lackierte Haustür wirkten einladend. Hier durfte sie wohnen? Anjali atmete tief ein und stellte sich vor, wie schön es hier im Sommer sein musste, wenn die um das Haus gepflanzten Sträucher und die unzähligen Kletterrosen an dem Holzgitter blühten. Eine getigerte Katze schlief auf der Gartenbank, die vor einem der Fenster stand. Der Butler öffnete die Tür und ließ sie in den winzigen Vorflur eintreten. Anjali war überrascht, mit welchem Respekt er sie behandelte.

Im Kamin flackerte ein Feuer, und es war warm im Raum. Anjali zog ihren Fellmantel aus und warf ihn über einen Sessel, der vor dem Fenster stand.

Das Mädchen nahm ihn und trug ihn in das angrenzende kleine Schlafzimmer. Aus der winzigen Küche brachte sie das Tablett mit zartwandigem Geschirr, einer silbernen Teekanne, Toast und Marmelade und stellte es auf den Mahagonitisch, knickste und verschwand. Anjali blieb allein zurück.

Erst am späten Vormittag kam Esther. Wie fremd die Ärztin in dieser Umgebung doch wirkte! Anjali wusste nicht, ob es an der eleganten Kleidung der Dame oder der veränderten Stimme lag.

»Herzlich willkommen«, begrüßte sie Anjali und setzte sich auf einen Ledersessel vor den Kamin. »Erzähl mir von der Reise und vor allem, wie es dir geht.«

Anjali berichtete von den letzten Wochen, die sie in der Personalunterkunft verbringen durfte, und dankte Esther für die Einladung und das Flugbillett.

Esther schaute sich um. »In diesem Gartenhaus habe ich als junges Mädchen oft tagelang gewohnt. Hier fühlte ich mich erwachsen und genoss die grenzenlose Freiheit, ohne die Aufsicht meiner Eltern, wie ich glaubte.« Esther lachte. »Ich dachte, du wirst dich hier wohler fühlen als drüben im Haus.«

Anjali bewegte bejahend den Kopf.

»Du findest hier, was du brauchst, und sollte etwas fehlen, läute einfach nach einem der Mädchen. Schau, da befindet sich die Klingel.« Sie deutete zu dem Schalter an der Wand. »Möchtest du selbst kochen? Vielleicht schmecken dir englische Gerichte nicht.«

Anjali schüttelte wieder bejahend den Kopf. Die vornehme Umgebung verschlug ihr die Sprache.

»Morgen Nachmittag hole ich dich ab, dann schlendern wir durch London und nehmen unseren Fünfuhrtee mit meinen Freunden im Ritz.« Esther stand auf, verabschiedete sich und ließ Anjali wieder allein.

Anjali stöberte in dem wandhohen Bücherregal. Später bereitete sie Reis, den sie in der Küche vorfand, aber die vorhandene Gewürzmischung schmeckte unangenehm, und Anjali nahm sich vor, am nächsten Tag etwas Neues zu besorgen.

Der Bummel durch London mit Esther am nächsten Tag war für Anjali aufregend. Sie bewunderte die Vielfalt der Geschäfte. Die Ordnung und Sauberkeit waren für sie unfassbar! Esther führte sie zu Fortnum & Mason, dem traditionsreichen Haus mit den unterschiedlichen Restaurants und dem bekannten Teesalon. Beide durchstöberten das legendäre Kaufhaus Harrods, und Anjali konnte sich nicht sattsehen und beschloss, sich am nächsten Tag alles ausführlicher anzusehen. Auf den Fünfuhrtee im Ritz hätte sie gerne verzichtet. Sie wäre lieber mit der Ärztin weiter durch die Gegend gebummelt. Schon beim Betreten der Halle des luxuriösen Hotels bekam Anjali Beklemmungen. Beim Hinaufgehen der wenigen glänzenden Marmorstufen zu dem Palmen-Court sah Anjali Esthers elegant gekleidete Freundinnen an dem runden, weißgedeckten Tisch sitzen. Die jungen Damen starrten sie an, als wäre sie ein exotisches Tier. Getuschel und Gelächter folgten. Auch Esther war das Benehmen ihrer Freundinnen nicht entgangen. Sie nahm Anjali am Arm und stellte sie den arrogant wirkenden und teuer gekleideten Damen vor. Aber sie ignorierten Esthers Worte und schwatzten weiter.

Esther setzte sich. »Komm her, setz dich neben mich«, sagte sie freundlich und schlug mit der Hand auf die zweisitzige Bank.

Anjali war überwältigt von der Pracht, nicht nur der Hotelhalle, sondern auch von diesem Raum. Die kostbaren Gardinen versetzten sie in Erstaunen. Auch hier dieser unermessliche Luxus, die goldfarbene Kuppel, gold- und rosafarbene Wände mit Stuck und Ornamenten verziert und in Nischen lebensgroße Figuren aus Gold. Selbst Palmen gab es in dem Raum. In der Mitte des Tisches neben den Gedecken aus feinstem goldverzierten Porzellan stand eine silberne Etagere mit süßen und salzigen Köstlichkeiten. Silberne Tee-, Kaffee- und Milchkannen sowie die passende Zuckerdose waren vorhanden. Ein Ober mit weißen Handschuhen legte den Damen das ausgewählte Kuchen- oder Sandwichstück auf den Teller, goss zuerst Milch und dann den goldfarbenen Tee in die zarten Tassen. Anjali erstickte die mit leichter Pianomusik erfüllte Atmosphäre. Gerne wäre Anjali mit Esther allein hier gewesen und hätte alles genossen, aber jetzt wollte sie nur noch raus aus diesem Raum. Während des Essens wurde jede ihrer Bewegungen mit pikierten Blicken begleitet. Sie hielt das nicht länger aus. »Lady Esther, darf ich mich entschuldigen?«

Esther schaute sie an und schien zu bemerken, dass sich Anjali unwohl fühlte. »Die schwere Krankheit und der Flug haben dich wohl sehr geschwächt. Soll ich den Chauffeur rufen lassen?«

Anjali bejahte durch Zucken des Kopfes und konnte die Tränen nur mit Mühe zurückhalten. Esther winkte dem Ober und beauftragte ihn, die junge Dame in die Halle zu führen und ihren Chauffeur rufen zu lassen. Anjali stand auf und folgte ihm, ohne sich von den Damen zu verabschieden.

Ihre Anwesenheit wurde von niemandem auf dem Copland-Anwesen beachtet, daher verschwand sie am nächsten Tag frühmorgens aus der Unterkunft. Sie wollte weder Esther noch deren Eltern begegnen, da sie das Gefühl hatte, nicht besonders willkommen zu sein, und vermutete, dass sie nur auf Esthers ausdrücklichen Wunsch eingeladen worden war und hier wohnen durfte.

Sie schlenderte durch London und landete irgendwann in Soho. Hier im Gewimmel aller Nationalitäten fühlte sie sich wohler und ließ sich ziellos durch die Menschenmenge vorwärtstreiben, bis sie den Duft frischer Gewürze wahrnahm. Nach einigem Suchen fand sie den schmalen Ladeneingang in der Carnaby Street. Hinter einer alten überladenen Holztheke stand ein dicker, unsauber wirkender Mann mit einem Turban. Jutesäcke voller köstlicher Gewürze standen wahllos in dem engen, dunklen Raum. Anjali stellte sich eine Mischung nach ihren Vorstellungen zusammen, die er in eine selbstgewickelte Papiertüte füllte.

»Woher kommst du? Ich hab dich hier noch nie gesehen«, fragte der Grauhaarige. Beim Sprechen wabbelte sein unrasiertes Doppelkinn.

»Ich bin geschäftlich hier«, log Anjali.

»Und was für Geschäfte sind das?«

»Ich suche Kunden für meinen Stoffhandel. Ich besitze eine Weberei auf Ceylon, und man sagte mir, hier hätte ich gute Chancen.«

»Einen Stoffhandel.« Aus seinen Worten klang Hochachtung.

Anjali schämte sich. Weshalb log sie? Na ja, eigentlich besaß sie eine Weberei – oder das, was nach dem Feuer noch davon übrig war.

Anjali legte das passende Geld auf eine freie Stelle der Theke, drehte sich zur Tür und verabschiedete sich rasch. Der Mann erinnerte sie an einen Aufseher der Plantage. Ohne sich umzudrehen, erreichte Anjali erschöpft Piccadilly Circus und setzte sich auf die Stufen des Shaftesbury Memorial Fountain. Plötzlich erdrückte sie die Fülle der Auslagen in den Geschäften, der Verkehrslärm, die vorbeieilenden Menschen, und Sehnsucht nach der einfachen Slumhütte in Colombo überfiel sie. Tränen liefen ihre Wangen hinunter. In der Eile fand sie kein Taschentuch und senkte den Kopf.

Ein weißes Tuch berührte sie. Anjali sah hoch. Der Fotograf Fred stand vor ihr und wischte ihr vorsichtig mit dem Tuch übers Gesicht.

»Mädchen, was machst du denn hier?«, fragte er erstaunt.

»Lady Esther hat mich zu ihrer Verlobung eingeladen und mir das Flugticket bezahlt. Jetzt wohne ich bei den Herrschaften im Gartenhaus.«

»Und weshalb weinst du?«

Die Lügen, die sie dem Gewürzverkäufer erzählt hatte, lagen ihr noch bitter auf der Zunge. Sie wollte nicht erneut lügen und antwortete: »Ich fühle mich so einsam in der großen Stadt und hatte plötzlich Heimweh nach Ceylon.«

Fred lachte und streckte ihr seine Hand entgegen. »Komm, Kleine, lass uns was trinken, dann geht es dir bestimmt besser.«

Er hielt ihre Hand fest, und gemeinsam rannten sie über die befahrene Straße. Autos hupten und bremsten. Nach wenigen hundert Yards bogen sie in die Regent Street ein. Fred führte sie in einen Pub, bestellte ein großes Bier und für sie ein Mineralwasser.

Anjali war überrascht, wie überfüllt die kleine Bar um diese Uhrzeit war. Mussten die Menschen nicht arbeiten?

Fred plauderte mit einigen Bekannten, die dort Bier trinkend an der Theke lehnten. Anjali konnte nicht verstehen, um was es sich handelte.

Fred wandte sich ihr zu. »Hast du Hunger?«

Sie zuckte mit dem Kopf.

»Du hast um diese Zeit keinen Hunger?«

»Doch«, sagte Anjali.

»Und warum schüttelst oder zitterst du so komisch mit dem Kopf?«

»Bei uns bedeutet es ›ja‹.«

»Seltsame Sitte, das ist mir dort drüben gar nicht aufgefallen. Na, dann lass uns zu mir gehen, ich wohne gleich um die Ecke.«

Er tat so vertraut, als wären sie langjährige Bekannte, aber Anjali freute sich und nahm dankend seinen Vorschlag an. Konnte sie doch durch diese Einladung die Rückkehr in das Gästehaus hinausschieben.

Nach wenigen Gehminuten standen sie vor einem imposanten Gebäude in der Jeremy Street. Eine Patina zog sich durch jahrelangen Ruß und Abgase über die großen Steinquader. Es gab einen Concierge, der in der übergroßen Halle hinter einem braunglänzenden Schreibtisch saß. Er schaute Anjali erstaunt an, wollte etwas sagen, stockte und wandte sich an Fred. »Hier, Mister Allington, Ihre Post.«

Anjali war überwältigt. So einen langen Gang hatte sie vorher nie gesehen. Kristalllampen hingen von der Decke. So stellte sie sich das Schloss der Königin vor. Er öffnete die Wohnungstür.

Überrascht blieb sie in der Türöffnung stehen. Freds Wohnung war ein einziges Chaos. Der übergroße Salon war spärlich möbliert, doch auf jeder Möglichkeit lagen Stapel von Büchern und vergilbten Zeitschriften. Dazwischen standen benutzte Teller, Gläser sowie halbleere Flaschen, und auf dem Fußboden waren etliche Kleidungsstücke verstreut. Die Brokatgardinen vor den raumhohen Fenstertüren waren geschlossen, Tageslicht fiel nur durch einen schmalen Spalt in den Raum. Fred brummte eine Entschuldigung, raffte die Kleidung vom Boden und ging hinaus.

Kurze Zeit blieb Anjali fassungslos stehen, dann zog sie die Gardinen zurück und begann, das schmutzige Geschirr und die Gläser einzusammeln.

»Gibt es hier vielleicht eine Küche?«, rief sie, als Fred verschwunden blieb.

»Gleich hinten, durch den Gang, am Ende«, hörte sie ihn entfernt rufen.

In der Küche sah es nicht besser aus. Verkleckerte Töpfe, verschmierte Pfannen und verklebtes Geschirr türmten sich auf dem kleinen Küchentisch und der Anrichte. Eine Schüssel mit eingeweichten Socken stand vor dem Spülbecken. Sie konnte die Gläser nirgends abstellen und trug sie zurück in den Salon. Dann machte sie sich an die Arbeit.

Zuerst wusch Anjali in der Küche die Strümpfe und die Unmengen von Geschirr, entfernte die Spuren des Festes aus dem Wohnzimmer. Fred blieb unsichtbar. Anjali hörte ihn lediglich einen der Songs aus dem Pub pfeifen.

Nachdem sie das Chaos beseitigt hatte, setzte sie sich in den cognacfarbenen Ledersessel und griff nach der aufgeschlagenen Zeitschrift auf dem Fußboden. Sie blätterte lustlos darin und klappte sie wieder zu. Ihr Herz stockte. Die Frau auf dem Titelbild ähnelte ihr. Sie hörte Freds Schritte. Schnell griff sie die Zeitschrift, blätterte sie durch, summte vor sich hin und tat so, als bemerkte sie ihn nicht.

»Komm her, Anjali«, rief er ihr entgegen. »Ich will dir was zeigen.«

Sie warf die Zeitschrift auf den Boden zurück. Zusammen gingen sie einen kleinen Gang entlang, von dem wiederum ein Flur abzweigte, der in einem riesigen Atelier endete. Der fensterlose Raum war vollgestellt mit verschiedenen Kameras auf Stativen, mächtigen Scheinwerfern, einem antiken Sofa, zwei mit schwarzem Leder bezogenen Lehnstühlen, deren Polster an einigen Stellen abgewetzt und verschlissen waren. Weiße Leinwände baumelten von der Decke. Ein Paravent trennte eine Ecke des Raumes ab. Überwältigt blieb Anjali stehen.

»Weiter, weiter«, drängte Fred und schubste sie in einen durch rötliches Licht schwach beleuchteten fensterlosen Raum. Auf Tischen standen Wannen mit Lösungen. Von Wand zu Wand gespannte Schnüre durchzogen den Raum, Fotografien waren mit Klammern daran befestigt. Fred drehte an dem Lichtschalter. Der Raum wurde taghell. Sie erschrak. An den Wänden hingen dicht nebeneinander Fotos der Frau, die auf der Zeitschrift im Wohnzimmer abgebildet war. Die Motive glichen den Aufnahmen, die sie auf Ceylon gemacht hatten. Anjali ging näher heran und betrachtete jedes Detail.

»Na, Anjali, wie findest du unser Werk?«

Hatte er »unser Werk« gesagt?

»Bin ich das auf …?« Vor Staunen konnte sie nicht weitersprechen. Fred stellte sich direkt hinter sie. »Sag bitte nicht, dass du dich selbst und die Umgebung nicht erkennst, das spräche nicht für mein Können«, sagte er, lachte und umarmte sie von hinten. Dabei berührte er ihre Brust. Sie ließ es geschehen. Ein angenehmer Schauer durchströmte ihren Körper. Fred, der wesentlich größer war, beugte sich herunter und stützte sein Kinn auf ihrer Schulter ab.

»Anjali, ich habe wochenlang versucht, dich in Ceylon aufzutreiben. Ich habe mir erlaubt, deine Fotos verschiedenen Zeitschriften anzubieten. Die *Vogue* hat sofort zugegriffen.« Fred zeigte mit dem Kopf in Richtung Wohnzimmer. »Die Illustrierte liegt drüben irgendwo.«

Hitze stieg in ihr auf. Sie war die Frau auf der Titelseite. Das hätte sie im Traum nicht erwartet.

Fred drückte ihr einen sanften Kuss auf den Hals, ließ sie los und schlug in die Hände. »So, jetzt mache ich uns ein Sandwich! Aber ich war so gespannt auf deine Reaktion, dass ich dir zuerst alles zeigen wollte.«

Gemeinsam gingen sie zurück in die Küche. Freds Schritte stockten.

»Ich fass es nicht – du hast diesen Schweinestall aufgeräumt!«

Er drehte sich zu ihr um, zog sie in seine Arme und küsste sie auf den Mund. Wieder ließ sie es geschehen. Durch die körperliche Nähe verschwand die Traurigkeit.

Läuten an der Tür trieb sie auseinander. Fred blieb bewegungslos stehen und lauschte. Es klingelte erneut. Es hörte sich an, als wäre der Klingelknopf stecken geblieben. Fäuste schlugen gegen die schwere Holztür. Eine weibliche Stimme schrie: »Mach gefälligst auf – ich weiß, dass du zu Hause bist!«

Freds langes Gesicht färbte sich schlagartig rot, Schweißperlen traten auf seine Stirn. Er zögerte.

»Weshalb öffnest du nicht?«, fragte sie, aber er rührte sich nicht.

Die Stille in der Küche war unheimlich. Sie hielt es nicht länger aus, lief zur Tür und öffnete. Eine schlanke Blondine schob sie grob zur Seite und betrat den Flur. Anjali zeigte mit dem Kopf in Richtung Küche und ging hinüber ins Wohnzimmer.

»Hi, Fred, weshalb hast du mir nicht erzählt, dass du endlich eine Putzfrau beschäftigst?«, rief ihm die Frau aus dem Flur zu. »Ich wollte dir beim Aufräumen helfen.« Ein unangenehmes Lachen war zu hören. »Jetzt können wir den Nachmittag gemütlicher verbringen.«

Fred sprach laut, so dass Anjali es hören musste. »Entschuldige, Betty, aber diese junge Dame ist ein bekanntes Fotomodell und nicht die Putzfrau. Wir haben zu arbeiten.«

»Willst du mich veräppeln? Seit wann arbeitest du mit Farbigen?«

Freds Stimme klang unangenehm hart, als er antwortete: »Wenn du dich nur einen Tag für meine Arbeit interessiert hättest, wäre dir aufgefallen, dass in meiner Dunkelkammer Fotos dieser ›Farbigen‹ hängen, wie du sie nennst. Drüben auf dem Couchtisch liegt die *Vogue* – das französische Magazin –, schau dir die Titelseite an!«

Beide stritten heftig.

Anjali wusste nicht, wie sie sich verhalten sollte, und schlich leise davon.

Der eiserne Käfig, den Fred Fahrstuhl genannt hatte, stand auf der Etage. Innen blickte sie in den leicht trüb gewordenen Spiegel und betrachtete sich. Die Haut hatte sich nicht verändert. Bisher war sie stolz auf ihre helle Haut gewesen, auch wenn sie ihr den Namen »Fluch der Götter« eingebracht hatte, aber diese Betty hatte sie »Farbige« genannt. Traurig rannte sie im Erdgeschoss durch die Halle und dann die Straßen entlang. Erst nach vielen hundert Yards wurde sie langsamer.

Anjali erreichte das Gartenhaus bei Dunkelheit. Die blätterlosen Zweige, an denen dicke Regentropfen wie Perlen aufgereiht hingen, sahen im schwachen Schein der Gartenlaterne gespenstig aus. Niemand bemerkte sie oder hatte sie – davon war sie überzeugt – vermisst. Sie schmiss den Leopardenfellmantel hinter die Tür, lief ins Schlafzimmer und warf sich aufs Bett. Sie weinte so heftig wie seit dem Tod der Mutter nicht mehr. Was hatte sie sich von London erwartet? Hatte sie geglaubt, die Ärztin und ihre Familie würden sie wie einen Gast ihres Standes behandeln? Wahrscheinlich war sie nur eingeladen worden, um das soziale Gewissen zu beruhigen. Wie hatte Esthers Freundin im Ritz gesagt: »als karitativen Zweck«. Und sie hatte die Chance verpasst, Fred nach den Fotos und der Illustrierten zu fragen. Es klopfte. Sie war verheult und wollte allein sein.

»Hallo, Anjali, ich bin es«, hörte sie die Stimme von Sir Geoffrey. Schnell sprang sie auf und öffnete. Es war ihr egal, ob er sah, dass sie geweint hatte.

Der Herr setzte sich auf den braunen Ledersessel. »Ich wollte mich nur vergewissern, dass es dir gutgeht. Ich bin mit Lady und Lord Copland zum Dinner verabredet. Gefällt dir London?«

»Ja, sehr.«

»Und weshalb weinst du?«

Ihr Atem stockte. Was sollte sie antworten?

Sir Geoffrey kam ihr zu Hilfe. »Hast du Heimweh?«

Dankbar für die Frage, zuckte sie mit dem Kopf.

Er fragte, wie sie die letzten Tage verbracht hatte. Anjali erzählte von dem Ausflug mit der Ärztin zum Fünfuhrtee und den Einkäufen bei Harrods am Tag zuvor. Esther hatte bisher nicht durchblicken lassen, ob es weitere gemeinsame Unternehmen geben würde. Anjali schob es auf die Vorbereitungen für das Verlobungsfest. Deshalb berichtete sie von dem Treffen mit dem Fotografen. Die unschöne Szene mit Betty in Freds Wohnung verschwieg sie.

Sir Geoffrey lauschte aufrecht sitzend den Erzählungen. Als sie das Erlebte berichtet hatte, folgte Stille. Anjali wurde unsicher. War der Herr wirklich an ihrem Tagesablauf interessiert, oder war es eine Höflichkeitsgeste gewesen? Möglicherweise war er zu früh in London eingetroffen und wollte nur die Zeit bis zum Dinner überbrücken.

Sir Geoffrey betrachtete sie wieder in seiner gewohnten durchdringenden Art. Unverhofft sagte er in die quälende Stille: »Anjali, du weißt, die Verlobungsfeier findet auf dem Landsitz der Familie statt. Falls sich keine Mitfahrgelegenheit bietet, rufe bitte an.« Er streckte ihr eine kleine Karte entgegen. »Meine Visitenkarte.« Er stand auf.

Sie öffnete die Tür und verbeugte sich zum Abschied. Beim Hinausgehen drehte er sich um und sagte: »Und falls du magst, kannst du mich auch gerne besuchen kommen.«

Sie bedankte sich höflich und schaute auf die Karte in ihrer Hand, bevor sie sie in ihren Pass zu dem Rückflugticket steckte.

Am Morgen der Verlobungsfeier erschien das Mädchen im Gartenhaus. »Lady Copland lässt Ihnen ausrichten, der Chauffeur werde gegen 14 Uhr hier sein, und Sie möchten sich bitte zur Abfahrt bereithalten.«

»Wo ist Lady Esther?«, fragte Anjali.

»Die Herrschaften sind bereits vor zwei Tagen abgereist.«

Und sie, Anjali, hatte man hiergelassen. Ohne ein Wort der Erklärung.

Mit aller Sorgfalt kleidete und frisierte sie sich. Ihren Abendsari packte sie in die Reisetasche. In Esthers Begleitung hatte sie bei dem Einkaufsbummel passende Abendschuhe erstanden. Auch diese Schuhe drückten fürchterlich, deshalb steckte Anjali sie ebenfalls in die Tasche und schlüpfte in ihre bequemen Stadtschuhe. Schuhe blieben ihr ein Graus.

Bei ihrem Eintreffen auf dem Landsitz standen bereits unzählige Limousinen vor dem Eingang des grauen Steinklotzes. Die Ziegel der Dächer waren moosbewachsen. Hin und wieder blickte die Nachmittagssonne zwischen den tiefhängenden Wolken hervor und ließ die Kupferbeschläge der Schornsteine glänzen. Die unendlich weite Rasenfläche zeigte die winterliche Tristesse. Blattlose Gerippe standen zwischen einigen gelben Winterblühern. Kübel mit weißen Tulpen waren für den Festtag zur Auflockerung bepflanzt worden. Der Chauffeur stoppte vor dem

Haupteingang und nicht, wie sie erwartete, vor dem Dienstboteneingang.

Sie stieg die ausgetretenen Steinstufen hinauf. Der Butler, der wohl in Begleitung der Herrschaften London verlassen hatte, begrüßte sie höflich distanziert. Ihr karges Gepäck wurde auf seine Anweisung ins Haus getragen.

Die übergroßen goldgerahmten Ahnenbilder an den nackten Steinwänden wurden durch brennende Kerzen in Eisenleuchtern erhellt und ließen Anjali erschaudern. Die Gesichter der Vorfahren sahen furchterregend aus.

In der düsteren Halle eilte ihr Esther entgegen und umarmte sie wie eine alte Freundin. Sie stellte Anjali den wenigen Gästen, die kurz vorher eingetroffen waren und sich noch in der Halle aufhielten, vor. Getuschel der Umstehenden entstand. Die neugierigen, aber auch abwertenden Blicke der Anwesenden entgingen ihr nicht.

Sir Charles, der künftige Ehemann, rief übertrieben fröhlich: »Herzlich willkommen, meine Schöne!«

Esther schmunzelte über seine Worte, hakte ihn unter und sagte freundlich: »Lassen wir Anjali ein wenig Zeit, sich frisch zu machen.« Beide schlenderten zurück zu den Gästen und ließen Anjali allein mit dem Mädchen zurück.

Sie folgte dem schwarzgekleideten Mädchen. Endlich durfte sie in dem ihr zugewiesenen Gästezimmer unter dem Dach verschwinden. Sie schaute hinaus in den winterlichen Park und fühlte sich so überflüssig wie die abgestorbenen Blätter, die noch vereinzelt an den Bäumen hingen. Dann zog sie die Abendkleidung an. Es blieb ihr nichts anderes übrig, sie ging hinunter und stand abseits der Menge. Niemand nahm Notiz von ihr. Auch hier bei dieser Verlobungsgesellschaft fühlte sie sich verloren. Selbstverständlich saß sie beim Dinner nicht an der langen, festlich gedeckten Tafel, sondern an einem der separaten Tische, die für nicht adlige Freunde des Verlobungspaares oder Geschäftspartner von Sir Charles bestimmt waren. Im Hintergrund des großen Saals begannen Streicher mit zartem Spiel und unterbrachen die erdrückende vornehme Stille. Plötzlich entdeckte Anjali den Fotografen unter den zahlreichen Gästen. Fred war wohl für diesen Abend engagiert worden und knipste unaufhörlich. Vermutlich hatte sie so intensiv zu ihm hinübergeschaut, denn unerwartet drehte er den Kopf in ihre Richtung. Er sah sie und zwinkerte ihr zu.

Anjali sehnte sich das Ende des Essens herbei und nahm sich vor, danach sofort in ihrem Zimmer zu verschwinden. In diese vornehme kalte Welt gehörte sie nicht. Selbst das aufmunternde Lächeln Sir Geoffreys konnte sie nicht von dem Vorhaben abbringen. Vor allem wollte sie Tom, seiner Frau Inga und dieser Carolyn, Henrys Frau, nicht begegnen. Die damals in Ceylon geäußerten, gehässigen Worte waren in ihrem Gedächtnis tief verwurzelt. Bisher hatte sie die Herrschaften nur aus der Ferne gesehen.

Nachdem der Hauptgang und die unzähligen langatmigen Reden vorüber waren, öffnete der Butler die breiten Schiebetüren aus dunklem Mahagoni. Eine Drei-Mann-Kapelle begann, einen Wiener Walzer zu spielen, und Lady Esther und ihr zukünftiger Ehemann eröffneten den Tanz. Esther sah bezaubernd aus in einem kostbaren blauen Abendkleid und aufgetürmten Haaren, in denen ein glitzerndes Diadem saß. Weitere festlich gekleidete Paare folgten ihrem Beispiel, so dass bald bei jeder Tanzdrehung der Herren die Schwalbenschwänze ihres Fracks flatterten, als wollten sie davonfliegen. Das Dessert wurde serviert.

Eine innere Stimme befahl Anjali zu bleiben. Sie gaukelte sich vor, es gäbe für sie keine andere Möglichkeit, um Fred nach den veröffentlichten Bildern zu fragen. Aber wenn sie ehrlich war, wollte sie Tom beobachten und in seiner Nähe bleiben. Sein Anblick hatte wieder dieses unerklärliche Gefühl in ihrem Bauch hervorgerufen.

»Anjali, darf ich um diesen Tanz bitten«, fragte ein junger Mann, der neben ihr am Tisch saß. »Mike«, hatte er sich ihr zuvor vorgestellt. Er streckte ihr den Arm entgegen.

»Danke, aber ich beherrsche die europäischen Tänze nicht.«

»Na und, dann bringe ich es dir bei. Wir warten auf einen Foxtrott oder etwas Schnelles, dann fällt es niemandem auf.«

Er war so unkonventionell, freundlich und spontan – das gefiel ihr. Trotzdem wagte sie sich erst sehr viel später mit ihm auf die völlig überfüllte Tanzfläche. Niemand nahm Notiz von ihren holperigen Schritten. Mike wirbelte sie mal rechts-, mal linksherum … und plötzlich schaute sie direkt in Toms tiefblaue Augen.

Sie glaubte, ihr Herzschlag würde aussetzen. Hitze stieg in ihr auf. Sekunden später lenkte Mike sie in eine andere Richtung. Tanzende Paare schoben sich zwischen sie. Tom verschwand in der kreisenden Menge.

Nur langsam normalisierte sich ihr Pulsschlag. Toms Blick hatte sie so aufgewühlt, dass sie nach dem Tanz nicht an den Tisch zurückkehrte, sondern hinüber in die Bibliothek ging. Sie stellte sich an das raumhohe Fenster. Sie blickte in den durch Fackeln beleuchteten Park und kehrte in Gedanken nach Ceylon zurück. Zurück zu den wenigen Minuten der leidenschaftlichen Umarmung von Tom. Dabei malte sich Anjali erneut aus, wie es gewesen wäre, wenn die Kinder sie damals nicht überrascht hätten oder es diese Inga nie gegeben hätte.

Es war zu spät. Tom und Inga waren verheiratet. Eine Träne lief ihr über die Wange. Verschämt entfernte Anjali sie mit dem Zeigefinger und wollte nach Fred suchen. Bevor sie das Fest verließ, musste sie ihn nach den Fotos fragen. Wahrscheinlich würde sich nie wieder eine solche Gelegenheit ergeben.

Trotzdem rührte sie sich nicht.

Plötzlich umschlangen zwei Arme von hinten ihre Taille, und sie spürte, wie sich ein Körper eng an den ihren drückte. Anjali brauchte sich nicht umzusehen, den Träger dieses Eau de Cologne hätte sie in jeder Menschenmenge erkannt. Der Geruch hatte sich ihr eingebrannt. Sie blieb bewegungslos stehen und schloss die Augen. Wärme durchstob ihren Körper. Sie spürte seinen Atem auf ihrer Haut. Ein zarter Kuss traf ihren Nacken.

»Ach, hier bist du!«, hörte sie Ingas schrille Stimme.

Blitzschnell löste sich der Körper von ihrem.

Anjali kehrte in die Wirklichkeit zurück, öffnete die Augen und blickte hinaus in den erhellten Garten. Sein Geruch war geblieben.

Bei ihrer Suche nach Fred traf Anjali in der Halle auf Sir Geoffrey. Er sah elegant aus in seinem Frack und dem steifen weißen Hemd, mit Goldkugeln als Knöpfe. Sie war fasziniert von der Eleganz, denn bisher hatte sie ihn nur in legerer Kleidung gesehen. Sein üppiges silberweißes Haar trug er akkurat nach hinten gekämmt. Eine goldene Uhrenkette wand sich durch zwei Knopflöcher und verschwand in der kleinen Westentasche, die er unter seiner schwarzen Frackjacke trug. Im Knoten der Fliege steckte ein mächtiger blauer Saphir.

»Anjali, du siehst bezaubernd aus«, sagte er, nahm ihre rechte Hand, beugte den Kopf und deutete einen Handkuss an.

Sie war erstaunt über seine Verhaltensweise. Natürlich hatte sie die Art männlicher Begrüßung bei den eintreffenden Damen bemerkt, aber sie war eine Teepflückerin!

»Anjali, darf ich um diesen Tanz bitten?«, fragte er, fasste ihren gebeugten Arm und führte sie Richtung Tanzfläche.

Die Gespräche der Anwesenden verstummten. Alle Augenpaare waren auf sie gerichtet. Sie vergaß vor Erstaunen zu atmen. Sir Geoffrey bat die Teepflückerin in dieser vornehmen Gesellschaft zum Tanz!

»Sir, ich kann nicht tanzen.«

»Papperlapapp, du kannst sehr wohl tanzen, wie ich vorhin gesehen habe. Bitte gib mir die Ehre.«

Wer gab hier wem die Ehre? Geschmeichelt folgte Anjali Sir Geoffrey mit erhobenem Kopf auf die Tanzfläche. In dem trüb gewordenen Wandspiegel sah ihr perlenbestickter blauer Sari kostbar aus. Die Perlen waren von minderwertiger Qualität, aber aus der Entfernung war es nicht zu erkennen. Sir Geoffreys rechter Arm hielt sie fest umschlungen. Sie lehnte den Oberkörper weit zurück, so wie sie es bei den anderen Damen gesehen hatte. Der alte Herr kreiselte mit ihr sicher über das Parkett. Tanzende

Paare hielten inne, bildeten einen Halbkreis und schauten dem ungleichen Paar teils bewundernd, teils abschätzig zu.

»Jeff, wir haben dich seit Jahren nicht tanzen sehen!«, rief Sir Henry mit theatralischem Gehabe, als sie neben seinem Tisch vorbeirotierten. Sir Geoffrey antwortete nicht.

»Schau mal, wie mich die Herren beneiden«, flüsterte er ihr stattdessen ins Ohr.

Als das Musikstück endete, führte Sir Geoffrey sie an ihren Tisch zurück, verbeugte sich und deutete erneut einen Handkuss an.

Über sein Verhalten war Anjali derart erstaunt, dass sie zu ihrem bisher unberührten Weinglas griff und einen großen Schluck nahm. Der Rotwein lief ihr sanft die Kehle hinunter. Sie lächelte bei der Erinnerung an das Gefühl, an Sir Geoffreys Arm über das Parkett zu schweben. In diesem Augenblick stand Fred mit dem Fotoapparat vor ihr. Anjali hörte das unaufhörliche Klacken des Auslösers.

»Bleib so, Anjali!«, befahl er.

Sie wollte keine Aufmerksamkeit erregen und stand auf.

»Weshalb bleibst du nicht sitzen?«, fragte er leicht ungehalten.

»Ich bin lediglich Gast und sitze an diesem Extratisch – ich bin nicht die Hauptperson«, rutschte ihr heraus. »Und falls du Aufnahmen von mir willst, können wir einen Termin vereinbaren.«

Hatte er nicht selbst gesagt, sie sei ein bekanntes Modell?

Fred schien verärgert, zog ein abgeschabtes Ledernotizbuch aus der Hosentasche, verbeugte sich vor ihr und fragte: »Gnädigste, wann würde es Ihnen passen?« Dann lächelte er süffisant.

Anjali schämte sich für ihre Worte. »Bitte, Fred, so habe ich es nicht gemeint«, sagte sie und setzte sich wieder.

»Wie sonst?« Seine Stimme klang hart.

Sie kämpfte mit den Tränen. Was war nur mit ihr los? Weshalb vergraulte sie die wenigen ihr wohlgesinnten Menschen mit solch dummem Gerede?

»Bitte, gnädiges Fräulein, ich warte«, riss sie Fred aus den Gedanken und flatterte mit seinem Heft vor ihrem Gesicht herum.

»Fred, bitte.« Anjali konnte die Tränen nicht mehr zurückhalten, stand auf und eilte auf den unbequemen neuen Pumps aus dem Salon.

Fred folgte ihr. Kurz vor der Toilettentür hielt er sie am Sari fest und drehte sie an der Schulter zu sich herum. »Ist wohl deine Art, bei Schwierigkeiten wegzulaufen? So wie damals auf der Plantage. Ich war sehr enttäuscht gewesen, als du plötzlich unauffindbar warst, denn eigentlich hatte ich erwartet, dass du mir wenigstens deine Adresse hinterlassen würdest. Auch Charles war damals nicht gerade begeistert von deinem unhöflichen Verhalten. Und dann haben wir uns hier in London getroffen … und genau dasselbe ist passiert!«

Sie schüttelte den Kopf. »Nein. Ich habe nur etwas Heimweh … und ich fühle mich in dieser Gesellschaft einfach unwohl.«

Fred ließ endlich ihren Sari los und schaute sie entsetzt an.

»Hast du nicht die verachtenden Blicke der Ladys gesehen? Und selbst Esthers Freundinnen …« Anjali schluchzte. »Und Sir Geoffrey hat mich nur aus Mitleid zum Tanz aufgefordert.«

»Was geht in diesem schönen asiatischen Kopf bloß vor?«, murmelte Fred. »Ich verstehe dich nicht. Damals in Colombo machtest du keinen derartig schüchternen Eindruck. Im Gegenteil. So kann man sich täuschen.« Danach nahm er sie in die Arme, wischte mit einem Taschentuch ihre Tränen ab und sagte: »Komm, Anjali, wir setzen uns drüben in die Bibliothek, und ich erzähle dir, wie viel Geld ich für dich auf der Bank angelegt habe.«

»Du hast Geld für mich?« Bei der Frage machte sie ein so erstauntes Gesicht, dass Fred sofort seine Kamera zückte.

»Ja, für deine Fotografien habe ich eine erhebliche Summe erhalten. Da Esther höchstwahrscheinlich hier in England bleibt, hatte ich eigentlich vor, Sir Geoffrey dein Geld mitzugeben, wenn er nach Ceylon zurückfliegt. Hat sich ja jetzt erübrigt.«

Anjali atmete tief ein und aus und suchte eine Antwort, aber Fred sprach weiter: »Falls du möchtest, könnten wir weiter zusammenarbeiten. Ich kenne viele Abnehmer.«

Abnehmer – was war das schon wieder?

Anjali schüttelte bejahend den Kopf. »Gerne, aber ich fliege bald nach Ceylon zurück. Ob man das Rückflugticket verlängern kann?« Das Angebot kam ihr ganz gelegen, schließlich war noch immer unklar, wo sie in Ceylon wohnen sollte, solange ihr Haus wiederaufgebaut wurde.

Fred machte ein nachdenkliches Gesicht. Er antwortete vorerst nicht und spielte mit dem Riemen des Fotoapparates, wickelte ihn um den rechten Zeigefinger, bis dieser rot anlief und anschwoll. Diesen Vorgang wiederholte er schweigend mit dem linken Zeigefinger. Er stand auf, zog seine goldene Uhr aus der Westentasche, ließ den Deckel aufschnappen und blickte darauf. »Kurz nach Mitternacht«, sagte er mehr zu sich selbst. »Ich mache noch ein paar Fotos, dann treffe ich dich wieder hier, okay?« Er verschwand.

Anjali blieb sitzen und stellte sich vor, wie sie in Toms Armen durch den Saal tanzte.

Endlich kehrte Fred zurück, flüsterte ihr etwas ins Ohr, und beide gingen hinauf in ihr Zimmer. Eilig packte sie ihre Sachen. Dann verließen sie das Haus, ohne sich zu verabschieden, und fuhren in Freds klapprigem Auto nach London zurück.

In dieser Nacht zog Anjali bei Fred ein.

Kapitel 14

Anjali fürchtete sich vor der ersten Nacht mit Fred. Natürlich wusste sie, dass die Flucht aus der feinen Gesellschaft ihren Preis hatte. Kein Mann nahm eine junge Frau ohne Absichten in seiner Wohnung auf. Sie trödelte bewusst im Bad, putzte sich unnötig ausgiebig die Zähne, bürstete ihr Haar und hoffte, Fred würde durch die Verzögerung einschlafen. Schließlich löschte sie das Licht und öffnete geräuschlos die Tür zum Schlafzimmer, das an das Badezimmer angrenzte. Sie hielt inne und achtete auf seinen gleichmäßigen Atem. Leise schlüpfte sie aus seinem Morgenmantel, ließ ihn zu Boden fallen und glitt nackt unter die breite Bettdecke. Um ihn nicht zu wecken, legte sie sich seitlich an den Rand der Matratze.

»Da bist du ja endlich«, sagte eine sehr munter wirkende Stimme.

Fred schob seinen Körper dicht an ihren. Seine warme Hand spazierte über ihren Rücken, glitt weiter hinab bis zum Po, streichelte diesen sanft und zwängte sich durch ihre geschlossenen, angewinkelten Oberschenkel. Die andere Hand schob er unter ihrem Körper durch und spielte an einer ihrer Brustwarzen. Sein Atem beschleunigte sich und ging in ein heftiges Stöhnen über. Alles in ihr sträubte sich gegen die Berührungen, aber vor allem gegen diese Laute.

Erinnerungen an die Peiniger im Gefängnis und die unendlichen Qualen stiegen in ihr auf. Ihr Körper versteifte sich.

Fred zog verärgert seine Hand zurück und knurrte etwas Unverständliches.

Wie sollte sie ihm bloß von ihren Ängsten erzählen? Sie begann zu weinen.

»Hör auf zu heulen und schlaf«, sagte er in versöhnlicherem Ton. »Wir reden morgen in aller Ruhe darüber, okay?«

Vielleicht glaubt er, ich sei noch Jungfrau und würde mich deswegen zieren, überlegte sie. Sachte schob sie sich zurück an den Matratzenrand, dachte an den verunglückten Abend und schlief erst gegen Morgen ein.

Am nächsten Morgen erwachte Anjali schweißnass aus einem Angsttraum. Sonnenstrahlen fielen durch einen Spalt des Brokatvorhangs auf das Doppelbett. Fred war nirgends zu sehen. Wohlig drehte sie sich um und zog die Decke über die Schultern.

»Guten Morgen, du Langschläferin. Frühstück!«, rief Fred, der gerade in diesem Moment in der Tür erschien. Er stellte ein braunes Holztablett heftig auf den Bettrand und reichte ihr eine Tasse Tee. Er musste schon länger wach sein, denn er trug einen perfekt sitzenden grauen Anzug und ein weißes Oberhemd mit goldenen Manschettenknöpfen. »Rutsch hoch, und nimm das andere Kissen, dann ist es beim Essen bequemer.« Der Duft nach getoastetem Brot durchzog den Raum. Fred köpfte mit einem silbernen Messer das Ei, das in einem Porzellanbecher stand, und hielt es ihr hin. Anjali war überrascht. Ei zum Frühstück war ihr unbekannt. Ihre erste Mahlzeit des Tages bestand bisher immer aus einer Handvoll Reis, und als es ihr besserging, dazu Gemüsecurry oder Früchte. Fred musste ihr Zögern bemerkt haben. »Wenn du bei mir bleiben möchtest, musst du dich wohl oder übel an englische Sitten gewöhnen.« Er setzte sich seitlich aufs Bett.

Dieses Angebot hatte sie nach dem nächtlichen Vorfall nicht erwartet. Sie griff nach seiner Hand und streichelte sie, so wie sie es bei Esther und Sir Charles gesehen hatte.

Er stutzte. »Wir müssen noch einiges voneinander lernen. Ich dachte immer, ich wüsste viel über indische Traditionen und Gebräuche. Auf der Universität habe ich mich lange damit beschäftigt. Auf Ceylon dürfte es kaum anders sein.«

Fred war auf der Universität gewesen! Ihre Ehrfurcht vor ihm wuchs von Tag zu Tag. Sie schwieg. Was wusste sie von Gebräuchen? Sie kannte keine indischen Traditionen. Sie kannte lediglich das Leben auf der Plantage und das wenige, was sie in Colombo und während der Zeit als Weberin erfahren hatte. Und Mary und die Schwester hatten ihr zwar von dem Leben in England erzählt, aber als Teepflückerin hatte sie damals nicht genügend Vorstellungskraft besessen, um das Gesagte zu begreifen.

Fred war durch ihr Schweigen irritiert. »Was ist mit dir? Hast du Heimweh? Du siehst traurig aus.«

Anjali schüttelte den Kopf. »Nein, Fred, ich habe nur darüber nachgedacht, dass ich dieses Land nicht kenne.« In diesem Augenblick fiel ihr etwas ein. »Ich werde mein Gepäck aus dem Gartenhaus holen müssen.« Bei der Erinnerung an ihre überstürzte Abfahrt schämte sie sich. Was wohl Esther und ihre Familie von ihr dachten?

»Ich werde es für dich erledigen und mit den Herrschaften sprechen, natürlich nur, wenn du möchtest«, schlug Fred vor.

Anjali war dankbar über sein Angebot. »Wenn es dir nichts ausmacht? Ich habe ein schlechtes Gewissen, die Ärztin war immer so nett zu mir. Ich würde mich gerne darum drücken, ihr noch einmal begegnen zu müssen.«

Fred schmunzelte. »Feigling – das dachte ich mir. Aber Sir Geoffrey und Esther sind reizend und haben sicherlich Verständnis für deine Situation.«

Davon war Anjali nicht überzeugt, denn beide hatten viel Geld für sie ausgegeben, aber sie schwieg.

Fred schenkte ihr aus der silbernen Kanne Tee nach. Danach bestrich er einen weiteren Toast mit Butter und Orangenmarmelade. Bevor er ihn ihr reichte, biss er hinein. Seine Zähne hinterließen Abdrücke in der Butter. Fred nahm die weiße Stoffserviette, die auf der Bettdecke lag, und wischte die verschmierte Orangenmarmelade aus seinem zarten Oberlippenbart.

Das Frühstück war beendet. Fred stellte den Teller zurück auf das Tablett und schob es zur Seite. Er rückte näher zu ihr ans Kopfende des Bettes. »Willst du mir etwas erzählen?«

»Was meinst du?«, fragte Anjali, obwohl sie genau wusste, was er meinte. Eigentlich hatte sie längst darauf gewartet.

»Vielleicht eine Erklärung für dein gestriges Verhalten?« Seine

Stimme klang betrübt. »Ich würde gerne wissen, wie ich mich zukünftig zu verhalten habe. Möchtest du überhaupt bei mir bleiben oder lediglich bis zu deinem geplanten Rückflug hier wohnen? Oder bis sich eine andere Möglichkeit ergibt?« Bei den Worten kräuselte er die Stirn, drehte den Kopf zur Seite und sah zum Fenster hinaus.

Er blieb einige Sekunden unbeweglich sitzen, dann schaute er ihr in die Augen und sagte: »Sei bitte ehrlich, Anjali, ich hasse Unwahrheiten und verzeihe Lügnern nie. Falls du nichts für mich empfindest, kannst du hinten im Gästezimmer wohnen, bis du etwas Entsprechendes gefunden hast.« Er zeigte in Richtung des hinteren Bereichs der Wohnung. »Deine Sachen werde ich in jedem Fall abholen.«

Anjali wusste nicht, was sie antworten sollte, und überlegte. Empfand sie etwas für den Mann, oder benutzte sie ihn als Mittel zum Zweck? Natürlich galten ihre Gefühle Tom – der vergangene Abend hatte dies nur allzu deutlich gezeigt –, aber zum einen gab es zwischen ihnen sozial unüberbrückbare Gräben, und zum anderen war er seit Kurzem verheiratet. Sie durfte nicht mehr an ihn denken!

Um die Antwort hinauszuzögern, beugte sie sich vor und stellte die leere Tasse, die sie noch in der Hand hielt, auf das Tablett zurück. Sie fühlte sich wie ein eingesperrtes Tier, das keinen Ausweg fand, und spürte, wie Tränen ihre Wangen hinunterliefen. Fred strich ihr über den Kopf. Schnell duckte sie sich.

Fred schien irritiert. Wusste er nicht, dass man Hindus nicht über den Kopf, den Sitz der Seele, streichen durfte? Verärgert stieß er die Luft aus und sagte: »Du kannst gerne duschen, und drüben im Atelier liegen einige Kleidungsstücke, die ich zur Arbeit verwende. Vielleicht findest du was Passendes. In deinem Sari oder den dünnen Kleidern dürfte es zu kühl sein. Wolltest du darin auf dem kalten Landsitz herumspazieren?«

Darüber hatte sie sich vor der Abfahrt keine Gedanken gemacht.

»Ich erwarte dich im Salon, wenn du bereit bist, mir eine Antwort zu geben.«

Er stand auf, beugte sich übers Bett und griff nach dem Tablett. Ohne ein weiteres Wort verließ er das Schlafzimmer.

Wieder vertrödelte sie Zeit im Bad und versuchte, ihre Gefühle und Gedanken zu ordnen. Sie wusste selbst nicht, was sie wollte.

Am besten wäre es, zurückzufliegen, dachte sie. Aber was dann? Wo sollte sie hin? Nach Colombo oder nach Nuwara Eliya? Sicherlich, sie hatte ein wenig Geld, aber wie lange würde es reichen? Und Arbeit zu finden, war aussichtslos. Eine Dalit wollte niemand.

Hier in England gab es keine Kasten, und ihre Herkunft hatte sie fast vergessen. Noch einmal durfte sie nicht mit solchen Glücksfällen rechnen, die ihr Leben bisher bestimmt hatten, die sie von der Plantage in die herrschaftliche Küche geführt und später die Weberei ermöglicht hatten.

Sie ging ins Atelier, wo sie aus einem Haufen Kleidungsstücke, die auf einer Bank lagen, einen schwarzen Pullover und eine Herrenhose hervorzog. Beide Teile waren viel zu groß. Die braune Hose band sie mit einer Kordel am Bauch zusammen, damit sie nicht herunterrutschte. Sie sah drollig aus, aber wen interessierte schon ihr Aussehen? Es gab wichtigere Dinge.

Fred saß immer noch wartend im Salon. Jetzt musste sie ihm entweder die Wahrheit sagen oder die Wohnung verlassen. Konnte sie nach dem unhöflichen Verschwinden am gestrigen Abend zurück in das Gästehaus von Esthers Eltern?

Allein der Gedanke daran ließ sie hinüber zu Fred gehen, der in dem ungewöhnlich breiten Ledersessel lümmelte. In der Hand hielt er ein Whiskeyglas, in dem er Eisstücke rotieren ließ. Er schien nervös zu sein – oder er überspielte mit dieser Lässigkeit seinen Ärger.

Dann bemerkte er sie, schaute sie an und lachte lauthals. »Bleib so stehen!«, befahl er und griff nach seiner Kamera, die seit der nächtlichen Rückkehr auf dem Tisch lag. Er schoss einige Fotos von ihrem komischen Aufzug und legte den Apparat dann neben sich auf den Sessel. Seine Gesichtszüge nahmen wieder den ernsten Ausdruck an. »Setz dich! Möchtest du etwas trinken?«

Anjali schüttelte den Kopf.

»Dann kommen wir gleich zur Sache.«

Sie schwieg und überlegte. Wie sollte sie beginnen?

»Los, los, jetzt kannst du noch zurück zu deinen Gastgebern. Sie würden einfach glauben, wir hätten einen One-Night-Stand gehabt.«

Was war das schon wieder?

»Fred, es wird lange dauern, es zu erklären.«

»Na, dann fang an, bevor es dunkel wird!«

Und plötzlich schien sich eine Schleuse in ihr zu öffnen, und sie sprudelte los: »Ich bin eine Teepflückerin ohne Rechte. Ich stamme von einer Plantage aus der Nähe von Nuwara Eliya. Sir Tom hat mich von dort befreit. Freundlicherweise ließen seine Eltern mich in ihrem Haus in Colombo arbeiten. Es war eine glückliche Zeit.« Sie stockte. Fred begann erneut, mit den Resten seiner Eiswürfel zu klappern. »Ich habe viel von der Köchin gelernt, und Sir Tom brachte mir immer neue Bücher und hat mir Rechnen und Schreiben beigebracht.« Sie unterbrach die Geschichte und dachte an die Zeit zurück. In Gedanken sah sie die Sonne aus dem Meer aufsteigen, das satte Grün der hügligen Landschaft, die sich im Wind wiegenden, schlanken Palmen und das Zittern der fingerartigen Blattspitzen. Sie verspürte Heimweh. Auch wenn sie wusste, dass sie nie wieder zu diesem glückseligen Moment zurückfinden könnte. Ein Kloß steckte in ihrem Hals fest.

Fred stoppte sein Eiswürfelspiel, stellte das Glas auf die Glasplatte und schaute sie an. Sie vermutete, er ahnte in diesem Moment, was in ihr vorging. Im Raum war es ruhig. Die Stille wurde nur durch das gleichmäßige Ticken der Kaminuhr unterbrochen. Anjali holte tief Luft und redete weiter: »Eines Tages sollte es ein großes Fest geben. Lady Esther war mit dem Schiff aus England in Colombo eingetroffen. Ihr zu Ehren sollte eine prächtige Soiree veranstaltet werden. An jenem Abend war ich so schrecklich aufgeregt und neugierig. Aber als der Abend zu Ende ging, wurde ein wertvoller Ring vermisst. Nur ich, die Dalit, kam als Täterin in Frage.« Fred rührte sich nicht. Selbst das Glas hatte er nicht wieder hochgenommen. »Sie brachten mich in das Frauengefängnis.« Erneut hielt sie inne. Tränen liefen ihr über das Gesicht. Sie schloss die Augen. Lange verdrängte Szenen krochen aus dem Innersten nach oben. Sie spürte körperliche Schmerzen. Ein Weinkrampf schüttelte sie. »Dann diese Vergewaltigungen«, stieß sie hervor. »Es waren immer mehrere Männer. Sie haben mich missbraucht … immer und immer wieder …«

Fred erhob sich, ging hinüber zu einem Mahagonitisch, auf dem mehrere Kristallkaraffen standen, und goss sich einen weiteren Whiskey ein. Anschließend suchte er aus einem am Boden liegenden Stapel eine Plattenhülle, zog daraus eine schwarze Scheibe und legte sie auf den Plattenspieler. Er hob den dünnen Stahlarm mit der zarten Nadel an und setzte sie sanft in die Rille. Laute Musik erfüllte den Raum.

»Die Beatles«, sagte er mit erstickter Stimme, drehte sich um und ging zu ihr. Er setzte sich auf die breite Sessellehne, legte seinen Arm zärtlich um sie und flüsterte: »Ich habe bisher keinen Menschen getroffen, dem so etwas Furchtbares widerfahren ist. Verzeih, dass ich so hart war. Den Rest kannst du mir später erzählen, falls es dich befreit. Ich werde dir das Gästezimmer vorbereiten.«

»Nein, Fred, ich möchte deine Nähe und Wärme spüren, lass mich bei dir schlafen.«

»Anjali, du verlangst zu viel. Ich bin auch nur ein Mann.«

Sie verkniff sich eine Bemerkung. Die Sonne war verschwunden, und Regen prasselte gegen die Fensterscheiben. Fred stand auf und knipste eine Tischlampe an. An diesem Abend zog Anjali in das Gästezimmer.

Am nächsten Morgen erwachte Anjali und suchte Fred. Er war nicht da. Ein Tablett mit vorbereitetem Frühstücksgeschirr stand auf dem Küchentisch. Anjali musste lediglich heißes Wasser in die Silberkanne gießen und das zurechtgelegte Brot in den Toaster schieben. Die bittere Orangenmarmelade und Butter mochte sie nicht. Sie hatte keinen Hunger, deshalb stellte sie nur den gefüllten Wasserkessel auf den Elektroherd. Kleine Brotstücke brach sie ab, legte sie auf ein Stück weißes Papier, das sie aus dem Atelier holte, und stellte sie den Göttern vor das Fenster in ihrem Zimmer. Tauben stürzten sich vom gegenüberliegenden Dach auf die Opfergaben.

Um sich die Zeit zu vertreiben, ging sie hinüber in das Wohnzimmer und schaute hinunter auf das pulsierende Leben der Stadt. Dicke graue Wolken hingen schwer vom Himmel. Der Asphalt glänzte im Nieselregen. Menschen, die von oben wie Puppen aussahen, kämpften mit ihren im Wind tanzenden Regenschirmen. Auf den gegenüberliegenden Dächern stieg weißer Rauch aus unterschiedlich hohen Kaminen empor, den der Wind in alle Richtungen trieb. Es zog durch die Fenstertüren. Anjali fröstelte selbst in dem dicken Pullover und der Cordhose, die sie wieder angezogen hatte. Sie sehnte sich nach dem schwülen Wetter Ceylons. Zweifel überfielen sie. Das Pfeifen des Wasserkessels unterbrach die Sentimentalität. Da sie nichts anderes zu tun hatte, begann sie aufzuräumen.

Die Abenddämmerung legte sich bereits über London, als Fred die Tür aufschloss. Den ganzen Nachmittag hatte Anjali im Sessel gesessen und auf dieses Geräusch gewartet. Es gab keine Zeitschrift, die sie nicht gelesen hatte. Sie lief ihm freudig entgegen. In der linken Hand trug er ihren durch Nässe dunkel verfärbten Lederkoffer, und vor der geöffneten Tür stand die Reisetasche.

»Du kommst spät«, sagte sie statt einer Begrüßung.

Seine Miene verfinsterte sich. »Bitte keinen Vorwurf, das kann ich überhaupt nicht vertragen. Es gibt für dich jederzeit die Möglichkeit, dir deine Sachen zu schnappen und zu verschwinden.«

Er stellte den Koffer ab, zog die Tasche in den Flur und knallte die Tür mit dem Fuß zu. Die dicken Kreppsohlen der dunkelbraunen Wildlederschuhe hinterließen nasse Spuren auf dem glänzenden Parkett. Regenwasser tropfte von seinem Mantel und bildete einen kleinen See. Gerne hätte sie ihn darauf hingewiesen, aber sie verschluckte die Bemerkung.

»Hier, dein Gepäck!« Fred stieß mit der Fußspitze gegen den Koffer. »Ich traf zufällig Sir Geoffrey im Klub. Er lässt dir ausrichten, dass er dich gerne morgen zum Tee treffen möchte.« Er hängte seinen Mantel an die Garderobe, schaute in den übergroßen goldgerahmten Spiegel und fuhr sich durch das nasse Haar.

»Und hat er gesagt, wo?«

»Nein, er will dich morgen Vormittag anrufen.« Fred drehte sich um und ging ins Wohnzimmer. Anjali folgte ihm. Er nahm ein Glas, das neben den Karaffen stand, und goss sich einen doppelten Whiskey ein.

»Soll ich dir Eis holen?«

»Danke, nicht nötig.« Er setzte sich in den Sessel und streifte die Schuhe ab. Der eine landete unter dem Glastisch. Seine Miene blieb mürrisch.

Anjali verschwand und packte ihre Sachen aus. Sie schämte sich für den Vorwurf und wollte ihn nicht weiter stören. Wahrscheinlich bereute er bereits, dass er sie bei sich wohnen ließ. Fred hatte sicherlich andere Vorstellungen von einer weiblichen Mitbewohnerin.

Nach dem Auspacken legte sie sich aufs Bett. Was war mit ihr los, weshalb mischte sie sich in sein Leben? Durfte sie, nur weil er ihr freundlich gesinnt war, allzu vertraut sein?

Den Rest des Abends blieb sie im Gästezimmer. Wenn sie ihn verärgerte, durfte sie bestimmt nicht bis zum Rückflug bleiben. Eigentlich würde sie überhaupt gerne länger in dieser luxuriösen Wohnung leben.

Der Gedanke überraschte sie. Wäre es möglich? Könnte sie in England bleiben? Und ihre Pläne in Ceylon aufgeben?

Am nächsten Tag rief Fred sie am späten Vormittag zu sich. Frühstück hatte er ihr nicht mehr zubereitet, und deshalb hatte sie nur Tee getrunken. Anjali wollte sich nicht ungefragt an dem

Kühlschrankinhalt bedienen. Sie ging zu ihm hinüber in das Atelier. Die angrenzende Dunkelkammertür stand offen. Fred tauchte gerade kleine Zelluloidstücke ins Wasser und drehte sich nicht um.

»Guten Morgen, Geoffrey hat angerufen, er lässt dich um drei Uhr abholen.«

Sie hatte das Läuten des Telefons überhört. »Und wohin?«

»Keine Ahnung, es interessiert mich nicht, und wenn ich es wissen sollte, hätte er es gesagt.«

Schon wieder schlechte Stimmung, dachte sie und antwortete höflich: »Danke, Fred, ich werde pünktlich angezogen sein.«

Er drehte den Kopf und blickte sie über die Schulter an. »Bist doch angezogen! Und sogar hübsch, wie ich finde.« Die Worte klangen versöhnlicher. »Aber eigentlich hast du mir in der Clownsmontur besser gefallen.« Er lachte und klammerte die gewässerten Stücke an die Leine.

»Gleich kannst du sehen, wo ich mich gestern rumgetrieben habe. Fotografieren ist mein Beruf.«

Sie antwortete nicht.

»Hast du schon was gegessen?«

Sie schüttelte den Kopf, aber Fred hatte sich wieder seiner Arbeit zugewandt. »Bist du noch da?«

»Ja.«

»Und warum antwortest du nicht?«

»Weil ich den Kopf geschüttelt habe.«

»Ah, macht man das in Ceylon so, wenn euch jemand den Rücken zudreht? Also, falls du noch nichts gegessen hast, bereite den Lunch vor, ich habe Bärenhunger.«

Ohne etwas zu sagen, ging Anjali in die Küche, deckte den kleinen viereckigen Tisch und stellte in die Mitte einen Alpenveilchentopf, den sie vom Fensterbrett nahm. Sie kochte sein geliebtes Porridge, briet Rühreier und steckte bleichen Toast in den Röster. Nur der Tee musste noch ziehen. Anjali eilte zur Dunkelkammer.

»Mister Fred, es ist angerichtet.«

»Wie vornehm!« Fred lachte, trocknete sich die Hände und legte einen Arm um ihre Schultern. Gemeinsam gingen sie in die Küche.

Gegen drei Uhr rief der Concierge in der Wohnung an. Der Chauffeur wäre unten und wartete. Fred lümmelte Zeitung lesend im Sessel.

»Kannst du mir bitte einige Pfundnoten geben? Ich weiß nicht, ob mein Geld reicht, um den Tee zu bezahlen. Als ich mit Lady Esther in dem Hotel war, schien alles sehr teuer zu sein.«

»Anjali, du glaubst doch nicht, dass Geoffrey dich bezahlen lässt?«

Er stand auf und zog eine Rolle Pfundnoten aus der Hosentasche. Er blätterte, zog drei Scheine aus dem Bündel und gab sie ihr. »Hier, das ist viel Geld, pass auf, dass es keiner stiehlt.«

»Danke, so viel brauche ich nicht!«

»Du bekommst noch viel mehr. Es gehört dir, für die Fotos, die ich verkauft habe. Das Geld liegt auf meiner Bank. Wir werden in den nächsten Tagen dort vorbeigehen und ein Konto für dich eröffnen. Und jetzt geh, viel Spaß!«

Der Chauffeur sprang aus dem Wagen, nahm seine Mütze ab, klemmte sie sich unter den Arm und hielt Anjali die hintere Tür auf. Sie kam sich wieder vor wie eine große Dame, denn bisher musste sie fast immer neben dem Fahrer sitzen. Lediglich ein einziges Mal, als sie mit Sir Geoffrey unterwegs gewesen war, hatte sie bei ihm im Fond sitzen dürfen. Das Motorengeräusch war kaum hörbar und erinnerte sie an das Schnurren einer Katze. Im Wagen war es herrlich warm.

»Wie lange fahren wir noch? Ich würde gerne den Pelz ausziehen.«

»Ich habe Anweisung, Sie in das Landhaus nach Highgate zu bringen. Die Fahrt dauert ungefähr noch eine Stunde, je nach Verkehr. Sie sehen ja, wir kommen nur schleppend voran.«

Anjali zog den Mantel aus und legte ihn sorgfältig neben sich. Sie mochte das Teil nicht, denn dafür waren unschuldige Tiere getötet worden. Sie wollte baldmöglichst einen Wollmantel kaufen. Sie strich über die Fellzeichnung und stellte sich vor, wie der Leopard über grüne Berghänge geschlichen war.

Sir Geoffrey würde ihr sicherlich Vorhaltungen machen, dass sie sich so ungezogen betragen und das Fest verlassen hatte. Jetzt musste sie ihm noch erklären, dass sie nicht nach Ceylon zurückkehren wollte. Ob das überhaupt ging? War es besser zu schweigen? Vielleicht konnte sie überhaupt nicht langfristig bei Fred bleiben? Sie hatte mit ihm nie mehr darüber gesprochen.

Anjali wollte sich ablenken und schaute zum Wagenfenster hinaus. London lag längst hinter ihnen. Wind und Wolken fegten über die menschenleere Landschaft. Schafe grasten auf einer durch Steinhaufen abgetrennten braungrünlichen Fläche. Es sah trist aus.

Der Rolls-Royce hielt schließlich vor einem fensterreichen Gebäude, an dem mehrere Erker und zarte, kupferbeschlagene Türmchen klebten. Das Anwesen ähnelte dem Landsitz der Coplands. Sie hatte das Gefühl, in England sahen alle gigantischen Häuser in diesen verlassenen Gegenden gleich aus, allesamt umgeben von wintertrüben Wiesen und umgepflügten Feldern, in deren Furchen sich Wasserlachen bildeten. Die Einfriedungen bestanden aus grauen Steinmauern, mit zweiflügligen Toren. Einige dieser Anwesen zeigten lang vergangene Pracht und schienen langsam zu verfallen.

Eine breite Auffahrt schlängelte sich bis zum Eingangsportal.

Anjali wusste nicht, was trauriger war, die öde Landschaft oder ihre Gefühle. Lediglich unzählige Maulwurfshügel zeugten von verborgenem Leben.

Sie stieg die breite Steintreppe zum Eingang hinauf.

Eine magere Frau, die ihre Arme vor der Brust verschränkt hielt, erwartete sie unter der geöffneten Holztür. Sie begrüßte Anjali freundlich. Ihre Haut ähnelte der Steinfarbe. Auch sie schien im Begriff zu sein, zu verfallen. Beim Sprechen wirbelten graue Locken um ihren Kopf. Wollstrümpfe bedeckten spindeldürre Beine, die am Ende in blanken schwarzen Schnürschuhen steckten. Anjali holte tief Luft, bevor sie die Halle betrat. Ritterrüstungen standen bedrohlich umher, und auch hier hingen die wuchtigen, goldgerahmten Ahnenbilder an hohen Wänden, deren einzige Aufgabe zu sein schien, Eindringlinge zu erschrecken. Kerzenleuchter aus Metall, mit Wachsresten bekleckert, waren an Mauervorsprüngen befestigt.

Die Frau schloss die Tür, ging an ihr vorbei und sagte mit warmer Stimme: »Bitte folgen Sie mir, Mistress, Sir Geoffrey erwartet Sie im Wintergarten.« Ihr Gang war leicht schleppend, deshalb hielt Anjali einige Meter Abstand. Die Frau sollte sich nicht gedrängt fühlen. Jeder der Schritte in den altmodischen halbhohen Pumps klackte auf den großen Quadern des Steinbodens und warf sein Echo zurück.

»Wintergarten« hörte sich wenig einladend an. Es war kalt genug in diesen hohen Räumen, selbst der Atem bildete eine weiße Fahne. Anjali fröstelte. Weshalb erwartete sie Sir Geoffrey dort?

Die alte Frau führte sie durch mehrere prächtig eingerichtete Räume. Eine schwarze Kaminuhr schlug viermal. Die Frau blieb kurz stehen und tat, als suchte sie etwas. Anjali hatte eher das Gefühl, sie müsste sich ausruhen. Das Laufen fiel ihr sichtlich schwer. Dunkelrote Brokatgardinen hingen von der Decke bis zum Fußboden. Einige blieben vor den Fenstertüren geschlossen. Auf einem viereckigen Tischchen in der Ecke standen Schachfiguren. Dicke Teppiche bedeckten großzügig den dunklen Parkettboden. Im Kamin glimmten Reste eines Holzscheits. Schiebetüren teilten die ineinander übergehenden Räume.

Endlich gelangten sie in den Wintergarten. Belaubte Bäume, exotische Pflanzen und blühende Blumen standen in verschieden großen Kübeln oder schlängelten sich um im Boden verankerte Pfähle. Anjali kannte die Namen dieser Gewächse nicht, aber alles strahlte Wärme und Leben aus. An der Decke waren mehrere Heizstrahler befestigt, die für eine behagliche Atmosphäre sorgten. Inmitten des Raumes standen dick gepolsterte Rattansessel. Den runden Tisch bedeckte ein weißes, mit bunten Vögeln besticktes bodenlanges Tuch. Zartes, mit Vogelmotiven und Schmetterlingen bemaltes Porzellan stand darauf. Anjali hatte das Gefühl, gleich müsste sich einer dieser Falter erheben und davonflattern. Auf dem Beistelltisch waren auf silbernen Platten Kuchenstücke und Sandwiches aufgeschichtet.

Die Menge kann unmöglich für zwei Personen sein, dachte sie und zählte rasch die Gedecke.

Geoffrey blickte durch die riesige Glasscheibe hinaus in die trübe, wolkenverhangene Landschaft des Parks. Die Arme auf dem Rücken und die Hände ineinander verschlungen, stand er bewegungslos dort. Er hatte ihr Kommen nicht bemerkt.

»Mylord, die junge Dame!«

Bei den Worten drehte er sich um und kam Anjali erfreut entgegen. »Schön, dich zu sehen. Danke, dass du gekommen bist.«

Weshalb bedankte er sich für ihr Kommen? »Danke für die Einladung«, hatte Anjali irgendwo aufgeschnappt. Sie wusste nicht mehr, wo, aber in diesem Augenblick hielt sie es für passend und sagte: »Sir, vielen Dank für die Einladung«, legte die Hände zusammen und verbeugte sich, so wie es in Ceylon Sitte war.

»Komm, setz dich!« Ohne lange Vorrede sagte er dann: »Vielleicht möchtest du mir erzählen, weshalb du von dem Verlobungsfest verschwunden bist? Fühlst du dich nicht wohl in England? Lady Esther war sehr betrübt.«

»Bitte entschuldigen Sie, Sir, dass ich mich nicht verabschiedet habe. Ich fühlte mich auf dem Fest unbehaglich und wollte weg. Ich passte nicht zu den Herrschaften.«

»Hm«, brummte Sir Geoffrey.

»Ich bin eine Fremde, eine Teepflückerin. Niemand bis auf einen jungen Tischnachbarn hat mit mir gesprochen. Auch die anderen Gäste an dem Tisch nicht.«

»Diese jungen Leute haben sich nicht mit dir unterhalten?«, fragte er in ungläubigem Ton.

»Nein, Sir.« Oder musste sie ab jetzt »Mylord« sagen, wie die alte Frau?

»Arrogante Rassisten«, schimpfte er vor sich hin. »Ich muss mich für meine Landsleute entschuldigen.« Sir Geoffrey verbeugte sich fast unmerklich vor ihr.

Er wollte noch etwas sagen, aber in dem Augenblick betrat die Haushälterin erneut den Wintergarten, dieses Mal in Begleitung eines Ehepaares. Der alte Herr sprang auf und begrüßte die Besucher.

Ann, wie Geoffrey seine Haushälterin nannte, schenkte Tee ein und reichte die Silberplatte herum. Die passende Zuckerdose und das Milchkännchen standen auf dem Tisch. Anjali nahm ein Stück Früchtekuchen.

Geoffrey wandte sich an das Paar. »Darf ich euch meine Freundin Anjali vorstellen?« Er schmunzelte ob ihrer Blicke vergnügt. »Natürlich nicht, wie ihr denkt, ich habe bei der jungen Dame ein wenig die Vaterrolle übernommen«, fügte er erklärend hinzu.

Beide lachten. »Wir dachten schon …«

»Das habe ich vermutet, deshalb wollte ich es klarstellen! So ein alter Sack wie ich …« Den Rest ließ er in der Luft hängen.

Anjali war erstaunt über seine flapsige Redeweise. Solche Worte hatte sie bisher nicht von ihm gehört. Er wurde ihr noch sympathischer, und sie verlor ein wenig die Scheu vor ihm.

»Anjali, die Herrschaften sind alte Freunde von mir. Ashra stammt aus Persien, und die Vorfahren von Jonathan leben seit Generationen hier in England. Ich glaube, er weiß gar nicht mehr, woher sie stammten.« Geoffrey lachte nach seiner Bemerkung. »Ashra ist Designerin eines bedeutenden Modehauses.« Auf die Worte legte er eine besondere Betonung. »Und Jonathan führt meine Geschäfte hier in London«, sagte er sachlicher. »Ich habe sie gebeten, ein Auge auf dich zu haben, wenn ich nicht in England verweile. Oder möchtest du doch lieber mit mir zurück nach Ceylon?«

Schnell schüttelte Anjali den Kopf. Woher hatte er gewusst, dass sie bleiben wollte? Hatte Fred etwas Derartiges erwähnt?

»Nein, ich würde gerne bei Fred bleiben.«

»Fred, dem Fotografen?«, fragte Ashra. Ihre Stimme klang erstaunt. Anjali wusste nicht, ob es verwundert oder abfällig gemeint war.

»Vielleicht hat Jonathan kleinere Arbeiten in der Firma für

dich, damit du deinen Lebensunterhalt verdienen kannst«, sagte Geoffrey mit ruhiger Stimme.

Jonathan schmunzelte bei der indirekten Anweisung seines Arbeitgebers.

An diesem Nachmittag fühlte sich Anjali das erste Mal glücklich in England. Besonders Ashra gab sich Mühe, nett zu sein. Sie erzählte von ihrer Arbeit und berichtete von den Reisen zu den Modewochen in den verschiedenen Ländern.

Draußen dämmerte es. Geoffrey entzündete umherstehende Kerzen und knipste die beiden Tischlampen an. Die Zeit verging schnell, und Anjali war traurig, als das Mädchen den Wagen meldete. Gerne hätte sie länger den spannenden Berichten zugehört. Sie stand auf.

»Anjali, warte, hier meine Karte.« Ashra klappte den Deckel eines schmalen silbernen Behälters hoch, zog ein kleines mit roten Buchstaben bedrucktes weißes Rechteck hervor und streckte es ihr entgegen. »Wenn du magst, komm mich in den nächsten Tagen in meinem Atelier besuchen – die Adresse steht dort.«

Auch Sir Geoffrey und Jonathan standen auf. Anjali verabschiedete sich, und Sir Geoffrey begleitete sie zur Tür.

»Ich fahre morgen in die Schweiz. Von dort fliege ich zurück nach Asien.«

Zum Abschied umarmte er sie. »Achte auf dich, Kleines!« Seine Worte klangen liebevoll. Ihre Augen füllten sich mit Tränen, und sie fühlte einen Kloß im Hals. Sie konnte nichts erwidern.

Sir Geoffrey drehte sich um und verschwand im Dunkel des Hauses. Anjali stieg betrübt in die Limousine. Nicht zum ersten Mal an diesem Tag wünschte sie sich, sie könnte hier bei dem alten Herrn wohnen.

Am nächsten Morgen ging Anjali in die Küche und schaute hinunter in den kleinen Hinterhof. Draußen herrschte das übliche Schmuddelwetter. Regen peitschte gegen das Fenster, dicke Tropfen vereinten sich, bildeten eine Straße und liefen die Scheibe hinunter. Der Wind pfiff durch die undichten Fenstertüren. Tiefhängende graue Wolken rasten über Londons bleifarbenen Himmel. Eine schwarze Katze kauerte aufgeplustert auf der Mülltonne. Papierfetzen tanzten in der Ecke der Ziegelsteinmauer, die den Hof umgab. Verwelkte Rosenblüten hingen vereinzelt an den dunklen Ästen der Kletterrosenstaude. Die nassen Pflastersteine glänzten. Anjali lauschte. Aus den Büros, die in den unteren Stockwerken des Hauses lagen, und von Fred war nichts zu hören. Sollte sie hinüber in sein Schlafzimmer gehen und ihn wecken? Es war fast Mittag. Vielleicht war er krank.

Aber sie blieb weiter vor dem Fenster stehen und schaute der Katze zu. Ein Spatz setzte sich in das blattlose Geäst eines Kastanienbaumes. Die Katze hob sanft den Kopf und spitzte das Ohr. Der Vogel spürte die Gefahr, flatterte hinüber in das Nachbargrundstück und setzte sich auf eine rostige Teppichstange. Noch zehn Minuten wollte sie warten.

Sie stand an gleicher Stelle, da hörte sie das Aufschließen der Wohnungstür. Freudig lief sie in den Flur.

Und prallte mit Fred und einer Blondine zusammen.

Er tat so, als sei es völlig normal, mit einer Frau aufzutauchen, und sagte: »Guten Morgen, Darling, das ist Elaine.«

Anjali interessierte es nicht, wie die Frau hieß. Sie wandte sich um und verschwand in ihrem Zimmer.

Elaine blieb.

Kapitel 15

Sie lebten zu dritt. Fred arbeitete. Elaine lümmelte auf dem Sofa und blätterte desinteressiert in den Zeitschriften, die sie anschließend auf dem Parkettboden verteilte und die so lange dort verknittert liegen blieben, bis Anjali sie wegräumte. Anjali kochte und putzte die Wohnung, nur das Schlafzimmer betrat sie nie. Sobald Fred mit der Arbeit fertig war, verschwanden er und Elaine und kehrten erst spätnachts lärmend zurück.

Anjali trieb sich während der Geschäftszeiten in der Stadt herum, und es gab keine Kaufhäuser oder Sehenswürdigkeit, die sie nicht aufgesucht hatte. London zeigte sich von seiner hässlichen Seite, die Sonne blieb hinter mächtigen Wolken verborgen, und wenn es einmal nicht regnete, kroch dicker Nebel durch die Straßen. Die Abende verbrachte sie meistens im Wohnzimmer neben dem wärmenden Kamin, den sie inzwischen anzünden konnte. In eine Wolldecke gehüllt, saß sie dort stundenlang im Ohrensessel und las.

Auf diese Weise vergingen zwei Wochen, und Anjali beschloss, Jonathan aufzusuchen. Sie brauchte Arbeit. Das Geld, das sie von Fred für die Fotos erhalten hatte, schmolz dahin, und es war klar, dass sie sich um eine eigene Unterkunft bemühen musste. Obwohl Fred nie mit ihr übers Ausziehen gesprochen hatte, konnte und wollte sie nicht länger hierbleiben. Seit der ersten Nacht in seinem Schlafzimmer versuchte er nie mehr, sie intim zu berühren. Er behandelte sie freundlich und höflich und bedankte sich für die Hausarbeit. In der Küche drückte er ihr morgens zur Begrüßung einen Kuss auf die Wange, und hin und wieder nahm er sie dabei wie eine gute Freundin in den Arm. Bevor er den Frühstücksraum verließ, legte er Geld für Einkäufe auf den Tisch.

Häufig kochte Anjali tamilisch. Die Rezepte stammten ehemals aus dem Süden Indiens. Glücklicherweise mochte Fred Currys gern, aber Elaine bevorzugte englisches Essen und stocherte meistens lustlos auf dem Teller herum. Eines Abends ließ Elaine unerwartet die Gabel auf den Tellerrand fallen und sagte zu Fred: »Ich mag den Fraß nicht, sieht aus wie Kotze. Können wir nicht was anderes essen?«

»Selbstverständlich können wir, aber dann musst du es kochen, mein Schatz.«

Elaine wurde rot im Gesicht, nahm die Gabel hoch und pulte gelangweilt die Paprikastücke aus dem Gemüsecurry.

Nach einer Weile sagte sie: »Weißt du, ich habe mich nie für Haus- und Küchenarbeiten interessiert. Ich kann es nicht. Dafür gibt's bei uns Personal.«

Fred betrachtete Elaine von der Seite. Sein spöttischer Gesichtsausdruck verriet, dass er ihr nicht glaubte. Ihre Kleidung sah billig aus, der Lederbesatz der hochhackigen Pumps abgeschrammt und teilweise aufgerissen, die schwarze Umhängetasche an einigen Stellen abgewetzt. Die Lippen schminkte sie grellrot, die Wimpern tuschte sie tiefschwarz. Der Lidansatz war mit einem breiten Kajalstrich nachgezogen, die Augenlider dick mit blauem Puder bestrichen. Alles an der Frau schien künstlich, sicherlich kam sie nicht aus der besten Gegend Londons. Anjali spürte Ärger aufsteigen. Sie war nicht Elaines Angestellte. Sollten die Herrschaften auswärts essen, wenn es ihnen nicht schmeckte!

Am folgenden Tag stand Anjali sehr früh auf, bereitete das Frühstück für beide vor, legte Opfergaben auf den kleinen Altar in ihrem Zimmer und verließ das Haus. Sie hatte den grauen Wollrock, einen hellblauen Kaschmirpullover und die neuen schwarzen Schuhe mit den Kreppsohlen angezogen, die sie vor wenigen Tagen gekauft hatte. Eine schwarze Lederhandtasche, die Esther Anjali bei ihrem gemeinsamen Stadtbummel geschenkt hatte, klemmte sie unter den Arm. Schuhe mochte sie immer noch nicht, aber bei diesem ungemütlichen Wetter blieb ihr nichts anderes übrig. Wenige Meter vom Haus entfernt breitete Anjali den Stadtplan, den ihr Cathy bei der Abreise geschenkt hatte, aus und suchte nach der richtigen Straße. Der Weg war weit. Ein Taxi wollte sie sich nicht leisten, und die U-Bahn blieb ihr unheimlich. Die Menschenmenge hetzte durch dunkle Gänge, schob und knuffte, und die Enge in der Bahn war Anjali unerträglich. Dort fühlte sie sich wie ein gefangener Vogel. Sie wollte laufen, auch wenn sie dafür Stunden unterwegs sein würde.

Daher erreichte sie erst gegen Mittag die auf Jonathans Visitenkarte angegebene Adresse. Ein Backsteinklotz in einer unschönen Gegend. Sie hatte es sich prächtiger vorgestellt, so ähnlich wie das Herrenhaus von Sir Geoffrey, und nicht umgeben von derartig verwahrlosten Häusern, die viel mehr an Colombo erinnerten. Sie stieß die Glastür auf und betrat die düstere Empfangshalle. Eine dunkelhaarige Frau saß hinter einem Schreibtisch, auf dem mehrere Telefone und eine Tischlampe standen. Alles wirkte kühl und sachlich. Ein Schild am Revers der Frau wies sie als »Christine Baker« aus.

»Ja, bitte?«, fragte sie, ohne von der Schreibarbeit aufzusehen.

»Ich möchte zu Herrn Jonathan.«

Die Frau blickte amüsiert hoch. »So, zu Herrn Jonathan?«, fragte sie verächtlich.

Anjali ärgerte sich, dass sie die Karte zu Hause vergessen hatte.

»Wir haben hier im Bürohaus mehrere Herren, die Jonathan heißen, und drüben im Lager ebenfalls. Hat Ihr Jonathan einen Nachnamen?«

Anjali zuckte mit den Schultern.

»Da kann ich Ihnen leider nicht weiterhelfen. Vielleicht warten Sie vor der Tür bis zur Mittagspause, dann werden Sie ihn möglicherweise treffen, falls er zum Lunch außer Haus geht.« Christine schob den linken Ärmel ihrer schwarzen Kostümjacke zurück und schaute auf ihre Armbanduhr. »Dauert ja nicht mehr lange.« Bei diesen Worten verzog sie den dunkelrot geschminkten Mund zu einem Strich und zog die Augenbraue in die Höhe.

Arrogante Ziege, dachte Anjali und fragte: »Kann ich hier im Warmen warten?«

Christine schüttelte so energisch ihr halblanges Haar, dass ihr Pony nur so flog. »Nein, für Unberechtigte ist der Aufenthalt hier strengstens untersagt.«

Sie wandte sich der Arbeit zu. Auf dem Tisch lagen nur wenige Blätter. Diese Christine konnte nicht sehr beschäftigt sein. Gerade hob sie den Kopf, krümmte die Finger der linken Hand, betrachtete ihre rotlackierten Nägel und holte dann eine kleine Flasche Nagellack hervor. Auf Christines pikierten Blick hin schickte sich Anjali gerade an zu gehen, um draußen zu warten, als die Eingangstür aufgestoßen wurde und Jonathan im Eilschritt hereinbrauste. Sein brauner Mantel war geöffnet, die Seitenteile flatterten. Er legte seinen Hut auf den Schreibtisch der Empfangsdame, die schnell die Nagellackflasche mit der Hand bedeckte und zum Chef aufsah. Sie deutete wortlos mit dem Kopf in Anjalis Richtung.

Jonathan wandte sich um. »Anjali, was machst du denn hier? Wartest du schon lange? Weshalb hast du nicht angerufen? Dann hätten wir einen Termin vereinbaren können.«

Sie zuckte mit den Schultern.

»Ich habe überhaupt keine Zeit für dich. Christine wird mit dir einen Termin in der nächsten Woche vereinbaren.«

Er nahm den Hut, ließ sie stehen und ging, ohne sich zu verabschieden, Richtung Aufzug.

Christine blickte sie mitleidig an und sagte: »Jetzt haben Sie es selbst gehört: Ohne Termin läuft hier nichts! Ich werde mal mit seiner Sekretärin sprechen, wann es dem Chef am besten passen würde.«

So sah also die Hilfe von Sir Geoffrey aus. Anjali konnte die Tränen nur mit Mühe zurückhalten. War sie nur für diese Abfuhr so weit gelaufen?

Christine griff nach dem Telefonhörer. Obwohl Anjali einen Kloß im Hals spürte, sagte sie eilig: »Danke, ich brauche keinen Termin. Es hat sich erledigt.«

Eilig verließ sie die Halle. Unter diesen Umständen würde sie Jonathans Frau überhaupt nicht erst aufsuchen. Enttäuscht lief sie die vielen Kilometer in die Innenstadt zurück.

Es war bereits dunkel, als Anjali nach Hause kam. Beim Öffnen der Wohnungstür hörte sie Freds Stimme. Er telefonierte. Sie war glücklich, ihn in der Wohnung vorzufinden, und lauschte, ob sie Elaines geräuschvolles Umblättern einer Illustrierten hörte.

»Nein, ich weiß nicht, wann sie zurückkommt. Ja, ich werde es ihr ausrichten. Sie wird sich morgen melden. Ja, mache ich gerne«, sagte Fred.

Anjali ging in ihr Zimmer, öffnete die Tür einen Spalt, warf die Schuhe und die Tasche in den Raum und lief in die Küche. Dort klapperte sie extra laut mit dem Geschirr im Spülbecken und hoffte, dass Fred sie bemerkte. Sollte Fred nicht alleine sein, wollte sie nicht stören.

»Anjali, bist du es? Komm mal her!«, rief Fred.

Sie ging hinüber ins Wohnzimmer. Er war allein.

»Wo warst du den ganzen Tag? Ich habe mir Sorgen gemacht.«

»Warum? Ich bin häufig tagsüber in der Stadt, und du hast mich nie vermisst.«

Fred schaute sie nicht an, sondern ordnete Fotografien auf dem Couchtisch. Einige schob er hin und her und tat, als erforderte die Arbeit seine volle Aufmerksamkeit. »Heute Mittag hatte ich das Gefühl, du seiest … gegangen, ohne dich zu verabschieden. Daraufhin habe ich im Gästezimmer nachgesehen, ob deine Sachen verschwunden sind. Du kannst beruhigt sein, ich habe nicht herumgeschnüffelt«, fügte er brummend hinzu.

Könnte sie so einfach gehen? Sie bezweifelte es. Dieser launische, exzentrische Mann hatte begonnen, ihr etwas zu bedeuten.

»Oh, entschuldige, ich hätte natürlich den Lunch vorbereiten müssen, aber ich wusste nicht, wie lange ich brauchen würde.«

Fred hob den Kopf, sah sie an und fragte: »Wofür?«

»Ich wollte Jonathan besuchen – seinen Nachnamen habe ich vergessen –, der sollte mir eine Beschäftigung geben.«

»Was für ein Jonathan?«, fragte Fred gereizt, nur um dann direkt weiterzusprechen, ohne sie zu Wort kommen zu lassen: »Es geht nicht um das blöde Essen, sondern um dich.«

Anjali verstand nicht, was er meinte, und fragte naiv: »Wieso hast du mich vermisst, ist Elaine ausgegangen?«

An Freds blasser Schläfe zeigte sich eine dickere bläuliche Ader. Er fegte die Fotos mit der Hand vom Tisch. »Hier geht es nicht um Elaine, sondern um dich, kapiere das endlich!«, schrie er, und seine Augen funkelten.

Was sollte sie kapieren? Anjali bückte sich erschrocken nach den Fotos und legte den Stapel auf den Couchtisch zurück.

Freds Hand schnellte vor und packte sie am Pullover. Er riss sie zu sich auf den Sessel. Dort lag sie mehr schlecht als recht an seine Brust gelehnt, die Beine über die gepolsterte Lehne hängend.

»Anjali, ich liebe dich«, sagte er sehr leise und drückte ihr einen Kuss auf das Haar. »Bleib bei mir!«

Anjali spürte das Klopfen seines Herzens. Damit hatte sie nicht gerechnet. Wo doch Elaine …

»Fred, ich brauche Arbeit. Ich möchte gerne hier in England leben. Bei dir. Aber bisher gab es keine Gelegenheit, die Lady zu fragen, ob sie mein Geld in Ceylon gelassen hat, und wie viel ich noch besitze. Morgen will ich eine Bekannte von Sir Geoffrey aufsuchen, vielleicht kann sie mir …« Weiter kam sie nicht. Fred verschloss ihren Mund mit einem Kuss. Anjali spürte seine Zunge, sie selbst war erstarrt, während ihr Gehirn fieberhaft arbeitete. Jetzt musste sie sich entscheiden, entweder sofort die Wohnung zu verlassen, oder … Fred schob seine Hand unter ihren Pullover und streichelte sanft ihren Rücken. Wärme durchfloss ihren Körper, und sie spürte, wie sich ihre Kopfhaut zusammenzog. Anjali verwarf den Gedanken zu gehen.

»Ich werde dir nicht wehtun, Kleines«, hauchte Fred ihr ins Ohr, erhob sich mit ihr in seinen Armen und trug sie ins Schlafzimmer.

Sandelholzduft hing in der Luft. Die seidene Bettwäsche war frisch, die purpurfarbenen Vorhänge waren zugezogen, und ein Väschen mit Veilchen stand auf einer Biedermeierkommode. Nur die schwache Glühbirne der Nachttischlampe brannte. Fred legte sie sanft auf der breiten Matratze ab und beugte sich über sie. Zentimeter für Zentimeter schob er ihren Rock hinunter, ließ ihn auf den Boden fallen. Er küsste sie voller Verlangen. Ihr Atem stockte. Fred streifte ihren Pullover in die Höhe und nestelte an der Büstenhalterschnalle. Anjali streckte wie ein kleines Kind die Arme in die Höhe. Fred schmiegte sich an sie. Er streichelte sanft ihren nackten Bauch, schob die Strumpfhose hinunter und deckte Anjali mit der Daunendecke zu. Er stand auf, ging hinüber zu dem Mahagoninachttisch auf der anderen Bettseite, zündete ein Räucherstäbchen an und verließ den Raum. Der Geruch erinnerte sie an den Markt von Colombo.

Kurz darauf kehrte Fred mit zwei Sektkelchen zurück und sagte: »Schau, wie er perlt. So ungefähr fühlt sich in diesem Augenblick mein Blut an.« Er lachte kehlig.

Sie stießen die Gläser sanft gegeneinander.

»Auf uns«, sagte Fred feierlich, trank einen großen Schluck, stellte das Glas ab und riss sich die Schuhe von den Füßen, ohne die Schnürsenkel zu öffnen. Er ließ die Flanellhose und den Slip auf den Boden fallen, zog das blaue Oberhemd über den Kopf, warf es auf den Kleiderturm und schlüpfte zu ihr unter die Decke. Sie spürte seinen erregten Körper auf sich und seinen beschleunigten Atem. Ihr Herz raste. Gedanken an Geschehenes tauchten auf. Um sich abzulenken, stellte sie sich einen plätschernden Bach zwischen saftigen Wiesen und das Rauschen des Windes in den Bäumen und das Singen der Dajaldrossel vor.

Am nächsten Morgen legte Fred einen Schnipsel auf den Küchentisch, der von einer Illustrierten stammte.

»Hier«, dabei deutete er mit dem Zeigefinger auf eine Telefonnummer, »sollst du heute gegen zehn Uhr anrufen!« Anjali sah ihn fragend an. »Sie wollen mit dir einen Termin zu Probeaufnahmen vereinbaren, ich kenne den Laden seit vielen Jahren – ist seriös!«

»Hast du sie darum gebeten?«

Fred grinste verlegen. »Na ja, ich habe die letzten Fotos von dir einer Freundin gezeigt, einer guten Freundin, die hat eine Mannequinagentur. Und sie schuldet mir noch einen Gefallen.«

Glaubte er, dass sie es nicht alleine schaffte, Arbeit zu finden?

Aber sie musste zugeben, dass ihre Erfahrung mit Herrn Jonathan gezeigt hatte, wie schwierig die Situation auch hier in England sein konnte.

»Danke, Fred.«

Probeaufnahmen, dachte sie, und ihr Herz schlug schneller. Hoffentlich schaffte sie es dadurch, etwas Geld zu verdienen und in England zu bleiben. Sie schlang den Toast mit einem Klecks der ungeliebten Orangenmarmelade hinunter. Porridge, diesem faden schlabberigen Zeug, konnte sie noch weniger abgewinnen, obwohl ihr Fred immer wieder erklärte, wie gesund das sei.

Er beobachtete sie. Anjali sah es aus den Augenwinkeln, aber tat, als bemerkte sie es nicht.

An dem Morgen schien sich der Zeiger der Küchenuhr, die über der Tür hing, besonders langsam vorwärtszubewegen. Zur Überprüfung schaute sie abwechselnd nach oben und auf ihre Armbanduhr – sie war ein Geschenk von Fred gewesen. Die kostbare Uhr hatte seiner verstorbenen Großmutter gehört, und Anjali wollte sie nur so lange tragen, bis sie sich eine eigene leisten konnte, sie hatte Angst, sie zu verlieren.

In ihrer Erinnerung sah sie ihre Mutter, wie sie gebückt durch die Teebüsche zog, die schwere Kiepe am Kopf befestigt. Wie stolz ihre Mutter auf sie gewesen wäre – sie, Anjali, die Teepflückerin, besaß eine Uhr und lebte nach der Uhrzeit und nicht mehr nach dem Stand der Sonne und des Mondes. Kurz nachdem sie in London eingetroffen war, hatte sie sich mit der Uhrzeit auseinandersetzen müssen – der bedeckte Himmel zwang sie regelrecht dazu.

Ihr Blick ruhte auf ihrem Handgelenk. Hier in Freds Wohnung schien ihr trauriges Dasein als Teepflückerin inzwischen weit entfernt.

Schließlich war es zehn Uhr. »Guten Morgen, ich heiße Anjali und sollte bei Ihnen anrufen.« Am anderen Ende ratterte eine fast quiekende Frauenstimme Fragen herunter. Anjali hörte aufmerksam zu. »Ja, einen Moment, bitte, ich möchte auf meinem Kalender nachsehen«, sagte Anjali und raschelte mit der *Times*. »Ausgezeichnet, um drei Uhr geht es.« Wieder diese schrille Stimme. Sie hielt den Hörer etwas vom Ohr ab, denn sie glaubte, ihr platzte gleich das Trommelfell. »Danke, gerne – auf Wiedersehen.«

Fred hatte sie beim Telefonieren amüsiert beobachtet.

»Anjali, es heißt: ›Ich sollte mich bei Ihnen melden‹ und ›Auf Wiederhören‹. Nur fürs nächste Mal. Du musst lernen, dich besser auszudrücken.«

Dieses Mal nickte sie mit dem Kopf, wie Europäer es taten, und wirbelte dann vor Freude über den Vorstellungstermin durch die Küche. Dabei riss sie einen Stuhl um, der krachend auf dem Boden landete. Erschrocken kehrte Anjali in die Nüchternheit des Raumes zurück. »Entschuldige bitte.«

»Wofür?« Fred lachte. »Ich werde dich begleiten«, sagte er und nickte ihr aufmunternd zu.

Zwei Tage später gegen halb drei Uhr fuhren sie mit der U-Bahn von Piccadilly bis zur Baker Street und liefen einige hundert Yards weiter zur York Street. Die Agentur befand sich in völlig weiß gehaltenen Räumen, die eine gewisse Distanziertheit vermittelten.

Erste Probeaufnahmen, die Fred von Anjali machte, fielen zur vollsten Zufriedenheit der Agenturchefin Sheila aus. Sie war eine dunkelhaarige, schlanke Frau, Ende 40, und sie brachte ständig neue Kleidungsstücke, mal waren es Abendkleider, mal Badeanzüge oder elegante, schlichte Kleider, die Anjali gut gefielen.

Nach mehreren Stunden nickte Sheila zufrieden. Wie eine Katze bewegte sie sich zu dem Glasschreibtisch und füllte einen Vertrag aus. Beim Schreiben klimperten goldene Armreife, und ihre Nägel glichen roten Krallen. Anjali war erstaunt, dass die kleine Frau damit den Füllfederhalter festhalten konnte.

Zum Abschied umarmte Fred die Agenturchefin, küsste sie auf die Wangen und flüsterte ihr etwas Unverständliches zu. Sie lachte, schüttelte den Bubikopf und tat, als wäre sie über seine Worte entsetzt.

Währenddessen schaute Anjali in den Vertrag. Soweit sie erkennen konnte, war hier aufgeführt, was sie alles nicht durfte, und ein winziger Absatz beschrieb, welche Rechte ihr zustanden. Zuletzt erhielt sie noch von Sheila Anweisungen für die kommenden Wochen, bevor sie an Freds Seite die Agentur verließ.

Fred schlug ihr jovial auf die Schulter und sagte: »Na siehste, Kleine, verlass dich nur auf deinen Fred.«

Die große Freude über den Modelvertrag hielt nur bis zur Rückkehr in die Wohnung an. Angstgefühle überfielen sie. Natürlich hatte sie in Ceylon für Aufnahmen posiert, aber jetzt sollte sie auf einem Laufsteg vor Interessenten teure Kleider vorführen. So hatte es Fred ihr ausführlich auf dem Rückweg von der Agentur erklärt. Weshalb hatte sie sich darauf eingelassen? Würde sie überhaupt Angebote von Modehäusern erhalten? Wer wollte schon eine Teepflückerin als Mannequin? Wieder einmal fühlte sie sich hilflos, denn Fred hatte ihr auch erklärt, dass er sie bei der Arbeit nicht begleiten konnte. »Ich habe für die Anstellung gesorgt, nun mach was daraus, du wolltest doch arbeiten«, hatte er ihr zum Trost gesagt. Er hatte recht. Und ja, sie würde es schaffen, sie hatte schon so viel erreicht!

Die nächsten Wochen war Anjali damit beschäftigt, den Schmink-, Frisier- und Gymnastikkurs zu absolvieren, auf den Sheila bestanden hatte. Erst dann lernte sie das Schreiten über den Laufsteg. Der Diätplan ließ ihr nicht viel Auswahl beim Essen, aber die kalorienarme asiatische Küche kam ihr dabei sehr entgegen.

Bei den Proben gab sie ihr Bestes, und nach wenigen Wochen erhielt sie ihren ersten Auftrag. Ein Brautmodenhersteller hatte sie wegen ihrer Hautfarbe aus dem Agenturkatalog ausgewählt und bestellte sie zur Vorführung seiner neuen Kollektion in das Hotel Claridge's.

Als sie am Tag der Modenschau im Hotel ankam, herrschte dort Trubel. Befehle und Rufe schwirrten durch die hohen Räume. Überall standen Kleiderständer und Hutschachteln. Zerknülltes Seidenpapier flog durch die Gegend. Ein heilloses Durcheinander empfing sie. Anjali wurde hektisch mit Küsschen auf beide Wangen begrüßt und ohne Umschweife an der Schulter zu den anderen Mannequins geschoben. Die Arbeit begann.

Die nächsten Stunden vergingen mit Schminken, Umziehen, über den Laufsteg Defilieren, Schminken, Umziehen, Laufen … so ging das weiter bis zum späten Nachmittag. Während Anjali sich auf ihre Aufgaben konzentrierte und versuchte, das in den letzten Wochen Gelernte anzuwenden, wuselten neben den Haar- und Make-up-Menschen auch zwei Schneiderinnen um sie herum, die ihre Nadelsteckkissen über das Handgelenk geklemmt trugen und letzte Dinge steckten, rafften oder festnähten, die dem Designer missfielen. Über allem herrschte eine schmächtige Frau namens Yvonne, deren streng geschnittener Bubikopf, schwarz umrandete Augen und Hosenanzug ihr Autorität verliehen. Sie koordinierte den Ablauf. Zwischendurch klemmte sie ihren Block unter den Arm, klatschte mehrfach in die Hände und trieb die sechs Mädchen, die an diesem Abend laufen würden, zur Eile an.

Ab und zu ließ sich der Chefdesigner blicken, nörgelte und verschwand mit theatralischem Gehabe. Trotz der Hektik herrschte eine legere Atmosphäre. Anjali fühlte sich wohl, auch wenn die anderen Mädchen sie aufgrund ihrer exotischen Herkunft als Konkurrentin sahen und sie etwas kühl behandelten.

Als es schließlich so weit war, konnte Anjali an nichts anderes als an ihren Lauf denken. Journalisten aller bedeutenden Modezeitschriften waren erschienen, und ein Blitzlichtgewitter erfasste nicht nur die prominenten Gäste aus Film, Wirtschaft und Politik, sondern auch die Mannequins. Anjali hatte nicht mit so viel Presse gerechnet. Würde ihr Gesicht – das Gesicht einer Hochlandtamilin – in Magazinen erscheinen? Der Gedanke war unglaublich.

Die Show wurde ein großer Erfolg. Selbst Sheila, ihre Agentin, die nicht leicht zufriedenzustellen war, beglückwünschte sie. Anjali schaute sich immer wieder suchend um, aber Fred war nirgends zu sehen. Er war nicht gekommen.

Anschließend wurde Anjali mehreren Damen und Herren aus der Modebranche vorgestellt, und sie lernte die aus dem Ausland angereisten Kolleginnen kennen. Anjali hatte sich auch nach zwei Monaten in England nicht an das Händeschütteln und Küssen zur Begrüßung gewöhnen können.

Leute wollten sie kennenlernen. Immer wieder wurde sie nach ihrer Herkunft gefragt, wurden Augenbrauen gehoben im Erstaunen darüber, dass sie kein bekanntes Gesicht auf dem asiatischen Markt war.

Sie war schließlich froh, dem lauten Gewimmel entfliehen zu können. Erst spät nach Mitternacht kam sie nach Hause. Die Wohnung war dunkel, Fred war nicht da.

Nach ihrem ersten Erfolg folgte ein Auftrag dem anderen, und Anjali war glücklich. Noch nie hatte sie so viel Geld verdient, dagegen war selbst der Wohlstand der Weberei nichts gewesen! Sie beteiligte sich an den Haushaltskosten, aber jeden Penny, den sie entbehren konnte, sparte sie. Trotz der Erfolge blieb ihr die Modewelt fremd. Alles an ihr schien gekünstelt, die Bewegungen, die Sprache, die Kleidung und das Make-up. Sie schloss mit Kolleginnen Freundschaften, die keine waren, sondern nur leere Worthülsen, und sofort nach getaner Arbeit endeten. Eifersüchteleien ihr gegenüber nahmen nach jedem erhaltenen Auftrag zu. Sie wurde noch einsamer und sich selbst fremd.

Manchmal, wenn die Hektik um sie herum ihren Höhepunkt fand, sehnte sich Anjali nach dem Leben im Slum zurück. Das Meer, die Muschelketten, Vimal. Trotz der Armut war sie dort glücklich gewesen.

Eines Morgens saßen Fred und Anjali im Pyjama in der Küche. Das Fenster war weit geöffnet, denn seit Wochen war es der erste richtig warme Tag, und sie beratschlagten, wie sie den Sommertag verbringen könnten. Das Telefon klingelte.

»Lass es läuten, wird nicht so wichtig sein«, sagte Fred und streckte sich gähnend.

Trotzdem rannte sie barfuß in sein Büro, in dem ein weiterer Apparat stand, und riss den Hörer hoch. Es war ihre Agentin.

»Gute Nachrichten, Anjali. Pack deine Tasche – ich hab einen Auftrag in Paris für dich. Morgen geht dein Flug.«

»Ich soll morgen nach Paris fliegen?«, fragte Anjali zweifelnd und lauschte Sheilas Erklärung. »Aber ich habe kein Visum für Frankreich.«

Sie hörte ein Fluchen, ein »Du hörst von mir!«, dann folgte das Freizeichen.

Fred stand in der Türöffnung und beobachtete sie. Seine blaugestreifte Pyjamahose hing tief auf seinen Hüften. »Wofür benötigst du ein Visum?«

Obwohl sie über den entgangenen Auftrag traurig war, musste sie herzlich lachen. »Ich sollte morgen nach Paris fliegen, eines der Modelle sei ausgefallen – na ja, daraus wird nichts. Und Sheila habe ich das erste Mal fluchen gehört.«

Fred blickte sie mit abwesendem Blick an, drehte sich um und verschwand. Wenige Minuten später stand er angezogen neben dem Telefon, steckte seinen Zeigefinger in die schwarze Scheibe und wählte Sheilas Nummer.

Anjali stand neugierig neben ihm.

»Ja, ich weiß, dass es früh ist, aber du wolltest doch Anjali nach Paris schicken – klar weiß ich, dass sie kein Visum hat, deshalb rufe ich an. Ich werde versuchen, eines zu bekommen … Woher? Lass dich überraschen. Entweder es klappt innerhalb der nächsten Stunden oder nicht.«

Fred warf den Hörer auf die Gabel. »Hol deinen Pass, aber beeil dich! Und falls du hast, 20 Pfund!«

Sie rannte ins Gästezimmer, griff den Pass und kramte nach dem Geld. Fred riss ihr beides aus der Hand, kurz darauf hörte sie die Wohnungstür krachend ins Schloss fallen. Sie atmete tief ein und aus.

Sie duschte eilig, kleidete sich an und hoffte auf ein Wunder.

Paris … Aber wie sollte sie sich dort verständigen? Sie lief in der Wohnung auf und ab und wartete.

Drei Stunden später stand Fred in der Tür und streckte ihr ihren Pass entgegen. »Hier, dein Visum!«

Sie schaute ihn mit leicht geöffnetem Mund verständnislos an. »Woher bekommst du ein Visum, das normalerweise Wochen, vielleicht sogar Monate dauert?«

»Frag nicht, mach den Mund zu und geh packen, ich rufe Sheila an. Hoffentlich reicht es noch«, sagte er in einem Ton, der ihr missfiel.

Seit einigen Tagen spürte sie eine Spannung, die sie nicht deuten konnte. Vor längerer Zeit hatte er ihr einmal erzählt, dass er gerne allein lebte, da bei seiner Familie früher ständig Zank und Streit herrschten. Sein Vater war Banker und betrachtete seine Mutter als geistig minderbemittelt, da sie ihr Studium seinetwegen abgebrochen hatte, eine Tatsache, die sein Vater seiner Mutter bei jeder Gelegenheit vorhielt. Fred war deshalb gleich nach dem Studium in Cambridge in eine eigene Wohnung gezogen, obwohl die Eltern ein großes Haus am Stadtrand Londons besaßen.

Obwohl Fred und Anjali sich nicht offen stritten, hatte sie immer mehr das Gefühl, dass ihn ihre Anwesenheit störte. Anjali steckte die notwendigen Dinge in die Reisetasche und überlegte, ob Fred sie loswerden wollte?

Am späten Nachmittag erfuhr sie, dass ein Ticket für sie am Flugschalter bereitlag.

Fred verließ die Wohnung. Er beabsichtigte, sich mit Freunden zu treffen, und hatte mit keinem Wort gesagt, dass sie folgen sollte. In dieser Nacht kam er nicht nach Hause.

Am nächsten Morgen verließ Anjali sehr früh die Wohnung, der Verkehr in der City war noch überschaubar, deshalb gönnte sie sich ein Taxi zum Flughafen Heathrow. Sie fühlte sich unsicher, denn sie war bisher nur das eine Mal von Colombo nach London in Begleitung von Sir Geoffrey geflogen, und der hatte alle Formalitäten erledigt. Gerne hätte sie Fred nach Einzelheiten gefragt, aber er war noch nicht wieder zurückgekommen. So war sie gezwungen zu beobachten, wie sich die anderen Reisenden verhielten.

Anjali war selbst überrascht, wie problemlos nicht nur der Flug vonstattenging, sondern auch ihr Aufenthalt in Paris. Sheila hatte daran gedacht, ihr einen Fahrer zum Flughafen zu bestellen, der sie zur Modenschau und später ins Hotel brachte. Die zwei Tage in Frankreich erschienen ihr wie ein Augenblick.

Als sie nach London zurückkehrte, erwartete Fred sie in der Ankunftshalle des Flughafens. Seine Haare waren zerzaust, das Gesicht bleich, die Augen verquollen und rötlich unterlaufen, das Jackett verknittert. Auch die passende Hose sah ungepflegt aus. Er war unrasiert. In der Hand hielt er eine ebenso traurig aussehende Rose. Zur Begrüßung drückte er ihr einen sanften Kuss auf die Wange. Er roch nach Alkohol und kaltem Rauch.

»Woher wusstest du, um welche Zeit ich ankomme?«, fragte sie überrascht.

»Ich habe Sheila gefragt«, sagte er verlegen und schaute zur Seite und lächelte.

In ihr breitete sich wieder das Gefühl aus, das sie schon bei ihrem Treffen mit Tom bemerkt hatte. Sie zögerte verunsichert und war kurz versucht, die welke Blume in den nächsten Abfalleimer zu werfen. In diesem Augenblick verstand sie weder sich noch den Europäer.

Fred trottete wortlos neben ihr her und machte nicht die geringsten Anstalten, ihr die Reisetasche abzunehmen. Er hakte sich nach wenigen Metern bei ihr ein, als seien sie ein altes Ehepaar.

In der Wohnung sah es ebenso unordentlich aus wie bei ihrem ersten Betreten. Im Wohnzimmer brannte die Deckenbeleuchtung, und die Vorhänge waren geschlossen, obwohl draußen seit Stunden die Sonne schien. Die rauchgeschwängerte Luft war zum Schneiden dick. Anjali zog die Gardinen zurück und riss die Fenster auf.

Fred hatte ihre Abwesenheit dazu benutzt, eine seiner wilden Partys zu feiern. Er wusste, dass sie diese lauten Feiern nicht mochte. Außer unschöner Musik waberten meistens Rauchschwaden von Zigaretten und anderem süßlichem Rauchbarem durch die Wohnung, und die Gäste benahmen sich wie kreischende Affen im Hochland. Schweigend ging sie hinüber in das Gästezimmer, stellte die Tasche ab, griff in dem Schrank nach einem älteren Rock und suchte ein passendes T-Shirt. Das neue dunkle Kostüm und die Seidenbluse, die sie in Paris gekauft hatte, warf sie aufs Bett. Fred schien nicht einmal bemerkt zu haben, dass sie ein neues Kleidungsstück trug. Erbost über dieses Chaos, begann sie, in der Küche laut klappernd das Geschirr abzuwaschen. Vor allem ärgerte es sie, dass Fred hinüber ins Schlafzimmer ging und sich ins Bett legte. Sah er in ihr lediglich die Haushälterin, die mit ihm das Bett teilen durfte? Sie schmiss das nasse Küchentuch in die Ecke. Überrascht hielt sie inne.

Wo war ihre asiatische Sanftmütigkeit geblieben? Sie war eine heimatlose Freundin, die er aufgenommen hatte. Was ging es sie an, was er in seiner Wohnung trieb?

Nachdem Anjali die Küche in den Normalzustand versetzt hatte, putzte sie das Wohnzimmer. Beim Saugen fand sie hinter dem Sofa einen roséfarbenen Seidenslip. Mit spitzen Fingern drapierte sie ihn demonstrativ auf dem mit Zigarettenstummeln überquellenden Aschenbecher, der auf dem Couchtisch stand.

Als sie mit allem fertig war, bereitete sie sich einen Tee, ließ sich erschöpft in einen Sessel fallen und legte die Beine aufs Sofa. Immerhin war sie morgens gegen fünf Uhr aufgestanden, und die letzten Tage waren anstrengend gewesen. In Gedanken sah sie den Ablauf der Modenschau und die vielen interessanten Menschen, die sie getroffen hatte. Sie beugte sich hinüber zu dem Biedermeierschreibtisch und griff nach einem Block. Seit einigen Wochen nutzte sie jede freie Minute dazu, Kleiderstoffe und Schmuck zu entwerfen, wie damals auf Ceylon. Bei der Erinnerung, wie sie erste Zeichnungen in den Sand am Strand gemalt hatte, musste sie lächeln.

Erst gegen Abend tauchte Fred in Unterwäsche auf, goss sich einen doppelten Whiskey ein und setzte sich mit untergeschlagenen Beinen auf den anderen Sessel. Er blickte missmutig vor sich hin. Dann entdeckte er den Slip. Ein Lächeln huschte über sein Gesicht, aber er tat so, als ginge ihn das nichts an. »Ich habe Hunger, was gibt es zu essen?«

Anjali legte den Zeichenblock zur Seite. Wenigstens einen Dank für ihre Mühen hatte sie erwartet, aber Fred schien es als Selbstverständlichkeit zu betrachten.

Anjali ging in die Küche und öffnete den Kühlschrank – leer. Sie war ungehalten, denn vor der Reise hatte sie reichlich eingekauft. Auch wenn sie Fred nicht vorschreiben konnte, wen er sich in ihrer Abwesenheit in seine Wohnung holte – aber das Essen hatte sie von ihrem Geld bezahlt! Sie atmete einmal tief ein und aus und beruhigte sich.

»Es gibt nichts, ist alles weg. Ich muss erst etwas besorgen! Was möchtest du essen?«

»Ist mir egal, mach, was du willst!«

Sie wollte gar nichts, ihr reichte eine Schale Reis und dazu ein Apfel, aber sie ging zu Fred hinüber, strich ihm zärtlich über die Schulter und sagte: »Ich brauche nichts, aber du musst mir sagen, was ich für dich zubereiten soll.«

»Verdammt noch mal«, fuhr er sie an. »Immer diese Sanftmütigkeit! Dein Harmoniestreben und das ewige Lächeln gehen mir dermaßen auf den Geist – lass mich zufrieden!«

Er stand auf und ging ins Schlafzimmer. Wenig später schlug er die Wohnungstür hinter sich zu und kehrte nachts nicht zurück.

Am nächsten Morgen saß Anjali beim Frühstück, da erschien Fred übernächtigt in der Küche und warf ihr eine Zeitung auf den Tisch. Er grüßte nicht, sondern sagte nur: »Hier, Neuigkeiten!«

Lady Esther hatte Sir Charles geheiratet. Sie las den Artikel aufmerksam und betrachtete die wenigen Bilder.

»Hast du die Hochzeitsaufnahmen gemacht?«

Fred brummte etwas Unverständliches. »Ah, bevor ich es vergesse: Die Dame lässt dir ausrichten, sie hat das bei ihr deponierte Geld auf dein hiesiges Konto überwiesen.«

»Und woher kennt sie meine Bankdaten?«

»Na, von wem wohl?«

Sie schwieg unglücklich.

»Du hast dich bei der Lady nie mehr sehen lassen, obwohl du genug Zeit gehabt hättest, dich zu entschuldigen«, meinte Fred. »Du kannst ihr nicht vorhalten, mit dir abschließen zu wollen. Schließlich kehrt sie auch nicht mehr zurück nach Ceylon und musste ihre Zelte dort abbrechen.«

Anjali dachte beschämt an ihr Verhalten. Damals hatte sie gehofft, dass keiner ihr Verschwinden bemerken würde. Als sie später von dem Unmut der Herrschaften erfahren hatte, konnte sie sich nicht vorstellen, ihnen jemals wieder zu begegnen. Lady Esther war eine gute Freundin auf Ceylon gewesen. Sie verdiente Besseres. Trotzdem hatte Anjali sich nicht dazu durchringen können, sie aufzusuchen, um sich zu entschuldigen. Auch wenn sie von Lady Esther nichts anderes hatte erwarten dürfen, schmerzte es sie, dass sie nicht eingeladen worden war.

Ob Sir Geoffrey zur Feier gekommen war? Auch von ihm hatte sie lange nichts gehört. War er wieder in England? Wollte auch er nichts mehr mit ihr zu tun haben?

»Fred, weshalb hast du mir nichts von der Hochzeit erzählt?«

»Weil ich glaubte, es interessiere dich nicht. Sonst hättest du dich doch längst bei der Dame gemeldet und für dein Benehmen entschuldigt. Sie hätte bestimmt Verständnis gezeigt. Jetzt ist es zu spät.«

Paris war nur der Anfang. In den folgenden Monaten war Anjali ständig unterwegs. Sie arbeitete für die wichtigsten Modehäuser Europas, und ihr Gesicht zierte Plakate und Deckblätter von Modezeitschriften. Doch irgendwie konnte Anjali sich in diesen Bildern nie wiedererkennen. Es war, als würde ihr eine Fremde entgegensehen. Keine Teepflückerin aus Ceylon. Andere schienen kein Problem zu haben, sie als das Model zu identifizieren. Überall starrten fremde Menschen sie an – im Flugzeug oder auf der Straße, beim Einkaufen oder wenn sie in einem Café Tee trank. Oft versteckte sie sich hinter einer Sonnenbrille oder lief ungeschminkt durch Londons Straßen, um für kurze Zeit wieder unsichtbar zu sein.

Trotz der immer häufiger auftretenden Reibereien gefiel Anjali das Leben mit Fred, und sie freute sich bei jeder Rückkehr, ihm von den Erlebnissen und neuen Eindrücken zu berichten. Um Fred zu gefallen, und vor allem, um ihn nicht zu verlieren, zog sie nachts mit ihm durch überfüllte, rauchgeschwängerte Bars, obwohl sie übermüdet war und die laute Musik der Beatles und Rolling Stones verabscheute. Eigene Freunde fand sie nicht. Selbst in seinem Kreis blieb sie eine Außenseiterin. Wie schon in der Gesellschaft der Herrschaften fühlte sie sich wieder einsam.

Freds nächtliche Abwesenheit häufte sich. Auf ihre Fragen antwortete er ausweichend oder warf ihr ihre ständigen Reisen vor, auch wenn sie sicher war, dass er die Zeit alleine ihrer Gesellschaft meist vorzog. Fiel sie ihm etwa genauso auf die Nerven wie seinerzeit Elaine, die er entsorgt hatte wie einen gebrauchten Teebeutel?

Das Flugzeug kreiste am Abendhimmel. Anjali blickte zum Fenster hinaus. Ein Meer flirrender, goldener Punkte lag unter ihr. Wie oft war sie in den letzten 18 Monaten spätabends nach London zurückgekehrt, aber nie zuvor war die Sicht auf die riesige Stadt so faszinierend gewesen. Ihr Herz klopfte schneller. Erste Zweifel tauchten auf. Was, wenn Fred über die verfrühte Rückkehr gar nicht erfreut war?

»Sehr geehrte Fluggäste, in wenigen Minuten werden wir in London-Heathrow landen«, unterbrach die Stimme des Pursers ihre Gedanken, und sie lächelte. Sie freute sich auf Fred. Und auf seinen erstaunten Blick, wenn sie unerwartet vor ihm stand, denn normalerweise kannte er die Zeit ihrer Rückkehr und holte sie vom Flughafen ab.

Anjali nahm die Tube bis zur U-Bahn-Station Piccadilly Circus und ging den Rest zu Fuß.

Leise öffnete sie die Eingangstür und hielt inne. Frauenlachen schallte ihr entgegen. Gedämpfte Musik durchzog die Wohnung. Parfümgeruch lag in der Luft. Enttäuschung überfiel sie. Unbemerkt schlich sie ins Gästezimmer, stellte die Reisetasche ab und warf sich aufs Bett und weinte. Schon seit einiger Zeit vermutete sie, dass während ihrer Abwesenheit andere Frauen in der Wohnung übernachteten, und nun war es Gewissheit. Selbst schuld, weshalb hatte sie ihn nicht informiert, dass sie früher eintreffen würde? Schließlich war auch sie nur Gast in dieser Wohnung. Es war ihre Schuld, dass sie begonnen hatte, mehr zu erwarten.

Sie stand auf und ging ins Bad. Schmutzige Wäsche lag auf dem Boden. Damenslips zwischen Männerunterwäsche. Das fremde Spitzennachthemd hing an dem Türhaken über ihrem. Wasch- und Schminkutensilien lagen auf dem Waschtisch verstreut. Die andere Frau musste bereits eingezogen sein. Anjali lief zurück ins Gästezimmer, nahm die Reisetasche und verließ die Wohnung.

Kapitel 16

Trotz des herrschenden Verkehrs und des noch bunten Treibens auf den Straßen fühlte sich Anjali einsam. Der Traum von einer gemeinsamen Zukunft mit Fred war in Sekundenschnelle zerplatzt. Wo sollte sie nun bleiben? Eine günstige Unterkunft musste sie finden. Günstig, was war schon günstig in dieser Stadt? Eine einzige Nacht allein würde einen Teil der letzten Gage verschlingen, aber schlimmer war: Wie konnte sie so spätabends eine günstige Unterkunft finden? Sollte sie in das Haus zurückgehen und warten, bis der Concierge seine Runde drehte – vielleicht gab es ein unverschlossenes Büro, oder sie fand im Keller eine Schlafmöglichkeit? Am nächsten Tag könnte sie dann weitersehen. Weshalb hatte sie nicht vorgesorgt und sich längst eine Wohnung oder eine passende Pension gesucht? Na ja, bisher bestand dafür kein triftiger Grund, aber wenn sie ehrlich war, spürte sie seit Längerem, dass die Beziehung zu Fred erheblich gestört war. Natürlich war es bequemer gewesen, in der riesigen, gemütlichen Wohnung zu leben, und jetzt stand sie hier kurz nach Mitternacht in der Dunkelheit und wusste nicht weiter. Sollte sie einfach wieder hinaufgehen in die Wohnung und so tun, als käme sie gerade zurück?

Ein Taxi hielt in einiger Entfernung und ließ Fahrgäste aussteigen. Die gelbe Schrift »for hire« leuchtete auf. Schnell trat Anjali an die Bordsteinkante und winkte.

Der Wagen stoppte, aber der Fahrer machte keine Anstalten, auszusteigen und ihr die Tasche abzunehmen. Anjali stieg ein. Wenigstens öffnete er die Zwischenscheibe im Wagen.

»Wohin?«, fragte er, ohne sich umzudrehen.

Anjali sah, dass er sie im Rückspiegel beobachtete, und zuckte mit den Schultern.

Jetzt drehte er sich um. »Sie wissen nicht, wohin Sie wollen?«

Anjali schüttelte den Kopf, ihre Augen füllten sich mit Tränen. Glücklicherweise wandte er sich dem Lenkrad zu. »Ich bin kein Aufenthaltsraum, entweder Sie sagen, wohin ich fahren soll, oder steigen wieder aus – und zwar plötzlich.«

»Kennen Sie ein günstiges Hotel oder eine Pension?«, fragte Anjali schnell.

»Günstig?« Der Fahrer drehte sich erneut zu ihr um und begutachtete zuerst sie und dann die teure Reisetasche, die auf dem Sitz neben ihr stand. »Lady, hier gibt es jede Menge Hotels in der Nähe, aber die Preise kenne ich nicht, da müssen Sie selbst sehen«, sagte er unfreundlich. »Und für 300 Yards fahre ich nicht los, da gibt es um diese Zeit bessere Fahrten! Also, was ist?«

Anjali öffnete die Tür, griff die Tasche und war im Begriff, das Auto zu verlassen, da sagte er: »Warten Sie! Billige Hotels kenne ich nicht, aber in unserem Haus steht eine Dachkammer leer, da hat bis letzte Woche mein Sohn gewohnt, der hat geheiratet, und er und seine Frau kommen erst in zwei Wochen wieder. Sind auf Hochzeitsreise, als wenn wir keine anderen Sorgen hätten«, sagte er mehr zu sich selbst und hustete. »Zehn Schilling die Nacht, drüben in Soho.« Er stieß den Kopf in Richtung des Viertels.

Das war Wucher, aber Anjali nickte. Es hatte lange gedauert, bis sie sich daran gewöhnt hatte, wie die Europäer bei Bejahung mit dem Kopf zu nicken und ihn bei Verneinung zu schütteln.

»Im Voraus zu bezahlen, klar?«

Sie nickte erneut. »Jetzt sofort oder beim Aussteigen?«

Er gab keine Antwort, sondern fädelte sich in den fließenden Verkehr ein.

Er hielt vor einem heruntergekommenen Haus in Soho, dessen rote Farbe längst verblichen und teilweise abgeblättert war. »So, Endstation.« Er stieg aus, griff nach ihrer Tasche und lief voraus. Durch einen heftigen Tritt sprang die Haustür auf.

Ein Geruchmix aus ranzigem Fett und altem Fisch schlug ihr entgegen. Anjali versuchte, den aufkommenden Brechreiz zu unterdrücken.

Der grauhaarige Mann stieg vor ihr die schmale Treppe hinauf in den dritten Stock. »Carter« stand auf einem Zettel, der mit einer Reißzwecke an der Tür befestigt war. Er zog einen Schlüsselbund aus seiner Cordhose hervor, öffnete die Tür und knipste die Deckenbeleuchtung an, die lediglich aus einer herabhängenden Glühbirne bestand und den Raum in ein schummeriges Licht tauchte. Die Wattzahl reichte, und Anjali sah, dass das winzige Zimmer in einem ordentlichen und sauberen Zustand war. Die Blumentapete und die gepunkteten Gardinen entsprachen eher einem Mädchenzimmer.

»Da hinter dem Schrank steht ein Eimer für die Nacht.« Er deutete in die Ecke, in der auch ein schmales Waschbecken hing. »Das Klo ist eine Treppe runter – steht dran. Und mit dem Kessel dort auf dem Ofen kannst du heißes Wasser machen, für Tee und zum Waschen. Holz und Kohle sind da drüben im Dachboden unter der Schräge. Aber pass auf, wenn du weggehst.« Mit dem Einzug in die Kammer seines Sohnes betrachtete er sie wohl als neues Familienmitglied und ging in die vertraute Anrede über. Dann drehte er sich um, besann sich und streckte ihr die Hand hin. Sie legte ihm die vereinbarte Summe darauf. »So, ich muss weiter, bis morgen.« Er ließ sie allein.

Anjali schaute zum Fenster hinaus auf den winzigen dunklen Hof. Ja, sie war wieder dort angekommen, wo sie hingehörte. Sie unterdrückte die Tränen, die sich anbahnten, und legte sich bekleidet auf das unbezogene Bett.

Klopfen an der Tür weckte sie aus einem Traum, in dem sie ihre Mutter durch die Teebüsche auf der Plantage ziehen sah. Dabei winkte Sita ihr lächelnd entgegen. Schweißgebadet sprang Anjali hoch und öffnete. Eine dickliche Frau um die 50 stand mit einem Tablett in der Hand davor.

»Hier: Tee, Toast und Porridge. Mein Mann James hat gesagt: ›Da oben in Harrys Kammer schläft ein dürres Gerippe, das braucht was Ordentliches.‹« Sie drückte Anjali das Tablett in die Hand. »Ich bin Helen, wir wohnen einen Stock tiefer, wenn was fehlt. Bis später«, sagte sie und schloss die Tür hinter sich.

Draußen herrschte das übliche Londoner Wetter. Dicke graue Wolken hingen fast bis auf den nass glänzenden gepflasterten Hinterhof. Anjali drückte die Stirn an das Holz des Fensterkreuzes. Zuerst musste sie die Agentur aufsuchen und Sheila mitteilen, dass sie sich vorerst täglich aus einer Telefonzelle nach Aufträgen erkundigen würde.

Nachdem sie gefrühstückt hatte, nahm sie das Tablett und die Handtasche und verließ die Mansarde. Bevor sie bei den Vermietern klopfen konnte, öffnete sich die Wohnungstür. Helen musste lauernd dahinter gestanden haben.

»Komm rein! Hier ist Bettwäsche. Brauchst du Handtücher?«

Anjali nickte. »Ich hole die Sachen später, ich muss etwas erledigen und bin heute Nachmittag zurück.«

»Wie lange bleibst du hier?«

Anjali zuckte mit den Schultern. »Auf alle Fälle heute und morgen, wenn es geht.«

Helen nickte. »Kannst auch länger bleiben. Zimmer und Vollpension kosten dann ein Pfund und zehn Schilling.«

Anjali stellte sich vor, den in altem Fett gebratenen Fisch mit Chips zu essen, dessen Geruch immer noch in der Luft hing. »Danke, ich werde es mir überlegen und sage morgen Bescheid«, erklärte sie diplomatisch. Sie hob zum Gruß die Hand, wie sie es von den Engländern gesehen hatte, und sprang die ausgetretenen Stufen hinunter.

Eigentlich hatte sie sich direkt auf den Weg zur Agentur machen wollen, aber irgendetwas hielt sie von dem Vorhaben ab. Und so lief sie eine Zeitlang ziellos durch die Straßen. Der Nieselregen ging in einen heftigen Schauer über, und der Wind peitschte die Nässe gegen ihren Körper. Sie hatte keinen Schirm bei sich und ging deshalb früher als beabsichtigt zurück zur Unterkunft. Drei Straßen davon entfernt sah sie ein schwach beleuchtetes Schild »Lotosblüte«. Zielstrebig lief sie darauf zu und betrat den Gastraum der Lotosblüte. Der Duft nach Kardamom, Nelken, Zimt und Muskat hing in der Luft. Lediglich zwei Tische waren besetzt. Um diese Zeit hatten die meisten schon gegessen oder kamen, wenn überhaupt, später, vermutete sie. Die schäbige Dekoration des Raumes mit den Messinghängeampeln sah aus, als stammte sie von einem billigen indischen Markt, so wie sie es die wenigen Male in Colombo gesehen hatte. Schummeriges rötliches Licht fiel auf den abgetretenen Linoleumboden. Sie wählte einen Fenstertisch und wünschte, ein Fenster öffnen zu können, um den Geruch nach kaltem Rauch und Essen zu vertreiben. Das Tischtuch ließ die Speisekarte erahnen, rote, gelbe und braune Kleckse wechselten sich ab. Sollte sie rasch aufstehen und wieder gehen? Hier zu essen, fand sie genauso unangenehm wie bei den Carters.

Sie hatte zu lange gezögert, der Wirt kam und legte eine ebenso schmuddelige Karte vor sie hin. Immerhin war sein weißes Hemd sauber, und die schwarze Hose, die er trug, besaß Bügelfalten.

»Zu trinken?«, fragte der dunkelhaarige Mann.

»Wasser«, antwortete Anjali genauso unhöflich und klappte die Karte mit spitzen Fingern auseinander. Ihr eigenes Handeln ließ sie überrascht innehalten, und plötzlich musste sie lachen. Hatte sie total vergessen, wie es früher in ihrer ärmlichen Behausung gewesen war?

Der Wirt sah sie ungehalten an.

»Entschuldigung«, sagte Anjali schnell und sah den Wirt lächelnd an.

Der verzog ebenfalls das Gesicht zu einem Grinsen. »Bist nicht von hier?«

Anjali schüttelte den Kopf und blickte konzentriert auf die angebotenen Speisen. Der Mann blieb wartend neben ihr stehen. Um ihn loszuwerden, bestellte sie ein Gemüsecurry. Er schlurfte Richtung Küche und brüllte etwas hinein.

Die Luft des Restaurants war plötzlich nicht mehr abstoßend. Den Geschmack des Gerichts bereits auf der Zunge erahnend, den Geruch in der Nase, schien Ceylon mit seiner Schwüle, dem unendlichen Grün der Teepflanzen und den singenden Vögeln zum Greifen nahe. Tränen tropften auf den Tisch.

Der Wirt musste ihre bedrückte Stimmung bemerkt haben, denn er kam und setzte sich unaufgefordert zu ihr. »Kann ich helfen?«, fragte er, und seine Stimme klang jetzt dunkel, beruhigend, fast mitfühlend.

Anjali schüttelte den Kopf und wischte mit dem Handrücken die Tränen ab. »Entschuldigung, aber hier riecht es so heimatlich, da …«

»Ist schon okay, geht uns allen so – irgendwie. Erst wollen wir weg, und wenn wir hier sind, spüren wir, dass wir nicht willkommen sind. Was treibt dich in diese miese Gegend?«

»Ich habe mich von meinem Partner getrennt, und da bin ich durch die Straßen gelaufen und habe Ihr Schild gesehen.«

Weshalb erzählte sie dem Fremden solch private Dinge? Aber eigenartigerweise fühlte sie sich dadurch erleichtert.

Eine junge Frau ungefähr in ihrem Alter brachte das dampfende Curry sowie eine Schale Reis und stellte beides vor ihr ab, schaute sie dabei interessiert an und ging wortlos zurück in die Küche.

Der Mann blieb sitzen, obwohl Anjali gerne allein gewesen wäre. Aber sie mochte nichts sagen, füllte den Teller und stocherte im Essen herum. Das Gemüsecurry schmeckte unangenehm, bitter und muffig wie ein alter Wischlappen. Hatten sich ihre Geschmacksnerven verändert? In den letzten Wochen hatte sie ausschließlich europäisch gegessen, denn Fred mochte das »Gemansche«, wie er es neuerdings nannte, aus unerfindlichen Gründen auf einmal nicht mehr.

»Schmeckt's nicht?«

Anjali schüttelte den Kopf. »Die Gewürzmischung müsste geändert werden, hier ist viel zu viel Kreuzkümmel und Zimt drin.«

»Du bist Köchin?«

Anjali schüttelte lächelnd wieder den Kopf und wusste nicht, weshalb sie das gesagt hatte.

»Dann sag mir einfach, wie du es machen würdest.«

Sie lachte laut auf. »Wie wäre es damit: Ich stelle dir eine Gewürzmischung zusammen und bringe sie vorbei.«

Was sollte das, weshalb bot sie ihm den Unsinn an?

Na ja, ich werde sowieso niemals wieder hierherkommen, dachte sie und griff nach dem Wasserglas.

»Du hast dich also von deinem Partner getrennt … Hast du denn dann eine Bleibe?«

Die Frage erschreckte sie. »Übergangsweise. Aber ich suche nach einer Pension oder kleinen Wohnung, wo ich möglichst bald einziehen kann.«

Sie sah den Mann an, sein Gesichtsausdruck schien verändert, fast vertrauenerweckend. Mit seinen schwarzen Augen betrachtete er sie prüfend. Anjali wollte gerade um die Rechnung bitten, da sagte der Wirt: »Hör mal, zwei Häuser weiter, da, wo das Schmuckgeschäft ist«, er zeigte mit der Hand nach rechts, »da zieht bald das junge Paar aus, die können die Miete nicht zahlen. Sie gehen nach Leeds oder so, zu seinen Eltern. Wenn du möchtest, kann ich meinen Freund, den Hausbesitzer, fragen.«

Sie zögerte einen Augenblick, dann nickte sie.

Der Wirt stand auf und eilte aus dem Gastraum, die Tür ließ er weit offen. Es zog. Die hässlichen Gardinen blähten sich auf und strichen um ihren Kopf. Jetzt hätte sie das Geld hinlegen und verschwinden können, aber nichts zog sie in die Mansarde zurück. Was versäumte sie schon?

Ein Hoffnungsschimmer ließ sie warten. Vielleicht konnte der Mann ihr tatsächlich weiterhelfen. Zwar müsste sie sich dann an ihr leichtsinnigerweise gegebenes Versprechen halten und ihm eine Gewürzmischung zusammenstellen, aber wenn sie so ein Dach über dem Kopf bekäme, wäre dafür ein geringer Preis zu zahlen. Fred hatte ihr vor längerer Zeit erklärt, dass seine Landsleute eher ein milderes Curry bevorzugten, und sie versuchte, sich zu erinnern, wie Mary es gemacht hatte, wenn englische Gäste erwartet wurden. Der indische Wirt, Anjali schätzte ihn auf ungefähr 45 Jahre, kam mit einem Engländer zurück, und sie bemerkte, wie der rothaarige Mann sie von der Tür aus begutachtete. Danach kam er zu ihr herüber und setzte sich ebenso ungefragt neben sie wie der Wirt zuvor.

»Du willst 'ne Wohnung, hab ich gehört. Was kannst du zahlen?«, fragte er direkt. Er sprach so undeutlich, dass Anjali Mühe hatte, ihn zu verstehen.

»Zuerst möchte ich sie sehen, dann können wir über die Miete verhandeln.« Anjali tat geschäftsmäßig und hoffte, den Mann, den der Wirt Jimmy genannt hatte, nicht zu verärgern.

»Dann komm!«

Anjali sah zu dem Wirt hinüber. Er nickte. »Kannst nachher zahlen, aber vergiss es nicht!«

»Bestimmt nicht«, rief sie ihm im Hinausgehen zu und folgte dem Fremden.

Die Wohnung lag im obersten Stock. Eine schmale Holztreppe führte hinauf in die zweite Etage. Im Hausflur roch es nach einem Gemisch aus Kohlsuppe und dem typischen Frittierfett. Die Wände waren fleckig, und Rillen zierten den ehemals weißen Putz. Ohne zu klingeln, öffnete Jimmy die Wohnungstür und ließ sie eintreten. Drinnen war alles sauber und ordentlich, und es roch nach Kernseife. Die wenigen Möbel waren zusammengestellt, und dazwischen standen verschieden große Pappkartons mit Schnur umwickelt. Die Fenster, die zur Straße hin zeigten, waren geputzt und die Tüllgardinen frisch gewaschen. Niemand war anwesend. Anjali lief durch die beiden Räume und betrachtete die winzige Küche. Immerhin gab es ein eigenes kleines Badezimmer und nicht eine Gemeinschaftstoilette auf dem Flur. Anjali zauderte bewusst einen Moment, um die Miete nicht durch eine schnelle Zusage in die Höhe zu treiben. Ohne sich ihre Begeisterung anmerken zu lassen, sagte sie ruhig: »Ja, ganz ordentlich, ich nehme die Wohnung. Und wann kann ich einziehen?«

»Hm, eigentlich ist die Wohnung versprochen, aber eine schöne Frau ist mir lieber als ein Paar mit drei Gören.« Der Mann kratzte sich am Kopf und tat, als müsste er überlegen.

Erstaunlicherweise wurden sie sich sehr schnell über die Miete einig, und Anjali übergab mehrere Pfund als Anzahlung, bevor sie zurück zum Restaurant lief.

Der Inder sah Anjali beim Betreten des Lokals interessiert an und fragte: »Na, wie ist es?«

»Ich nehme die Wohnung und kann nächste Woche einziehen.«

»Du weißt, dann ist Vermittlungsprovision fällig, zehn Prozent vom Mietpreis – plus dein Essen. So was mache ich nicht umsonst, hab schließlich meine Zeit geopfert.«

Aha, deshalb war er so schnell bereit gewesen, ihr zu helfen. Sie legte ihm das Geld auf den Tresen. »Dann gibt es auch keine Gewürzmischung umsonst«, sagte sie und verließ fröhlich das Lokal.

Der Inder kam ihr hinterher: »Wir werden uns schon einig, schöne Frau«, rief er.

Gauner, dachte Anjali schmunzelnd.

Auch die Sache mit Fred würde sie umgehend erledigen. »Gleich morgen«, sagte sie in die Kühle des frühen Abends.

Viel Eigentum besaß sie nicht, aber trotzdem würde sie Hilfe beim Transport brauchen. Ein Taxi wäre die einfachste Art, daher bat sie James, ihren Vermieter, ihr zu helfen. Der war zuerst beleidigt, dass sie nicht bis zur Rückkehr seines Sohnes in dem Zimmer blieb, aber Anjali hatte eine Flasche Gin gekauft und setzte sich zu den beiden älteren Leuten in die Küche. Sie erklärte ihm und Helen die einmalige Gelegenheit und die Vorzüge der Mietwohnung mit Bad und eigener Küche, ebenso wie ihre besonderen Bedürfnisse, da sie sich als Mannequin anders ernähren müsse. Sie selbst war nur froh, dass sie nicht in die Ghettos der Außenbezirke ziehen musste.

Ihre Vermieter blickten sie erstaunt an, und Helen sagte bewundernd, wenn auch distanziert: »Ah, Mannequin, da sind Sie natürlich was Besseres als die enge Mansarde gewohnt.«

Die Flasche war rasch geleert, und Anjali versicherte beiden, auch nach dem Auszug sie wieder zu besuchen. Das tat sie natürlich auch mit dem Hintergedanken, diese Menschen vielleicht noch einmal zu brauchen.

Am Freitagnachmittag lief sie zu Freds Wohnung. Der Hausmeister sah sie befremdlich an und sagte: »Mister Allington ist nicht zu Hause.«

»Danke, weiß ich«, log Anjali. »Ich habe einen Schlüssel.«

Schnell drehte sie sich um, lief zum Aufzug und war froh, als sich die innere Tür des Stahlgefährts hinter ihr schloss. Ihr Herz raste. *Besser hätte es nicht laufen können,* dachte Anjali, atmete tief durch und lehnte erleichtert den Kopf an die Fahrstuhlwand.

Zur Sicherheit klingelte sie an der Wohnungstür. Niemand öffnete. Vorsichtig schloss sie die Tür auf. Eine Wolke aus kaltem Rauch strömte ihr entgegen. Eilig suchte sie ihre Kleidung, Schuhe und Handtaschen und einige persönliche Dinge zusammen, warf alles in die Koffer und packte sämtliche Kosmetika und Waschutensilien in die mitgebrachte Reisetasche. Freds Geschenke ließ sie zurück. Sie lief ein letztes Mal durch die Wohnung, in sein Atelier und in die Dunkelkammer. Die Fotos hingen an gleicher Stelle. An einer besonders gelungenen Aufnahme von ihr aus Ceylon steckte eine Papierrose, wie die, die man auf dem Jahrmarkt schießen konnte.

Als Letztes legte sie Fred den vorbereiteten Brief und die Schlüssel auf die Kommode im Flur und griff den Leopardenfellmantel, der seit ihrer Ankunft an der Garderobe hing, und verließ traurig die Wohnung.

Erfreulicherweise war der Concierge nirgends zu sehen, als sie aus dem Fahrstuhl kam und die vollgepackten Koffer auf dem Marmorboden neben sich herschob. Die schwere Haustür fiel hinter ihr ins Schloss.

Anjali schaute sich suchend nach James um und hoffte, er würde bald auftauchen. Als hätte er ihren Wunsch gefühlt, stoppte er in diesem Moment neben ihr.

Sie bat ihn, sie direkt in die neue Wohnung zu bringen. »Vielleicht kann ich meinen Kram jetzt schon dort abstellen. So erspare ich mir den Umzug.«

Glücklicherweise traf Anjali das junge Ehepaar in der Wohnung an. »Guten Tag, ich bin Ihre Nachmieterin, darf ich meine Sachen schon hierlassen, oder würde es sehr stören?«

»Hier stört gar nichts mehr«, antwortete die noch sehr kindlich wirkende hochschwangere Frau, die sich als Sally vorstellte. »Kommen Sie rein, und wenn Sie wollen, setzen Sie sich irgendwohin. Wollen Sie Tee? Ich koche gerade welchen.«

Anjali nickte. Sally kramte schwerfällig einen Wasserkocher und drei angeschlagene Tassen unter dem Vorhang des Spülbeckens hervor.

Um irgendetwas zu sagen, fragte Anjali: »Wie transportieren Sie die Möbel?«

Die junge Frau zuckte mit den Schultern. Ihr Gesicht sah aschfahl aus. Das Wasser kochte, die Schwangere schlurfte schwer atmend zur Kochplatte und goss es in die Teekanne.

»Wo ist Ihr Mann, habe ich ihn vertrieben?«

»Nein, der sitzt bestimmt da unten auf der Treppe und raucht, wegen dem Baby und so. Mir wird immer schlecht davon. Der schämt sich, weil er kein Geld mehr verdient, so wie er mir versprochen hat – und jetzt mit dem Kind …« Sie seufzte und trank einen Schluck Tee aus der Tasse, die sie mit beiden Händen umklammert hielt. »Jetzt müssen wir zu seinem Vater, der kann mich nicht leiden. Bin ihm zu arm. Der hat zwar auch keinen Penny, aber für seinen Sohn hat er sich was anderes vorgestellt. Ich bin Waise. Er hat mich von der Straße geholt, wissen Sie? Ich habe dort Blumen verkauft, so haben wir uns getroffen. Zuerst haben wir in so einem Rattenloch gehaust, dann die Wohnung hier und jetzt … Ritchi hat unten bei den Docks gearbeitet, gut Geld verdient, aber nun braucht ihn keiner mehr, da kommen Luxuswohnungen hin«, sagte sie verächtlich. »Unsereins hat eben kein Glück. Man kommt wieder dahin zurück, wo man herkommt«, fügte sie fast unhörbar hinzu. Anjali schluckte – das waren fast genau ihre Worte gewesen.

»Und den ganzen Kram hier brauchen wir nicht mehr«, fuhr Sally fort, sie bewegte den Arm im Halbkreis und zeigte auf die Kartons und die Möbel, »aber wo sollen wir damit hin?«

»Wollen Sie es verkaufen?«, fragte Anjali interessiert.

Sally blies die Wangen auf und schnaubte: »Wer kann hier schon was kaufen? Und die feinen Pinkel …«

»Ich brauche Möbel.«

Ein Lächeln huschte über das Gesicht der blonden Frau. »Ritchiiii«, schrie sie. Anjali war erstaunt, welche Kraft plötzlich in der schmächtigen Frau steckte.

Die wenigen Nächte bis zum Freitag schlief sie in der Dachkammer. Sie versuchte, Helen und James möglichst auszuweichen, denn sie wollte keine weiteren Details ihres bisherigen Lebens preisgeben. Tagsüber suchte sie in der Stadt nach hübschen Dingen, die sie vielleicht in dem neuen Zuhause gebrauchen könnte, und kam erst spätabends zurück.

Bei einem der Stadtbummel entdeckte sie ein Messingschild mit Sir Charles' Namen an einem Gebäude in der Londoner City, dem Viertel der Banken und Juwelenbörse. Anjali notierte sich die Adresse, unsicher, was sie mit dieser Information anfangen wollte.

Nach ihrem Einzug in die neue Wohnung schlenderte sie samstags über den Portobello-Markt und suchte einige Dinge für die Wohnung. Die übernommenen Einrichtungs- und Haushaltsgegenstände waren zwar einigermaßen brauchbar, aber Anjali fand vieles geschmacklos. Sie hatte in England und in Colombo elegante Häuser gesehen und versuchte, ein wenig von deren Atmosphäre zu kopieren. Selbst Freds Wohnung, die er von seinem Vater geschenkt bekommen hatte, entsprach dem gehobenen Wohnstil. Ihr Bankkonto gestattete es ihr, sich etwas zu gönnen, und so suchte sie weiter, bis sie mit ihrer Einrichtung zufrieden war.

Eines Tages klopfte es an der Wohnungstür. Der indische Wirt stand grinsend vor ihr. »Hast du die Gewürzmischung vergessen?«

Anjali schaute ihn irritiert an. »Ich habe dir die Vermittlergebühr bezahlt, und es war ausgemacht, dass du für meine Arbeit bezahlst, also was möchtest du?«

»Die Mischung, verdammt noch mal.« Er schob die Tür zur Seite und wollte in die Wohnung eintreten, aber Anjali stellte sich direkt vor ihn und drängte ihn zurück. Als er sie unzüchtig begrapschte, holte sie aus und schlug ihm ins Gesicht.

Über die Reaktion war nicht nur der Wirt, sondern auch Anjali selbst erschrocken. Seit Ceylon hatte sie sich nicht mehr derart wehren müssen.

»So, und nun verschwinde, oder ich erzähle im Restaurant und überall, dass du Frauen belästigst. Wir sind hier in England und nicht in Asien.«

»Okay, okay, dann komm mit der Mischung, und wir vergessen den Vorfall.« Er rannte die Stufen herunter.

Anjali hörte Lachen und danach die Stimme einer Frau aus dem Erdgeschoss: »Na, du geiler Bock, hast wohl keine Chancen bei der Hoheit?« Dann folgte wieder das kehlige Lachen.

Anjali beugte sich über die wacklige Holzbrüstung, konnte aber niemanden sehen. Sie ging zurück in die Wohnung und schloss die Tür. Traurig über den Vorfall, setzte sie sich auf das schäbige Sofa und blätterte in der Zeitschrift, deren Titelblatt ihr Konterfei zeigte und die sie einfach aus Freds Wohnung mitgenommen hatte. Doch die Ablenkung gelang nicht. Sie warf die Zeitschrift in hohem Bogen durch den Raum. Sie sprang auf, griff ihre Handtasche, riss den Regenmantel vom Haken und verließ die Wohnung.

Vor dem Haus blieb sie unschlüssig stehen. Sollte sie wieder in die muffige Gewürzhandlung gehen, bei der sie vor so langer Zeit bereits einmal eingekauft hatte? Erinnerungen an den damaligen Mittag, als sie Fred wiedergetroffen und die gemeinsame Zeit begonnen hatte, tauchten vor ihrem inneren Auge auf. Sie begann zu weinen. Vorbeieilende Passanten blickten sie mitfühlend an. Sie wischte verstohlen die Tränen ab und lief in Richtung des ihr bekannten Geschäftes.

Eine ältere Frau stand hinter der Theke. Der schmierige Typ war zum Glück nirgends zu entdecken.

»Können Sie mir eine Mischung für ein besonders schmackhaftes Gemüsecurry empfehlen?«

Die Frau schüttelte den grauhaarigen Kopf. »Ich kann Ihnen nur ein Rezept geben. Das stammt von meiner Mutter, aber ob Ihnen das schmeckt?« Sie zuckte dabei die Schulter.

»Ja, bitte, ich werde es ausprobieren«, sagte Anjali schnell.

Die Frau nahm mehrere Bögen Papier, drehte Spitztüten und füllte sie jeweils mit Kardamom, Nelken, Zimt, Kreuzkümmel, schwarzem und grünem Pfeffer sowie Paprikapuder. Zuletzt klappte sie die Enden nach innen und verschloss die Verpackungen. »Von jeder Tüte einen halben Teelöffel, dann müsste es stimmen. Natürlich müssen Sie die Pfefferkörner zerreiben«, sagte sie dann und lachte krächzend. Die Laute erinnerten Anjali an das Geschrei der Papageien in den hohen Baumfeigen auf Ceylon. Anjali kaufte weitere Gewürze und andere Artikel, die ihr brauchbar erschienen, und die Frau wirkte plötzlich zehn Jahre jünger.

Beim Abschied fragte die Verkäuferin: »Wohnen Sie hier? Kommen Sie mal wieder?« Und als Anjali nickte, sagte sie: »Sie sind so schön, Sie gefallen mir. Ich glaube, ich habe Sie schon mal gesehen.«

»Das glaube ich nicht, ich wohne erst seit ein paar Tagen in London«, log Anjali und verließ eilig den Laden.

Aber die Worte der Frau erinnerten sie daran, dass sie der Agentur unbedingt ihre neue Adresse und Telefonnummer mitteilen musste. Nach wenigen Schritten blieb sie stehen. Sollte sie sofort dorthin gehen? Wieder hielt sie irgendetwas zurück.

Morgen, nahm sie sich vor und lief nach Hause.

In der Küche mischte sie verschiedene Gewürze, röstete Kardamomkapseln und Pfefferkörner in der Pfanne, bevor sie diese im Mörser zerrieb, probierte andere Kombinationen und schrieb sich die jeweiligen Mengen genau auf. Mal nahm sie mehr Zimt, mehr Kardamom, dann wieder mehr Paprika. Fast drei Tage war sie beschäftigt. Ein exotischer Geruch durchzog die Wohnung und verdrängte den ärmlichen Kohlgeruch, der an Sallys ehemaligen Möbeln haftete.

Als sie glaubte, sie hätte die richtige Zusammenstellung gefunden, drehte sie aus buntem Papier eine winzige Tüte, wie es die Verkäuferin getan hatte, füllte sie und lief hinüber in das Restaurant.

»Hier ist die Mischung.« Anjali hielt dem Wirt die Tüte entgegen. »Das macht 20 Pence.«

Der Mann schaute sie erstaunt an. »Bist du verrückt, so viel für dieses Tütchen!«

»Wenn du es nicht willst, nehme …«

Bevor sie den Satz beenden konnte, riss er ihr die Tüte aus der Hand, rief seiner Frau etwas zu und verschwand in der Küche.

Anjali ging auf die Frau zu und hielt die Hand auf. »20 Pence.«

Eilig legte ihr die Wirtin das Geld hin. Die Hautfarbe der Frau war für eine Inderin sehr dunkel, und Anjali hätte sie gerne gefragt, ob sie Hochlandtamilin war und gar aus Ceylon stammte. Aber sie unterließ es, denn damit hätte sie sich vielleicht selbst verraten.

Gerade wollte Anjali wieder gehen, da rief der Wirt aus der Küche:

»Hoheit soll warten!«

»Wer?«, schrie seine Frau Priya zurück.

»Hoheit – so hat Jimmys Alte, die rothaarige Amy, sie genannt, weil sie so unnahbar ist und vornehm tut.«

Unnahbar und vornehm, dachte Anjali – wenn der wüsste, woher sie stammte! – und amüsierte sich über den Spitznamen.

»Setz dich bitte da drüben hin und warte, bis Mohan kommt. Du sollst das Curry probieren. Wahrscheinlich hat er Angst, dass er damit die letzten Gäste vergrault, die sind nämlich an seinen Fraß gewöhnt.« Ein glockenhelles Lachen folgte.

Anjali setzte sich an den gleichen Tisch wie bei ihrem ersten Besuch. Die wenigen Gäste betrachteten sie aufmerksam, und Anjali war froh, als der Wirt mit dem Teller kam.

»Hier, Probeessen, kostenlos.«

Anjali nahm die Gabel, inzwischen war sie mit dem westlichen Esswerkzeug bestens vertraut, und schob sich ein wenig Gemüsecurry in den Mund. Es schmeckte köstlich, und sie glaubte, die Götter hatten ihr bei der Zusammenstellung der Gewürze die Hand geführt. »Ausgezeichnet«, sagte sie laut.

Die andern Gäste blickten zuerst auf sie, dann zu dem Wirt, der vor Stolz zu wachsen schien, und bestellten ebenfalls das Gericht.

»Danke«, sagte er leise. »Bringst du mir wieder was, wenn das hier alle ist?«

Anjali nickte. »Morgen für Entencurry.«

Der Mohan sah sie bewundernd an. »Bist du wirklich keine Köchin?« Anjali schüttelte den Kopf. »Und womit verdienst du so viel Geld?«

Sie antwortete nicht. Was ging es den Wirt an? Sie war überzeugt, dass die Miete steigen würde, sobald sie von der bisherigen Tätigkeit als Mannequin und Fotomodell berichtete. In dem Augenblick fiel Anjali wieder ein, dass sie sich immer noch nicht bei der Agentur gemeldet hatte. Ihr Herz klopfte wild, und sie spürte, wie ein Schweißfilm ihren Körper überzog. Sie nahm sich vor, die Sache sofort am nächsten Tag zu erledigen. Glaubte sie wirklich, Sheila würde wochenlang auf ein Lebenszeichen von ihr warten?

Der nächste Tag verging ohne das Telefongespräch mit der Agentur, und auch in den nächsten Tagen konnte sich Anjali nicht aufraffen, dort anzurufen, und so verstrich die Zeit.

Anjali stellte immer neue Variationen der Gewürzmischungen her, und der Wirt berichtete, dass die Gäste täglich zahlreicher erschienen. Bald kamen nicht nur Bewohner der näheren Umgebung oder Künstler, sondern auch Gäste aus den besseren Stadtvierteln, die man an der gehobenen Sprache, den teureren Stoffen der Kleidung und den Tischmanieren erkannte. Mohan konnte seinen Erfolg nicht fassen.

Eines Morgens ging Anjali in das Restaurant, legte eine neue Gewürzmischung auf den Tisch und sagte: »Ich denke, du solltest mich an deinem Umsatz beteiligen oder als Partnerin aufnehmen.« Mohan schaute sie fassungslos an. »Ich könnte dir helfen. Du wirst künftig mehr Personal brauchen, und andere Ideen für den Gastraum habe ich ebenfalls. Saubere Tischdecken und gewaschene Gardinen reichen nicht.«

Der Wirt tat zuerst beleidigt, dann schaute er interessiert, aber Anjali glaubte, die Forderung hätte ihm die Sprache verschlagen. Seine Frau Priya kicherte hinter dem Tresen. Jimmy, ihr Vermieter, stand daneben und trank ein Bier. Er grinste über Anjalis Worte.

»Jimmy, du brauchst dich nicht zu amüsieren, dein vollgestopftes Schaufenster könntest du auch umgestalten!« Das war ganz schön frech, hoffentlich würde er es ihr nicht verübeln.

Bei jedem Blick in sein Schaufenster war sie erneut über die geschmacklose Auslage entsetzt.

Ihr Vermieter schwieg.

»Ich werde es mir überlegen«, sagte Mohan nach einer Weile und strich mit der Hand über seinen Mund und sein unrasiertes Kinn.

»Aber nicht zu lange, sonst bin ich weg.«

»Und wohin?«

»Nach Paris.«

Mohan lachte aus vollem Hals. »Was willst du in Paris?«

»Arbeiten, was sonst?«

Er starrte sie entgeistert an, als käme sie von einem anderen Stern.

Anjali drehte sich um und ging zurück in ihre Wohnung. Auf dem Weg dorthin überlegte sie, weshalb sie so angegeben hatte?, denn Aufträge als Mannequin oder Fotomodell hatte sie nicht mehr erhalten. Sheila, die Chefin der Agentur, war wütend gewesen, als sie sich nach mehr als acht Wochen endlich aufgerafft und der Agentur ihre neue Rufnummer mitgeteilt hatte. Jimmy, der regelmäßig freitags zu ihr in die Wohnung kam und die Miete kassierte, hatte ihr seine Telefonnummer zur Verfügung gestellt. Als Gegenleistung trank er jeweils eine halbe Flasche Gin. Inzwischen freute sich Anjali auf die Freitagabende, denn sie boten Abwechslung in ihrem ansonsten doch recht einsamen Leben. Obwohl sie viel alleine war, weinte sie ihrer Zeit als Mannequin keine Träne hinterher. Das war nicht ihre Welt gewesen.

Nach zähem Ringen und aufgrund von Anjalis Androhung, keine Gewürze mehr zu liefern, ließ sich Mohan auf eine fünfprozentige Gewinnbeteiligung ein. Obwohl ihr Konto reichlich gefüllt war, musste sie vorsorgen. Die geringen Beträge für die Gewürze reichten nicht einmal für den Lebensunterhalt. Mohan war ein Schlitzohr. Daher wollte sie sich die Bücher zeigen lassen und häufiger abends die Anzahl der Gäste im Restaurant überprüfen.

Eines Nachts träumte Anjali von Ceylon und den Aufnahmen für den Schmuckkatalog. Fred und Tom kamen eigenartigerweise nicht darin vor. Sofort am nächsten Morgen besorgte Anjali einen Block sowie farbige Stifte und begann mit dem Zeichnen.

Dabei ließ sie ihre Gedanken schweifen. Eigentlich verdankte sie Fred ihren Erfolg und Wohlstand, und sie kam sich schäbig vor, dass sie sich mal wieder auf diese Weise davongeschlichen hatte. Aber vielleicht war er ja froh darüber gewesen? Während ihrer Partnerschaft hatte sie den Verdacht gehegt, dass ihn manchmal nicht nur Frauen besuchten. Einmal hatte ihn Anjali danach gefragt, und er hatte behauptet, es seien Modelle. Ihr Gefühl hatte damals etwas anderes gesagt, vor allem, da er ihr dabei nicht in die Augen gesehen hatte. Auch zu seinen berüchtigten Partys waren in dieser Zeit vorwiegend gutaussehende Männer gekommen. Darüber hinaus hatte er ja ihre Art, bei Schwierigkeiten stillschweigend zu verschwinden, gekannt und war so vielleicht gar nicht überrascht gewesen, ihren Schrank eines Tages leer vorzufinden.

Trotz aller unschönen Momente sehnte sie sich nach seiner Umarmung und war seit ihrem Umzug nach Soho einige Male hoffnungsvoll an dem Geschäftshaus vorbeigelaufen, in dem Fred die Wohnung und das Atelier besaß. Doch sie begegnete ihm nie. Einmal war sie kurz davor gewesen, hinaufzugehen und ihn zu besuchen, hatte sich aber im letzten Augenblick dagegen entschieden. Eine stark geschminkte Blondine hatte just in dem Moment das Haus verlassen. Anjali war überzeugt gewesen, dass es sich nur um Freds Freundin oder ein Fotomodell gehandelt haben konnte, denn die Sekretärinnen der Büros trugen seriöse dunkle Kostüme, weiße Blusen und waren perfekt frisiert. Anjali war nach Hause gegangen und hatte versucht, mit noch mehr Arbeit ihre Traurigkeit zu verscheuchen. Sie hatte es schließlich so gewollt.

Am folgenden Freitagabend entdeckte Jimmy bei ihr auf dem Tisch den Zeichenblock und blätterte ihn sorgfältig durch. Bewundernd betrachtete er die Skizzen und Entwürfe für Schmuckstücke und Kleider. »Du kannst toll zeichnen«, sagte er anerkennend.

Anjali freute sich über das Kompliment und erzählte ihm von den Perlen, dem wunderbaren Schmuck für den Katalog, von Sir Charles und den anderen Herrschaften. Nur ihren Part als Fotomodell sparte sie aus. Es wurde ein langer Abend und eine ganze Flasche Gin. Später beim Aufbrechen fragte Jimmy: »Könntest du mir helfen, das Schaufenster zu dekorieren?«

»Natürlich, aber davon werden die Schmuckstücke nicht geschmackvoller.«

»Aber vielleicht durch eine andere Dekoration ansprechender? Morgen?«

Anjali nickte und begleitete ihn zur Tür.

Am nächsten Morgen lief sie sehr früh zum Portobello-Markt und suchte Dekorationsmaterial für das Schaufenster. Dabei entdeckte sie zwischen allerlei Plunder eine alte versenkbare Nähmaschine. Die könnte sie als Zeichentisch verwenden, denn es war lästig, jedes Mal alles von dem kleinen Esstisch abzuräumen. Die vielen Buntstifte, Radiergummi und Blätter brauchten einen festen Platz. Da es sich um ein schweres, mit Holz verarbeitetes Eisengestell handelte, benötigte sie Hilfe, es zur Wohnung zu schaffen, und mit schlechtem Gewissen dachte sie an den Taxifahrer James. Seit dem Auszug aus der Mansarde hatte sie sich bei den Carters nicht mehr gemeldet. Trotzdem ging sie zum nächsten Telefonhaus, rief in der Taxizentrale an und bat, ihr nur den Fahrer James zu schicken.

Während sie auf ihn wartete, nahm sie sich vor, das Ehepaar abends in die Lotosblüte einzuladen.

James und Jimmy trugen ihr die Maschine hinauf in die Wohnung. Anschließend begleitete sie James zur Haustür und verabredete sich mit ihm und Helen für den Abend.

Erfreut über ihre Errungenschaft, rief sie: »Los, Jimmy, komm, dekorieren!«

Zusammen gingen sie in das Geschäft, und Anjali befahl dem Goldschmied, zuerst die gesamte Schaufensterware auszuräumen und die Scheibe zu putzen. Er murrte.

Sie ließ ihn stehen und rief ihm zu: »Bin gleich zurück, beeil dich.«

Anjali lief auf den Hof. Dort fand sie zwei Backsteine und ging zurück in das Geschäft.

Er sah sie entgeistert an. »Was willst du denn damit?«

»Dekorieren, was sonst?«

Er schüttelte fassungslos den Kopf. Anjali arbeitete fast zwei Stunden ununterbrochen. Sie schob die Steine nach rechts, nach links, legte blauen Stoff, den sie gekauft hatte, in Falten darüber und nahm ihn wieder weg. Sie rannte erneut aus dem Laden, holte aus einer Spielkiste Sand und ging suchend durch die Straßen. Beim Soho Square brach sie von einem Baum vertrocknete Zweige ab.

»Willst du den Kram etwa ins Fenster legen?«

»Warte ab! Jetzt wählen wir erst mal die Stücke aus, die in der Auslage gezeigt werden sollen. Wenn dir die Dekoration nicht gefällt, kannst du es wieder ändern.«

Sie diskutierten. Jimmy wollte, wie gehabt, alles Verfügbare hineinstopfen, aber Anjali wählte die schönsten Teile aus. »Und Amy soll auf die winzigen Kärtchen sauber die Preise schreiben.«

Sie reichte ihm eine Handvoll gefalteter Pappen, die Spitzdächern glichen, und einen Stift mit Goldmine. Danach drapierte sie die ausgewählten Schmuckstücke gezielt auf dem Backsteinpodest. Sie steckte Ringe über Stöckchen oder legte einzelne Juwelen einfach auf den mit Sand gefüllten Schaufensterboden.

Sie lief nach draußen und begutachtete das Werk. »Fertig«, sagte sie und ging zurück in das kleine Geschäft.

Seine Frau Amy stand lachend vor dem Fenster und rief durch die geöffnete Tür: »Das nennst du Dekoration? Damit vergraulst du die letzten Kunden, na ja, viele sind es sowieso nicht.« Dann kam sie herein.

»Du kannst ja überprüfen, ob jemand stehen bleibt. Vorher sah man vor lauter Kram die edlen Teile gar nicht.«

»Edle Teile.« Amy bog sich vor Lachen. »Wer kauft hier schon edle Teile, wir sind froh, wenn einer überhaupt was kauft. Eheringe, vielleicht.«

»Gute Idee, dann dekorieren wir in vier Wochen alles für eine Hochzeit.«

Jimmy nickte zustimmend. »Na ja, sieht ganz ordentlich aus.« Dieses Lob kostete ihn einiges an Überwindung.

»Den billigeren Kram könntest du zum Sonderpreis anbieten, das würde auch Kunden anlocken. Vielleicht solltest du dafür ein Schild malen und es mit einer Kordel an die Tür hängen.«

Während sie noch diskutierend im Geschäft standen, sahen sie erste Neugierige, die vor dem Fenster stehen blieben.

Jimmy sah zu Anjali und puffte Amy mit dem Ellenbogen in die Rippen. »Na, was sagst du jetzt?«

Amy schüttelte erstaunt den Kopf und stieß laut den Atem aus, als die Ladenglocke bimmelte.

Anjali ließ beide stehen und ging hinauf in ihre Wohnung. Dort setzte sie sich an die neue Maschine, fädelte ein und schob ein Stück des blauen Stoffes unter den Nähfuß. Vorsichtig trat sie auf die schmiedeeiserne Platte, und die Nadel ratterte los. Erst säumte sie die Stoffbahn, dann fixierte sie kleine Glasperlen, die sie schon vor längerer Zeit gekauft hatte, auf dem Stoff. Es schien, als seien es Brillanten. Aus dem Stoff fertigte sie einen Rock und das passende Oberteil. Die Teile bestickte sie mit Silberfäden. Erinnerungen an die Weberei, ihre beiden Ziehtöchter und die festlichen Saris für die Damen kehrten zurück, und zum ersten Mal seit langer Zeit schmerzten diese Erinnerungen nicht mehr.

Am übernächsten Nachmittag ging Anjali zu Jimmy und zeigte ihm die Stücke. Er schaute sie verwundert an.

»Woher hast du die Sachen?«

»Gestern Nacht genäht.«

Bewundernd nickte er, griff die Teile und bot an, sie als Dank in seinem Laden aufzuhängen.

»Und was kostet der Kram? Nur so, falls jemand fragt.«

»Darüber habe ich noch nicht nachgedacht. Es sind nur Glassteinchen, was meinst du, fünf Pfund?«

Jimmy nickte. »Ist doch Seide?«

»Klar. Eigentlich wollte ich es ja Mohans Frau schenken, die sieht immer so ärmlich gekleidet aus … Okay, ich lass es hier hängen und nähe Priya etwas anderes.« Sie bedankte sich und verließ das Geschäft.

Anjali kaufte bei Liberty neue Stoffe, bei Mark & Spencer Seidenpapier für Schnittmuster, Schneiderkreide und eine Zackenschere. Anschließend suchte sie farbige Steine und besondere Stickgarne.

Auf dem Rückweg kam sie an einem Zeitungskiosk vorbei und sah aus dem Augenwinkel auf einer Zeitschrift Freds Gesicht. Sie blieb stehen und las: »Der bekannte Fotograf Fred Allington erhielt von der …« Schnell kaufte sie das Heft, lehnte sich mit angewinkeltem Bein an die Hauswand und las den Artikel zweimal. Sie, die Teepflückerin, hatte fast zwei Jahre mit dem berühmtesten Fotografen des Landes zusammengelebt und es nicht gewusst. Weshalb hatte Fred nie davon gesprochen? Auch Sir Geoffrey hatte es mit keinem Wort erwähnt. Deshalb hatte Ashra damals so erstaunt getan! Fred fehlte ihr. Tränen tropften auf das Papier. Sie klappte die Zeitschrift zu, klemmte sie unter den Arm und rannte nach Hause.

Am Abend legte sie zuerst das Papier auf den Boden, zeichnete mit einem Stift grob die Konturen auf und schnitt die Teile aus dem Papier. Dann legte sie das Muster auf den Stoff und schnitt mit der Zackenschere die Teile aus. Sie hatte die letzten Jahre in einigen Modehäusern zugeschaut, wie Schneiderinnen und Designerinnen arbeiteten. Sie nähte die ganze Nacht und hoffte, dass sich ihre Vermieter über den Krach nicht beschwerten. Gleich am nächsten Morgen brachte sie die neuen Kleidungsstücke in Jimmys Laden.

Der war darüber nicht gerade beglückt und meckerte: »Wie stellst du dir das vor? Das ist ein Goldwarengeschäft und kein Klamottenladen.«

»Zehn Prozent vom Verkauf gehören dir«, sagte sie und grinste ihn an.

Er nickte widerwillig, kramte in der Schublade und schlug Haken in die Wand.

Sie lief freudig nach oben und ruhte sich aus.

Gegen Abend schrie Jimmy wieder einmal durch den Hausflur: »Anjali, komm mal runter!«

»Was ist los?«

»Komm! Überraschung.«

Überraschungen mochte Anjali nicht besonders, aber sie sprang dennoch rasch die Treppen hinunter. »Was gibt es?«

Eine junge Frau stand in Jimmys Geschäft. Sie war ungefähr Mitte 20.

Jimmy deutete mit dem Finger auf Anjali. »Das ist die Designerin.« Anjali hätte am liebsten laut gelacht. Dann wandte er sich an sie. »Die Dame hat bei mir ein Armband im Sonderangebot erstanden, dabei hat sie deine Sachen entdeckt.«

Die rothaarige Frau mit den unzähligen Sommersprossen auf der bleichen Haut sah sie interessiert an. »Hi, ich bin Sarah Hagh, ich habe da drüben in der Lexington Street einen neuen Laden. Falls du magst, kannst du deine Sachen bringen. Ist mal was anderes.« Dann kaufte sie die Stücke aus Jimmys Geschäft und streckte Anjali ihre Karte entgegen.

Anjali versprach, in den nächsten Tagen Ware abzuliefern, und verabschiedete sich. Vor Freude rannte sie die Stufen hoch und arbeitete wie besessen weiter.

Fast täglich schleppte sie neue Stücke in Sarahs verrückt ausgestalteten Laden, und Anjalis Wohnung glich nunmehr einem Atelier. Einige Stücke ließ sie bei dem Goldschmied, da Jimmy beleidigt war und plötzlich doch gerne die zehn Prozent kassieren wollte.

Die Wochen verstrichen rasch in diesem Arbeitsrhythmus. Nach vier Wochen hatte Anjali das Schaufenster des Schmuckgeschäftes neu gestaltet. Hierzu hatte sie ein besticktes Brautkleid angefertigt und die Trauringe und passenden Schmuckstücke hinzugefügt. Wieder fand die Dekoration großen Anklang.

Anjali brachte Jimmy Entwürfe für Schmuckstücke, die ihrer Meinung nach zu dem neuen verrückten Trend in Soho passten. »Was meinst du, Jimmy?«

Er schüttelte den Kopf. »So etwas Ausgefallenes kauft keiner, und wo soll ich die Steine herbekommen?«

»Du kannst es wenigstens versuchen, wenn niemand die Ware kauft, hast du wieder Sonderangebote«, sagte Anjali und lachte herzhaft. Dann fügte sie hinzu: »Um die Steine werde ich mich kümmern. Da gibt es eine Lösung. Ich kenne eine Adresse.«

Er schaute sie nachdenklich an. »Mädchen, du machst mir langsam Angst. Und Kram für Sonderaktionen habe ich reichlich.«

Jetzt konnte sie die Adresse von Sir Charles doch noch verwenden. Vielleicht verzieh er ihr die Ungehörigkeit vom Abend der Verlobungsfeier, wenn sie einen neuen Kunden ankündigte?

Damit könnte sie ihm auch ein wenig Dankbarkeit zeigen. Denn er war es damals in Colombo gewesen, der ihr, genau wie Tom vor ihm, eine neue Welt eröffnet hatte.

Kapitel 17

An einem verregneten Abend kam Anjali gerade von Sarahs Laden zurück und überlegte, ob sie bei Mohan essen sollte. Unschlüssig stand sie vor der Haustür, als eine Hand nach ihrer Schulter griff. Sie drehte sich um. Tom und Inga standen vor ihr. Sie war wie gelähmt und starrte beide ungläubig an.

»Hi, Anjali, was machst du denn hier?«

»Ich wohne in diesem Haus, Sir.«

Tom verzog das Gesicht und betrachtete zuerst das verwitterte Erdgeschoss und sah dann an der Backsteinfassade hoch.

»In der letzten Etage«, fügte Anjali hinzu. Was er dachte, war ihr egal.

»Ich habe mich bei Fred öfter nach dir erkundigt, aber er wusste nicht, wo du abgeblieben bist.«

»Unser Kontakt ist abgebrochen.« Anjali wurde es heiß und kalt. Sie wollte weg. Aber statt zu gehen, fragte sie unbeholfen: »Sind Sie noch häufig in Colombo?« Vor lauter Aufregung fiel ihr nichts Sinnvolles ein. Tom sah sie belustigt an, und Anjali spürte die flatternden Schmetterlinge in der Bauchgegend. Schnell wandte sie den Kopf zur Seite und betrachtete Inga. Toms Frau war mollig geworden, sah zehn Jahre älter und regelrecht ungepflegt aus.

»Nein, Anjali, ich bin Fachanwalt für Menschenrechte, da ist Ceylon nicht der richtige Ort.«

Anjali nickte. »Sir, bitte entschuldigen Sie, ich habe reichlich zu tun.« Sie hob die Hand, rief: »Bye«, und eilte davon. Sie würde sich nicht mehr verbeugen. Nicht vor Inga, das hatte sie sich geschworen.

Gleich darauf überkamen sie Schuldgefühle. Was war los mit ihr? Weshalb benahm sie sich so unhöflich und hatte sich weder nach seiner Mutter, Sir Geoffrey oder Lady Esther erkundigt?

Aber eigentlich interessierte es sie nicht. Die Herrschaften lebten in einer anderen Welt. Sie gehörte nach Ceylon oder hierher nach Soho in das bunte Völkergemisch. Und von Sir Geoffrey war sie enttäuscht, denn er hatte ihr den arroganten Herrn Jonathan empfohlen und sich danach nicht mehr blicken lassen – seine Fürsorge war nur Show gewesen. Selbst die Ärztin hatte geheiratet, ohne es ihr mitzuteilen, obwohl sie damals noch bei Fred lebte. Der Appetit war ihr vergangen. Nein, sie wollte von den Herrschaften niemanden wiedersehen. Trotzdem kreisten ihre Gedanken unaufhörlich um Tom. Sie dachte an seine Berührungen und wünschte sich, nur einen einzigen Moment mit ihm allein zu verbringen. *Er ist verheiratet,* schalt sie sich. *Kapier das endlich!*

Anjali sah zum Fenster hinaus. Es war wieder ein verregneter Sommertag. Lustlos setzte sie sich an die Maschine. Seit sie Tom wiedergetroffen hatte, war ihre Kreativität fast auf dem Nullpunkt angelangt. Ihre Gedanken galten nur dem unerwarteten Wiedersehen. Was suchte Tom in dieser Gegend? Es war ein Freitagabend gewesen. Hatte das Ehepaar die in der Nähe liegende Synagoge besucht? Aber damals in Ceylon hatte Tom ihr erzählt, dass im Haus seiner Eltern Christen beschäftigt wurden. Von Juden hatte er nie gesprochen. Na ja, damals hätte sie den Unterschied sowieso nicht verstanden. Sie beschloss, an einem der kommenden Freitage in die Nähe der Western Marble Arch Synagogue zum Cumberland Place zu gehen. Dort könnte sie sich auf eine Bank setzen und die Gläubigen beobachten. Vielleicht traf sie dort das Ehepaar. Was sie dann tun wollte, wusste sie aber nicht.

Gedankenversunken starrte sie auf den Stoff, als Jimmy durch das Treppenhaus schrie: »Anjali, Telefon!«

Sie rannte zur Tür und rief: »Wer?« Sie hoffte, es wäre Tom.

»Eine Frau, Sheila Soundso. Ich hab's nicht richtig verstanden.«

Anjali raste die Treppe hinunter. Sich Sheilas Telefonverhalten bewusst, hielt sie den Hörer sicherheitshalber etwas vom Ohr entfernt. Jimmy, der neben ihr stand, grinste.

»Du hättest von mir nie mehr einen Auftrag bekommen, nachdem du dich so unverschämt lange nicht hast blicken lassen. Leider besteht der Kunde darauf. Du sollst nächste Woche mit einer Truppe nach Thailand und Ceylon fliegen.«

Anjali stockte der Atem.

»Ja, Sheila«, sagte sie dann. »Wenn du darauf bestehst, fliege ich. Aber ich habe es weder nötig, noch besitze ich ein Visum für Thailand. Damals hat Fred meine Aufenthaltsgenehmigung für England und alles Notwendige geregelt. Wie, habe ich nie erfahren. Ich wüsste also nicht, wie ich dir helfen könnte.«

Anjali erschrak über ihren gereizten Ton. Sie erkannte sich selbst nicht mehr – wo war die demütige Anjali geblieben? Lag es an dem englischen Wetter oder dem Trubel der Großstadt?

Das Gespräch wurde unterbrochen. Sheila hatte aufgelegt.

Anjali ging zu Jimmy. »Bitte entschuldige, dass ich laut geworden bin.«

Er grinste. »Jetzt habe ich die andere Anjali kennengelernt. Find ich gut … Fährst du?«

»Fahren bestimmt nicht.« Anjali lachte.

»Ich meine natürlich fliegen«, sagte er säuerlich, und trotzdem schwang gewisser Neid in seinen Worten mit.

»Derzeit habe ich kein Visum für Thailand. Und ob Sheila sich darum kümmert?« Sie zuckte mit den Schultern. »Jetzt hat sie wenigstens dem Klienten gegenüber einen Grund, weshalb sie mich nicht schicken kann.«

Anjali verließ das Geschäft und ging hinauf in die Wohnung. Nach Thailand und Ceylon. In ihren Gedanken tauchte Vimal auf. Lange hatte sie nicht mehr an ihn gedacht. Zurück nach Ceylon, dann könnte sie vielleicht in den Norden fahren und die von Vimal beschriebene Stelle suchen. Am Golf von Mannar sollte es laut ihm wunderschöne Perlen geben. Er hatte sich immer eine eigene Perlenzucht gewünscht. Der Gedanke elektrisierte sie. Rasch stand sie auf, griff die Tasche und lief in die Bibliothek, um alles Wissenswerte über Perlen herauszusuchen. Sie kehrte vollbepackt zurück und las bis zum Morgengrauen.

Am späten Vormittag rief Sheila erneut an. »Anjali, das Visum geht in Ordnung. Ich brauche deinen Pass, aber dringend.«

Anjali fragte nicht weiter. Sollte Sheila es versuchen. »Ich lasse ihn durch einen Taxifahrer bringen. In spätestens einer Stunde hast du ihn.« Anjali warf den Hörer auf die Gabel. Sie holte den Pass, ihre Handtasche und eine Strickjacke und rannte los.

James öffnete und sah sie überrascht an. Sie verbeugte sich höflich vor ihm. »James, ich brauche dringend deine Hilfe.«

»Du kommst auch nur, wenn es brennt«, sagte er vorwurfsvoll.

Sie antwortete nicht. Er hatte recht, sie hatte ihn und Helen vernachlässigt. Anjali drückte ihm den Pass und drei Pfundnoten in die Hand. »Könntest du das Ding zu einer Sheila Emerson bringen?« Sie nannte ihm die Straße und den Namen der Agentur.

James sagte etwas Unverständliches und riss ihr den Pass aus der Hand. »Wann?«

»Bitte sofort, wenn es geht?«

»Eigentlich bin ich hundemüde, bin grad erst nach Hause gekommen. Hast Glück, dass ich noch nicht im Bett lieg.« Er brummte weitere unverständliche Worte, riss die Jacke vom Haken und schob Anjali aus der Wohnung. Zusammen stiegen sie die Treppen hinunter.

»Was meinst du, soll ich heute Abend bei Mohan einen Tisch reservieren?«

»Bei Mohan, dem stinkfeinen Restaurant?«

»Denk dran, welch mieser Laden das noch kürzlich war«, sagte Anjali und lachte. Mohan hatte auf Anjalis Empfehlung und nach ihren Entwürfen das Lokal völlig neu möbliert und mit Spiegeln an den Wänden dekoriert. Jetzt glich der Raum einer gemütlichen Brasserie, so wie sie es in Paris gesehen hatte. »Was meinst du? So gegen 20 Uhr?«

Zu Hause stieg sie bedächtig die knarrenden Stufen hinauf. Ceylon. In Gedanken hörte Anjali das Rauschen des Meeres und das Singen der Vögel und Kreischen der Papageien in den mächtigen Bäumen. Sie spürte die feuchte Luft und das Salz auf ihrer Haut.

Das Essen bei Mohan verlief in gezwungener Stimmung. Helen fühlte sich sichtlich unwohl in dem umgestalteten Restaurant und zwischen den wohlhabenden Gästen. Anjali bezahlte die erhebliche Rechnung und verabschiedete sich von beiden mit dem Versprechen, sie baldmöglichst wieder zu treffen.

Es klopfte. Anjali nähte seit Stunden an einem verrückten langen Rock aus bunten Seidenteilen und dachte über ein ausgefallenes Oberteil nach. Sie fand keine brauchbare Idee. Verärgert über die Störung, rief sie: »Jimmy, lass mich in Ruhe! Ich habe keine Zeit!«

Sie zerknüllte das Papier, warf es durch den Raum und schleuderte den Rock gleich hinterher. Die geringste Ungereimtheit brachte sie neuerdings in Rage. Es klopfte erneut. Anjali ging ungehalten zur Tür und riss sie auf. Tom stand im Halbdunkel des Treppenhauses.

Schnell legte sie die Hände zusammen und begrüßte den Gast. Dann beugte sie sich vor und schaute in den Flur. »Wo ist die Lady?« Das Wort »Lady« auszusprechen, missfiel ihr, aber sie wollte höflich bleiben.

»Inga habe ich nach Schweden geschickt.«

»Ah, besucht die Lady ihre Eltern?«

»Nein, Anjali, für längere Zeit.«

Sie glaubte an einen Scherz und war verunsichert. Sollte sie ihn in die unaufgeräumte Wohnung bitten? Doch er wartete die Geste nicht ab, sondern spazierte einfach in das Wohnzimmer, lümmelte sich auf das Sofa und fragte: »Hast du auch was Anständiges zu trinken?«

»Ich kann Ihnen einen Tee anbieten.«

Tom lachte. »Ich dachte eher an einen Whiskey oder Bier.«

Anjali schüttelte den Kopf. »Ich werde etwas besorgen, vielleicht hat mein Vermieter Gin, obwohl er eigentlich …« Weiter kam sie nicht.

Tom war aufgesprungen und umarmte sie. »Anjali, seit unserem letzten Treffen ist mein Leben völlig aus den Fugen geraten. Ich musste dich besuchen kommen. Meine Frau ist gestern nach unschönen Gesprächen Richtung Schweden abgereist. Die Ehe mit Inga war nie glücklich. Ich vermute, du standst immer zwischen uns.« Seine letzten Worte waren kaum verständlich. »Wochenlang habe ich in allen Stadtteilen vergeblich nach dir gesucht. Als Charles kürzlich bei dem Edel-Inder dort drüben aß«, er zeigte in Mohans Richtung, »hat er dich kurz gesehen, aber bevor er rufen konnte, warst du verschwunden. Er hat mir den Tipp mit Soho gegeben.«

»Sir, ich wollte mich für mein unhöfliches Verhalten bei dem unerwarteten Treffen auf der Straße entschuldigen. Ich war so überrascht, Sie und Ihre Frau zu sehen. Und dabei habe ich vergessen, mich bei Ihnen für meine Rettung zu bedanken. Ich hätte es gleich damals auf der Verlobungsfeier von Lady Esther tun sollen. Deshalb habe ich gehofft, Sie vielleicht bei der Synagoge zu finden.«

Tom schob ihre Worte mit der Hand beiseite. »Inga ist zwar Jüdin, aber sie geht selten dorthin. Da hättest du uns nie gefunden. Und lass den Sir. Für dich bin ich einfach nur Tom.« Plötzlich schob er sie von sich weg, als wäre ihm gerade etwas eingefallen. »Wusstest du, dass es eine Kiste mit Sprengstoff gewesen war, die die Explosion in der Weberei verursacht hat?«

Anjali schaute entsetzt und schüttelte den Kopf.

»Die Polizei vermutet, dass der Sprengstoff und auch Gewehre für einen Aufstand in eurem Haus aufbewahrt wurden. In jener Zeit hatten sich im Norden einige Tamilen gegen die Regierung formiert.«

Sadunis Geliebter fiel Anjali ein. Ihre Knie zitterten. War er es gewesen? Aber im Augenblick interessierte es sie herzlich wenig.

Viel eher schalt sie sich, dass sie keine passenden Worte für Toms Liebeserklärung fand. Weshalb sagte sie ihm nicht einfach, dass sie ihn seit dem ersten Treffen liebte und sich nach seiner Berührung sehnte?

Er nahm sie wieder in den Arm und flüsterte, als hätte er ihre Gedanken gelesen: »Ich liebe dich. Damals, als ich dich das erste Mal auf dem Tempelgelände sah, hat das Grün deiner Augen in mir ein Feuer entfacht, das mich nie wieder verlassen hat.«

Die Nacht verbrachten sie in den Armen des anderen. Es war das erste Mal, dass Anjali sich einem Mann gänzlich hingeben konnte. Sie vertraute Tom und hieß jede seiner Berührungen willkommen.

Übermüdet, aber glücklich schlüpfte Anjali am nächsten Morgen aus dem Bett und bereitete das Frühstück zu. Die Schlafzimmertür stand offen. Sie blickte zu Tom und sah, dass er sie blinzelnd beobachtete.

»Ich weiß, dass du wach bist«, sagte Anjali gutgelaunt.

»Komm zu mir.« Er schlug mit der Hand neben sich aufs Bett. Sie setzte sich auf die Bettkante. Tom streichelte ihren Arm. »Danke für diese wundervolle Nacht.« Er küsste sie zärtlich auf die Wange. »Und eigentlich wollte ich es dir schon gestern sagen, aber ich wollte nicht, dass es unsere gemeinsame Zeit überschattet. Ich muss gleich wieder gehen. Ich bin heute Nachmittag bei Geoffrey auf dem Landsitz eingeladen. Er ist für einige Tage nach England gekommen. Charles und Henry mit ihren Partnerinnen werden ebenfalls da sein.«

Anjali dachte an das Geschirr mit den Schmetterlingen und die üppigen Pflanzen in dem Wintergarten, der eher einer Landschaft aus Colombo ähnelte. Sie spürte Heimweh nach der Wärme, dem unendlichen Grün. Sie schloss die Augen und glaubte, die Schmetterlinge müssten gleich durch die Wohnung flattern.

»Weshalb lächelst du, freust du dich, dass du wieder Ruhe hast?«

Anjali schüttelte den Kopf. »Nein, Tom, die Schmetterlinge aus Sir Geoffreys Teegeschirr sind gerade durch meine Gedanken geflattert.«

»Na, das werde ich mir ansehen. Soll ich ihn von dir grüßen?«

Anjali schüttelte den Kopf. »Bitte sag niemandem, dass du die Teepflückerin getroffen hast.« Tom schaute sie irritiert an. »Hier in diesem kleinen Paradies fühle ich mich wohl. Niemand kennt meine Herkunft. Hier darf ich frei sein. Und Jimmy und …« Tränen rannen ihr über das Gesicht.

»Anjali, weshalb sagst du so etwas? Jeder hat dich gemocht und respektiert! Na ja, vielleicht nicht jeder in meiner Familie.« Er klang verbittert. Er stand auf und blickte aus dem Fenster. Regen klatschte an die Scheiben. »Anjali, ich muss eine Zeitlang beruflich nach Frankreich. Also zieh bitte keine falschen Schlüsse, dass ich …« Tom fuchtelte mit der Hand. »Und die Geschichte mit Inga muss ich ebenfalls klären.«

»Geschichte« nannte er die Ehe. Das hörte sich nicht erstrebenswert an. Wie würde er wohl die vergangene Nacht mit ihr bezeichnen?

Er wandte sich zu ihr. »Anjali, ich verspreche dir, sobald alles im Lot ist, suche ich für uns eine gemeinsame Wohnung.«

»Tom, bitte, keine Versprechungen. Damals in Colombo hatte ich mich schon einmal falschen Illusionen hingegeben. Wir leben in zwei verschiedenen Welten. Ich danke dir für die letzten Stunden – es waren die schönsten Stunden meines Lebens. Aber ich kann nicht mit dir zusammenleben.«

»Aber mit Fred?«, fragte Tom pikiert.

Anjali wusste nicht, was sie sagen sollte. Lange hatte sie geglaubt, Liebe für Fred zu empfinden. Er war der Erste, der sie damals als Mensch und nicht als rechtlosen Dreck behandelt hatte. Fred hatte ihr Schuhe angezogen. Ihr – einer Unberührbaren, die nie zuvor Schuhe hatte tragen dürfen.

Jetzt war sie ungerecht. Tom hatte sie davor bereits aus dem unwürdigen Leben auf der Plantage befreit.

Aber er hat auch zugelassen, dass ich als Diebin im Gefängnis lande.

Auch das stimmte nicht ganz.

»Was ist mit dir, du bist so abwesend?« Er kam zu ihr und nahm ihr Gesicht in seine Hände. »Entschuldige meine Bemerkung. Ich war ganz schön eifersüchtig, als ich damals erfuhr, dass du mit Fred zusammenlebst. Aber eure Beziehung geht mich nichts an.«

Sie nahm seine Hand in ihre. »Das mit Fred war nichts. Nichts im Vergleich zu uns.«

Tom strahlte und küsste sie. »Ich verspreche dir, alles wird gut. Manchmal müssen Liebende Umwege gehen. Damals in der Weberei – glaube mir, vielleicht hätte ich Inga nie geheiratet, wenn uns die Kinder nicht gestört hätten.«

Anjali schaute ihn lange an. Dann machte sie sich von ihm los und bereitete eine Kanne Tee für sie beide. »Ach, die Kinder, ich habe beide so geliebt, als wären es meine.«

»Es tut mir leid, dass du sie verloren hast.«

Sie war dankbar für sein Mitgefühl, aber im Moment konnte sie nicht länger an jenen Moment des Verlustes denken, darum sagte sie rasch: »Und Sir Geoffrey hat mich nach Esthers Abreise aufgenommen – aus ihm wurde ich nie schlau.« Anjali räumte den Tisch ab, das Frühstück blieb unberührt.

Tom nahm sie in die Arme. »Ich glaube, Geoffrey mag dich, aber er ist sich seiner familiären Verpflichtung und Tradition bewusst. Da er keine Kinder hat, wird sein Neffe Henry … ach, was erzähle ich den Quatsch. Ich möchte nicht über andere Leute sprechen. Treffen wir uns vor meiner Abreise nach Strasbourg noch zum Abendessen?«

Anjali schüttelte den Kopf. »Nein, ich habe unerwartet einen Auftrag erhalten. Ich muss nach Bangkok fliegen. Mehr weiß ich noch nicht. Aber solltest du wieder in London sein, würde ich mich über einen Anruf freuen.« Anjali spürte, wie Traurigkeit in ihr aufstieg, und kämpfte mit den Tränen.

»Anjali, du hast so viel erreicht, weshalb arbeitest du noch als Fotomodell? Wenn du Geld brauchst, sage es. Es würde mich freuen, dir zu helfen. Auch wenn ich weiß, dass du dazu viel zu stolz bist. Also gut. Dann sehen wir uns nach Strasbourg und Bangkok. Ich freue mich jetzt schon darauf.«

Tom umarmte und küsste sie für eine lange Zeit, bevor er sich ankleidete, sich verabschiedete und die Tür leise hinter sich ins Schloss zog.

Am folgenden Nachmittag erschien James bei Anjali und drückte ihr ihren Pass in die Hand. »Hier, ich war grad in der York Street, da dachte ich, du wartest sicherlich darauf.«

Anjali nahm den Pass und blätterte die Seiten durch. Die erforderlichen Visa waren vorhanden. »Das wäre nicht nötig gewesen, aber ich danke dir. Setz dich, ich bin gerade beim Packen. Möchtest du ein Glas Gin Tonic?«

James schüttelte den Kopf. »Machen wir, wenn du zurückkommst.« Er stutzte. »Du kommst doch zurück?«

Anjali lachte und sagte: »Klar, aber du könntest mich morgen gegen Abend nach Heathrow bringen, natürlich gegen Bezahlung.«

James nickte erfreut.

Nachdem James gegangen war, schloss Anjali den Koffer, räumte auf und putzte die Wohnung, aber ihre Gedanken kreisten um Tom. Weshalb hatte sie das Treffen zum Abendessen ausgeschlagen? Sie ging an das Fenster und schaute verträumt dem quirligen Treiben auf der Straße zu. Seine Worte hatten zu schön geklungen, aber sie durfte sich keiner Hoffnung hingeben. Zweifelte sie an der Echtheit seiner Gefühle? Nein, das war es nicht. Aber sie wusste, die mächtige Familie würde die Verbindung mit allen Mitteln verhindern wollen. Außerdem war Tom verheiratet. Für einige Stunden war sie der Realität entronnen, jetzt war es Zeit, dahin zurückzukehren.

In der Nacht schlief Anjali vor Aufregung kaum. Warum hatte sie den Auftrag bloß angenommen? Hier ging es ihr gut, und die Kleidung, die sie inzwischen unter dem Label »Sita« anfertigte, verkaufte sich prächtig. Weshalb schien der Gedanke, nach Ceylon zurückzukehren, so verlockend? In der Dunkelheit der Nacht sah sie Vimal neben sich sitzen. Sie spürte seine Hand auf ihrer und hörte seine letzten Worte. Seine unter Qualen hervorgebrachten Erklärungen, wo er im Norden Ceylons nach Perlen getaucht war, und von seinem unerfüllten Traum einer Perlenzucht. Vielleicht, ja ganz vielleicht konnte sie seinen Traum Wirklichkeit werden lassen. Angefangen damit, dass sie an diese Stelle Ceylons reisen und Perlen kaufen würde und sie hier in Jimmys Laden verkaufen würde. Der Rest … Noch traute sie sich nicht, zu hoffen.

Mit großer Verspätung hetzte Anjali in die Abflughalle der BOA, während James sich um den Gepäckträger kümmern wollte. Wie immer hatte sie viel zu viel eingepackt. Der Londoner Verkehr war undurchdringlich gewesen. James hatte sein Bestes getan, aber selbst auf dem Umweg hatte es kein Durchkommen gegeben.

Sie blickte sich suchend um. Wer war der unbekannte Auftraggeber? Weshalb hatte Sheila so ein Geheimnis darum gemacht, und wie sollte sie ihn in diesem Menschengewühl entdecken? Sie drehte sich zur Seite, hob den Arm und wollte dem Gepäckträger ein Zeichen geben, da stockte ihr Herz.

Am Abflugschalter standen Sir Geoffrey, Sir Charles und Fred. Alle drei blickten suchend in die Runde. Charles schien ungeduldig zu sein, in kurzen Abständen sah er immer wieder auf die Armbanduhr und wedelte mit dem Ticket.

Sie eilte den Herren entgegen. »Guten Abend«, sagte Anjali und verbeugte sich höflich. »Erwarten Sie mich?« Charles nickte. »Bitte entschuldigen Sie die Verspätung, aber mein Taxi blieb in dem Londoner Verkehrsgewühl stecken.«

»Los, los, check ein, hier ist das Ticket«, sagte Sir Charles. Es klang ungehalten. »Du siehst überrascht aus, uns zu sehen. Wusstest du denn nicht, für wen du arbeiten darfst?«

»Nein, Sir, Sheila hat es mir nicht gesagt.« Arbeiten darf! Aha, für ihn blieb sie also das bedauernswerte Mädchen, dem man Almosen zustecken musste. Ärger stieg in ihr hoch. Sie wandte sich dem Desk zu.

»Anjali, ich freue mich, dass du das mitreisende Modell bist«, flüsterte Fred neben ihr und legte seinen Arm freundschaftlich um sie. Er nannte der Dame hinter dem Pult seine Sitznummer, bevor er meinte: »Ich habe Sheila mehrfach nach deiner Adresse gefragt, aber sie behauptete, du arbeitetest nicht mehr für die Agentur.«

»Richtig, Sheila hat mir nach … Rom keine Aufträge mehr zukommen lassen. Erst vor wenigen Tagen rief sie an und bat mich, für sie zu arbeiten. Aber mit der ausdrücklichen Betonung, dass es der Wunsch ihres Klienten sei. Du kannst mir glauben, Sheila tat es ungern.«

Auch Sir Geoffrey erzählte ihr, während sie warteten, dass er nach ihr gesucht habe. Anjali war überzeugt, es waren alles Ausreden, aber sie schwieg. Der alte Herr sah müde aus und kam ihr irgendwie unglücklich vor. Er blickte sie an, als wäre sie ihm das erste Mal begegnet. Auch damals auf Ceylon war er unnahbar oder freundlich. War es das Alter?

Während des Fluges nach Bangkok saß Fred glücklicherweise neben ihr. Weshalb verlor er kein Wort über ihr damaliges Verschwinden? Wahrscheinlich hatte er es unter der Rubrik »Anjalis ständige Flucht« verbucht. Er schien es ihr tatsächlich nicht übelzunehmen.

»Sag mal, wo sind die Herren eigentlich?«, fragte Anjali. »Ich habe sie seit dem Einchecken nicht mehr gesehen.«

»Sie sind in der ersten Klasse.«

Anjali war irritiert. »Und weshalb sitzt du nicht bei ihnen?«

»Charles ist nicht nur dein, sondern auch mein Auftraggeber. Wir sind sozusagen seine Kulis.« Er lachte so laut, dass sich die Reisenden in den Sitzen vor ihnen umdrehten.

Anjali war überrascht. »Obwohl ich so oft geflogen bin, habe ich nie mitbekommen, dass selbst im Flugzeug Klassenunterschiede herrschen.«

»Nein, mein Schatz, nur Geldunterschiede.«

Anjali spürte Hitze in ihrem Gesicht. Hatte er »Schatz« gesagt? Aber sie hätte sich denken können, dass Fred weiterhin freundschaftlich mit ihr umgehen würde. Das war halt seine ungezwungene Art. Fred erzählte von der Arbeit und seinen Freunden und versuchte, witzig zu sein, doch es gelang ihm nicht. Anjali hörte interessiert zu, aber sie gab von ihrem derzeitigen Leben nichts preis. Sie konnte ihre gemeinsame Zeit nicht einfach so abheften und zu seiner Art Freundschaft übergehen. Es gab kein Miteinander mehr. Anjali saß auf dem Fensterplatz, und Fred legte zum Schlafen seinen Kopf auf ihre Schulter. Sie ließ ihn gewähren und wollte sich an die schöne Zeit erinnern. Eigenartigerweise kehrten nur die unschönen Szenen zurück.

Kapitel 18

Bangkok und Colombo

Unerträgliche Schwüle schwappte Anjali durch die geöffnete Flugzeugtür entgegen. Am Ende der Flugzeugtreppe standen auf dem Rollfeld mit Orchideenketten geschmückte Thailänderinnen. Sie begrüßten die Gäste lächelnd und mit ehrfürchtiger Verbeugung. Trommelklänge schwirrten durch die kerosingeschwängerte Luft und vermischten sich mit dem leiser werdenden Geräusch der Flugzeugmotoren. Anjali atmete tief ein und aus. Glücksgefühle ergriffen sie. Ihre Müdigkeit wurde wie die Trommelklänge durch die leichte Brise davongetragen. Ja, dieses Lächeln und diese zarten Bewegungen hatte sie vermisst.

Fred trat neben sie. »Komm, Kleine, die anderen warten!«

Er nahm sie an die Hand und drückte ihr einen Kuss auf den Hals. Der augenblickliche Zauber wich der Realität.

Zusammen gingen sie über das Rollfeld zur Einreisekontrolle. Dort trafen sie auf ihre Begleiter. Beide machten einen ausgeruhten Eindruck. Sir Geoffrey zog das Jackett aus und legte es säuberlich gefaltet über den Arm. Sir Charles lockerte die Krawatte am Knoten, öffnete die ersten Oberhemdknöpfe und stöhnte: »Diese Hitze!«

Vor der Tür der Ausgangshalle erwartete sie eine Stretchlimousine, die sie nach aufregender Fahrt bei chaotischem Verkehr ins Hotel Oriental brachte. Während die Herren die Formalitäten an der Rezeption erledigten, lief Anjali hinaus auf die Terrasse. Sie war begeistert von dem tropischen Garten mit den blühenden Pflanzen, den singenden Vögeln und dem angrenzenden verkehrsreichen Fluss. Hier herrschte ein anderer Lärm als in London, und vieles erinnerte sie an Ceylon. Sie konnte sich nicht sattsehen. Die unterschiedlichsten Boote und Kähne beförderten flussauf- und -abwärts Lasten und Menschen. Die Hotelbediensteten gingen lächelnd und leichtfüßig ihrer Arbeit nach. Sie schienen dabei zu schweben.

Der Hotelboy rief sie in die Wirklichkeit zurück. »Madame, darf ich Sie zu Ihrem Zimmer begleiten?« Er verbeugte sich höflich und lief voraus in den historischen Teil des Hotels, dem Author's Wing.

Anjalis Suite erstreckte sich über zwei Etagen und ähnelte mit ihren antiken Möbeln einem winzigen englischen Haus. Vor Begeisterung vergaß sie zu atmen. Der Boy öffnete die als Sonnenschutz dienenden Gardinen, startete den Ventilator an der Decke und ließ sie mit einer weiteren Verbeugung allein. Ihr Herzschlag stockte. Das Fenster erlaubte einen wunderschönen Blick über die Gärten und den Chao Phraya River. Aber sie war viel zu aufgeregt und konnte den Ausblick nicht genießen.

Sie fuhr hinunter in die Hotelhalle und entdeckte in einem der weitläufigen Gänge ein winziges Geschäft. Im Schaufenster lagen Perlen in allen Farben und Größen, einzeln oder zu langen Strängen aufgefädelt. Sie blieb stehen. Wie viele Perlentaucher hatten für diese Pracht ihr Leben gelassen? Weshalb berührte es sie hier? In London hatte sie diese Traurigkeit vor den Auslagen der Juweliere nie gespürt. Sie schlenderte weiter, aber die Perlen ließen sie nicht los. Hatte Vimal sie hierhergeführt?

Fred tauchte plötzlich neben ihr auf und riss sie aus ihren Gedanken. »Komm, die Arbeit ruft!«

Anjali lief in ihre Suite und zog, da Fred nicht gesagt hatte, wie sie sich kleiden sollte, einen Sari an.

Als sie in die Lounge zurückkam, erwarteten Sir Charles und Fred sie bereits. Ein Boy trug zwei lange Abendkleider an ihnen vorüber. Sie schaute den Kleidern nach. So etwas Ausgefallenes hatte sie selbst in London nie gesehen.

»Anjali, die Kleider sind für spätere Aufnahmen, probiere sie nach unserer Rückkehr an, damit wir wissen, ob sie passen«, sagte Charles. Sie nickte.

Gemeinsam gingen sie durch den Garten zum Bootsanlegesteg.

Ein Langboot mit Fahrer erwartete sie. Kurz darauf raste das Boot über den schmutzigen Fluss. Das braune Wasser spritzte bis zu ihnen herauf, und Anjali versuchte, der Nässe auszuweichen. Nach knapp einstündiger Fahrt und wenigen Yards Fußweg erreichten sie ihr Ziel: die Königspalastanlage mit dem Wat-Phra-Kaeo-Tempel.

Anjali war begeistert über das zarte Bimmeln der Goldplättchen, die in Schnüren von den vergoldeten Pagodendächern hingen und sich sanft im Wind bewegten. Hier durfte sie jedes Bauwerk betreten und genau betrachten. Der Einzige, der sie von einem Platz zum anderen jagte, war Fred. Wie damals in Ceylon verbrauchte er Unmengen an Filmmaterial.

Ihre gute Laune hatte sich bis zur Rückkehr in ihre Hotelsuite verflüchtigt. Vom Boot aus hatte sie schwer schuftende Menschen und schäbig gekleidete Kinder entdeckt, und der Luxus des Hotels schien sie zu erdrücken. Sie warf sich auf das Bett. Müdigkeit überfiel sie, und erst am frühen Abend erwachte sie schweißgebadet aus einem schrecklichen Perlentraum. Sie stand auf, duschte und kleidete sich für das Abendessen an.

Sie war zu früh und betrat neugierig das Perlengeschäft. Anjali tat interessiert und lauschte aufmerksam den Erklärungen des Verkäufers. Er erzählte von der Güte, der Farbe, und wie sie die Qualität erkennen konnte.

Anjali nahm einen Perlenstrang in die Hand. Ein eigenartiges Gefühl durchdrang ihren Körper. Sie legte die Perlen zurück auf das mit Seide ausgelegte Silbertablett. »Woher kommen diese Perlen?«

Der grauhaarige Verkäufer schaute ihr in die Augen und schwieg.

»Bitte nennen Sie mir den Preis für diese Schnur.«

Wieder betrachtete er Anjali wortlos. Wahrscheinlich war der Preis so hoch, dass der Verkäufer annahm, dass sie die Ware nicht kaufen konnte.

Was wusste der Mann, was sie sich leisten konnte? Sie war über sein Verhalten erbost und verließ eilig das Geschäft. Dabei stieß sie mit Charles zusammen.

»Oh, Sir, verzeihen Sie«, sagte Anjali und verbeugte sich höflich.

»Anjali, du erscheinst verärgert. Ist etwas nicht in Ordnung?«

»Sir, ich habe mich nach der Herkunft und dem Preis eines Perlenstrangs erkundigt, aber der Verkäufer gab mir keine Auskunft. Wahrscheinlich glaubt er, dass ich die Perlen nicht kaufen kann.«

»Interessierst du dich für Perlen?«

»Ja, Sir, seit ich Ihnen damals Vimals Perlen gezeigt habe. Auch in London sehe ich mir gerne die Auslagen an und habe einiges über Perlen gelesen.«

Charles schüttelte den Kopf. »Ich dachte, Frauen mögen Brillanten, Gold und andere Edelsteine. Viele wissen Perlen nicht zu schätzen.«

»Sir, es ist nicht der Wert, sondern die Farben und der Glanz.«

»Lüster.«

Sie schaute ihn verständnislos an.

»Man nennt den Glanz bei Perlen ›Lüster‹.«

»Danke, das wusste ich nicht, das habe ich wohl überlesen.«

Sie fuhren mit dem Fahrstuhl hinauf in die oberste Etage und betraten das elegante Restaurant. Charles ging auf Geoffrey zu, der an einem runden Fenstertisch saß, und sagte: »Jeff, kannst du dir vorstellen, dass die junge Dame hier Perlen Brillanten vorzieht?«

Der alte Herr stand eilig auf und wartete, bis sich Anjali gesetzt hatte. »Ich teile die Leidenschaft. Mich erinnern mit Brillanten behängte Ladys an einen geschmückten Christbaum.«

Charles lachte herzlich. »Geoffrey, lass die Sprüche, ich verdiene mein Geld damit.«

In diesem Stil plänkelte das Gespräch dahin. Anjali war über die plötzliche gute Laune des alten Herrn erstaunt.

»Ich habe mir erlaubt, das Essen für uns auszusuchen«, sagte Sir Geoffrey. »Fred lässt sich entschuldigen, er möchte das nächtliche Bangkok fotografieren.« Dabei schmunzelte er vielsagend.

Unter dicken Silberhauben wurde das von Geoffrey georderte

Essen serviert und Rotwein eingeschenkt. Anjali schmeckten die raffiniert zubereiteten Speisen der Thaiküche besonders gut, und der Blick über das nächtliche Bangkok verzauberte sie. Trotz des stilvollen Dinners war Anjali glücklich, als sie sich verabschieden durfte. Sie fühlte sich in der eleganten Atmosphäre unwohl, und die Gespräche der Herren langweilten sie.

Sie fuhr ins Erdgeschoss und lief durch den prächtig mit Fackeln beleuchteten Garten bis ans Flussufer. Dort setzte sie sich ins Gras. Ihre Gedanken wanderten für einige Zeit zu Tom, und zu den wunderbaren mit ihm verbrachten Stunden.

Aus dem Zimmerfenster betrachtete sie noch einmal die flackernde und flimmernde Silhouette der nie schlafenden Stadt.

Der folgende Arbeitstag begann gleich nach dem Frühstück mit Aufnahmen bei den schwimmenden Gärten sowie an verschiedenen markanten Plätzen Bangkoks, und Fred verbrauchte wieder unzählige Filmrollen. Als Letztes fuhren sie bei Sonnenuntergang zum Tempel der Morgenröte.

Im Hotel blieb nur wenig Zeit, sich auszuruhen, sich zu erfrischen und neues Make-up aufzulegen. Sie stieg in die zauberhaften Abendkleider, aber ihrem Empfinden nach gehörte hierzu kein Schmuck. Die Kleider wirkten allein durch die schwere Seide, dem Schnitt und den Stickereien. Sie fühlte sich darin, wie es Sir Geoffrey ausgedrückt hatte: wie ein wandelnder Weihnachtsbaum. Aber sie schwieg. Es war ihr gleichgültig. Wahrscheinlich wanderten die Aufnahmen ins Archiv.

Bei dem Gedanken musste Anjali über ihre frühere Naivität schmunzeln. So viel war ihr damals bei ihrem ersten Fotoshooting neu und aufregend erschienen. Verglichen mit jenem jungen Mädchen, erkannte sie sich selbst nicht wieder, diese elegante Frau von Welt – ein bekanntes Mannequin!

Selbst zum Dinner trug sie die Abendkleider und den ausgewählten Schmuck. Bodyguards blieben in ihrer Nähe. Natürlich erregte sie damit die beabsichtigte Aufmerksamkeit einiger Gäste, und Charles schloss beste Geschäfte ab.

Nach dem Abendessen sagte er: »Anjali, pack deine Sachen, wir fliegen morgen mit einer Privatmaschine nach Phuket.«

Geoffrey schaute Charles irritiert an.

»Jeff, du kannst hierbleiben. Wir werden höchstens zwei Tage für die Aufnahmen brauchen. Und ich will kurz nach Koh Rang zur Perlenzucht und dort eventuell auch Geschäfte machen. Natürlich werde ich auf Ceylon noch reichlich kaufen, denn dort sind es keine Zuchtperlen.«

Anjali verschlug es die Sprache. Auf eine Perlenfarm! Hoffentlich durfte sie mitfahren und konnte eine Kette erwerben.

Vimal hatte ihr so viel über Perlen erzählt, nur nicht, dass meistens Frauen nach den Kostbarkeiten tauchten, das hatte sie in den Büchern gelesen, die sie sich ausgeliehen hatte. Jetzt konnte sie sich selbst überzeugen, wer recht hatte.

Obwohl sie von der Arbeit erschöpft war, schlief sie während der Nacht vor Aufregung kaum und stand sehr früh auf. Draußen bedeckte noch die Dunkelheit das Land.

Gleich nach dem Frühstück wurden sie zum Flughafen gebracht. Das winzige Flugzeug stand zum Abflug bereit. Es gab lediglich sechs Sitzplätze. Der Pilot, ein Engländer, begrüßte sie persönlich an der niedrigen Flugzeugtür. Das wenige Gepäck wurde per Hand vom Copiloten in den Bauch geladen.

Die kleine Maschine lag unruhig in der Luft, und Anjali umklammerte die Seitenlehne und hoffte, dass niemand ihre Angst bemerkte. Sie war glücklich, als die Maschine nach kurzem Flug auf der holprigen Landebahn auf Phuket aufsetzte.

Ein Auto, das schon bessere Tage erlebt hatte, fuhr sie über ungeteerte Straßen an einen weißen Sandstrand. Dort fotografierte Fred Anjali, dieses Mal mit wenigen, ausgesuchten Schmuckstücken, die Charles einem Koffer entnahm, den er mit einer Stahlkette mit seinem Handgelenk verbunden bei sich trug.

Anschließend brachte sie ein Boot vom Hafen in einer knappen Stunde zur Insel Koh Rang. Dort wuchsen unendliche Palmen aus schneeweißem Sand, und die tropische Insel wurde umspült von smaragdgrünem Wasser. Papageien kreischten. Es herrschte Windstille. Die hitzegeschwängerte Luft lag bedrückend über der Insel, und sie waren froh, dass mächtige Grünpflanzen ausreichend Schatten spendeten. Ein Thai führte sie über verschlungene Pfade zu der Perlenfarm. Zirpende Grillen wechselten sich mit dem Gesang und dem Geschrei der Vögel ab, und Anjali glaubte, beide veranstalteten einen Wettbewerb.

Anjali ließ sich alles erklären und freute sich darüber, dass vieles mit Vimals Ausführungen übereinstimmte. Sie prägte sich genau ein, wie die Konstruktionen im Wasser für die Zucht der Perlen aussahen. Haufen geöffneter Austern lagen umher. Es roch unangenehm.

Der korpulente, kurzbeinige Besitzer der Farm begrüßte die Neuankömmlinge nach Thaisitte und bat sie in das Pfahlhaus. Das freundliche undurchdringliche Lächeln in dem rundlichen Gesicht schien auf der bräunlichen Haut festgenagelt. Mit seiner fleischigen Hand deutete er auf dicke Kissen. Ein schlanker Thai, der als Dolmetscher fungierte, übermittelte Sir Charles' Kaufabsicht. Der kleine Mann klatschte in die Hände und sah sich mit wieselflinken Augen um. Sofort wurden von ausgemergelten Männern Kästen mit verschieden großen Perlen gebracht und auf dem Holzboden abgestellt. Anjali saß etwas abseits und beobachtete, wie Charles die Perlen begutachtete und die Verhandlungen mit ausgiebigem Feilschen führte. Fred fotografierte unaufhörlich. Der Besitzer der Farm posierte stolz zwischen seiner Ware. Über ihnen kreisten Ventilatoren, die gegen die Schwüle anzukämpfen versuchten. Durch die Bretterwände drang nicht der geringste Lufthauch ins Innere.

»Anjali, komm bitte her.«

Sie ging zu Charles, verbeugte sich leicht und kniete sich auf den Boden.

»Schau dir den Inhalt der verschiedenen Kästen genau an und such dir vierzig Perlen aus. Nimm die schönsten!«

Anjali zögerte. Unmengen dieser wunderbaren Stücke lagen dort. Durch einfallendes Licht kam deren Lüster besonders gut zur Geltung. Anjali konnte sich nicht entscheiden.

»Ich möchte dir die Perlen schenken.« Anjali schaute ihn entsetzt an. »Und vergiss nie, in einem Hotelgeschäft kauft ein Fachmann nicht. Dort ist alles überteuert. Siehst du, hier bekommst du für die Hälfte des Geldes die schönsten Stücke.«

Eine junge Frau, die einem Modemagazin entstiegen sein konnte, servierte Tee und verschwand, ehe Fred seinen Apparat gezückt hatte.

Charles unterschrieb eine Menge Papiere und einen Scheck. Dann nahm er die Perlen, die sich Anjali ausgesucht hatte, und legte sie in seinen kleinen Metallkoffer. »Ich lasse dir in Colombo eine Kette knüpfen.«

Sein eigener erheblicher Perlenerwerb sollte von der Insel direkt nach England geliefert werden.

Anjali war sprachlos und wäre ihm am liebsten um den Hals gefallen, stattdessen verbeugte sie sich sehr tief. Ihr Herz schlug Purzelbäume.

Das Boot brachte sie zurück nach Phuket. Von dort flogen sie am nächsten Tag mit der kleinen Hummel zurück nach Bangkok. Ein Wagen brachte sie abends in das Hotel zurück. Ein Hotelpage informierte Sir Charles, dass der alte Herr in der Bar auf ihre Rückkehr wartete.

Sir Geoffrey saß in einem Sessel in der halbdunklen Ecke der Bar. Er schien getrunken zu haben. Sein weißes Haar war zerzaust, und seine Augen glichen denen eines verendeten Fisches. Das Eis in dem Whiskeyglas in seiner zittrigen Hand klirrte.

»Jeff, was ist los, weshalb erwartest du uns?«

»Heute Nachmittag erhielt ich einen Telefonanruf aus London«, lallte er. »Erzähl ich morgen, jetzt bin ich zu müde. Lasst mich zu Bett gehen.« Er stand schwankend auf und strich Anjali über den Rücken. »Kleine, entschuldige mein Benehmen.«

Was auch immer er beim Telefonat erfahren hatte, es musste etwas sehr Unangenehmes gewesen sein, denn Charles' Gesicht zeigte deutlich, dass selbst er von dem Zustand des alten Herrn überrascht war.

Zwei Tage später flogen sie von Bangkok nach Colombo. Anjali hatte Sir Geoffrey bis zur Abfahrt vom Hotel nicht mehr getroffen. Den Mahlzeiten war er ferngeblieben.

Nach der Landung in Colombo verabschiedeten sich die beiden Herren. Dabei schaute Sir Geoffrey Anjali lange in die Augen, öffnete leicht die Lippen, als wollte er etwas sagen, doch er schwieg. Stattdessen strich er ihr über den Arm und drehte sich eilig um. Beim Weggehen rief er Fred zu: »Pass gut auf die Kleine auf!«

»Aber sicher, Sir.«

Charles wandte sich an den Fotografen: »Bitte fotografiere reichlich. Nach meiner Auswahl kannst du den Rest verkaufen. Mein Agent bringt den Schmuck ins Mount Lavinia, sobald du anrufst. Ich habe dort Zimmer reservieren lassen.« Und zu Anjali sagte er: »Falls du deine Familie besuchen möchtest, ich habe ungefähr eine Woche zu tun. Die Bilder, die Fred mit dir machen wird, werden nicht die ganze Zeit in Anspruch nehmen.«

Anjali antwortete nicht. Sie besaß keine Familie. Sie wollte in den Norden zum Golf von Mannar und nach den Stellen suchen, die ihr Vimal kurz vor dem Tod beschrieben hatte. Natürlich musste sie Fred über die Pläne informieren, aber sie wollte allein reisen, obwohl sie wusste, dass es für sie als Frau gefährlich werden könnte.

Charles und Sir Geoffrey stiegen in die Limousine, und ein weniger komfortabler Wagen brachte Fred und sie zum Hotel. Fred erledigte an der Rezeption die Formalitäten, kümmerte sich um das Gepäck und begleitete Anjali zu ihrem Zimmer. Anders als vor sechs Jahren war für sie dieses Mal im Haupthaus reserviert.

»Leistest du deinem alten Freund im Garten Gesellschaft? Ich brauche einen Drink, und Hunger habe ich auch.«

»Ja, warte unten auf mich. Ich möchte mich schnell frisch machen.« Anjali schloss die Tür und lief hinüber ans Fenster.

Ceylon. Sie schaute über das tosende Meer. Die Gischt spritzte in die Höhe, als wären die Götter über ihren erkämpften Lebensstil erbost. Die Palmen beugten sich, und die Spitzen der Palmenblätter erinnerten an im Wind flatterndes Frauenhaar. Sie dachte an die Zeit im Slum, der nicht allzu weit entfernt lag. Eine glühende Hand umklammerte ihr Herz.

Vielleicht kann ich in Thailand leben.

Woher kam dieser Gedanke? Sie hatte in London die Wohnung und Arbeit. Was trieb sie plötzlich nach Thailand? Sicherlich waren es die asiatische Freundlichkeit und die Wärme gewesen, aber vor allem das Fehlen von Kasten, vermutete sie.

Waren es die Perlen? Oder wollte sie den Gedanken an Tom und seinem unglaublichen Versprechen entfliehen? Sie ging ins Bad, duschte und kleidete sich an.

Eilig ging sie hinunter in den Garten. Fred saß in einer windgeschützten Ecke. Auf dem Tischchen vor ihm standen ein Teller mit einem Sandwich und ein Whiskeyglas. Er winkte ihr zu. »Was möchtest du essen und trinken?«

»Nur Tee, bitte, Hunger habe ich nicht.«

Er winkte dem Ober und bestellte eine Portion Tee und für sich einen weiteren Whiskey.

»Fred, wann möchtest du mit mir arbeiten?«

Er schaute sie überrascht an. »Warum hast du es so eilig?«

Sie überlegte, ob sie ihm von Vimal und der Zeit im Slum erzählen sollte, aber sie verwarf den Gedanken. »Ich möchte an den Golf von Mannar fahren. Dort soll es herrliche Perlen geben.«

Er folgte gespannt den Reiseplänen und bot an, sie zu begleiten. »Du weißt, ich habe dem alten Herrn versprochen, aufzupassen.« Er lachte und bestellte einen weiteren Whiskey. »Wir könnten im Norden arbeiten, was meinst du?«

»Das geht doch nicht. Hast du den Schmuck vergessen, oder glaubst du, den nehmen wir mit?«, fragte Anjali amüsiert.

Fred schlug sich mit der Hand vor die Stirn. »Ich glaube, die Hitze trocknet mein Hirn aus! Aber trotzdem komme ich mit, falls du möchtest.«

»Ich glaube, es ist nicht die Hitze, sondern der Whiskey«, sagte Anjali und lachte. »Schön, wenn du mich begleitest, dann fühle ich mich sicherer. Hier in Ceylon ist es für allein reisende Frauen gefährlich.«

Ihr Plan ließ plötzlich Schuldgefühle aufkommen. War es Verrat an Vimal? Er hatte davon geträumt, doch seine Jati hätte es ihm nie ermöglicht. Hätte er gewollt, dass sie dort Perlen fand oder an seiner Stelle vielleicht sogar eine Perlenzucht begann?

»Träumst du, Kleine?«

Anjali nickte, wie sie es seit Europa gewohnt war. »Ja, von wunderschönen Perlen«, schwindelte sie. »Fred, könntest du ein Auto mit Fahrer organisieren?«

»Hm. Fahrer brauchen wir nicht, ich fahre, verlass dich auf deinen Fred.«

Anjali erinnerte sich an diese Worte, die er schon einmal zu ihr gesagt hatte. Nein, auf ihn war kein Verlass gewesen. Aber sie schwieg. Bei dieser Reise fühlte sie sich in seiner Gegenwart geborgen. Die Nacht war längst hereingebrochen, als sie sich verabschiedeten.

Am nächsten Tag fuhren sie sofort nach dem Frühstück gen Norden. Beide hatten sich bei der Entfernung verschätzt. Ceylon war nicht England. Hier entsprachen die Straßen eher einem besseren Feldweg, und sie erreichten die Gegend um Mannar erst am nächsten Tag. Die größte Mühe war, eine geeignete Unterkunft zu finden. Erst nach langem Suchen entdeckten sie ein primitives Resthouse in trister Umgebung. Das Zimmer war schmutzig, die Betten waren unbezogen, und es gab lediglich eine Latrine hinter dem Haus. Ungeziefer war reichlich vorhanden, und es stank nach Durian, irgendjemand musste die übelriechende Frucht hier gegessen haben. Anjali fühlte sich in frühere Zeiten versetzt. Fred schüttelte sich vor Ekel. Trotzdem akzeptierten sie und schliefen angekleidet dicht nebeneinander. Auf das Essen verzichteten sie.

Frühmorgens fuhren sie in das Gebiet der Mannar-Halbinsel. Viel Zeit für ihr Unternehmen blieb ihnen nicht. Sie mussten pünktlich nach Colombo zurückkehren. Die Rückflüge waren gebucht. Es gab keine Verzögerung. Und Aufnahmen für Charles brauchten sie auch noch. Ein missmutiger Fischer brachte sie für einen unverschämt hohen Preis mit dem uralten Holzboot, das einem Katamaran glich, zu den kleinen vorgelagerten Inseln. Verzweifelt suchte Anjali dort die von Vimal beschriebene Bucht. Erfolglos. Anjali schloss die Augen und versuchte in Gedanken, Vimals Beschreibung Revue passieren zu lassen. Hatte er den Ort zu ungenau beschrieben? War durch die Krankheit sein Erinnerungsvermögen gestört gewesen?

Doch an anderer Stelle entdeckte sie einige Perlentaucher, und Fred bat den Bootsführer, näher heranzufahren und zu ankern. Von dort beobachteten sie die Tauchvorgänge. Die Nasenlöcher dieser ausgemergelten Menschen waren durch Holzteile oder Steinchen verschlossen, und zum Schutz trugen sie zerlöcherte Hemdchen. Fred fotografierte zuerst Anjali, die auf dem Rand des schmalen Bootes saß, dann schwenkte er, vom Bootsführer unbemerkt, mit dem Teleobjektiv hinüber zu den Tauchern. Anjali beobachtete ihn dabei. Beide schwiegen.

Anjali wandte sich schließlich ab, sie mochte das Elend nicht länger ertragen und bat, zum Ausgangspunkt zurückzukehren. Dort fragte sie den unfreundlichen Menschen, wo sie Perlen kaufen konnte. Der alte Fischer witterte ein Geschäft und rannte vor ihnen her. Er brachte sie zu einem Händler in eine kleine Hütte. Anjali vermutete, dass die armen Männer dort draußen für ihn arbeiteten. Sie wählte die schönsten der vorwiegend rötlich schimmernden Perlen aus. Das Geld, das sie für den Kauf eingeplant hatte, reichte nicht. Sie zögerte.

»Anjali, was willst du mit den vielen Perlen?«, fragte Fred überrascht. »Gerade taten dir die Taucher noch leid, ich verstehe dich nicht.«

»Ich werde sie in London verkaufen.«

Er starrte sie ungläubig an. »Wo in London willst du Perlen verkaufen? Kein Mensch kauft in England Perlen, außer in einem seriösen Geschäft.«

»Ich werde sie bei einem befreundeten Goldschmied in Soho anbieten.«

»Soho, wie kommst du darauf? Ist nicht gerade die beste Gegend für Perlen.«

»Ich wohne da und fühle mich wohl.«

Es war das erste Mal, dass sie von ihrem jetzigen Leben sprach. Fred schaute durch die geöffnete Tür hinaus in die Ferne. »Anjali, falls du möchtest, borge ich dir Geld.« Er streckte ihr eine dicke Geldrolle entgegen. »Ich hoffe, du weißt, was du tust?«

Sie nickte und stellte dem Verkäufer einige Fragen zu den Perlen. Schleppend beantwortete er eine nach der anderen, während er ihr erstaunt dabei zusah, mit welcher Sicherheit sie die wertvollsten Perlen auswählte, betastete, aneinanderrieb, das Gewicht schätzte und das Gewünschte zur Seite legte.

Dann begannen sie zu feilschen. In Gedanken hatte Anjali bereits die Summe errechnet, die sie bereit war, auszugeben. Sie machte einen guten Schnitt.

»Normalerweise verhandele ich nicht mit Frauen, aber Sie haben mich überzeugt, Sie sind anders. Europäerin?«

Auch Fred schien überrascht. »Woher weißt du das alles?«

Anjali schwieg, sie wollte nicht mit ihm über Vimal sprechen, nahm das Stoffbündel mit den Perlen und sagte: »Komm, lass uns gehen.«

»Hast du daran gedacht, dass der Zoll Schwierigkeiten machen könnte?«, fragte Fred und meinte, als sie den Kopf schüttelte: »Das dachte ich mir, dann werde ich vorm Abflug mit Charles sprechen müssen.«

Anjali spürte, wie ihr das Blut aus dem Gesicht wich. Was würde Charles von ihr denken? Er schenkte ihr Perlen für eine Kette, und sie wollte Handel treiben. »Sag mal, gibt es keine andere Möglichkeit?«

»Weiß ich nicht, Anjali, aber falls du möchtest, werde ich mich in Colombo erkundigen. Was spricht gegen Charles?«

»Ich glaube, der Herr wäre enttäuscht.«

»Weshalb?«

»Ach, vergiss es, und erkundige dich bitte, wenn wir zurück

sind, nach einer anderen Möglichkeit. Jetzt lass uns die Gegend ansehen.«

»Für Besichtigungen fehlt uns die Zeit. Wir müssen sofort nach Colombo zurückfahren, wenn wir rechtzeitig zurück sein wollen.«

Glücklicherweise fanden sie auf dem Rückweg ein einigermaßen ordentliches Guesthouse. Hotels gab es auf der Route nicht.

Am nächsten Nachmittag kehrten sie in das Mount Lavinia zurück. Charles saß im Garten. Anjali blieb ein paar Schritte hinter Fred im Schatten einer hohen Topfpflanze stehen, um sich auf die Begegnung mit Charles vorzubereiten. Noch immer plagte sie wegen der Perlen ein schlechtes Gewissen.

»Fred, wie weit sind Sie mit den Aufnahmen?«

»Sir Charles, wir waren hoch im Nordwesten, in der Nähe Adam's Bridge. Anjali hatte mich darum gebeten, sie zu begleiten.«

»Hat sie dort oben Familie?«, fragte Charles wenig begeistert.

»Nein, Sir, Anjali suchte eine bestimmte Bucht, dort sollte es besonders schöne Perlen geben. Wir haben die Bucht nicht gefunden und schließlich beim Händler Perlen gekauft. Sie will sie bei einem Freund in Soho verkaufen.«

Idiot, musste er es so direkt erzählen? Typisch Europäer!

Charles' Gesichtsfarbe veränderte sich schlagartig zu Tiefrot, und Anjali glaubte, er platzte gleich vor Wut. »Die junge Dame soll umgehend hierherkommen.« Er winkte dem Ober und befahl ihm, Anjali ausrufen zu lassen, er erwarte sie in der Lounge.

Anjali fing den Ober ab, wartete ein paar Minuten und ging dann in die Lounge. Ihre Knie zitterten, und ihr Herz raste, als sie sich zu Sir Charles und Fred setzte.

»Erklär mir, wie du dir den Perlenhandel vorstellst.« Charles' Stimme klang nicht unfreundlich, aber eine gewisse Gereiztheit war deutlich zu spüren.

»Entschuldigen Sie, Sir, ich habe mir darüber keine Gedanken gemacht. Ich dachte, ich könnte sie durch einen Freund von mir, der Goldschmied ist, verarbeiten und verkaufen lassen.«

»Anjali, gib dich bitte nicht so naiv, das steht dir nicht! Du bist gerissen, das habe ich längst entdeckt.« Charles lehnte sich in dem gepolsterten Sessel zurück, bestellte ein Glas Wein und zündete sich eine Zigarre an. »Was beabsichtigst du genau? Glaubst du, mit diesem Einkauf würdest du reich?«

»Nein, Sir, es geht mir nicht um das Geld. Mich faszinieren Perlen. Ich möchte damit handeln, und mein Traum wäre eine Zuchtperlenfarm.«

Jetzt hatte sie es ausgesprochen und erwartete, dass sie für das Hotelzimmer und alle bisherigen Spesen aufkommen musste.

Charles, der gerade sein Glas vom Tisch genommen hatte, stellte es fest auf die Glasplatte zurück. »Aha, du willst mir Konkurrenz machen. Na ja, wenigstens bist du ehrlich.« Er hob erneut das Glas und trank einen großen Schluck. »Hm, du wohnst in Soho? Zuerst einmal müsstest du ständig neue Ware besorgen. Flug- und Hotelkosten kalkulieren, die Perlen im Voraus bezahlen, die Zollformalitäten lernen und vieles mehr. Hast du so viel Geld?«

Was das »mehr« war, ließ er offen. Anjali hatte ihm aufmerksam zugehört. War sie wirklich naiv? Sie dachte an Thailand, sagte aber nichts.

Fred schwieg und schwenkte wie üblich sein Whiskeyglas und ließ dabei die Eiswürfel tanzen.

»Sir, ich hoffe, dass mir die Götter wohlgesinnt sind und ich es schaffen werde.«

Charles sah sie durchdringend an. »Ich war ein Vollidiot, dich dorthin mitzunehmen. Jetzt schaffe ich mir schon selbst Konkurrenz. Na ja, glücklicherweise floriert das nur selten. An den Perlenbörsen in Tokio oder Bangkok kannst du nicht so einfach hineinspazieren.« Er zog ausgiebig an der Zigarre, die graue Asche fiel auf den Boden. Versöhnlicher sagte er: »Anjali, hole deine Perlen! Ich werde sie einschließen und mit meinen Edelsteinen transportieren lassen.« Er schüttelte den Kopf. »Langsam wirst du mir unheimlich. Aber du schaffst es, ich bin mir sicher.«

Er zog aus seiner Jacketttasche ein Etui und öffnete es. »Hier, das sind die Perlen aus Thailand. Ich habe sie fädeln lassen. Ich hoffe, die behältst du!«

Anjali nahm die Kette. Der Verschluss bestand aus Gold und war mit blauen Saphiren besetzt. Sie sprang auf, beugte sich über Charles und küsste ihn zum Dank auf die Wange, wie es die Europäer taten.

Charles war über diese spontane Reaktion erschrocken. »Aus dir wird kein Mensch schlau, aber es freut mich, wenn dir das Teil gefällt.«

Fred leerte sein Whiskeyglas und sagte: »Wenn du auf deinen Reisen männliche Unterstützung brauchst, kannst du auf mich zählen.« Nach kurzer Pause fügte er hinzu: »Als Freund, versteht sich.« Er lachte und bestellte einen weiteren Drink. »Aber kostenlos ist es nicht – dafür zahlst du mit Fotos, abgemacht?«

Anjali nickte dankbar.

»Mädchen, wie stellst du dir das genau vor? Merk dir vor allem: Japaner verhandeln ganz selten mit Frauen. Die kannst du nur mit Wissen und Zähigkeit und guten Beziehungen überzeugen.« Charles paffte an der Zigarre. »An großen Perlenbörsen werden zu Auktionen lediglich Händler zugelassen, die durch Sponsoren akkreditiert werden. Ein hartes Geschäft. Von Tausend, die dort mitmischen wollen, schafft es vielleicht ein Einziger. Bevor ich Zugang hatte, habe ich mich mit anderen Händlern zusammengetan. Und für eine Frau?« Er zuckte mit den Schultern. »Vielleicht hilft dir deine Schönheit.«

Anjali ärgerte sich über die Bemerkung, aber zeigte keine Reaktion. Plötzlich nannten sie alle »Mädchen« oder »Kleine«, das gefiel ihr ebenfalls nicht, aber sie schwieg. Ihr Erfolg würde für sich sprechen.

Zum Abendessen legte Anjali einen kostbaren Sari an, schlang die Haare zu einem Knoten und trug die neue Kette. Als sie das Restaurant betrat, sahen Charles und Fred sie bewundernd an. »Weißt du, Anjali, dass Perlen Tränen der Götter sind? Das besagt eine alte persische Legende«, sagte Fred. »Darf ich dich nach dem Essen so fotografieren, falls du nicht zu müde bist? Ich verspreche dir, es dauert nicht lange.«

»Gerne, Fred.«

»Und eine ceylonesische Legende berichtete von einem See, der durch Adam und Evas Tränen entstand, und dass sich dabei einige der Tränen in Perlen verwandelten. Weiße und rosafarbene stammen von Evas Tränen und die besonders kostbaren und seltenen grauen und schwarzen Perlen aus den Tränen Adams. Laut Legende könnte der Mann die Gefühle besser kontrollieren, deshalb seien seine Tränen wertvoller«, fügte Charles hinzu.

»Das ist entzückend. Ich werde es nachher aufschreiben«, sagte sie.

»Anjali, übermorgen fliegen wir am frühen Abend zurück nach England. Ich erwarte dich daher morgen Nachmittag für die Aufnahmen. Genieße bis dahin die Freizeit.«

Anjali wusste, wie sie die Stunden verbringen wollte: in ein einfaches Stoffstück gehüllt barfuß über den Strand zu ihrer ehemaligen Hütte laufend. Dort würde sie sich in den Sand setzen, über das Meer blicken und ein letztes Mal in das ärmliche Leben einer Dalit eintauchen.

Kapitel 19

London

Nach der Rückkehr aus Ceylon brauchte Anjali Tage, um zu ihrem normalen Rhythmus zurückzufinden und die Zeitverschiebung zu bewältigen. Am späten Nachmittag überfiel sie die Müdigkeit, und sie hatte Mühe, nicht mitten in der Nacht mit der Näharbeit zu beginnen. Noch hatte sie Jimmy nichts von den Perlen erzählt. Sie brauchte Zeit, um die Eindrücke der letzten Wochen zu verarbeiten. Oft ertappte sie sich dabei, wie sie in Gedanken wieder auf Koh Rang über die Perlenfarm blickte und ihr der verwesende fischige Geruch der ausgeweideten Muschelschalen in der Nase lag. Sie erinnerte sich an Männer, die dort Muscheln aus den sogenannten Gärten ernteten, und an die Perlenmengen, die sie bewundern durfte. Sie griff nach dem Geschenk von Charles.

Bald dürfte sie ihre Kostbarkeit in Empfang nehmen. Eine unerwartete Aufregung durchstob sie. Gerne würde sie Tom davon berichten, aber bei ihrem Abschied hatte sie vor lauter Traurigkeit vergessen, nach seiner Telefonnummer zu fragen. Ob er glaubte, sie sei noch auf Reisen? Sicherlich kannte Charles die Nummer – sollte sie ihn aufsuchen? Nein, falls Tom nicht anrief, wusste sie, dass alles Lügen gewesen waren.

Weder bei Mohan noch bei Sarah meldete sich Anjali, obwohl sie für ihre Pläne das Geld, das sie mit beiden verdiente, benötigte. Sie beabsichtigte, so lange in der Wohnung zu bleiben, bis der Anruf über das Eintreffen der Perlen erfolgte. Dadurch wollte sie vermeiden, dass Jimmy durch Fremde davon erfuhr. Anjali schwelgte in Reiseerinnerungen und nähte unermüdlich. Weshalb hatte sie sich auf dieses Abenteuer eingelassen? Reichten ihre Kenntnisse über Perlen aus, um in diese hart umkämpfte

Männerdomäne einzudringen? Unruhig verbrachte sie Tage und Nächte, bis Amy eines Tages rief: »Anjali, hier ist ein Mann für dich.«

War es Tom? Weshalb kam er nicht herauf? Ihr Herz schlug schneller. Sie rannte die Stufen hinunter.

Ein Fremder mit einem Stahlköfferchen, das mit einer Kette an seinem Handgelenk befestigt war, stand vor ihr. »Madame, ich soll Ihnen etwas von Sir Charles überbringen.«

Anjali bat den jungen Mann, der sich als Paul vorstellte, in die Wohnung. Er öffnete den Koffer, und Anjali legte den kostbaren Inhalt auf blaue Seide. So schön hatte sie die Perlen nicht mehr in Erinnerung gehabt. Zum Schluss übergab der junge Mann Anjali einen Briefbogen und verabschiedete sich. Sie begleitete den Boten hinunter zur Haustür und betrat Jimmys Laden.

»Hi, Jimmy, könntest du dir vorstellen, Ketten aus Perlen aufzufädeln und sie im Geschäft anzubieten? Ich könnte dabei helfen.«

»Bist du jetzt total durchgeknallt?«

Anjali lachte. »Nein, ich habe auf Ceylon wirklich Perlen gekauft. Ich dachte, du fertigst die Ketten vorerst ohne Schlösser und erhältst wie üblich fünf Prozent vom Verkaufspreis.«

»Da muss ich noch mal drüber nachdenken.«

»Okay, du weißt, wo du mich findest.« Sie lief in die Wohnung zurück, nahm einen Karton, den sie mit Stoff auskleidete, ordnete die Perlen in Lagen und versteckte den wertvollen Besitz hinter dem Vorhang des Spülbeckens. Dann faltete sie den Briefbogen aus Büttenpapier auseinander und las:

Liebe Anjali,
da du dich zu meiner Konkurrentin erklärt hast, schlage ich folgendes Geschäft vor: Deine Gage für die Arbeit auf Ceylon verrechne ich mit dem Transport. Zusätzlich waren Zollkosten und Versicherung fällig. Auf deinen Hotel- und Flugkostenanteil verzichte ich vorläufig, mit der Auflage, dass du mir gelegentlich als Fotomodell zur Verfügung stehst. Ebenfalls biete ich

an, solltest du die Ware nicht verkaufen können, sie dir zu einem noch auszuhandelnden Preis abzunehmen.
Viel Glück und herzliche Grüße
Sir Charles Reburry

Anjali faltete den Bogen zusammen. Tränen tropften auf das kostbare Papier. Was hatte sie geglaubt? Er war Geschäftsmann, der ließ sich nicht von einer dummen Göre an der Nase herumführen.

Jetzt erst recht, dachte sie, wischte die Tränen mit dem Handballen fort, setzte sich an die Maschine und arbeitete bis in die späte Nacht.

Am nächsten Morgen brachte sie die angefertigten Röcke zu Sarah und ging auf dem Rückweg zu Jimmy in den Laden. »Hast du einen Entschluss gefasst? Falls du es nicht möchtest, verkaufe mir bitte Faden.«

Er schaute Anjali erstaunt an. »Du kannst nie abwarten, oder?«

»Nein, ich brauche das Geld. Ich habe es mir bei einem Freund geliehen.« Eigentlich stimmte es, denn sie musste Fred das Geld zurückbringen. Jimmy brauchte nichts von ihrem Bankkonto zu wissen.

»Also los, bring den Kram.«

»Was meinst du, soll ich das Fenster dafür umgestalten?«

Er brummte etwas Unverständliches. Anjali rannte nach oben und suchte 34 der schönsten Perlen aus und brachte sie hinunter. »Bis heute Abend, ja?«

»Klar, wenn die Lady ruft, lass ich alles fallen«, sagte Jimmy verärgert.

Anjali war von ihrer Idee so begeistert, dass sie zur Spielkiste lief und reichlich Sand holte. Anschließend nahm sie zwei große Muschelschalen, die sie in Mannar gekauft hatte, und ging zurück in das Geschäft. Der Perlenstrang war fertig. Jimmy hatte zwischen den einzelnen Perlen nicht geknüpft, sondern nur aufgefädelt. Anjali räumte das Fenster aus, schüttete wie damals den Sand hinein und legte die Muschelschalen drauf. Dann füllte sie diese mit einem Häufchen Perlen. Die Kette legte sie daneben. Von dieser Dekoration war selbst der Goldschmied überzeugt.

Nach zwei Wochen verkaufte Jimmy den Strang, und die Kundin ließ bei ihm eine wertvolle Schließe an die Kette anbringen. Eifrig knüpfte er den nächsten Strang und legte ihn zur Auslage.

Da die Perlen totes Kapital bedeuteten, solange sie nicht verkauft waren, bekam auch Mohan weiterhin seine Gewürzmischungen. Anjali brauchte jeden Penny. Sie selbst ging ihren bisherigen Tätigkeiten nach.

An einem verregneten Morgen läutete das Telefon. Anjali saß an der Nähmaschine. War es Tom? Sie stand auf und rannte an den Treppenabsatz und lauschte. Dann hörte sie Jimmy wie üblich rufen, denn der Weg hinauf war ihm zu lästig: »Anjali, hier ist ein Mann, komm, aber fix!«

Sie eilte die ausgetretenen Stufen hinunter und nahm den baumelnden Hörer.

»Guten Morgen, Sir Charles«, sagte sie überrascht. »Ja, die erste Kette ist verkauft. Habe ich Sie richtig verstanden: Ich kann die Hälfte der Perlen verkaufen? An einen Ihrer Kunden? Selbstverständlich werde ich pünktlich sein. Aus Sicherheitsgründen werde ich ein Taxi nehmen. Ja, die Adresse kenne ich. Vielen Dank, Sir, bis vier Uhr.«

Die Perlen lagerten inzwischen in Jimmys Tresor. Er tat erstaunt, als sie ihn bat, den Safe zu öffnen, aber sie war überzeugt, er hatte wie üblich gelauscht. Sie rief James an, der sie zum vereinbarten Treffen brachte. Sie konnte ihr Glück nicht fassen, als sie tatsächlich auf einen Schlag die Hälfte der Perlen verkaufen konnte.

Ein paar Tage später rief Sir Charles erneut an und bat um den Rest der Perlen. Ein anderer Kunde zeigte sich begeistert von der Ware, die er bei dem Kollegen gesehen hatte. So waren die Perlen bis auf den im Schaufenster liegenden Strang verkauft. Um Jimmy nicht zu verärgern, ließ sie die Kette dort.

Bereits zwei Monate später flog Anjali erneut nach Phuket. Sie suchte den Bootsführer auf, dessen Adresse Charles ihr genannt hatte. Der Mann brachte sie nach Koh Rang und wartete dort auf sie. Der Händler war überrascht, sie nach so kurzer Zeit und allein wiederzutreffen. Er wollte ihr nichts verkaufen und verwies sie an die Bangkoker Perlenbörse. Um seinem Gesichtsverlust vorzubeugen, versuchte sie es mit übertriebener Unterwürfigkeit und war erfolgreich. Bei der folgenden Diskussion hatte der Perlenhändler bald bemerkt, dass sie sich bestens auskannte und er ihr keine mindere Ware anbieten durfte. Sie kannte die Fachberechnung für das Rohmaterial mit Gewicht der einzelnen Perle und Länge eventueller Stränge. Es bedurfte weiterer Überredungskunst Anjalis, bevor er sich bereit erklärte, für sie den Transport und die Zollformalitäten zu erledigen. Bei einer Tasse Tee plauderten sie ein wenig, und Anjali glaubte, auch in Zukunft mit dem Perlenzüchter gute Geschäfte abwickeln zu können.

Während der Rückkehr nach Phuket überlegte sie, ob sie von Bangkok nach Colombo weiterfliegen und noch einmal nach Mannar fahren sollte? Bis zur Ankunft im Hafen hatte sie keinen Entschluss gefasst und setzte sich in den von der Sonne erwärmten Sand. Ein Zitronenfalter ließ sich auf ihrer Hand nieder und schlug sanft mit seinen Flügeln. Der Schmetterling erinnerte sie an das Geschirr bei Sir Geoffrey. Sollte sie nach Nuwara Eliya reisen und den alten Herrn mit einem Besuch überraschen? Sie erinnerte sich an das letzte Mal, als sie ihn gesehen hatte, und verdrängte die Idee. Vielleicht war sie nicht willkommen.

Sollte sie erneut Perlen im Norden Ceylons kaufen? Vor ihrem inneren Auge erschienen die Perlentaucher. Der Anblick wühlte sie auf. Aber falls alle Händler künftig nur noch Zuchtperlen kauften, gäbe es für die armen Menschen selbst diesen spärlichen Lohn nicht mehr. Sie war hin- und hergerissen. Es gab auch die Möglichkeit, Perlen auf den Philippinen zu kaufen. Unschlüssig ging sie in das einfache Guesthouse zurück, aß zu Abend und träumte von Perlen.

Sie entschied sich, einen mehrtägigen Stopp in Colombo einzulegen und von dort den Rückflug anzutreten. Bei dem Umbuchungsversuch zerplatzte der Wunsch wie eine Seifenblase, da die zusätzlichen Flugkosten diesen Umweg nicht erlaubten, und Anjali nahm sich vor, zuerst die Perlenmenge aus Thailand zu verkaufen und die kommenden Einkaufstouren sinnvoller zu planen. Sie musste noch viel lernen.

Erschöpft traf sie in London ein. Beim Betreten des Hauses kam Amy angelaufen und rief: »Neuigkeiten!«

»Hat während meiner Abwesenheit jemand nach mir gefragt?« Hatte Tom angerufen?

»Ja, einmal hat einer angerufen, aber ich habe den Namen vergessen. Und dann war ein großer Blonder hier, der wollte zu dir und hat gefragt, wann du zurückkämst. Ich wusste es nicht. Aber stell dir vor, Jimmy hat den Strang Perlen verkauft – und wieder mit einem wertvollen Schloss, das ist viel wichtiger. Und Schmuck nach deinen Zeichnungen hat er angefertigt und auch schon was davon verkauft.« Freudig drehte sie sich im Kreis. »Dafür hat er mir das Kleid geschenkt.«

Das interessierte Anjali in diesem Augenblick wenig. Sie war müde von der langen Reise und enttäuscht, dass Amy die Namen des Anrufers und des Besuchers nicht notiert hatte. War es Tom gewesen? Weshalb hatte sie sich bei Sir Charles nicht längst nach der Telefonnummer erkundigt? Was sollte der Stolz?

Der normale Tagesablauf begann, aber Anjali konnte das Eintreffen der Ware kaum erwarten. Hoffentlich lief alles wie vereinbart? Blindlings hatte sie dem Händler vertraut und viel Geld bezahlt. Wenn er sich nun nicht an die Abmachung hielt?

Glücklicherweise erhielt Anjali bald darauf den Anruf vom Zollamt. Sie fuhr mit dem Taxi zur Zollbehörde und nahm dort die eingeführte Ware in Empfang und bezahlte die erhebliche Einfuhrsteuer. Dann kam das nächste Problem: Wie sollte sie die Kostbarkeiten transportieren? Die Kartons waren geöffnet worden und lagen zerstört vor ihr. Kurzerhand füllte sie ihre Handtasche, nahm eilig das Seidentuch von Hermès ab, das sie um den Hals trug, und schüttete die restlichen Kostbarkeiten hinein. Sie machte einen Knoten und trug das Bündel wie ein Baby davon. Anjali benötigte unbedingt einen Sicherheitskoffer, das war ihr an diesem Tag klargeworden. Und sie war froh, dass sie nicht noch mehr Perlen gekauft hatte, denn auf Koh Rang war sie in einen wahren Kaufrausch geraten. *Wieder um eine Erfahrung reicher,* dachte sie und stieg in das wartende Taxi.

Anjali hetzte durch die Regent Street. Regen prasselte auf ihren Schirm, Tropfen schlugen prasselnd auf dem Pflaster auf und spritzten in alle Richtungen. Anjali war völlig durchnässt und fror, aber sie brauchte dringend neuen Stoff. Die Seidenballen, die sie in Bangkok geordert hatte, waren noch nicht eingetroffen. Wieder fragte sie sich, ob sie zu vertrauensselig gewesen war? Mit gesenktem Kopf lief sie gedankenverloren zwischen den Passanten hindurch. Ihr Schirm verhakte sich in einem anderen, und beide blieben sie stehen. Anjali beugte den Schirm zur Seite.

Sir Charles stand lachend vor ihr. »Na, das ist aber ein Zufall.« Sie plauderten, während Bäche von den Schirmen liefen.

»Komm kurz mit hinein!« Er zeigte mit der Hand auf eine Haustür.

In der düsteren Halle blieben sie stehen. »Laufen die Geschäfte erfolgreich?«

Anjali nickte. Jetzt könnte sie ihn nach Tom fragen, aber ihr Gegenüber sprach weiter: »Da du dich an dem Gedanken festgebissen hast, dich als Perlenhändlerin zu betätigen, gebe ich dir folgenden Rat: Empfang deine Kunden in einer gepflegten Umgebung und präsentiere die Ware entsprechend.«

»Weshalb? In Jimmys Geschäft läuft es bestens, und ich zahle nur fünf Prozent an ihn.«

»Anjali, denk in Ruhe darüber nach. Vielleicht kann ich dich an der Perlenbörse von Tokio einführen. Überlege, was das für dein Geschäft bedeuten würde! Entschuldige, aber ich muss los.« Er sprang die Steinstufen hinauf.

Auf dem Marmorboden hatte sich eine Pfütze vom Regenwasser der Schirme gebildet. Anjali verfolgte seine Fußspuren auf der Treppe. Erneut hatte sie vergessen, sich nach Lady Esthers Befinden und Toms Telefonnummer zu erkundigen, aber sie mochte nicht hinterherrufen. Na ja, es war ein geschäftliches Gespräch, und es wäre unvorteilhaft gewesen, Privates damit zu vermischen. Sie vermutete, dass es Charles so auch lieber war.

Seine Worte kreisten wie endlose Perlenschnüre durch ihre Gedanken. Tokioter Perlenbörse. Sie traute sich nicht, das Gehörte in Hoffnung zu verwandeln, und bekam Herzrasen. Rasch erledigte sie ihre Einkäufe und kehrte nach Hause zurück.

Lange zögerte sie, aber sein Rat schien empfehlenswert. Sie durchsuchte Zeitungsannoncen und hielt, während sie durch die Straßen Londons schlenderte, nach entsprechenden Schildern Ausschau. Etwas Passendes zu finden, schien fast aussichtslos. Erst durch einen Tipp von Fred, den sie zufällig auf der Bank getroffen hatte, bekam Anjali in der Old Bond Street in der zweiten Etage eine ehemalige Wohnung, die sie als Verkaufsräume nutzen durfte. Die Miete war horrend. Doch Anjali war überzeugt, damit eine gute Wahl getroffen zu haben. Auf Londons Antikmärkten suchte sie nach Vitrinen, Tischen und passenden Sitzgelegenheiten. Sie möblierte die hellen Räume spärlich. Das mächtigste Stück in den Zimmern war der mannshohe Stahlsafe. Eine Wand des Verkaufsraumes überzog ein Fotodruck, den ihr Fred geschenkt hatte, aber der für ihre winzige Wohnung in Soho zu groß war. Der Druck bot einen Ausblick über türkisfarbenes Meer auf die Perlenfarm auf Koh Rang und einem Teil tropischer Insel. Die restlichen Wände blieben weiß. Eine Palme im Topf stand vor einem der drei Fenster auf dem dunklen Parkettboden. Endlich besaß sie auch einen eigenen Telefonanschluss. Sie war stolz auf das Erreichte, blieb aber in Soho wohnen – zur Sicherheit.

Anjali war gerade dabei, Perlen nach Güte, Größe und Körperfarben zu sortieren und von ihr aufgefädelte Stränge in die Vitrine zu legen, da läutete das Telefon. Der erste Anruf. Zaghaft nahm sie den Hörer hoch, als könnte sie sich daran verbrennen, und meldete sich. »Wie kann ich Ihnen helfen?«

»Junge Dame, Sie könnten mich heute Abend zum Essen ausführen und eine Flasche Champagner kalt stellen.«

»Tom!«, rief sie überrascht in den Hörer. »Wo bist du?«

»In Strasbourg, aber ich bin gegen Abend in London. Endlich erreiche ich dich! Charles hat mir gestern deine Nummer mitgeteilt. Bei jedem Anruf in Soho hat Amy gesagt, du bist auf Reisen. Langsam glaubte ich, du lässt dich verleugnen.«

»Und ich dachte, du hast mich vergessen!«

»Liebling, seit acht Jahren denke ich jeden Tag an dich.«

»Lügner!« Sie lächelte. Es klingelte an der Tür. »Bis heute Abend.« Anjali legte den Hörer auf die Gabel, rückte die Seidenbluse zurecht und öffnete.

Ein namhafter Juwelier aus der Umgebung interessierte sich für die neue Handelsgesellschaft und kaufte eine größere Perlenmenge bei ihr. Er versprach, in Kürze wiederzukommen. Sie war so aufgeregt gewesen, dass sie vergessen hatte, dem Kunden Tee anzubieten. Glücklich über den Verkauf, schloss sie die Perlen im Safe ein und ging freudig nach Hause.

In der Wohnung herrschte Chaos. Die Ausgestaltung der Geschäftsräume, das Perlenfädeln und die Buchhaltung beanspruchten ihre gesamte Zeit. Auf jeder Sitzgelegenheit, auf dem Tisch, sogar auf dem Bett lagen Schneiderarbeiten. Sie musste Ordnung schaffen und einkaufen, bevor Tom eintraf.

Tom blieb drei Tage.

Trotz seiner Anwesenheit ging Anjali täglich in den Verkaufsraum und freute sich über jeden Kunden.

Anjalis Einkaufstouren nach Thailand erfolgten in immer kürzeren Abständen. Inzwischen behandelte sie der Perlfarmbesitzer auf Koh Rang mit Respekt, den sie sich aufgrund ihrer Kenntnisse und ihres Verhandlungsgeschicks erworben hatte. Einmal hatte er für Anjali sogar besonders schöne Stücke aufbewahrt. Sie war über diese Geste sehr erfreut und kaufte mehr, als sie beabsichtigte.

Doch der Gedanke an Tokio ließ sie nicht los. Sie musste auf irgendeine Art Zugang zur Perlenbörse finden. Auf Charles wollte sie sich nicht verlassen, auch wenn ihre Geschäftsverbindung eng geworden war, seit sie damals das erste Mal Perlen gekauft hatte. Charles hatte ihr einen Großteil seines Perlenhandels und Kundenstamms überlassen, und bei der geringsten Möglichkeit sprach sie ihn auf Tokio an, aber er vertröstete sie immer wieder. Sie spürte, dass er ihr den raschen Erfolg neidete.

Anjali bat Esther endlich um ein Treffen, und die beiden Frauen trafen sich im Ritz. Ein anderer Ort wäre ihr viel lieber gewesen, aber sie fügte sich Esthers Wunsch. Unter vier Augen versuchte Anjali, der Lady die damalige Situation zu erklären. Esther zeigte Verständnis, aber sie blieb enttäuscht, dass Anjali damals kein Vertrauen in sie gehabt hatte. Von der ehemals herzlichen Freundschaft blieb lediglich eine Bekanntschaft.

Privat trafen sich die beiden nicht mehr. Das lag aber auch daran, dass Anjali jeden Kontakt zur höheren Gesellschaft mied. Einladungen von Kunden oder anderen Bekannten schlug sie aus. Selbst Tom begleitete sie nie zu privaten Festen. Inzwischen pendelte er zwischen Strasbourg und London, so dass sie wenigstens die Wochenenden gemeinsam verbringen konnten, sofern sie nicht unterwegs war oder er keine anderen Verpflichtungen hatte. Die Scheidung mit Inga verzögerte sich ständig. Tom und Anjali glaubten, dass seine Eltern dahintersteckten.

Anjalis Welt blieb Soho.

Inzwischen sprach sich die hohe Qualität ihrer Ware in England herum, und viele Juweliere kauften vorwiegend Perlen bei »Sita Pearls«. Unter diesem Namen hatte Anjali auch das Handelsunternehmen eintragen lassen. Bald wurde sie in der Szene scherzhaft »Perlenkönigin« genannt. Das hatte ihr Charles bei einem Geschäftstreffen lachend erzählt.

Während eines Fluges nach Thailand las Anjali zufällig von den herrlichen Perlen auf den Philippinen, und sie entschloss sich, sofort nach dem Einkauf auf Koh Rang von Bangkok weiter nach Manila zu fliegen. Auf den Philippinen kannte sie sich überhaupt nicht aus. Glücklicherweise hatte sie die Seite aus der Zeitschrift herausgerissen, und so fanden zuerst der Taxifahrer und anschließend der Bootsführer zu der beschriebenen Perlenfarm.

Wie zuvor in Thailand musste sie sich als Frau erst beweisen. Nach unendlichen Verhandlungen und mit Hilfe ihrer Zähigkeit glückte es ihr schließlich, Perlen der besten Güteklasse zu erhalten. Sie war stolz auf sich und erfreut über die weitere Einkaufsmöglichkeit. Trotzdem blieb ihr größter Wunsch, wenigstens einen Tag an der Tokioter Perlenbörse zu verbringen. Der Erfolg auf den Philippinen gab ihr neue Hoffnung. Vielleicht klappte es irgendwann?

Immer mehr kamen Kunden auch aus anderen Städten angereist. Selbst Käufer aus Paris und Israel besuchten sie in London. Perlen waren en vogue.

Sie war wohlhabend geworden. Trotzdem blieb Anjali weiterhin in Soho wohnen. Sie wusste nicht, weshalb, aber irgendetwas zwang sie, dort zu bleiben. Sie gehörte nicht in die gehobenen Wohngegenden. Ihr Bekanntenkreis blieb winzig, Charles war mehr Geschäftspartner als Freund, und auch Fred ließ selten von sich hören. Auch von Sir Geoffrey hörte Anjali selten. Tom berichtete, dass er vorerst nicht nach Europa kommen wollte. Vielleicht waren die Reisen zu anstrengend geworden.

Jimmy blieb seiner Gewohnheit treu, kassierte weiterhin jeden Freitagabend die Miete und trank einige Gläser Gin bei ihr. Selbst Toms Anwesenheit schreckte ihn nicht ab.

Eines Freitagabends, Tom war familiär unterwegs, blieb er ungewöhnlich lange und fragte: »Warum bleibst du in Soho und nähst noch? Das hast du doch nicht mehr nötig.«

Anjali zuckte mit den Schultern. »Nähen ist meine Freizeitbeschäftigung. Weißt du, Jimmy, mein Wunsch ist es, eine eigene Perlenfarm zu gründen, dafür brauche ich sehr viel Geld. Während der Einkaufsreisen notiere ich mir jedes Detail über die Farmen.« Ihre Stimme war zu einem Flüstern geworden.

Jimmy sah sie entgeistert an. »Mensch, was du erreicht hast! Gibst du nie auf?«

Anjali stand auf, stellte sich ans Fenster und blickte in die Dunkelheit. »Auf Ceylon, oben im Norden, im Golf von Mannar, würde ich die Farm gerne errichten, wenn …« Anjali sprach nicht weiter. Nein, sie wollte ihm nicht erzählen, dass sie eine rechtlose Teepflückerin, eine »Unberührbare« war, dass ihr daher dieser Traum wahrscheinlich auf ewig verwehrt bleiben würde, und sagte stattdessen: »Ceylon liegt Indien dort sehr nahe und sieht auf der Landkarte aus, als sei es eine Träne Indiens – oder Perle«, fügte sie lachend hinzu. Das Lachen klang unecht.

Jimmy sah sie aufmerksam an. »Anjali, immer wenn du von dort erzählst, verändert sich dein Gesichtsausdruck, und deine Augenfarbe wird dunkelgrün, fast flaschengrün. Hast du Heimweh?«

Anjali lächelte und schüttelte den Kopf. Sie musste sich ablenken, um nicht zu weinen. War jetzt der Zeitpunkt gekommen, ihn zu fragen?

»Jimmy, ich brauche Hilfe. Es muss eine vertrauenswürdige Person sein. Könntest du mein Geschäft führen, wenn ich auf Reisen bin? Gerne würde ich auch Tom für ein paar Tage in Strasbourg besuchen.«

Er trank einen großen Schluck Gin und zündete sich erneut eine Zigarette an. Blauer Qualm waberte durch das kleine Wohnzimmer. »Wie stellst du dir das vor? Ich habe doch meine Klitsche. Die kann ich nicht einfach dichtmachen.«

»Und könnte Amy …« Anjali traute sich kaum weiterzufragen.

»Die hat doch null Ahnung.« Er wiegte den Kopf hin und her. Er stand auf, öffnete die Wohnungstür und schrie nach Amy. Dann drehte er sich zu ihr um. »Und was ich dir schon länger sagen wollte: Ich heiße Steven, nicht Jimmy. Mein Alter wollte einen Jimmy, meine Mum nicht. Er hat mich immer Jimmy genannt, und alle kennen mich unter diesem Spitznamen. Vielleicht hat er mal so einen Typen gekannt. Am Tag, als er mir alles vermacht hat, ließ er draußen das Schild ›Jimmy Thates Goldwaren‹ anbringen.«

Amy betrat die Wohnung, setzte sich auf einen Stuhl und wedelte mit der Hand vor ihrem Gesicht.

»Hör mal, Amy, kannst du den Laden allein schmeißen, wenn ich bei Anjali aushelfe? Wird nur sporadisch sein.«

Amy schaute beide verwundert an und schien zu überlegen. Nach kurzer Zeit nickte sie. »Gute Nacht, aber hier stinkt es nach Rauch und Gewürzen, ich muss gehen, sonst wird mir übel.« Sie verließ die Wohnung. Jimmy verabschiedete sich und wollte Amy hinterher, doch Anjali hielt ihn zurück.

»Danke, Steven.«

Er grinste und schloss die Tür hinter sich.

Tom kam lange nach Mitternacht angetrunken zurück und setzte sich auf das Sofa. »Anjali, ich möchte, dass du in die Stadtvilla meiner Mutter ziehst«, platzte er heraus. »Ich habe sie vorhin in Colombo angerufen. Inga ist endlich ausgezogen.« Er gähnte.

»Warum? Ich gehöre hierher.«

»Glaubst du, es gefällt mir, die Wochenenden in dieser mickrigen Bude zu verbringen?«

»Bis vor kurzem hattest du keine Probleme damit. Weshalb heute? Hast du Inga getroffen?«

»Was hat Inga mit der schäbigen Wohnung zu tun?« Toms Gesicht rötete sich vor Zorn.

»Mit der Wohnung nichts, aber mit deiner schlechten Laune. Wenn es dir hier nicht gefällt – dann geh!« Anjali stand auf, lief zur Tür und öffnete sie.

Tom erhob sich, zog sich aus und ging zu Bett.

Am nächsten Morgen nahm er sie liebevoll in den Arm. »Bitte, Liebling, entschuldige mein gestriges Benehmen.«

Anjali wischte seine Worte mit der Hand aus der Luft.

»Du brauchst nicht nur repräsentative Verkaufsräume, sondern auch ein gepflegtes Zuhause. Und aus Sicherheitsgründen solltest du über einen Fahrer nachdenken«, sagte er und streichelte liebevoll ihren Rücken.

»In Ordnung, ich werde darüber nachdenken.«

»Dafür hast du heute Zeit. Ich muss in die Villa und einige Sachen erledigen. Begleitest du mich?«

»Ich überlege es mir beim Frühstück. Eigentlich müsste ich nähen.« Gern hätte sie sich mit ihm über die Trennung und Scheidung von Inga unterhalten, aber sie wollte Tom keinesfalls drängen. »Bisher habe ich James angerufen, wenn ich ein Taxi brauchte. Was meinst du, soll ich ihn fragen?«

Tom zuckte mit den Schultern. »Vertraust du ihm?« Anjali nickte.

»Sag mal«, meinte Tom dann, »weshalb gibst du das Schneidern nicht endlich auf? Sobald wir verheiratet sind, kannst du dann ja für unsere Kinder nähen.« Er lachte.

»Na, dann sehe ich mir heute mal das vornehme Kinderzimmer an«, sagte Anjali, lachte und verschwand im Bad. Würde sie in der exklusiven Gegend überhaupt atmen können?

Tom leistete völlige Überzeugungsarbeit. Zwei Tage später packte Anjali ihre Sachen und zog in die Villa. Stillschweigend behielt sie jedoch die Wohnung in Soho. Zur Sicherheit und auch, um Mohan besser im Auge zu behalten, wie sie sich einredete. Ihren Anteil an dem Lokal wollte sie nicht aufgeben.

Bob, Toms Butler, half Anjali nicht nur beim Umzug, sondern auch dabei, sich mit der neuen Situation in Belgravia anzufreunden und zurechtzufinden. Im Haus hatte er unauffällig jeden verbliebenen Hinweis auf Lady Inga beseitigt.

Und auch wenn sie Toms Wünschen nachgegeben hatte und nun offiziell mit ihm zusammenwohnte, ließ sich ein Gedanke nicht verbannen: Würde Tom sie jemals heiraten?

Kapitel 20

London, Strasbourg und Colombo

Anjali saß in ihrem kleinen Büro, denn an diesem Montagmorgen war es ruhig, und sie wollte die schriftlichen Arbeiten erledigen. In den letzten Wochen hatte sie den Kram in die Schreibtischschublade gestopft. Sie schraubte ihren Füllfederhalter auf. Das Telefon klingelte. Anjali hoffte, es war Tom, denn er hatte sich seit Tagen nicht gemeldet, und nahm den Hörer ab. Es war ein Kunde.

»Ja, gerne komme ich zu Ihnen nach Strasbourg. Würde es Ihnen am Freitag passen? Aha, freitags arbeiten Sie nicht. Wie wäre es Mittwoch oder Donnerstag? In Ordnung, ich komme Donnerstagvormittag zu Ihnen in die Avenue de la Forêt Noire. Ja, ich werde es finden. Au revoir, Monsieur.« Mit den Worten verabschiedete sich Tom in letzter Zeit, wenn er mit Franzosen sprach.

Anjali legte auf und wählte gleich darauf Toms Nummer.

»Guten Morgen, Tom, ich hoffe, du hattest ein schönes Wochenende? Bist du in dieser Woche sehr beschäftigt? Weshalb? Weil ich dich in Strasbourg besuchen werde. Ich komme am Donnerstag und bleibe vielleicht bis Sonntag oder Montag. Nein, keinen Flug. Ich habe deinen Rat befolgt, James arbeitet seit einer Woche für mich. Er bringt mich nach Strasbourg. Ja, ich freue mich auch. Au revoir, mein Liebling.«

Anjali stand auf und drehte sich erfreut im Kreis. Rasch kramte sie in der Handtasche nach ihrem Pass und überzeugte sich, dass ihr Visum für Frankreich noch gültig war. Beruhigt steckte sie den Pass zurück.

James und sie verließen London schon am Mittwochmorgen, setzten mit der Fähre von Dover nach Calais über und fuhren in dem Bentley gemütlich durch die menschenleer erscheinende Gegend Nordfrankreichs Richtung Strasbourg. Es war eine neue Welt für James. Hier fuhren die Autos auf der rechten Straßenseite, aber nach einigen Schwierigkeiten, vor allem beim Abbiegen, meisterte er es problemlos. Sie übernachteten in einem kleinen Hotel im Elsass und trafen pünktlich am nächsten Morgen bei dem Kunden im Judenviertel von Strasbourg ein. James fand direkt vor dem Mehrfamilienhaus der Jahrhundertwende einen Parkplatz und begleitete sie aus Sicherheitsgründen bis zur Haustür.

Der grauhaarige Herr in schwarzem Anzug mit weißem Oberhemd und Krawatte empfing Anjali persönlich. Er schien überrascht, eine Asiatin anzutreffen, und stellte ihr im folgenden Gespräch unzählige Fragen, bevor sie zum geschäftlichen Teil kamen. Am Ende war der Mann begeistert von den Perlen und kaufte die gesamte vorgelegte Menge.

Glücklich über das erfolgreiche Geschäft, sprang sie die wenigen Steinstufen hinunter, stieg in den wartenden Wagen und ließ sich zu Tom chauffieren. James schickte sie mit den Ein- und Ausfuhrpapieren nach London zurück.

Die Tage in Strasbourg verliefen für Anjali wie im Traum. Tom zeigte ihr die historische Stadt, insbesondere das Viertel Petit France. Sie unternahmen eine Bootsfahrt auf der Ill, mit den ihr unbekannten Schleusen und den Trauerweiden an den Ufern. Abends zogen sie durch die vielen Weinstuben, und Anjali aß das erste Mal Sauerkraut.

Während Tom arbeitete, besuchte Anjali das Münster. Die gotische Sandsteinkathedrale mit dem fehlenden zweiten Turm und die schiefen Fachwerkhäuser, die den Kirchplatz umsäumten, beeindruckten sie. Sie schlenderte durch die engen Gassen und lief am Fluss entlang. Erst kurz vor Toms Dienstschluss kehrte sie in seine Altbauvilla in der Rue Franz Liszt zurück, die nahe der Orangerie und dem Park lag.

Am Abend vor ihrer Rückreise nach England aßen sie im bekannten Restaurant Buerehiesel, das nur wenige Schritte von Toms Villa entfernt lag.

Aus heiterem Himmel fragte Tom sie beim Dessert: »Liebling, könntest du dir vorstellen, mit mir hier in Strasbourg zu leben?«

Strasbourg gefiel Anjali, alles war hier kleiner, gemütlicher als in London. Und der Gedanke, Tom mehr als nur zwei Tage in der Woche für sich zu haben, erfüllte sie mit Glück.

Sie nickte. »Aber vorher sollten wir deine Scheidung abwarten.«

Tom sah Anjali eigenartig an. »Möchtest du nicht mit mir zusammenleben?«

»Ja, genau. Deshalb wohne ich auch in Belgravia, dem Viertel, in dem eine Farbige nie willkommen sein wird.« Anjali ergriff Toms Hand. »Rede keinen Unsinn. Natürlich will ich mit dir zusammenleben.«

»Und deshalb behältst du deine Wohnung in Soho?«

Anjali glaubte, ein Peitschenhieb träfe sie. »Nein, Tom. Aber sie bietet mir das Gefühl von Sicherheit. Wir werden nie heiraten können, das wird deine Familie zu verhindern wissen. Eine Teepflückerin werden sie nie akzeptieren.«

»Anjali, willst du mich heiraten?«

»Was hat das damit zu tun? Natürlich, aber …« Sie verstummte, als Tom ein kleines Schächtelchen bedächtig auf den Tisch legte.

Er klappte es auf, und sie holte hörbar Luft, als sie den Ring darin erblickte.

»Anjali, möchtest du meine Frau werden?« Toms Blick war fest auf ihren gerichtet.

Anjalis Augen füllten sich mit Tränen. Sie nickte.

»Aber deine Familie! Was …«

»Als ich mich so lange nicht bei dir gemeldet habe, war ich auf Ceylon. Meine Eltern waren natürlich nicht gerade entzückt, wie du dir vorstellen kannst. Es gab einen riesigen Krach. Bei der Abreise habe ich ihnen klargemacht, dass ich dich sofort nach der Scheidung von Inga heiraten werde. Mit oder ohne ihren Segen. Seither habe ich nichts mehr von ihnen gehört – bis gestern. Mutter hat mir den Ring geschickt – er gehörte meiner Großmutter – und heißt dich willkommen. Auf den Rest der Familie können wir gerne verzichten, Lady Van der Meer. Und seit heute bin ich geschieden.«

Anjali konnte die Tränen nicht mehr zurückhalten.

Es waren vielleicht keine Perlen der Götter, aber diese waren ihr viel lieber: Es waren Tränen der Freude und des Glücks.

Das Läuten des Telefons weckte Anjali. Sie knipste die Nachttischlampe an und blickte auf den Wecker. Es war fünf Uhr morgens. War etwas mit Tom? Sie riss den Telefonhörer von der Gabel. Die Stimme kam ihr bekannt vor, doch sie konnte sie nur mühsam einordnen.

»Guten Morgen, Sir Geoffrey«, sagte Anjali erstaunt. »Ich soll umgehend nach Ceylon kommen? Gibt es einen besonderen Grund – eigentlich wollte ich frühestens in zwei Monaten wieder zum Einkauf nach Asien fliegen. Sie haben einen Brief für mich? Es ist sehr wichtig? Können Sie mir nicht wenigstens sagen, worum es geht? Nein? Eine persönliche Angelegenheit? In Ordnung, ich werde das Nötigste veranlassen und spätestens in drei Tagen in Colombo sein. Könnten Sie mir in der Nähe Ihres Hauses ein Hotelzimmer reservieren lassen? Ja, selbstverständlich werde ich Ihnen die Ankunftszeit mitteilen. Auf Wiederhören.«

Anjali warf den Hörer auf die Gabel, sprang aus dem Bett und lief im Haus auf und ab. Was wollte der alte Herr? Weshalb schickte er ihr den Brief nicht einfach? Seit Monaten hatte sie nichts von ihm gehört. Woher kannte er ihre Telefonnummer? Natürlich, es war ja nicht ihr Anschluss, sondern die Nummer der Villa der Van der Meers. Sie war völlig durcheinander. Sie musste unbedingt Tom von der überstürzten Asienreise informieren, da sie für das Wochenende einen Ausflug an die Küste vereinbart hatten, um die Hochzeit zu planen. Aber es war viel zu früh. Selbst Bob durfte sie um diese Zeit nicht stören.

Mit der Zeit hatte Anjali die Hilfe des Butlers zu schätzen gelernt und hatte ihre anfängliche Aversion gegen Diener und Hauspersonal abgelegt.

Sie lief ins Ankleidezimmer und nahm Kleider, Kostüme, Wäsche und Schuhe aus dem Schrank und der Kommode, begutachtete sie, legte sie zurück und suchte andere Kleidungsstücke. Alles schien unpassend. Sollte sie noch bei Harrods vorbeigehen? Sie schüttelte amüsiert den Kopf, holte den Koffer aus der Abstellkammer und packte die Dinge ordentlich ein. Das Ziel war Ceylon und nicht Paris!

Bob erschien mit dem early morning tea. Er deutete eine Verbeugung an. »Bitte, Madame, der Tee. Ich habe Sie gehört und wollte nachsehen, ob ich Ihnen behilflich sein kann? Ist alles in Ordnung?«

»Vielen Dank, Bob. Ich soll umgehend nach Ceylon fliegen, aber den Grund kenne ich nicht, und deshalb weiß ich nicht, was Sie mir einpacken könnten. Doch! Bob, ich hätte eine Bitte: Würden Sie hinauf zum Dachboden gehen, dort liegt gleich neben dem Eingang ein rot beschrifteter Karton, und ihn mir bringen?«

»Selbstverständlich, Madame.«

Zuerst hatte er sie »Mylady« wie vorher Toms Frau genannt, aber das hatte sich Anjali verbeten. Tom hatte seinen schottischen Adelstitel durch die Herkunft seiner Mutter erhalten. Bis zu ihrer Hochzeit mit ihm war sie aber lediglich seine Geliebte, der Titel der Ehefrau eines Lords würde ihr erst nach der Eheschließung zustehen. Aber darauf legte sie sowieso keinen Wert.

Anjali öffnete den Karton, den Bob ihr gebracht hatte, und legte als Letztes den alten Sari und die Gummischuhe in den geöffneten Koffer.

Hoffentlich hatte Jimmy keine anderen Verpflichtungen und konnte das Perlengeschäft weiterführen. Ihr Herzschlag beschleunigte sich. Gerade jetzt hatte sich ein wichtiger Kunde aus Italien angekündigt. Normalerweise planten Jimmy und sie ihre Abwesenheit weit im Voraus.

James trat seinen Dienst als ihr Fahrer erst gegen zehn Uhr an, deshalb fuhr Bob sie zur Bank. Im Anschluss daran eilte Anjali in das Office der British Overseas Airways und buchte einen Erste-Klasse-Flug. Sie würde sich den Luxus gönnen, denn sie wollte ausgeschlafen in Colombo eintreffen. Was gab es so Wichtiges, das nicht Zeit bis zu ihrer nächsten Asienreise hatte? Sie ärgerte sich, dass der alte Herr keinerlei Gründe genannt hatte und ihren geordneten Tagesablauf durcheinanderbrachte.

Erst spät am Abend erreichte sie Tom. Er versuchte, sie bei dem Telefongespräch zu beruhigen, und versicherte ihr, sich umgehend mit Geoffrey in Verbindung zu setzen, und schlug ihr vor, sie sollte sich bei dieser Gelegenheit nach dem gewünschten Stück Land umsehen. So würde sie noch vor der Hochzeit ihr Versprechen in die Tat umsetzen können.

Gegen Mittag landete Anjali in Colombo. Sie hatte trotz des luxuriösen Platzes vor Aufregung kaum geschlafen. Ihre Füße waren angeschwollen, die Schuhe schienen zwei Nummern zu klein, und die Beine fühlten sich bleischwer an, während sie bei entsetzlicher Schwüle über das Rollfeld dem Ausgang entgegenlief. Schweiß rann ihr den Körper hinunter. Ihre Sorge hatte sich in Ärger verwandelt. Hoffentlich nannte ihr der alte Herr einen triftigen Grund für die Strapazen.

Sir Geoffreys Limousine erwartete sie vor dem Flughafengebäude. Er fuhr sie nicht, wie von ihr erwartet, in das Galle Face Hotel.

»In welches Hotel bringen Sie mich?«

»Ich habe Anweisung, Sie direkt in Sir Geoffreys Stadthaus zu bringen.«

Die Straßen, durch die sie fuhren, kamen Anjali bekannt vor, und als der Wagen in eine Allee einbog, war ihr klar, warum: Hier in der Nähe lag die Stadtvilla der Van der Meers. Erinnerungen an alle schönen und tragischen Stunden tauchten vor ihrem inneren Auge auf. Tränen füllten ihre Augen. War es die Vergangenheit oder die Ungewissheit, was sie erwartete? Der Fahrer betrachtete sie im Rückspiegel. Anjali war es gleichgültig.

Sollte er denken, was er wollte. Sie war zu müde, um darüber einen Gedanken zu verschwenden.

Der Rolls-Royce durchfuhr das Einfahrtstor, folgte einem endlos erscheinenden Kiesweg und stoppte vor einem imposanten Hauseingang. Alles erinnerte hier an die Villa ihrer zukünftigen Schwiegereltern, und unvermittelt sah sie Walters zorniges Gesicht vor sich. Anjali wartete nicht, bis ihr der Chauffeur die Tür öffnete, sondern stieß die Wagentür selbst auf und stieg aus.

Sir Geoffrey stand auf dem Treppenabsatz und kam ihr zögerlich entgegen. Unverhofft umarmte er sie. »Kleines, hattest du einen guten Flug?«

Er hatte sie schon einmal im Landhaus in Highgate »Kleines« genannt, und sie hatte sich sehr darüber gefreut, es hatte so liebevoll geklungen. Doch während ihrer gemeinsamen Reise nach Bangkok war er nicht besonders verbindlich gewesen. Nur seine durchdringenden Blicke und folgende Abwesenheit hatten sie immer wieder irritiert. Damals hätte sie gerne gewusst, was in dem alten Herrn vorging.

Und jetzt wurde sie, die ehemalige Teepflückerin, in seinem Stadthaus empfangen. Liebend gerne wäre sie vorher ins Hotel gefahren, um sich zu erfrischen und umzuziehen. Hoffentlich roch sie nicht unangenehm.

Sir Geoffrey hakte Anjali unter und führte sie hinein. »Anjali, ich bitte dich, hier in meinem Haus zu übernachten. Ich hoffe, du hast keine Einwände?«

»Nein, Sir, vielen Dank für die Einladung.« Sie legte die Hände zusammen und verbeugte sich, aber eigentlich wollte sie nur erfahren, was es so Wichtiges gab, und wäre danach lieber in ein Hotel gefahren.

»Das Mädchen begleitet dich sofort in den Gästetrakt. Sicherlich möchtest du dich nach der langen Reise erfrischen. Du findest mich auf der Terrasse.«

Anjali folgte der Haushälterin, doch bevor sie fragen konnte, sagte die ältere Einheimische: »Den Koffer und die Tasche bringt der Boy sofort. Ich räume später alles aus.« Sie zeigte ihr das

Apartment und schloss die Tür leise hinter sich. Gerade noch hatte sie sich nach einer Dusche gesehnt, jetzt hätte sie nichts lieber getan, als gleich mit Sir Geoffrey über den Brief zu sprechen.

Anjali sah zum Fenster hinaus. Es war der gleiche Blick über eine endlos erscheinende Grasfläche und den Indischen Ozean wie bei den Van der Meers. Wie gern hätte sie das Gesicht von Toms Vater gesehen, als er von ihrer Verlobung gehört hatte.

Sie duschte, legte einen Sari an, frisierte die Haare zu einem Knoten und ging auf die Terrasse. Der weißhaarige Herr saß in einem Sessel und starrte gedankenversunken in die Ferne. Erst als Anjali kurz vor ihm stand, sprang er auf. »Entschuldige bitte, ich habe dich nicht gehört. Darf ich dir Tee oder Kaffee anbieten? Oder besser etwas Kaltes?«

Anjali mochte nichts. Sie wollte erfahren, weshalb er sie hergebeten hatte.

Hergebeten – es hat eher wie ein Befehl geklungen, dachte sie.

Sir Geoffrey ließ trotzdem Tee und verschiedene Sandwiches bringen. Er war fahrig, warf seine Tasse um, das Brot fiel ihm auf den Schoß, und der Bratenbelag landete auf dem Boden. Die Haushälterin kam eilig herbei und brachte ein neues Gedeck. Dieses Mal war das Porzellan mit exotischen Vögeln bemalt. Auf das nasse Tischtuch legte sie eine Serviette passend zum Service.

Langsam wurde Anjali ungeduldig. Sollte sie einfach fragen? Sie wartete. Beide aßen und sprachen nicht. Endlich nahm Sir Geoffrey die Tischglocke und bimmelte. Drei Angestellte eilten herbei.

»George, den Champagner, bitte.«

Die Palmen im Garten warfen lange Schatten, und die Vögel begannen zu zwitschern. Die Abendbrise wehte Geruch nach Tang und Meer vom Ozean herüber. Ein Pfau stolzierte über das Gras, krächzte, als wollte er sich bemerkbar machen, und breitete seine Schwanzfedern aus.

Der Butler brachte auf einem Silbertablett Gläser, stellte sie auf den Tisch und öffnete die Flasche. Er goss den Champagner ein.

Sir Geoffrey stand auf, ging ins Wohnzimmer und kam mit einem Brief in der Hand zurück. Schweigend setzte er sich. Es schien, als sei sein Gesicht in den letzten Minuten um Jahre gealtert.

Gerne hätte Anjali nach dem Glas mit der perlenden Flüssigkeit gegriffen, aber sie wartete auf sein Zeichen.

Endlich schien er Mut gefasst zu haben und sagte flüsternd, fast unhörbar: »Anjali, was ich dir jetzt mitteile, wird dich verwirren. Und bitte, glaube mir, ich bekam auch erst Gewissheit kurz vor dem Tod meiner Frau Judy. Sie hatte gehofft, dich noch einmal zu treffen. Deshalb die dringende Bitte, sofort herzukommen. Sie hat es nicht mehr geschafft. Vorgestern Abend hat sie uns verlassen. Gestern haben wir sie verbrannt. Die Urne soll in England beigesetzt werden.« Seine Augen füllten sich mit Tränen.

Anjali schaute ihn irritiert an. Hatte er »meine Frau« gesagt? Judy? War es tatsächlich Sir Geoffreys Frau, bei der sie vor so langer Zeit hatte übernachten dürfen?

Was sagten Europäer zum Tod eines Angehörigen? Sie schwieg vorsichtshalber.

»Diesen Brief hat sie für dich kurz vor ihrem Tod geschrieben.« Er klopfte mit den Fingern auf das weiße Couvert. Der Champagner perlte nur noch schwach. Anjali glaubte, ihr Gastgeber hatte ihn inzwischen vergessen, obwohl er direkt vor ihm stand. Die Sonne war im Meer versunken. »Wenige Tage vor ihrem Ableben hat sie mich rufen lassen und mir alles erzählt. Ich würde es dir gerne erklären, ich denke, der Brief wird Ähnliches enthalten.« Er reichte ihr den Brief und wartete ihre Zustimmung ab, bevor er fortfuhr: »Ich hoffe, du wirst mir verzeihen, wenn du die Geschichte gehört hast.« Sir Geoffrey griff nach ihrer Hand und begann, hemmungslos zu weinen. Er atmete schwer. »Anjali, als junger Mann hatte ich eine junge Singha…«, er brach ab. »Unfug, ich werde es ohne Beschönigung erzählen: Ich hatte eine Liebesbeziehung mit einer Hochlandtamilin, obwohl ich mit Judy verheiratet war. Unsere Ehe war vom ersten Tag an unglücklich und kinderlos. Eigentlich war die Verbindung ein gesellschaftlicher Zwang, unsere Eltern hatten es arrangiert. Es herrschten damals andere Zeiten, Zeiten des elterlichen Gehorsams.« Er lachte trocken auf und rutschte nervös auf dem Sessel hin und her. »Ich habe diese Tamilin geliebt, sehr geliebt. Das sollst du wissen. Sie wohnte in einem Haus auf unserem Grundstück – dem heutigen Personalhaus. Unsere Beziehung blieb nicht folgenlos, sie wurde schwanger. Natürlich blieb Judy das Verhältnis nicht verborgen, und wir bezogen getrennte Schlafzimmer.« Wieder stockte er, rieb sich verlegen die Hände und fuhr fort: »Damals, als die Wehen einsetzten, war ich der glücklichste Mann der Welt. Suri schenkte mir eine Tochter. Jede freie Minute verbrachte ich damals mit den beiden.« Wieder unterbrach er seine Rede und schaute abwesend in die Dunkelheit. »Wie dir sicherlich bekannt ist, bekam das Kind erst einen Namen, nachdem das Geburtshoroskop erstellt worden war. Es musste ein Name mit ›S‹ sein. Suri und ich haben lange darüber nachgedacht.« Erneut unterbrach er die Beichte. Wieder tropften Tränen auf seine Oberschenkel. Geoffrey zog ein weißes Stofftaschentuch aus der Jacketttasche und trocknete die Augen. »Sofort nach der Namensfindung hatte ich das Neugeborene als meine Tochter in das Geburtsregister eintragen lassen. Auch das Testament ließ ich zur gleichen Zeit erstellen. Unglücklicherweise musste ich damals wenige Tage später für mehrere Wochen geschäftlich nach Europa reisen. Die Trennung von Mutter und Kind fiel mir außerordentlich schwer.«

Anjali folgte seinem Blick. Der Vollmond stand über dem Meer. Das Wasser glitzerte, doch an diesem Abend sah sie die Schönheit nicht.

»Als ich Wochen später nach Ceylon zurückkehrte, war Suri nicht mehr da. Judy berichtete mir, die Geliebte und das Kind seien plötzlich aus unerklärlichen Gründen verstorben. Ich trauerte eine lange Zeit, darüber ging unsere Ehe gänzlich in die Brüche. Judy zog in die Nachbarschaft, und seither lebt ihr unverheirateter Bruder bei ihr. Erst auf dem Totenbett hat mir meine Frau gestanden, dass sie Suri und den Säugling aus dem Haus gejagt hatte.« Er schnäuzte sich. »Judy hat erzählt, dass sie Jahre danach von unserer ehemaligen Haushälterin erfahren habe, dass die junge Frau und das Kind auf einer anderen Plantage lebten, denn Suri hätte damals nicht zu ihrer Familie zurückkehren können. Sie sei mit dem Kind tagelang durch die Gegend geirrt und dabei auf eine Teepflückerin gestoßen, die sie in ihrer Hütte aufnahm. Die Kindsmutter sei wenige Monate nach der Ankunft auf der Plantage gestorben, sagte man Judy. Die Teepflückerin habe den Säugling großgezogen.« Geoffrey starrte in die Dunkelheit. Dann brach es aus ihm heraus: »Unsere Tochter hieß Sita. Anjali, du bist meine Enkelin.«

Anjali hatte bereits vermutet, wo seine Geschichte hinführen würde. Es jetzt aus seinem Mund zu hören, ließ sie aufschreien. Sie sprang auf und rannte durch den Garten an den Strand. Sie setzte sich in den Sand, blickte über das Meer und hörte dem Rauschen und Klatschen der Wellen zu. In ihrem Schmerz fiel Anjali wieder die Legende von den Tränen der Götter ein. Vielleicht waren auch Suris Tränen über Bäche ins Meer gelangt und dort zu Perlen geworden. Dieser Gedanke beruhigte sie langsam. Nach einiger Zeit stand sie auf und kehrte auf die Terrasse zurück.

Der alte Herr fiel bei ihrem Anblick noch mehr in sich zusammen, nahm ihre Hand und erzählte weiter: »Als Judy damals ihre Brustkrebsprognose erfahren hatte, begann sie mit den Nachforschungen. Täglich hatte sie alle erdenklichen Orte aufgesucht. In jener Zeit glaubte sie, dich auf der Tempelanlage getroffen zu haben. Deine Bewegungen und deine Augen hatten sie an meine Mutter und Schwester erinnert. An jenem Abend, als du vor ihrem Anwesen unter dem Baum saßest, war sie von einer Fügung Gottes ausgegangen, die dich zu ihr geführt hatte. Aber wieder hatte sie wohl nicht den Mut gefunden, dir oder mir von der Vergangenheit zu erzählen. Als deine Fotografie vor meinem Haus aus der Tüte fiel, war ich verwirrt. Das Paar auf dem Bild waren Suri und ich. Aber wie war es zu dir gelangt, wenn Suri und meine Tochter doch gestorben waren? Ich habe Judy umgehend aufgesucht und sie mit dem Verdacht konfrontiert, aber sie hat es bis kurz vor dem Tod geleugnet. Judy hatte jahrelang gegen die Krankheit gekämpft und Angst vor dem Tod gehabt. Erst als sie versuchte, das Unrecht wiedergutzumachen, fand sie ihren Frieden.« Anjali erinnerte sich an die erhitzte Szene, die sie vom Golfplatz aus durch die Hecke beobachtet hatte. Sie griff nach dem Glas. Der Champagner war schal und warm geworden.

»Anjali, ich wünsche mir, dass du in meiner Nähe bleibst. Du bist als Erbin eingetragen, sämtliche Besitztümer hier auf Ceylon und in England werden einmal dir gehören. Judy hat mir bezüglich ihres Testamentes etwas Ähnliches angedeutet. Als Wiedergutmachung, sagte sie mir. Unsere Familien in England werden alles andere als erfreut darüber sein. Vor allem das Gesicht meines Neffen Henry, dem Lackaffen, würde ich gerne sehen.« Er lachte trocken auf.

Anjali saß wie versteinert und blickte in die Nacht. In Gedanken sah sie Sita mit der schweren Kiepe durch die Teesträucher ziehen. Sita, die Tochter dieses wohlhabenden Mannes. Weshalb durfte ihre Mutter diesen Tag nicht mehr erleben?

Geoffrey riss sie aus den Gedanken. »Tom hat mir bei seinem letzten Besuch hier in Colombo erzählt, dass du dir ein Stück Land wünschst, um dort etwas zu bauen. Ich habe schon in deinem Namen Grund gekauft und die Teepflückerinnen deiner ehemaligen Plantage zu einem Fest eingeladen.«

Anjali brauchte einen Augenblick, bevor sie sprechen konnte. Ihr Mund war trocken, die Zunge klebte irgendwo am Gaumen. Mühsam brachte sie die Worte hervor: »Ja, Sir Geoffrey, ich möchte mein Versprechen einlösen, das ich den Göttern an meinem 16. Geburtstag gegeben habe. Ich versprach, die Güte der Götter niemals zu vergessen. Daran will ich mich halten.«

»Bitte nenne mich Geoffrey oder Großvater, falls es dir nicht zu schwerfällt. Tom hat mir schon am Telefon von deinem Wunsch berichtet, ein Haus für alte und kranke Teepflückerinnen und Schulräume für Kinder zu bauen. Was hältst du davon, deinen Plan auf meiner ehemaligen Plantage umzusetzen? Übermorgen veranstalte ich dort ein Fest – dir zu Ehren. Ich habe Tom gebeten, ebenfalls umgehend zu kommen, und habe mir erlaubt, ihm von deiner Herkunft zu erzählen. Ich vermutete, dass du in der neuen Situation seinen Beistand benötigtest. Sobald es beruflich machbar ist, wird er kommen. Euer Butler Bob wird morgen früh eintreffen. Eine Limousine mit Chauffeur wird ab sofort zu deiner Verfügung stehen.«

»Danke für die Fürsorge.« Anjali konnte nur mit Mühe die Tränen zurückhalten. »Sir Geoffrey, Entschuldigung, Großvater, bitte, ich möchte gerne morgen Abend schon bis Kandy fahren und dort die Stunden vor dem Treffen mit den Teepflückerinnen lieber allein verbringen. Ich bin verwirrt. Mein bisheriges Leben ist gerade wie die ausgebrannte Weberei über mir zusammengebrochen. Ein Haufen Schutt und Asche liegt vor mir, aber später möchte ich gerne mehr über meine Großmutter erfahren.«

Er nickte, stand auf und küsste Anjali auf die Stirn.

»Verzeih mir«, sagte er leise.

Epilog

Nuwara Eliya

Das quirlige Kandy sowie das Hupen und Knattern der Mopeds hatten sie längst hinter sich gelassen. Hari fuhr rücksichtsvoll die kurvenreiche Straße nach Nuwara Eliya hinauf.

Anjali nahm ihre Umwelt nicht mehr wahr, sah nicht das unendliche Grün der vorbeieilenden Bäume und Sträucher, die unzähligen Teebüsche. Vor ihrem inneren Auge erschien die alte Dame aus dem Tempel, die ihr Süßes als Opfergabe für die Götter gegeben hatte. Judy trug die gleiche Kleidung, Schuhe und Handtasche wie an jenem denkwürdigen Tag. Doch auf ihrem Körper saß der Elefantenkopf Ganeshas.

Was das wohl bedeutete? Völlig unerwartet vernahm Anjali die sanfte Stimme ihrer Mutter und hörte einen der Mythen, wie Ganesha zu seinem Elefantenkopf gelangt war.

Ganesha wurde von der Göttin Parvati erschaffen. Ihr Gemahl, der Gott Shiva, hatte sich als Asket zur Meditation in den Himalaja zurückgezogen. Parvati fühlte sich einsam und wünschte sich ein Kind, deshalb formte sie sich aus dem Schorf ihres Körpers mit Salben, Ölen und Gangeswasser Ganesha und stellte ihn als Wächter vor die Badetür. Als Shiva zurückkehrte, ließ Ganesha den Fremden nicht eintreten. Erzürnt schlug Shiva ihm den Kopf vom Leib. Parvati war erbost und forderte von ihrem Gemahl, Ganesha wiederherzustellen. Doch der Kopf war nicht auffindbar. Deshalb versprach Shiva, Ganesha den Kopf des ersten Wesens zu schenken, das ihm begegnete. Es war ein Elefant.

Zeigte sich Judy mit dem Elefantenkopf als Verkörperung ihres unerfüllten Kinderwunsches? Eigenartigerweise spürte Anjali der alten Frau gegenüber keinerlei Hassgefühle, eher unendliche

Traurigkeit. Damals hätte Sita noch erfahren können, wer ihr Vater war. Doch wäre Sita dadurch glücklicher geworden?

Sita, die bei der Arbeit sang und auch sonst einen zufriedenen Eindruck vermittelte.

Und sie? Hätte sie damals diese Sehnsucht nach einem anderen Leben verspürt, die Kraft, dies zu erreichen? Die Erinnerung an ihr armseliges Dasein als Teepflückerin ließ Anjali entsetzt die Augen öffnen. Sie schüttelte den Kopf, als hätte es dadurch die traurige Zeit nie gegeben.

Nein, sie würde Judy mit dem Elefantenkopf als Gott des Erfolgs, der Bildung und des Wohlstands sehen. Als Zeichen für all das, was sie sich trotz, aber auch dank ihres harten Lebenswerkes erkämpft hatte. Und hatte Judy ihr einst nicht erst die Süßigkeiten gegeben, mit denen sie den Elefantengott gnädig gestimmt hatte?

Sie hatten den Tempel erreicht. Anjali nahm Geld aus ihrer Handtasche und steckte es wie früher in das Sarioberteil. Sanft kam die Limousine zum Stehen. Hari öffnete Anjali die Tür. Die kühle Luft des Hochlands schlug ihr entgegen. Mit einem Handzeichen bedeutete sie Bob, im Wagen zu warten.

Am Tempeleingang kaufte sie bei einem Händler Räucherstäbchen, Süßigkeiten und Blüten als Opfergaben. Ohne die anwesenden Besucher und Aufseher zu beachten, durchschritt sie das Tor.

Sie legte die Opfergaben ab, fügte die Handflächen zusammen, berührte die Stirn und dankte den Göttern. Aus dem Sarioberteil zog sie Judys Brief, den die alte Dame sorgfältig mit blauer Tinte für sie geschrieben hatte und der die Geschichte, die Sir Geoffrey ihr erzählt hatte, enthielt. Sie las ihn ein letztes Mal und hielt ihn in die brennende Kerze. Gierig fraß sich die Flamme durch Sitas Vergangenheit, bis nur noch zarte braune Stücke zurückblieben und auch diese zerfielen.

Sie verließ den Tempel und blickte sich um. Ein Fahrradverkäufer stand an gleicher Stelle. Anjali kaufte bei ihm eine Flasche Cola und setzte sich wie vor Jahren unter den Baum auf die

Steinbank. Sie hörte Toms Lachen und spürte, wie er sie damals ausgiebig säuberte.

Ja, in Kürze würde sie Tom heiraten, und ja, sie würde ihr Leben als Sir Geoffreys Enkelin und Erbin antreten. Aber ihre Zukunft würde auch immer mit ihrer Vergangenheit verbunden sein.

Langsam kehrte sie zum Auto zurück, und sie setzten die Fahrt fort. Anjalis Augen füllten sich mit Tränen. Schnell setzte sie die Sonnenbrille auf. Erst vor Sir Geoffreys Plantage hielt der Wagen.

Sie nahm die Brille ab und stieß die Autotür auf. Mächtige Wolkengebilde eilten über den blauen Himmel. Aus der Ferne hörte sie Trommelwirbel, Gesang und Gelächter. Wie fröhlich diese wartenden Menschen klangen. Wie viel Hoffnung sie in ihren Plan, in ihr Versprechen, legten.

Anjali stieg aus. Zögerte. Gehörte sie überhaupt noch zu diesen Frauen?

»Ja«, sagte sie laut, denn ihre Mutter war ein Bastard gewesen, ihr Vater ein Plantagenaufseher … und sie eine Teepflückerin.

Wie früher rannte sie barfuß den staubigen Weg hinunter.

Nachwort

Dieser Roman ist reine Fiktion. Alle Personen und einzelne Handlungsorte sind frei erfunden. Ähnlichkeiten mit verstorbenen oder lebenden Personen wären rein zufällig.

Keine Fiktion hingegen ist das unwürdige Leben der Teepflückerinnen und weiterer »unreiner« Gesellschaftsgruppen – den sogenannten »Kastenlosen«, auch als »Unberührbare« bezeichnet, wobei »kastenlos« zwar den gebräuchlichen, aber unkorrekten Begriff darstellt. Im Hinduismus wird stattdessen zwischen »reinen« und »unreinen« Gesellschaftsgruppen unterschieden.

Offiziell ist das Kastenwesen in Indien sowie auf Sri Lanka (ehemaliges Ceylon) nicht mehr existent. Berichte von NGOs der letzten Jahre beweisen jedoch etwas anderes.

Die Teepflückerinnen gehören auf Sri Lanka zur Kaste der Rodiyas und somit zu den »Unberührbaren«. Ihre Vorfahren wurden während der britischen Kolonialzeit (1840–1948) als billige, rechtlose Arbeitskräfte aus Südindien, dem Tamil Nadu, auf die Teeplantagen in das Hochland Ceylons gebracht und lebten dort unter erbärmlichsten Verhältnissen, die größtenteils bis heute anhalten.

Nach der Unabhängigkeit Ceylons 1948 veränderte sich die Situation für diese Bevölkerungsgruppe. Ihnen wurde kollektiv die Staatsbürgerschaft entzogen – selbst den bereits in Ceylon geborenen indischen Tamilen. Sie wurden staatenlos, eine Abschiebung nach Indien gelang nur in sehr geringem Maße. 1972 wurde aus Ceylon das heutige Sri Lanka. Doch erst 1984/85 wurden die Tamilen indischer Abstammung in Sri Lanka eingebürgert.

Bis heute sind Teepflückerinnen ausschließlich indische Tamilen (auch Hochlandtamilen genannt).

Gerade bei den Hochlandtamilen spielt das Kastenwesen noch immer eine große Rolle. Die soziale Struktur ist dieselbe wie im ländlichen Tamil Nadu in Indien, nur in einigen Punkten unterscheidet sich diese von den hinduistischen Bevölkerungsgruppen Sri Lankas. Auf Sri Lanka ist – anders als in Indien – der Begriff Dalit nicht kollektiv gebräuchlich, doch auch hier werden die niedrigsten und unreinen Arbeiten von Unberührbaren ausgeführt. Sie gehören in die Gruppen der Pallars, Paraiyars und Sakkilars, um nur einige zu nennen. Der Einfachheit halber und zum besseren Verständnis wurde in diesem Roman vorwiegend der Begriff Dalit verwendet.

Die Idee für diesen Roman entstand während einer Reise Mitte der sechziger Jahre in das damalige Ceylon. Der Tourismus steckte noch in den Anfängen, und ich hatte das Glück, einen erfahrenen deutschen Reiseleiter zu bekommen, der seit Langem auf Ceylon lebte. Seine realitätsnahen und teilweise erschütternden Berichte habe ich nie vergessen. Sie haben mich so berührt und beschäftigt, dass ich diesen Roman schon immer schreiben wollte, auch wenn es letzten Endes erst viele Jahre später dazu gekommen ist. Neben meinen eigenen Aufzeichnungen von damals habe ich meinem Roman eine tiefe Recherche zugrunde gelegt.

An dieser Stelle möchte ich mich bei all denen bedanken, die mit Empathie und Herzblut für die Rechte von Menschen wie Anjali zu kämpfen bereit sind.

Danksagung

Herrn Harald Albrecht aus Österreich möchte ich herzlich für seine freundliche Unterstützung bei Fragen zu Pflanzen und Tieren auf Ceylon danken.

Mein Dank geht auch an Frau Pejak, Firma Teekanne, Salzburg, für die Genehmigung, Informationen von der Firmenwebseite für meinen Roman zu verwenden.

Für die ausführliche Aufklärung über Perlen möchte ich mich bei Herrn Holzhauser, Inhaber der Firma Huhn-Pearls, Pforzheim, sehr herzlich bedanken.

Ebenfalls geht ein Dank an Herrn Juwelier Hittinger, Wien, für das angenehme Informationsgespräch.

Ein ganz besonderer Dank gilt meiner Autorenfreundin Cordula Haman für viele gemeinsame Stunden.

Linda Cuir, im April 2016